1 fr. 25 le volume

ŒUVRES COMPLÈTES D'HECTOR MALOT

UN

BON JEUNE HOMME

PARIS
LIBRAIRIE MARPON & FLAMMARION
E. FLAMMARION, SUCC^r
26, RUE RACINE, PRÈS L'ODÉON

EN VENTE A LA MÊME LIBRAIRIE

ŒUVRES COMPLÈTES D'HECTOR MALOT

à 1 fr. 25 le volume

POUR PARAITRE SUCCESSIVEMENT DANS CETTE COLLECTION

Le Lieutenant Bonnet.	1 vol.
Suzanne.	1 vol.
Miss Clifton.	1 vol.
Clotilde Martory.	1 vol.
Pompon.	1 vol.
Marichette.	2 vol.
Un Curé de Province.	1 vol.
Un Miracle.	1 vol.
Romain Kalbris.	1 vol.
La Fille de la Comédienne.	1 vol.
L'Héritage d'Arthur.	1 vol.
Le Colonel Chamberlain.	1 vol.
La Marquise de Lucillière.	1 vol.
Ida et Carmelita.	1 vol.
Thérèse.	1 vol.
Le Mariage de Juliette.	1 vol.
Une Belle-Mère.	1 vol.
Séduction.	1 vol.

PARIS. — IMP. C. MARPON ET E. FLAMMARION, RUE RACINE, 26.

UN BON
JEUNE HOMME

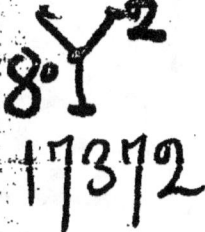

Ouvrages de HECTOR MALOT

COLLECTION GRAND IN-18 JÉSUS

LES VICTIMES D'AMOUR : LES AMANTS, LES ÉPOUX, LES ENFANTS....................................	3 vol.
LES AMOURS DE JACQUES................................	1 —
ROMAIN KALBRIS..	1 —
UN BEAU-FRÈRE..	1 —
MADAME OBERNIN.......................................	1 —
UNE BONNE AFFAIRE....................................	1 —
UN CURÉ DE PROVINCE..................................	1 —
UN MIRACLE...	1 —
SOUVENIRS D'UN BLESSÉ. — SUZANNE.....................	1 —
— — MISS CLIFTON...........	1 —
LA BELLE MADAME DONIS................................	1 —
CLOTILDE MARTORY.....................................	1 —
UNE BELLE-MÈRE.......................................	1 —
LE MARI DE CHARLOTTE.................................	1 —
L'HÉRITAGE D'ARTHUR..................................	1 —
L'AUBERGE DU MONDE : LE COLONEL CHAMBERLAIN, LA MARQUISE DE LUCILLIÈRE....	1 —
— — IDA ET CARMELITA, THÉRÈSE.	1 —
MADAME PRÉTAVOINE....................................	2 —
CARA...	1 —
SANS FAMILLE...	2 —
LE DOCTEUR CLAUDE....................................	1 —
LA BOHÈME TAPAGEUSE..................................	2 —
UNE FEMME D'ARGENT...................................	1 —
POMPON...	1 —
SÉDUCTION..	1 —
LES MILLIONS HONTEUX.................................	1 —
LA PETITE SŒUR.......................................	2 —
PAULETTE...	1 —
LES BESOIGNEUX.......................................	2 —
MARICHETTE...	2 —
MICHELINE..	1 —
LE SANG BLEU...	1 —
LE LIEUTENANT BONNET.................................	1 —
BACCARA..	1 —
ZYTE...	1 —
VICES FRANÇAIS.......................................	1 —
GHISLAINE..	1 —
CONSCIENCE...	1 —
JUSTICE..	1 —
MARIAGE RICHE..	1 —
MONDAINE...	1 —
MÈRE...	1 —
ANIE...	1 —
COMPLICES..	1 —

Mme HECTOR MALOT

FOLIE D'AMOUR..	1 —

ÉMILE COLIN. — IMPRIMERIE DE LAGNY.

UN BON
JEUNE HOMME

PAR

HECTOR MALOT

PARIS
LIBRAIRIE ERNEST FLAMMARION
26, RUE RACINE, PRÈS L'ODÉON

Tous droits réservés.

A M. Ph. JOURDE

C'est en votre compagnie, mon ami, que j'ai eu le plaisir de faire mon premier voyage en Italie, et c'est vous le premier qui m'avez guidé dans la visite et l'étude de ces monuments, de ces statues, de ces tableaux que vous aimez si passionnément, je veux donc vous offrir ce livre dont une partie se passe en Italie, comme un souvenir reconnaissant, en même temps que comme un témoignage d'estime et d'affection.

HECTOR MALOT

8 janvier 1877.

UN BON
JEUNE HOMME

I

Il est rare de trouver aujourd'hui, dans l'ouest de la France, une ville, digne de ce nom, qui ne soit pas desservie par un chemin de fer.

Celles de ces villes que rencontrait le tracé des grandes lignes, ont tout simplement profité de la bonne fortune que leur situation topographique leur donnait, tandis que celles qui n'étaient point dans cette heureuse condition, ont corrigé leur mauvaise chance, en créant des lignes d'intérêt local.

Situé à égale distance des deux grandes lignes de Normandie et de Bretagne, Condé-le-Châtel ne pouvait être traversé ni par l'une ni par l'autre de ces lignes, et s'il voulait un chemin de fer, il devait se le donner ou plus justement se le payer lui-même.

Mais jusqu'à ce jour, il ne l'a pas voulu.

Et cependant la ville possède une certaine importance commerciale; car, si elle n'a pas d'établissements industriels, elle a un marché régulier et des foires tous les mois pour les bœufs, les volailles grasses, le beurre, le fromage et les œufs; elle est le siége d'une sous-préfecture, d'un évêché et d'un tribunal de première instance; enfin, comme l'est Dinan aujourd'hui, et comme l'était Avranches, il y a quelques années, elle est habitée par une colonie d'Anglais, qui viennent y chercher un climat sain dans un beau pays, et les satisfactions d'une existence plantureuse à bon marché.

Mais, si le pays est riche, il n'est pas *donnant*, suivant l'expression locale.

Quelques personnes, il est vrai, se plaignent parfois de la lenteur et de la difficulté des communications. Mais elles ne sont pas écoutées. Est-ce que tout le monde ne sait pas que les chemins de fer font augmenter le prix des vivres? Avec les chemins de fer, on se déplace volontiers; on va à Paris, on y fait des acquisitions, et c'est autant de perdu pour le pays. D'un côté, augmentation des denrées; d'un autre, affaiblissement ou perturbation dans le commerce local. Les chemins de fer n'ont donc pas tous les avantages qu'on leur attribue, et il peut être sage de s'en passer.

Au moins, c'est l'opinion de Condé-le-Châtel, qui

se contente très-bien des diligences et des omnibus.

Le jour où commence ce récit, la diligence qui met Condé en communication avec le chemin de fer, était en retard; elle devait arriver vers cinq heures, et bien que six heures eussent sonné depuis quelques minutes, elle n'était point encore là.

Déjà, à plusieurs reprises, une dame s'était présentée au bureau, mais à ses questions on avait fait toujours la même réponse:

— La voiture peut arriver d'un moment à l'autre; cependant le train d'hier avait cinquante minutes de retard et celui d'avant-hier en avait quarante-cinq.

Et chaque fois la dame, au lieu de rester dans le bureau, était entrée dans l'église Saint-Étienne.

C'était une femme d'une cinquantaine d'années environ, de tournure agile et vive, bien qu'elle marchât en glissant les pieds et à petits pas. Sa toilette noire était d'une extrême simplicité pour l'étoffe aussi bien que pour la coupe : robe de mérinos noir, plutôt courte que longue; manteau de même étoffe sans un seul ornement; chapeau de dentelle noire, avec voilette de tulle; gants de laine; souliers en veau; quant aux bas, bien malin eût été celui qui eût pu dire, pour les avoir vus, s'ils étaient blancs ou noirs, car dans la marche le bout seul du soulier dépassait la robe, et encore de bien peu.

La place Saint-Étienne est, avec celle du Château, la plus importante de la ville; si la place du Château a le tribunal et la mairie installés tant bien que mal dans le vieux château qui a donné son nom à la ville, la place Saint-Étienne par contre possède la cathédrale et montre les plus beaux magasins de nouveautés et de bijouterie, les deux cafés les plus luxueux, les deux cercles rivaux, enfin le bureau des diligences et de la correspondance du chemin de fer, qui, en ces dernières années, a abandonné l'hôtel du *Bœuf couronné*, où il était trop à l'étroit.

Cette réunion, dans un espace assez resserré, de l'église, des cafés, des cercles, des principaux magasins et du bureau des voitures donne à la place Saint-Étienne une animation qu'on ne rencontre nulle part ailleurs dans la ville. Le matin, les gens religieux, et ils sont nombreux à Condé, vont à l'église; entre onze heures et midi, les cafés commencent à se remplir; à deux heures, on va au cercle; puis avant le dîner on retourne au café pour lire les journaux qui arrivent de Paris.

Le retard dans l'arrivée de la voiture de la correspondance du chemin de fer, qui apportait les journaux, faisait que les clients des cafés qui ne jouaient pas aux cartes ou aux dominos tâchaient de tuer le temps en bavardant, et tout naturellement, les allées et venues de la dame à la toilette noire donnaient un sujet à leur entretien.

Une femme qui attend une voiture, cela pique la curiosité, alors même que cette femme a dépassé la cinquantaine.

Autour des tables placées devant les cafés, à l'ombre des petits arbres verts taillés en cône, c'était de cette femme et d'elle seule qu'il était question.

— Je voudrais bien savoir ce que madame Prétavoine attend.

— La voiture, parbleu !

— C'est peut-être de l'argent.

— Ne dites donc pas de bêtises.

— Voulez-vous m'expliquer en quoi c'est une bêtise de supposer que madame Prétavoine peut attendre de l'argent ; elle n'est pas assez riche pour cela ?

— C'est tout le contraire, elle est trop riche.

— Vous savez, mon cher, que quand on lâche des paroles de cette profondeur, il est bon de les expliquer au commun des mortels qui n'ont pas des grâces spéciales pour comprendre le galimatias.

— Comment, sacrebleu ! vous en êtes encore à ignorer de quelle façon madame Prétavoine administre sa fortune ? C'est cependant bien simple. Quand, après la mort de son mari, elle a cédé la direction de la *Banque des campagnes*, elle s'est trouvée à la tête d'un beau capital.

— Combien ?

— Cela je n'en sais rien, et je crois bien que personne n'est fixé à ce sujet.

— Il y en a qui disent que ce capital n'est pas ce qu'on imagine.

— Il y a tant de gens qui imaginent des bêtises. Mais enfin il y a une chose positive et notoire, c'est que Prétavoine en mourant a laissé une belle fortune.

— Gagnée par sa femme.

— Et par lui.

— Et par l'abbé Guillemittes.

— Ce n'est pas l'abbé Guillemittes qui a commencé leur fortune.

— Non, mais c'est lui qui l'a achevée en ayant l'idée de la *Banque des campagnes* et en donnant pour courtiers à celle-ci un tas de curés et de membres du clergé, qui se remuent comme des diables dans un bénitier, pour gagner les deux pour cent qu'on leur alloue sur le montant des affaires qu'ils procurent à la banque.

— Ce n'est pas l'abbé Guillemittes qui a inventé ce système, il paraît qu'il y a longtemps qu'il se pratique en Belgique.

— En tout cas, c'est lui qui l'a importé en France et qui l'a perfectionné; sans la *Banque des campagnes*, qui faisait ses échéances, il y a longtemps qu'il aurait été mis en faillite.

— Ce qui prouve que ce sont les Prétavoine qui ont été utiles à l'abbé Guillemittes.

— C'est vrai; mais cela n'empêche pas que l'abbé Guillemittes ait été utile aux Prétavoine : c'est un échange de services.

— Ce que vous nous racontez là, c'est le mystère de la Trinité.

— Justement, trois personnes dans une seule tête.

— Et la tête, c'était madame Prétavoine.

— Alors qu'est-ce qu'était l'abbé Guillemittes?

— Ne dites donc pas de drôleries. On peut raconter bien des choses sur l'abbé Guillemittes; c'est un faiseur, un banquiste, un homme d'affaires trop malin, tout ce que vous voudrez. Mais, quant à ses mœurs, on n'a jamais pu mordre sur elles, et Dieu sait si on a essayé et si ses confrères eux-mêmes ont cherché! Il est trop fort et trop habile pour se laisser prendre par là.

— Très-bien ! bravo ! vous qui recommandez aux autres de ne pas dire de drôleries.

— Je dis qu'il n'y a jamais eu d'histoire de femmes à raconter sur le compte de l'abbé Guillemittes, pas plus à propos de madame Prétavoine que de toute autre : voilà tout. Maintenant, quant à venir prétendre que c'est l'abbé Guillemittes qui est l'auteur et le seul auteur de la fortune des Prétavoine, ce n'est pas plus juste. Moi qui vous parle, j'ai connu Prétavoine clerc d'huissier à Condé ; nous étions du même âge. De Condé, il a été s'établir à Hannebault, agent d'assurances contre l'incendie et de remplacement militaire. C'est là qu'il a connu et épousé sa femme, qui vivait avec sa mère des maigres bénéfices que leur procurait une petite boutique de mercerie. Il y a trente-trois ans de cela. Prétavoine avait vingt-huit ans, sa femme en avait dix neuf. Dame ! ils n'étaient guère riches alors ; mais ils étaient tous deux actifs, intelligents, durs à la peine, économes, avides de gagner, et on peut dire qu'ils avaient l'instinct des affaires, la femme aussi bien que le mari.

— Mieux !

— Ça m'est égal. Quand Hannebault a commencé à devenir une ville industrielle, Prétavoine a fondé un petit comptoir pour les recouvrements, bien petit, je vous assure ; puis, quand le pays a prospéré, les Prétavoine ont fait comme le pays. Après ce comptoir d'escompte, est venue une maison de banque ; puis, à côté, une caisse d'exonération militaire et une assurance contre l'incendie. Tout cela existait et marchait à merveille avant l'arrivée de l'abbé Guillemittes à

Hannebault. Vous voyez donc bien que ce n'est pas lui qui a commencé cette fortune; c'est plus tard seulement qu'il est intervenu.

— Comment cela ?

— Il faut que vous sachiez que madame Prétavoine a toujours été dévote, mais dévote de profession, c'est-à-dire aimant la soutane encore plus que l'église, et s'entourant de curés qu'elle attirait chez elle par la bonne chère et la flatterie. Mais cela en tout bien tout honneur. Si elle avait un goût naturel pour tout ce qui portait la soutane, elle calculait aussi et d'autre part les avantages qu'on trouve à être protégé par le clergé. Elle avait donc choisi dans le clergé, pour directeur de sa conscience et de ses affaires, celui des curés des environs qu'elle jugeait le plus habile et le plus fort. C'était l'abbé Lobligeois.

— Le curé de Rougemare?

— Précisément, déjà curé de Rougemare à cette époque et resté curé de Rougemare. Comment l'abbé Guillemittes démolit l'abbé Lobligeois, je ne le sais pas au juste (1); mais il arriva un beau jour, où l'abbé Guillemittes, qui s'était révélé comme un homme de premier ordre, passé maître en affaires, prit la place, dans la maison Prétavoine, de l'abbé Lobligeois, congédié comme un employé incapable. Ce fut alors que commença leur association et que l'aisance des Prétavoine devint une fortune.

— Tout cela ne nous apprend pas comment madame Prétavoine est trop riche pour attendre de l'argent par la diligence.

(1) Voir *Un Miracle.*

— Non, mais au moins cela vous apprend que madame Prétavoine est femme à savoir faire travailler l'argent. Pendant tout le temps qu'elle a eu sa maison de banque, c'est elle qui en a été l'âme. Excepté les heures qu'elle donnait aux églises et aux curés, et ce n'étaient pas des heures perdues, on la trouvait dans son bureau, surveillant tout, dirigeant tout. Quand elle a cédé cette maison, elle n'a pas pour cela renoncé aux affaires. Seulement, elle n'a plus d'argent chez elle; sa fortune est à Paris, et c'est là qu'elle l'emploie en escomptes, en reports, sans que jamais un billet de banque ou un rouleau de louis lui passe par les mains. Elle opère par correspondance, et, sans avoir besoin de commis, sans payer patente, sans que personne mette le nez dans ses affaires, avec un petit livre de comptes qui tient dans sa poche, elle fait rendre à sa fortune de gros bénéfices.

— Alors, si elle n'attend pas d'argent, elle attend quelqu'un.

— C'est probable.

— Et quelqu'un qui doit être un personnage, car elle laisse paraître trop d'impatience pour que ce puisse être le premier venu.

— C'est quelque curé, quelque moine.

— Ça, c'est possible; car vous pensez bien que si, après la mort de son mari, elle a quitté Hannebault, où elle avait toujours vécu, pour venir habiter Condé, ce n'est pas seulement en vue de changer d'air.

— Et, selon vous, qu'est-elle venue faire chez nous?

— Bien malin serait celui qui pourrait le dire d'une

manière certaine, madame Prétavoine n'est pas une femme qui conte ses affaires à tout le monde.

— J'entendais dire l'autre jour qu'elle travaillait pour l'abbé Guillemittes afin de le faire nommer évêque.

— Monseigneur Hyacinthe n'est pas mort.

— On prend ses précautions à l'avance pour le jour où il disparaîtra.

— Il paraît que c'est le vicaire général qui le remplacera.

— M. Fichon ! jamais de la vie ! C'était déjà lui qui devait remplacer le dernier évêque, et il est resté vicaire général.

— Enfin, pour en revenir à madame Prétavoine, il y a un fait certain, c'est qu'elle manœuvre dans le monde du clergé en vue d'un intérêt considérable. Quel est cet intérêt ? je ne me charge pas de le deviner. Seulement, la connaissant comme je la connais, et la voyant, malgré son avarice, acheter 200,000 francs l'hôtel du comte de Flancourt, je me dis : Il y a quelque chose, il faudra voir.

— On dit qu'elle a dépensé plus de 100,000 francs en réparations et en mobilier.

— Ça ne m'étonne pas.

— Elle ne reçoit que des prêtres cependant, et ce n'est pas la peine de se mettre en frais pour ces gens-là ; s'ils savent ce qui est bon, ils ne savent pas ce qui est beau.

— Elle va peut-être maintenant recevoir d'autres personnes qu'elle attend ?

— Et si c'était tout simplement une de ses filles ?

— Si c'était une de ses filles, elle ne se serait pas dérangée.

— Parce que?

— Parce que ses filles ne tiennent pas une grande place dans son existence; vous savez, ce n'est pas une femme que le sentiment entraîne. Elle a marié ses filles, elle les a bien mariées à des gens qui tiennent plus ou moins au monde clérical, c'est fini. Ah! si vous parliez de son fils, je ne dirais pas non; Aurélien, c'est une autre affaire. Celui-là, c'est l'espoir de sa mère; elle a mis son ambition en lui, et vous pensez bien que l'ambition d'une femme comme madame Prétavoine vise haut et loin.

— Il est à Louvain.

— Il peut en revenir.

— C'est égal, je trouve étonnant que madame Prétavoine, si elle aime son fils, comme vous dites qu'elle l'aime, l'ait envoyé en Belgique. Il n'y avait donc pas en France, à Caen, à Rennes, à Paris, d'universités dignes de ce monsieur?

— Non; à Caen, à Rennes, à Paris, il n'eût pas été instruit dans les idées qui sont chères à sa mère. J'ai causé avec Aurélien la dernière fois qu'il est venu, et je vous assure que le droit, tel qu'on l'enseigne à Louvain, ne ressemble pas au droit tel qu'on l'enseigne en France. Pour les catholiques, tout pouvoir descend de Dieu; on doit donc faire remonter le droit à sa véritable origine, qui est Dieu, d'où il s'en suit qu'une législation est d'autant plus parfaite qu'elle se rapproche davantage de la loi divine. En partant de ces principes, vous comprenez comment on arrange notre

Code civil. Oh! bien entendu, on le respecte; seulement, on fait remarquer que le titre du mariage n'est pas en rapport avec la loi de Dieu; que nos lois de succession gagneraient à être modifiées; que les lois sur les associations apportent des entraves fâcheuses au bien religieux.

— Voilà un enseignement qui doit faire de fameux citoyens.

— Madame Prétavoine ne désire pas qu'on fasse de son fils un fameux citoyen; ceux qui la dirigent lui ont dit qu'à Louvain on ferait de son fils un parfait catholique, elle l'a envoyé à Louvain. De plus, on lui a dit encore qu'à Louvain, Aurélien aurait pour camarades une cinquantaine de jeunes gens appartenant à l'aristocratie étrangère la plus haute et la plus pure, et cela seul aurait suffi pour la déterminer, car elle a la passion, la religion de l'aristocratie : pour elle, un comte, un marquis, un duc, sont des dieux devant lesquels elle se prosterne.

Un bruit de ferraille, faible d'abord, mais qui grandit bien vite, interrompit ces conversations.

Une batterie de coups de fouet fit trembler les vitres.

C'était la diligence qui arrivait.

— Une heure trente minutes de retard! dit une voix; voilà les chemins de fer. Il faudra voir si nous ne pourrions pas faire un procès à l'administration.

II

Juste au moment où la voiture s'arrêtait devant le bureau, madame Prétavoine descendait les marches de la cathédrale.

— Pour une femme qui priait, dit un des habitués du café du *Progrès*, il me semble qu'elle avait l'oreille bien attentive aux bruits du dehors.

— Croyez-vous pas qu'elle était dans l'église pour prier ?

— Les églises sont bonnes à tout pour les dévotes.

Le conducteur, se laissant glisser le long des courroies, avait touché terre avant que la voiture s'arrêtât, et, son portefeuille en cuir dans les dents, il ouvrait les portières.

La première personne qui descendit du coupé fut un jeune homme de vingt-trois à vingt-quatre ans. Bien qu'il parût alerte et vif, il ne se pressa pas, et ce fut lentement, posément, qu'il mit pied à terre, en homme qui s'observe et qui veut garder la correction de sa tenue aussi bien que de son attitude. Il est vrai que cette tenue était parfaite, et il fallait avoir vu ce jeune homme descendre de voiture pour admettre qu'il arrivait de voyage. Le linge était d'une blancheur immaculée, le col droit n'était pas cassé; le veston, boutonné d'un seul bouton au cou, n'était pas fripé; le pantalon n'était même pas plissé à l'articulation du genou; les gants de Suède n'étaient pas défraîchis. Si de la toilette on passait à la personne elle-même, on ne trouvait aucun désaccord entre les deux. Le visage rasé, à l'exception de petits favoris blonds, était propre et net, sans trace de poussière ou de noir de fumée; les cheveux étaient bien peignés, sans qu'une boucle dépassât sa voisine. C'était à croire qu'on l'avait apporté dans une boîte, d'où l'on venait de le tirer délicatement à l'instant même.

A peine à terre, il se posa un lorgnon sur le nez et regarda autour de lui.

A ce moment, madame Prétavoine, ayant descendu les marches de la cathédrale, se dirigeait vers la voiture, en hâtant le pas, mais cependant sans courir.

Il alla au devant d'elle, hâtant le pas aussi, mais ne courant pas davantage.

Les habitués des deux cafés n'avaient rien laissé échapper, bien entendu, de ce qui se passait sous leurs yeux.

— Eh bien! s'écria celui qui avait dit le premier que la personne que madame Prétavoine attendait était son fils, me suis-je trompé? C'est Aurélien.

— Est-il roide ce matin-là; voyez comme il marche.

— Vont-ils s'embrasser ?

La mère et le fils n'étaient plus qu'à quelques pas l'un de l'autre ; le fils souleva à demi son chapeau rond, et, sans prendre sa mère dans ses bras, il l'embrassa sur les deux joues.

Elle lui rendit ses baisers avec calme et dignité ; rien dans son attitude ne trahit un trouble de joie ou d'émotion, ses yeux seuls livrèrent le secret de son cœur en lançant des flammes ; assurément ce fils était un enfant bien-aimé, adoré, chéri.

Pendant ce temps, un facteur s'était approché et saluant Aurélien :

— Faut-il vous porter votre sac de voyage, monsieur Prétavoine ? demanda-t-il.

Celui auquel ces paroles s'adressaient allait répondre, mais sa mère le prévint :

— Non, merci, dit-elle ; qu'on le mette au bureau, je l'enverrai chercher.

Et, prenant le bras de son fils, elle s'éloigna avec lui dans la direction de la rue de l'Évêché.

Alors le facteur revint vers la diligence, où deux de ses camarades lui rirent au nez.

— Tu croyais donc qu'elle allait te donner dix sous ? Plus souvent ; elle va envoyer sa cuisinière chercher la malle sur une brouette. Quelle pitié !

Pour gagner la rue de l'Évêché, madame Prétavoine et son fils devaient passer devant le café du *Progrès*, où, quelques instants auparavant, leur nom avait tant de fois retenti. Lorsqu'ils approchèrent, le silence se fit, et ceux des habitués qui se trouvaient assis aux premières tables les saluèrent poliment ; mais, lorsqu'ils eurent passé et se furent éloignés de quelques pas, les conversations et les bavardages reprirent de plus belle.

On s'adressa à celui qui avait émis l'idée que madame Prétavoine attendait son fils, et trois ou quatre personnes à la fois lui demandèrent de justifier l'esprit devinatoire dont il se montrait si fier, en révélant ce qu'Aurélien venait faire à Condé.

— Puisque vous avez prédit tout à l'heure que c'était lui qui arrivait, il ne doit pas vous être difficile maintenant de nous dire pourquoi il vient?

— Je n'en sais rien, ma foi !

— Allons, allons, dirent plusieurs voix.

Cette insistance était trop flatteuse pour que celui qui en était l'objet ne se laissât pas entraîner.

— Eh bien ! dit-il, pour moi, il s'agit d'un mariage.

— Avec qui ? s'écrièrent toutes les voix.

— Ah ! voilà ! pour cela, par exemple, je ne sais rien, et même je prétends qu'on ne peut rien supposer; ceux qui prononceraient un nom seraient des farceurs.

Personne n'eut cette audace de prononcer un nom.

— Vous comprenez que quand on connaît madame Prétavoine comme je la connais, on peut dire, sans crainte d'être démenti, qu'elle cherche un beau mariage pour son fils, mais là ce qui s'appelle un grand mariage.

— Une princesse ?

— Pourquoi pas ? Elle a la fortune, et elle a encore mieux et plus que la fortune; elle a l'appui du clergé, qui lui trouvera pour son fils la femme qu'elle désire.

C'est un garçon, voyez-vous, qui sera marié par les prêtres, et quand ces gens-là poursuivent un mariage, ils le réussissent, si grandes que soient les difficultés.

Une voix s'éleva pour faire remarquer timidement qu'on raisonnait en partant de cette hypothèse que c'était madame Prétavoine qui faisait venir son fils à Condé, tandis que le contraire pouvait être tout aussi vrai; c'est-à-dire que le fils pouvait très-bien avoir averti sa mère de son arrivée, sans que celle-ci l'eût appelé.

— Et alors pourquoi Aurélien serait-il venu? pourquoi aurait-il abandonné ses études? On ne fait pas un aussi long voyage sans motif.

— Ça, c'est vrai.

— C'est d'autant plus vrai qu'il n'y a pas longtemps qu'il était ici.

— Enfin, reprit la voix timide, si je fais cette supposition, c'est que moi aussi je l'appuie sur des raisons.

— Dites-les, vos raisons.

— Mais...

— Alors vous n'en avez pas.

— A la fin du mois de décembre dernier, un dimanche, je devais aller à la chasse au marais, et j'étais parti de chez moi vers quatre heures et demie du matin. Il faisait un brouillard à ne pas voir le bout de son fusil; j'hésitai un moment, me demandant si je ne ferais pas mieux de rentrer. Cependant je continuai, espérant que le brouillard se dissiperait avec le soleil levant. Bien entendu, la ville entière dormait; pas un chat dans les rues. J'allais doucement et je marchais le long des maisons pour ne pas m'égarer.

Arrivé à la Courtine, je m'arrête un moment, et, comme j'allais me remettre en marche, il me semble entendre une porte s'ouvrir doucement, et un faible murmure de voix, une voix d'homme et une voix de femme. Naturellement je ne bouge pas et j'écoute des deux oreilles. «Adieu, chère petite,» disait l'homme. «Embrasse-moi donc,» disait la femme. Et ils s'embrassèrent.

— Bigre! voilà une histoire de chasse qui devient intéressante.

— Je n'étais point à dix pas des amoureux ; vous comprenez que j'entendais tout. Malheureusement je ne voyais rien, bien que je fusse presque sous le reverbère. Je ne suis pas curieux.

— Oh! non, pas du tout.

— A ma place, qui est-ce qui n'aurait pas eu envie de connaître ceux qui s'embrassaient ainsi? Mais comment les voir? C'était ce que je me demandais, quand j'entendis la porte se refermer et des pas se rapprocher de moi. Il n'y avait pas à hésiter ; je m'élance du côté des pas, les deux mains étendues, et je saisis un morceau d'étoffe. «Qui est là ? crie une voix émue. — Qui êtes-vous vous-même ?» Remis de sa surprise, et fâché probablement d'avoir parlé, mon monsieur veut se dégager sans répondre à ma question. Mais je tenais bon, et tout en tiraillant, je l'avais amené en plein sous le reverbère. Il portait sur sa tête un bonnet en fourrure rabattu, et le bas de sa figure était enveloppé dans un foulard. Mais je vois cependant assez de son visage pour le reconnaître. C'était... devinez ?

— M. Aurélien Prétavoine ?
— Lui-même !
— Allons donc, c'est impossible.
— Vous aurez mal vu.
— Si vous voulez. Enfin, après avoir assez vu, je le lâchai, et il s'en alla. Il ne me restait plus qu'à savoir de quelle maison il sortait ; mais cela, c'était une autre affaire. Je crois que je le sais ; seulement, comme dans le brouillard j'ai pu me tromper, j'aime mieux ne rien dire.
— Ne nous faites donc pas languir.
— Est-ce une femme mariée ?
— Est-ce une fille ?
— Si c'était une religieuse, c'est cela qui serait drôle !
— Je vous ai dit que je n'avais de certitude que pour l'homme, je ne parlerai donc pas de la femme.
— Dans la Courtine, ce n'est, parbleu ! pas difficile à trouver.
— Eh bien ! cherchez.
On prononça dix noms.

Quelle pouvait être la femme ou la jeune fille de la rue de la Courtine qui était la maîtresse du fils Prétavoine ? Ce fut la question qu'on agita en attendant la distribution des journaux, et il faut même dire que ce soir-là on ne lut pas ces journaux avec l'attention de tous les soirs. Sans doute, ce qui se passait dans le monde entier et à Paris avait un certain intérêt ; mais cette histoire de la rue de la Courtine, qui se passait entre deux personnages dont on connaissait l'un et dont on cherchait l'autre, était bien plus saisissante. Ce n'était pas un feuilleton imaginé à plaisir, ce n'était pas un fait divers s'appliquant à des inconnus ; c'était une réalité avec une « suite au prochain numéro », qui semblait arrangée exprès pour provoquer la curiosité.

Pendant ce temps, madame Prétavoine et son fils avaient monté la rue de l'Évêché.

Au coin de la place et en voyant devant lui la rue déserte, Aurélien s'était penché vers sa mère.

— Savez-vous, maman, dit-il à mi-voix, que j'ai été bien surpris en recevant votre lettre? Je n'ai pas perdu une minute pour me mettre en route; d'abord je tenais à vous obéir, et puis ensuite j'avoue que j'étais curieux d'apprendre pourquoi vous me faites revenir, car j'ai eu beau lire et relire votre lettre, je n'ai rien trouvé qui puisse éclairer cette question que je me pose depuis mon départ, et que je vous pose maintenant, si vous me le permettez.

— Et à laquelle je ne répondrai que lorsque nous serons chez nous, portes closes. Si je ne confie pas ce que je veux cacher à la poste, je ne le raconte pas non plus dans les rues.

Aurélien, étendant la main droite en avant, sembla dire qu'il n'y avait pas grand danger d'être surpris dans la rue de l'Évêché.

En effet, de toutes les rues de Condé, celle de l'Évêché est peut-être la plus solitaire. D'un côté, se trouve le palais épiscopal, qui n'a pas de façade sur la rue, et de l'autre, s'élève le grand séminaire, qui a, au rez-de-chaussée sur la rue, une porte cochère pour seule ouverture, toutes les fenêtres qui existaient autrefois ayant été murées.

Mais madame Prétavoine ne parut pas convaincue par ce geste de son fils.

— Les murs ont des oreilles, dit-elle d'une voix à peine perceptible, et ceux-là plus que tous autres.

Ils continuèrent de monter la rue, glissant parfois sur l'herbe qui fait à chaque pavé un petit cadre vert.

A son extrémité la plus élevée, la rue de l'Evêché débouche au milieu de la place du Château, et là commence un boulevard planté d'ormes magnifiques qu'on appelle le rempart, sur lequel s'élèvent les plus belles maisons, ou, pour être plus exact, les hôtels de Condé.

Car Condé a des hôtels, de vrais hôtels, bâtis au temps de sa splendeur par une aristocratie aujourd'hui singulièrement déchue et diminuée. Il a été un temps où la noblesse des environs quittait ses terres et ses châteaux pour venir habiter ses hôtels de Condé et y jouir des plaisirs de la société. Cela peut paraître invraisemblable aujourd'hui, et cependant cela a existé.

Mais alors on ne venait pas à Paris comme on y vient maintenant des quatre coins de la France, et dans chaque province il y avait un centre où l'on se réunissait. Condé a été ce centre; il a été habité par des marquises et des baronnes qui se tenaient à l'affût des modes et se les faisaient envoyer dès le moment qu'elles étaient inventées. A côté de la noblesse qui habitait ordinairement ses châteaux, ne venant en ville que pour une saison, il y avait celle qui eût été honteuse de vivre de la vie de la campagne, enfermée dans un château, et qui, se regardant comme faite pour la société, tenait à demeurer en ville.

Comme dans le Valognes de *Turcaret*, il y avait des maisons qui étaient une école de galanterie et de politesse pour les jeunes gens. On s'y rassemblait pour médire ou pour lire les ouvrages d'esprit, on y organisait des fêtes galantes.

Pour cette belle société, il avait fallu construire des hôtels, et, quand la ville féodale avait été démantelée, c'était de chaque côté du rempart, transformé en promenade, qu'on les avait élevés presque tous.

Mais aujourd'hui cette grande existence provinciale s'est éteinte; la plupart des riches familles, qui possédaient ces hôtels, ont disparu ou se sont appauvries; celles qui sont restées debout ont adopté d'autres mœurs, et ces hôtels, pour le plus grand nombre, sont tombés en ruines ou ont été démolis. L'herbe pousse dans les cours trop grandes, et les plantes parasites verdissent les toits.

Parmi les mieux conservés, se trouve celui de la famille de Flancourt, acheté, en ces dernières années, par madame Prétavoine. Fidèles aux vieilles mœurs, les Flancourt n'avaient jamais quitté Condé, et ils avaient toujours entretenu leur hôtel en propriétaires qui habitent; aussi, lorsque madame Prétavoine en avait pris possession, n'avait-elle eu à faire que des travaux d'appropriation, des réparations de luxe et de coquetterie. Les façades en pierre avaient été grattées, les toits avaient été entièrement recouverts d'ardoises neuves; les grilles et les fers, après avoir été dérouillés, avaient été dorés, comme ils l'étaient primitivement; tous les bois avaient été repeints, si bien que cette noble habitation, construite dans le meilleur style Louis XV, avait pris une tournure jeune et pimpante, qui contrastait singulièrement avec tout ce qui l'entourait.

Madame Prétavoine n'avait pas pour habitude de déranger les domestiques et de leur demander ce qu'elle pouvait faire elle-même. Arrivée devant son hôtel, elle tira une clef de sa poche et ouvrit la grille; puis, après avoir fait passer son fils devant, elle la referma.

Lorsqu'ils entrèrent dans le vestibule, deux filles de service accoururent : la cuisinière et la femme de chambre. C'était tout le personnel domestique de madame Prétavoine, qui n'avait pas voulu admettre d'homme chez elle : d'abord, parce qu'il n'est pas convenable qu'un domestique mâle habite sous le même toit que deux filles honnêtes et simples, et puis ensuite parce que les domestiques mâles, tout en se faisant payer plus cher que les femmes, travaillent moins courageusement et mangent davantage.

— Barbe, dit-elle, quand vous aurez servi votre dîner, et avant de dîner vous-même, vous prendrez la brouette et vous irez chercher la malle de M. Aurélien au bureau des voitures.

Barbe inclina la tête en signe d'obéissance, sans dire un mot.

Elles sont rares aujourd'hui les cuisinières qui veulent bien pousser une brouette à travers les rues d'une ville; mais plus que personne madame Prétavoine possédait le talent de se faire servir. Il est vrai qu'elle n'admettait chez elle que des sujets choisis d'une main sûre dans les maisons d'orphelines, où on les lui préparait à l'avance d'après les conditions qu'elle exigeait. Ces conditions essentielles étaient l'obéissance absolue, la résignation, l'honnêteté, une piété exemplaire, la frugalité, le désintéressement, le courage, la force, la santé ; pour la femme de chambre, des manières agréables et des doigts de fée ; pour la cuisinière, le goût inné et l'art acquis de la cuisine.

— Voulez-vous dîner tout de suite ? demanda madame Prétavoine à son fils.

Ils passèrent dans la salle à manger ; mais, au lieu de s'asseoir chacun à sa place, ils restèrent debout, et Aurélien, ayant fait le signe de la croix, récita, les mains jointes, le *Benedicite*, tandis que sa mère, les mains jointes également, le répétait tout bas.

Cependant, si recueillie qu'elle parût être, elle embrassait la table d'un regard circulaire : un couteau était posé de travers sur la nappe ; d'un coup d'œil rapide, elle le montra à la femme de chambre.

Bien que le dîner fût exquis, un vrai dîner inventé par une mère pour fêter le retour du fils bien-aimé, il fut vivement expédié, et l'on passa dans un petit salon qui se trouvait à l'extrémité de l'hôtel, après le salon de réception.

On était là en pleine sûreté, assuré contre les surprises d'un arrivant, aussi bien que contre la curiosité d'une domestique.

Lorsque le café eut été apporté, madame Prétavoine alla fermer elle-même la porte du grand salon ; puis, revenant vers son fils :

— Maintenant, dit-elle, nous pouvons parler librement et je puis vous apprendre pourquoi je vous ai fait venir : c'est pour vous marier.

III

Malgré sa jeunesse, M. Aurélien Prétavoine n'avait pas l'habitude de manifester extérieurement les impressions qu'il éprouvait, car dès son enfance, on lui avait appris à s'observer et à se tenir en garde aussi bien contre les mouvements de son cœur que contre les surprises de son esprit.

Mais en entendant sa mère annoncer qu'elle le faisait venir pour le marier, il n'avait pas été maître de retenir l'exclamation qui lui était montée aux lèvres:

— Me marier, moi!

— Cette idée vous contrarie? répondit madame Prétavoine avec une certaine roideur.

— Mon Dieu! non, mais j'avoue qu'elle me surprend.

— S'il n'y a que de la surprise chez vous, cela importe peu.

— Et que voudriez-vous qu'il y eût en plus, ma mère?

— Je vous le demanderais en vous priant de vous expliquer franchement.

Ces demandes et ces réponses avaient été dites simplement et rapidement, comme s'il s'agissait de choses de peu d'importance. Cependant les regards qui les accompagnaient, de même que la façon dont certains mots étaient prononcés, marquaient bien que la mère et le fils se comprenaient, et que, s'ils s'en tenaient à ces paroles un peu vagues, c'était qu'ils avaient de part et d'autre leurs raisons pour ne pas s'engager plus avant.

Dans ces simples mots de madame Prétavoine, « cette idée vous contrarie », il y avait tout un monde.

C'était une invitation à la confession.

Et, en même temps, par le ton, c'était une menace.

Si cette idée vous contrarie, semblait-elle dire, expliquez-moi pour quelles raisons.

Mais n'oubliez pas que je n'accepterai pas ces raisons, que je les combattrai, et que je suis une femme à laquelle on ne résiste pas.

— Et ce mariage que vous désirez, dit Aurélien après un moment de silence, est-il seulement arrêté en théorie ou bien avez-vous une personne en vue?

— J'ai une personne en vue.

— C'est?

— Mademoiselle Bérengère de la Roche-Odon.

Si Aurélien avait éprouvé un moment de surprise en entendant sa mère lui déclarer qu'elle le rappelait près d'elle pour le marier, cette surprise se changea en stupéfaction lorsque le nom de mademoiselle de la Roche-Odon fut prononcé, et alors même que son exclamation ne l'eût pas trahi, sa mère, qui l'observait, eût vu, au changement de sa physionomie, combien profondément il était troublé. Il restait les sourcils arqués, les yeux arrondis, la bouche grande ouverte.

— Moi ! dit-il enfin.
— Vous.
— Moi, fils d'un banquier.
— Mon fils !

Si ceux qui, quelques heures auparavant, avaient vu madame Prétavoine entrer à l'église Saint-Étienne, les yeux baissés, marchant avec humilité, avaient entendu ce cri : Mon fils ! et le ton de hauteur superbe avec lequel il avait été jeté, ils auraient cru assurément que leurs yeux les avaient alors trompés ou bien que leurs oreilles les trompaient maintenant.

— Mais tout nous sépare, poursuivit Aurélien.
— Je ne vous ai pas dit que ce mariage fût facile.
— Il est impossible.
— Vous croyez ?
— Mais la fortune...

Elle l'interrompit en lui fermant la bouche avec la main.

— La fortune du comte de la Roche-Odon est une belle fortune, voulez-vous dire ?
— Considérable, il me semble.
— Croyez-vous donc que je cherche pour vous une femme sans dot ? D'ailleurs ne jugez pas votre propre fortune, mon cher Aurélien, d'après la part qui vous est revenue dans l'héritage de votre père. Ce n'est pas à vous qui étudiez le droit que je veux parler de quotité disponible, d'usufruit, de communauté. Vous

savez bien que, mariée sous le régime de la communauté, j'ai pris tout d'abord la moitié de ce que nous avions acquis, votre père et moi pendant notre mariage. De plus, votre père m'ayant par testament légué tout ce dont il pouvait disposer, vous n'avez eu à vous partager, vos trois sœurs et vous, que les trois quarts de la moitié de la fortune qui appartenait à votre père et à moi. Ne parlez donc pas de fortune.

— Je parle de ce que j'ai.

— Pensez plutôt à ce que vous aurez un jour, et à ce sujet je veux vous dire aujourd'hui quelles sont mes intentions à cet égard.

Il fit un geste pour interrompre, mais elle continua :

— Le moment est venu de nous expliquer, vous n'êtes plus un enfant, et je dois vous dire ce que je veux faire pour vous aussi bien que ce que j'attends de vous. Votre père a eu, grâce à Dieu, une mort chrétienne, véritablement édifiante ; mais par malheur il lui était resté de sa jeunesse certaines idées que, malgré mes efforts, je n'ai jamais pu chasser entièrement de son esprit ; je les combattais, elles paraissaient abattues et déracinées, puis elles reprenaient vigueur. Enfin c'est en vertu de ces idées qu'il a cru devoir obéir aux dispositions du code pour le partage de sa fortune. C'est donc le code qui vous a attribué, à vous, comme à vos sœurs, les trois quarts de ce que possédait votre père au moment de son décès, pour être partagé entre vous tous également. Cela a mis vos sœurs, toutes les trois bien mariées, dans une excellente position. Je pense et j'estime qu'elles ont assez ; aussi mon intention, ou, pour mieux dire, ma volonté bien arrêtée, que rien ne changera, est-elle de vous faire maître, maître unique de tout ce que je possède.

— Mais il y a l'article 913 du code civil qui régit les Français, dit-il, et nous smmes en France.

— Croyez bien que je connais l'article 913 et la loi qui régit les Français ; mais, si je connais celle qui les régit aujourd'hui, je connais aussi celle qui les régissait autrefois. Pendant des centaines d'années, le droit d'aînesse a régi la France ; le fils aîné héritait du titre et de la fortune, les cadets entraient dans l'armée, les filles allaient au couvent. Avant qu'il y eût une France, le droit d'aînesse était la loi de tous les pays, et il a été aussi la loi du peuple de Dieu. Si un jour le droit d'institution divine a été, comme tant d'autres, détruit par la Révolution, il n'a pas pour cela cessé d'exister, et il est resté au dessus des lois de circonstance et de politique. Aussi je vous assure que, dans ma conscience de chrétienne, je ne me crois nullement obligée d'obéir à ces lois.

— Il est difficile de leur échapper.

— Je ne me révolterai pas contre parce que je ne suis qu'une femme, mais je ferai tout pour échapper aux chaînes qu'elles veulent m'imposer. Ce qui est d'institution divine, ce qui a été bien pendant des centaines d'années, ce qui est bien encore aujourd'hui en Angleterre, en Espagne, en Russie, ne devient pas mal, du jour au lendemain, parce que des révolutionnaires ont pu mettre leur volonté au-dessus de celle de Dieu. Vous êtes le mâle de la famille ; la fortune entière de la famille sera demain pour vous, comme elle eût été pour vous il y a cent ans, comme elle serait pour vous, si vous étiez Anglais ou Russe, au lieu d'être Français. Vous voyez que j'ai réfléchi à votre article 913 et que je sais ce que je fais. Au reste laissez-moi vous dire que votre interruption me surprend vivement ; elle m'eût paru naturelle chez un étudiant en droit de l'école de Paris, mais je croyais qu'à Louvain, dans une université catholique...

Aurélien s'était laissé faire docilement la leçon en fils respectueux, mais à ce mot il crut pouvoir se défendre.

— La lumière des principes qu'on nous enseigne, dit-il d'un ton doctoral, tombant sur l'ensemble de notre législation, nous montre mieux qu'à tous autres quels sont ses points défectueux, et nous croyons que c'est faire preuve d'un vrai respect, d'un véritable amour pour nos lois, que de chercher à les réformer dans le sens de la perfection, c'est-à-dire d'un accord avec la loi de Dieu. Croyez donc bien, ma chère maman, que je n'ai pas voulu justifier l'article 913; j'ai voulu simplement vous signaler ses dispositions, auxquelles il me paraît bien difficile d'échapper.

— De cela ne prenez pas souci, c'est mon affaire; lorsqu'on voit clairement son but et qu'on a la conviction d'accomplir un devoir en le poursuivant, on l'atteint toujours. La loi est mauvaise, nous la tournerons; vous ne serez donc pas victime de cet article 913, et vous recueillerez seul, tout seul, ce qui vous appartient. Ceci expliqué, vous n'avez pas à vous effrayer de la fortune du comte de la Roche-Odon.

— Je ne m'en effraye pas, dit-il en souriant.

Madame Prétavoine voulut bien trouver ce mot spirituel et en rire.

Mais, sans se laisser distraire, elle poursuivit :

— Je veux dire que si votre apport dans le mariage n'est point égal à celui de mademoiselle de la Roche-Odon, il ne sera pas ridicule, comme vous paraissiez le craindre, et comme il l'eût vraiment été, si votre part eût été égale à celle de vos sœurs.

— Si, grâce à vous, chère mère, cet apport n'est pas ridicule, il y en a un autre qui, quoi que vous fassiez, le sera toujours : ce sera celui de mon nom. Si tout à l'heure, dans ma surprise, j'ai parlé de fortune, j'aurais dû avant tout parler de naissance.

Madame Prétavoine secoua la tête en femme qui n'acceptait pas cette objection.

Il poursuivit :

— Par votre intelligence, par vos efforts, par votre génie des affaires, — le mot n'est que juste, puisque tout le monde le répète, — vous avez pu me gagner une fortune, mais vous ne pouviez pas me gagner un titre. Et d'ailleurs, l'eussiez-vous pu, que ce titre eût été de nulle valeur aux yeux du comte de la Roche-Odon. Vous avez voulu, chère mère, que j'apprenne l'histoire et la généalogie de notre contrée.

— Vous en plaignez-vous ?

— Oui, en ce moment, mais c'est pour la première fois, c'est en voyant quels obstacles vous êtes exposée à rencontrer dans cette noblesse du comte. Cette noblesse remonte authentiquement à la conquête de la Normandie par les Normands: lorsque Rollon, en 914, partagea au cordeau entre ses compagnons d'armes (*terras funiculo divisit*, c'est l'expression latine), la province qu'il venait de conquérir, le fief de la Roche-Odon fut attribué à Turold le Frison, de qui part la maison de la Roche-Odon. Plusieurs Turold ont accompagné le duc Guillaume dans la conquête de l'Angleterre par les Normands, et il y a encore à la tête de la noblesse anglaise une famille Turold comme il y a en tête de la noblesse française des Turold de la Roche-Odon. Pendant neuf cents ans, les la Roche-Odon ont écrit leur nom dans l'histoire de France. Leur fortune a eu des éclipses il est vrai, mais elle a eu aussi des splendeurs rayonnantes ; ils ont monté, ils ont baissé, ils n'ont jamais disparu.

— Je vous demandais tout à l'heure si vous pensiez que je vous avais cherché une femme sans dot, je vous demande maintenant si vous pensiez que je vous en chercherais une sans naissance.

— Il y a naissance et naissance : une jeune fille de bonne noblesse pourrait accepter le fils d'un banquier d'Hannebault, alors surtout qu'on lui montrerait les avantages matériels de ce mariage. Mais mademoiselle Bérengère n'est pas seulement de bonne noblesse; et puis à côté d'elle il y a son grand-père, il y a le comte, qui est le plus pur représentant de l'ancien régime.

— Le connaissez-vous donc mieux que moi ?

— Je ne sais de lui que ce qui est su de tout le monde, mais il me semble que ce qui est de notoriété publique suffit bien pour justifier mon objection. Pensez donc, chère mère, qu'il n'y a pas un acte dans la vie du comte de la Roche-Odon qui n'ait été l'affirmation, la proclamation de ses principes et de ses croyances. Après la révolution de 1830, il donne sa démission pour rester fidèle au roi, et à trente ans, il brise, de sa propre main, la belle carrière qui s'ouvrait devant lui. Si, en 1848, il accepte d'être élu représentant c'est pour défendre la royauté à l'Assemblée nationale et à l'Assemblée législative. Il suffit de parcourir une histoire de cette époque pour savoir le rôle important qu'il a joué alors; beaucoup plus ferme que Berryer lui-même, il est opposé à la fusion et la combat franchement. Au coup d'État de décembre, il est un des premiers représentants qu'on arrête, et, alors qu'il s'est retiré ici, il ne cesse pas un jour de faire une opposition à l'Empire, qui a donné bien des ennuis à tous les sous-préfets qui ont passé à Condé. En 1860, lorsqu'il voit le saint-siége menacé par la Révolution et abandonné par la politique tortueuse de l'Empire, il part pour Rome; à soixante-trois ans, il s'engage comme un jeune homme dans les troupes de notre saint-père, et il se bat courageusement d'abord à Castelfidardo, ensuite à Ancône. Où trouver parmi les contemporains un homme qui ait tenu plus haut la bannière de la foi?

Madame Prétavoine avait écouté ce petit discours en souriant.

— J'aime vous entendre parler ainsi, dit-elle, et j'espère que plus tard vous montrerez au vieux comte l'admiration que sa conduite politique vous inspire: cela pourra être utile pour faire sa conquête. On parle bien lorsqu'on est inspiré par la conviction. Et je vous promets que nous la ferons cette conquête. Ne croyez pas que je me berce d'illusions ou que ma tendresse maternelle m'aveugle. Ce projet, dont je vous fais part aujourd'hui, je le nourris et l'étudie depuis plusieurs années. Vous n'étiez encore qu'un petit enfant, que mon parti était pris à l'égard de votre mariage. Vous épouseriez une femme riche et avant tout noble. Toute mon ambition, je l'ai mise dès ce moment en vous; ce que je ne pouvais être, moi, pauvre femme misérablement élevée, sans éducation, sans autre instruction que celle que je pouvais me donner, vous le seriez, vous! C'est pour vous que j'ai voulu la fortune, c'est pour vous que j'ai travaillé; c'est en vue de ce mariage, qui serait le mien, car je vivrais en vous. C'est aussi en vue de ce mariage que je vous ai fait instruire par les meilleurs maîtres que j'ai pu réunir. Du jour où je me suis attachée à cette idée qui a été le ressort de ma vie, rien ne m'en a distrait, et tous mes efforts personnels n'ont eu d'autre but que sa réalisation; je ne me suis plus créé une relation, je n'ai plus rendu un service qu'avec la pensée de l'intérêt que j'en pourrais tirer un jour, — le jour de votre mariage. Si vous saviez, mon cher Aurélien, quelle force on trouve dans une idée fixe à laquelle on se donne entièrement, corps et âme.

— Et je ne me suis douté de rien!

— Il n'était pas nécessaire que vous eussiez connaissance de mon projet; il valait même mieux vous le cacher. Vous étiez trop jeune pour en sentir toute l'importance, et je voulais vous laisser votre liberté, en même temps qu'en ne vous avertissant pas, je prévenais toute indiscrétion.

— Et aujourd'hui suis-je le seul qui le connaisse ce projet?

— J'en ai fait part à l'abbé Guillemittes, qui, en toute cette affaire, a été mon conseil et qui sera notre allié; lui seul connaît mon plan, quoique bien des personnes aient déjà concouru à son exécution. Mais ces personnes ont agi sans savoir l'intérêt qui les mettait en jeu et sans se douter des services qu'elles me rendaient: ce sera même chose plaisante que leur surprise quand elles apprendront la vérité.

Et, à la pensée de cette surprise, madame Prétavoine eut un rire silencieux qui eût assurément inquiété plus d'un de ses alliés, s'il avait pu le voir et le comprendre; cette femme, que son mari autrefois et ses amis maintenant appelaient « toute bonne », n'était peut-être pas aussi douce que son petit nom semblait l'indiquer.

— C'est donc pour mademoiselle de la Roche-Odon, poursuivit-elle, que j'ai abandonné notre maison de banque à la mort de votre père. Sans doute j'aurais pu la garder et nos actionnaires le souhaitaient vivement, eux qui me connaissaient tous et m'avaient vue à l'œuvre; mais j'avais besoin de ma liberté, et il était indispensable aussi que je n'eusse plus à m'occuper que d'une seule affaire, à laquelle je me consacrerais entièrement corps et âme : votre mariage. C'est aussi pour mademoiselle de la Roche-Odon que j'ai quitté Hannebault où tant de liens me retenaient cependant, et que je suis venue me fixer dans cette ville, après avoir acheté cette maison, qui me fait la voisine du comte. Enfin c'est pour elle que, depuis que je suis ici, je me suis créé des relations avec toutes les personnes qui approchent le comte et ont une influence quelconque sur lui ; si bien qu'aujourd'hui je tiens à peu près toutes ces personnes dans ma main et que je puis les faire agir quand l'heure sera venue.

Jusqu'à ce moment elle avait parlé debout devant son fils, appuyée d'une main sur la table, tandis que lui l'écoutait, assis à son aise dans un fauteuil bas.

Elle prit une chaise et, s'asseyant à son tour, mais sans s'éloigner, se rapprochant même plutôt de manière à tenir son fils bien en face d'elle, sous ses yeux et à l'envelopper dans son geste, elle continua :

— Vous m'avez parlé tout à l'heure de la fortune du comte de la Roche-Odon comme tout le monde en parle à Condé ; la vérité est cependant que cette fortune se trouve pour le moment fort embarrassée. Ce que vous ne savez pas et ce que je sais, moi, c'est que cette fortune a toujours été territoriale et que le comte n'a jamais possédé de capitaux ni de valeurs. Les dettes considérables faites par son fils et qu'il a voulu payer à la mort de celui-ci, même celles qu'on ne paye pas d'ordinaire, ont grevé ses propriétés de grosses hypothèques ; si bien que, pour le moment et pour plusieurs années encore, la totalité presque entière de ses revenus est, et sera absorbée en remboursements et en services d'intérêts. Dans ces conditions, il lui serait donc très-difficile, pour ne pas dire impossible, de donner une dot à mademoiselle Bérengère ; il faudrait pour cela qu'il vendît plusieurs des propriétés qui lui viennent de ses pères ou bien qu'il rasât ses forêts, et ce serait pour lui un terrible sacrifice. Quant aux maris qui épousent sans toucher immédiatement une dot et qui veulent bien se contenter d'espérances, vous savez comme moi qu'ils sont rares. Vous voyez donc que voilà un obstacle qui n'est pas si formidable qu'il a pu vous paraître lorsque vous le regardiez de loin.

— Et la naissance?

— Il en est de la naissance comme de la fortune, il faut aller au fond des choses; si mademoiselle Bérengère était la fille du comte, vous auriez pleinement raison dans votre objection.

— Elle est sa petite-fille, sa seule enfant, son héritière.

— Parfaitement.

— Et de plus, on dit qu'il éprouve pour elle une véritable adoration.

— Cela est très-vrai encore; mais cette adoration ne peut pas faire que le comte soit son père, alors qu'il n'est que son grand-père.

— Son père est mort.

— Sans doute, mais sa mère vit encore, et nous devons même prier Dieu de veiller sur les jours de celle-ci au moins jusqu'au lendemain du mariage de sa fille, car c'est dans la rivalité de la mère et du grand-père que nous trouverons une arme puissante. Vous savez, n'est-ce pas, comment la mère de mademoiselle Bérengère est devenue vicomtesse de la Roche-Odon? Ce mariage fut un désespoir et une honte pour le comte. Déjà le vicomte avait causé bien des chagrins à son père : d'abord en ne donnant pas sa démission lors du rétablissement de l'Empire, car si le comte avait accepté que son fils entrât à l'école militaire en 1848, c'était avec la pensée que l'officier républicain passerait au service du roi lorsque Henri V replacerait sur sa tête la couronne de France. Non-seulement le vicomte ne donna pas sa démission, mais encore il devint un des favoris de la nouvelle cour. Ce ne fut pas tout : il avait recueilli la fortune de sa mère, il la dissipa avec une prodigalité qui fit de lui un des rois de la vie parisienne. Puis tout à coup il vint annoncer à son père qu'il allait se marier avec une veuve dont le nom était alors célèbre dans le monde où elle brillait : la princesse Sobolewska, une Russe, une Polonaise, on ne sait trop ; en tout cas, une aventurière. C'était la première visite qu'il faisait à son père depuis qu'il s'était attaché à la fortune de l'empereur, ce fut la dernière. Le comte refusa son consentement à ce mariage scandaleux. Mais le vicomte avait atteint l'âge où l'on peut remplacer le consentement paternel par des sommations. Le mariage se fit. Naturellement il fut malheureux; on plaida en séparation de corps, les deux époux lançant l'un contre l'autre les accusations les plus graves et les plus scandaleuses.

— J'ai lu le compte rendu de ce procès.

— Il n'y eut pas qu'un procès; il y en eut plusieurs qui durèrent pendant trois ou quatre ans, et qui amusèrent le public aux dépens des deux époux. Vous pouvez vous représenter quelle fut la douleur du vieux comte en voyant son nom, dont il était si justement fier, devenu un objet de risée. Les tribunaux, en prononçant la séparation de corps, décidèrent que l'enfant serait remise à son grand-père pour être élevée, près de lui et par lui. Ceci se passait avant la guerre. Fait prisonnier avec l'armée de Metz, le vicomte mourut en captivité. Comme vous devez bien le penser, cette guerre à coups de procès a donné naissance à une haine implacable entre le comte et la vicomtesse : la bru déteste son beau-père et le beau-père déteste sa bru en même temps qu'il la méprise ; cette femme qui porte son nom et qui, paraît-il, le déshonore, est pour lui un objet de honte et de dégoût. C'est cette haine qui, à un moment donné, nous ouvrira une porte, ne l'oubliez pas.

— Et comment cela?

— Le comment importe peu pour le moment ; considérez seulement quelle est la situation, et vous verrez tout de suite quels avantages elle pourra offrir à ceux qui sauront l'exploiter. Les jugements qui ont enlevé à la vicomtesse de la Roche-Odon la garde de sa fille n'ont pas pu briser les liens qui l'attachent à celle-ci ; elle est toujours sa mère, et en cette qualité elle conserve, n'est-ce pas, les droits de puissance paternelle ou maternelle (je ne sais comment dire) que la loi attribue aux père et mère ?

— Sans aucun doute.

— Il résulte donc de ces droits que mademoiselle de la Roche-Odon ne peut pas se marier sans le consentement de sa mère.

— Cela est incontestable.

— Il faut donc, si le comte et sa petite-fille choisissent un mari, que la vicomtesse agrée ce mari et consente au mariage de sa fille.

— Je ne vois pas trop comment on arrivera à la

marier, au moins avant qu'elle ait atteint l'âge où elle pourra se passer du consentement de sa mère.

— Tout simplement en manœuvrant avec adresse entre le grand-père et la mère, de telle sorte que tous deux croient qu'ils se jouent mutuellement un mauvais tour en mariant la jeune fille. Je ne dis pas que cela sera facile, mais je crois que nous pourrons triompher des difficultés qui se présenteront.

— Pour ce qui est du comte, j'admets votre confiance, mais pour la vicomtesse ?

— Je vous ai dit que j'avais préparé toutes mes batteries ; puisque nous aurons à lutter contre madame de la Roche-Odon, j'ai dû m'occuper d'elle.

— Où donc est-elle ?

— Depuis sa séparation, elle a été un peu partout : à Vienne, à Londres, dans les villes d'eaux. Depuis peu, elle s'est installée à Rome avec son fils. L'enfant de son premier mariage, le prince Sobolowski, le frère de mademoiselle Bérengère, frère de mère bien entendu, mais enfin assez frère cependant pour hériter de la fortune entière du comte de la Roche-Odon si mademoiselle Bérengère venait à mourir après son grand-père et sans enfants.

— Quelle inquiétude pour le comte !

— Aussi doit-il vouloir ardemment que sa petite-fille se marie et qu'elle ait des enfants : ce qui, soit dit en passant, est une bonne chance pour nous. Mais, pour en revenir à la vicomtesse de la Roche-Odon et pour répondre à votre question, sachez que, lorsque le moment d'agir sera venu, j'aurai de puissantes influences à faire mettre en jeu auprès d'elle. D'ailleurs, s'il le faut, nous irons nous-mêmes à Rome. C'est un voyage que nous entreprendrons très-probablement, non-seulement dans ce but, mais encore dans un autre non moins important, dont je vous entretiendrai plus tard. C'est bien assez d'affaires pour aujourd'hui, et présentement nous devons concentrer toute notre attention et tous nos efforts sur la question que je viens de vous exposer, — celle de votre mariage. Je vous ai fait part de mon désir, je vous ai expliqué mon plan en vous faisant toucher du doigt ses côtés forts et ses côtés faibles ; mais il y a un point qui n'a pas été abordé entre nous et qui cependant est le principal, celui d'où nous devons partir.

— Et quel est-il ?

— C'est celui qui vous touche personnellement. Vous savez quel est mon désir, mais moi je ne sais pas quelles sont vos intentions. Je vous ai dit que je voulais ce mariage. Avant d'aller plus loin, c'est à votre tour de me dire si vous le voulez aussi. C'est là ce qui nous reste à examiner.

Madame Prétavoine s'était rapprochée de son fils, et, comme elle était assise sur un siége plus élevé que celui qu'il occupait, elle le tenait sous elle, sous son geste, comme sous son regard.

Elle avait prononcé ces dernières paroles, les yeux attachés sur son visage.

Elle vit qu'il éprouvait un mouvement de trouble, bien léger et bien fugitif, il est vrai, mais qui ne pouvait pas échapper à une attention aussi vivement tendue que la sienne.

Avant de lui laisser le temps de répondre à la question qu'elle venait de lui poser et même d'y réfléchir, elle poursuivit :

— Quand l'idée de ce mariage m'est venue, je vous avoue que je n'ai pas douté une minute de votre acceptation. J'ai pensé que vous seriez comme moi frappé des avantages considérables qu'il vous offre, car enfin, ce n'est pas seulement la fortune qu'il vous donne, c'est la porte des honneurs et du pouvoir qu'il vous ouvre à deux battants. Assurément, mon cher enfant, j'ai pleine confiance dans votre avenir et je suis convaincue que vous êtes appelé à de hautes destinées. Que vous réalisiez pleinement les espérances que nos amis ont conçues, j'en suis certaine : vous serez le champion de l'Église dans notre contrée et le défenseur de notre sainte religion menacée. Avec les connaissances que vous avez acquises, avec les talents naturels dont vous êtes doué, avec la foi qui vous anime, vos succès seront grands, cela, je le sens et je le sais à l'avance. Cependant, il n'en est pas moins vrai que ces succès, si grands qu'ils soient, ne vous donneront pas tout de suite le rang auquel vous devez monter un jour ; tandis que ce rang, vous y arriverez d'un bond par le fait seul de votre mariage. Vous ne serez plus seulement M. Aurélien Prétavoine, homme de talent et de courage ; vous serez le petit-fils du comte de la Roche-Odon, et bien des portes qui vous seraient restées fermées, s'ouvriront d'elles-mêmes. Alors où ne pouvez-vous pas atteindre ? Voilà, mon enfant, comment j'ai raisonné quand j'ai conçu le plan de ce mariage ; cependant je reconnais que vous pou vez très-légitimement ne pas raisonner comme moi, et n'être pas disposé à vous marier.

— J'avoue que jusqu'à cette heure je n'avais envisagé cette question de mariage que pour une époque plus éloignée. Je n'ai aucune répulsion pour le mariage ; seulement je n'aurais pas cru que vous songeriez à me marier si tôt.

— Je comprends cela moi-même ; mais enfin, pour bien préciser, je veux vous demander si, les circonstances vous forçant à ce mariage, vous l'acceptez en toute liberté.

— Mais, ma mère...

— Jamais je ne voudrais vous faire violence ; si vous aviez quelque répugnance contre ce mariage, une raison quelconque pour le refuser (une raison légitime, bien entendu), ouvrez-vous franchement à votre mère.

Il hésita un moment, et il essaya de regarder sa mère en face ; mais il baissa les yeux bien vite, troublé et embarrassé.

— Je n'ai aucune raison pour repousser un projet qui nous offre de si grands avantages, dit-il enfin, et c'est du profond du cœur que je vous remercie, ma mère, de l'avoir conçu.

Sur ce mot, madame Prétavoine se leva, et, prenant son fils dans ses deux bras, elle l'embrassa à plusieurs reprises. La joie rayonnait sur son pâle visage, ses yeux ardents lançaient des flammes, et ses lèvres minces tremblaient d'émotion.

— Oh ! mon fils, mon cher fils, répétait-elle, mon cher enfant !

Il semblait que dans cette explosion de joie, il y eût comme un sentiment de triomphe inespéré.

Cette émotion se calma assez vite, et madame Prétavoine reprit sa figure impénétrable.

— J'ai été tellement préoccupée par cet entretien, dit-elle, que j'ai oublié de vous expliquer pourquoi je vous ai fait venir en grande hâte, et vous devez vous demander si c'est seulement pour résoudre théoriquement cette question que vous avez quitté Louvain.

— Il est vrai, car mademoiselle de la Roche-Odon est bien jeune et il me semble que rien ne presse pour décider ce mariage.

— Je vous ai fait appeler ici pour que vous puissiez voir mademoiselle de la Roche-Odon et lui faire votre cour: il me semble que c'est par là que les choses doivent commencer, sans que cela hâte la conclusion.

— Je serai d'autant plus satisfait de la voir, que je la connais fort peu ; elle m'est apparue, à l'église et dans les endroits où le hasard m'a fait la rencontrer, comme une enfant charmante, mais en évoquant son image je ne retrouve guère dans mon souvenir que de beaux cheveux blonds et des yeux de biche effarée. Et où dois-je la voir ?

— Ici.

— Chez vous ?

— Oui, chez moi.

La surprise qui se montra sur le visage d'Aurélien ne fut pas moins vive que celle qui y avait apparu au moment où sa mère lui avait annoncé qu'elle l'appelait à Condé pour le marier.

Elle se prit à sourire.

— Je comprends votre étonnement, dit-elle, et je ne veux pas exaspérer votre curiosité.

— Vous savez combien le comte apporte de réserve dans ses relations et combien est petit le nombre des personnes qu'il admet dans son intimité, c'est un choix qui vaut presque un titre de noblesse; encore y a-t-il beaucoup de familles nobles de la contrée qui n'ont jamais franchi la grille de la Rouvraye, et chez lesquelles le comte n'a jamais daigné mettre les pieds. Cependant il viendra ici de samedi en huit avec sa petite-fille, et c'est pour que vous m'aidiez à les recevoir que je vous ai appelé près de moi. Mais ceci mérite explication...

— Il est vrai.

— Et je veux vous satisfaire. Vous avez connu, lors de votre dernier séjour ici, les démarches entreprises par la société anglaise, pour l'érection d'un temple protestant à Condé. Vous savez quelle clameur s'est élevée dans la contrée, lorsqu'on a appris que dans un pays catholique comme le nôtre, dans une ville épiscopale, habitée par une population religieuse, l'orgueil anglican voulait construire une chapelle qui serait une injure à notre foi. Ce n'était pas la première fois que les Anglais qui se sont fixés dans le pays soulevaient cette insolente prétention, et toujours elle avait été repoussée. Elle l'eût été encore sans doute, si Monseigneur avait rigoureusement résisté; car, bien que nous soyons en république, le clergé n'a pas perdu toute puissance et il peut encore se faire écouter lorsqu'il élève la voix. Par malheur, élever la voix est ce que Monseigneur sait le moins, son besoin de conciliation à tout prix le paralyse, et d'autre part, parce qu'il a occupé autrefois une charge à la cour de l'empereur, il n'ose rien entreprendre; son origine, qui lui avait mis un boulet aux jambes pendant l'empire, le lui maintient depuis que l'empire est tombé. On lui a promis que dans cette chapelle le service serait célébré en anglais, et, prenant cela pour une concession, il n'a pas persisté dans une opposition qui, bien et vigoureusement menée, eût encore une fois fait échouer le projet des Anglais. Si bien que les fondations de la chapelle sont creusées et qu'on va poser la première pierre.

Aurélien écoutait attentivement, mais en homme qui cherche vainement à comprendre ce qu'il entend.

— Vous ne voyez point, n'est-ce pas, continua sa mère, le rapport qui peut exister entre la construction de cette chapelle et la visite du comte? Cependant c'est cette chapelle qui amènera le comte ici, ou plutôt c'est l'habileté de l'abbé Guillemittes. Bien que les Anglais aient souscrit des sommes considérables pour leur chapelle, les dépenses probables excèdent encore le montant des souscriptions. Il faut donc combler ce déficit, et, pour commencer, lady Sarah Barrington a organisé pour samedi un grand bazar de vente au profit de cette chapelle, et elle a invité non-seulement la société anglaise, mais encore toute la ville. Vous savez quelle influence lady Sarah Barrington s'est acquise par sa fortune, les agréments de sa maison, et aussi, il faut le dire, sa générosité. Son bazar sera approvisionné des choses les mieux choisies, et les comptoirs seront tenus par les jeunes filles et les jeunes femmes les plus agréables de la société anglaise. Elle aura beaucoup de monde, cela est malheureusement certain. Qu'auriez-vous fait pour empêcher ou tout au moins atténuer ce scandale ?

Il resta sans répondre.

— Vous ne trouvez pas ?... Eh bien ! l'abbé Guillemittes a trouvé, lui, et son inspiration est un trait de génie ; car, tout en servant la cause de notre sainte religion outragée, elle sert en même temps nos intérêts les plus chers, c'est-à-dire votre mariage. Au bazar des Anglais, nous opposons le tirage de notre loterie de saint Pierre.

— Mais il reste un grand nombre de billets à placer, il me semble ?

— Je les ai pris. Sans doute c'est un sacrifice, mais l'importance du résultat à atteindre l'emportait de beaucoup sur la question d'argent. Nous élevons Église contre Église et nous engageons franchement la lutte. Nos invitations sont prêtes, nous allons les lancer. La ville et la contrée se prononceront ; nous verrons ceux qui viendront au tirage de notre loterie et nous verrons ceux qui iront au bazar ; nous nous compterons, et les bons seront séparés d'avec les mauvais.

— Je comprends. C'est ici, chez vous, que se tire la loterie ?

— Je suis trésorière de l'œuvre, et cette qualité fera oublier à certaines personnes orgueilleuses que je ne suis qu'une bourgeoise enrichie. Ceux qui n'auraient jamais accepté une invitation de madame Prétavoine seront obligés de venir chez la trésorière. C'est là qu'est l'inspiration admirable de l'abbé Guillemittes. Grâce à lui, je prends possession de cette partie de la société qui, jusqu'à ce jour, n'avait voulu voir en moi que la veuve d'un banquier. C'est ainsi que le comte de la Roche-Odon a promis de venir avec sa petite-fille. Et vous en verrez bien d'autres! Au tirage de la loterie, j'ajoute une collation où je ferai servir une table exquise et des vins comme on n'en a jamais bu à Condé. Que dites-vous de cette idée de notre cher abbé?

— C'est admirable.

IV

L'essentiel était dit.

La mère avait expliqué son plan.

Le fils l'avait accepté.

L'entretien ne pouvait plus que languir.

D'ailleurs le temps avait marché, la soirée s'était écoulée.

Madame Prétavoine, qui ne laissait rien échapper de ce qui se passait autour d'elle, remarqua que son fils avait habilement manœuvré sur son fauteuil, de manière à pouvoir lever les yeux sur la pendule, à laquelle, au commencement de leur conversation, il tournait le dos. Tout d'abord il avait joué avec la chaîne de sa montre, en homme qui n'attend qu'une occasion favorable pour glisser une main rapide dans la poche de son gilet et regarder l'heure à la dérobée; mais, cette occasion favorable ne s'étant pas présentée, il avait renoncé à son premier dessein, et, poussant doucement son fauteuil, à petits coups, sans faire de bruit, il s'était trouvé en face de la pendule.

Au mouvement qui lui avait échappé lorsqu'il avait levé les yeux sur le cadran, il était bien certain qu'il n'avait pas eu conscience du temps qui s'était écoulé pendant les confidences de sa mère, et qu'il éprouvait une désagréable surprise en voyant l'heure qu'il était.

Cependant il n'avait rien dit.

Mais après cinq ou six minutes il avait allongé les jambes, il s'était étiré les bras, et à plusieurs reprises il avait passé ses mains sur ses yeux ; enfin il avait successivement fait tous les signes par lesquels une grande fatigue se manifeste ordinairement.

Deux fois même il étouffa un bâillement avec discrétion.

— Vous êtes fatigué ? dit madame Prétavoine sans paraître fâchée.

— Un peu.

— Alors il faudrait vous coucher, l'heure est venue.

Il ne se fit pas répéter deux fois cette invitation, et il se mit sur ses jambes avec une rapidité qui, à vrai dire, n'indiquait pas que cette fatigue qu'il avouait fût bien grande.

— Moi-même, dit madame Prétavoine, j'ai pris l'habitude de me coucher de bonne heure ; le soir est maintenant mon meilleur temps de sommeil. Je m'endors à peine au lit, et si profondément qu'on emporterait la maison sans me réveiller.

Ils se dirigèrent vers la porte du grand salon ; mais, au moment de l'ouvrir, madame Prétavoine s'arrêta.

— J'oubliais de vous prévenir, dit-elle, que nous aurons demain à déjeuner M. l'abbé Armand.

— Est-il donc encore à Condé ?

— Il y est maintenant pour toujours probablement, Monseigneur s'est enfin décidé à lui donner le camail. Cela a été difficile à obtenir, il a fallu mettre les plus hautes influences en jeu, et rien mieux que cette résistance de Monseigneur ne montre combien il comprend mal sa mission. Devait-il hésiter à nommer chanoine un prêtre comme M. l'abbé Armand, qui est d'une grande naissance, qui a été secrétaire intime de Mgr Aurélien, qui est en relations avec toute la noblesse de la contrée, enfin qui, pour tout ce qui touche aux règles du savoir-vivre, de la bienséance et de la politesse, est une autorité universellement reconnue et respectée.

— Enfin il est nommé, dit Aurélien avec une certaine impatience.

— Grâce à Dieu ! et pour moi j'en suis bien heureuse, car, présentement l'abbé Armand me rend les plus grands services. Je ne suis pas femme à me faire illusion, je sais ce que je suis et comment j'ai été élevée ou, plus justement comment je n'ai pas été élevée. Pendant quarante ans j'ai travaillé du matin au soir, et ce n'est pas dans mes bureaux que j'ai pu apprendre les usages et les manières de la bonne compagnie. Mon ignorance à ce sujet est grande, mais je ne veux pas que vous ayez à en souffrir. Ce que je n'ai pas pu apprendre dans ma jeunesse, je l'étudie maintenant, car je ne veux pas que votre mère vous gêne. C'est par là que l'abbé Armand m'est utile. Il veut bien trouver la cuisine de Barbe à son goût, et il aime les bons dîners aussi bien que les bons déjeuners que je fais préparer pour lui. Vous ne sauriez croire comme on profite à le voir manger. Je vous avoue entre nous que jusqu'au jour où il a bien voulu accepter mes invitations, je ne me doutais pas de ce que c'était que manger. Il faut le voir à table.

— Voulez-vous donc qu'il me donne des leçons? dit-il d'un air pincé.

— Il en pourrait donner à tout le monde, non-seulement pour la table, mais encore pour la tenue et les usages du monde. Cependant ce n'est point dans cette intention que je l'ai invité. Vous n'aurez de relations avec lui que ce que vous voudrez en avoir. Si je vous préviens ce soir, c'est afin que vous fassiez demain une toilette un peu plus soignée que pour moi.

Sans répondre, Aurélien se pencha vers sa mère et l'embrassant sur le front :

— Bonsoir, maman, dit-il.

— Pensez à mademoiselle de la Roche-Odon, dit-elle.

— Je vais rêver de ses cheveux blonds.

Ils montèrent le large escalier à marches de pierre et à rampe de fer ouvragé qui conduit au premier étage.

Par suite d'une distribution assez fréquemment employée dans les maisons où l'espace n'a pas été étroitement mesuré, cet escalier partageait l'hôtel en deux parties égales: d'un côté étaient les appartements de madame Prétavoine, de l'autre ceux de son fils.

Arrivés dans le vestibule, la mère et le fils se donnèrent une dernière fois la main.

— Bonne nuit, mon enfant.

— Merci, maman ; je crois que votre souhait sera exaucé, je tombe de sommeil.

— Et moi aussi.

Et tandis que madame Prétavoine entrait chez elle, Aurélien ouvrait la porte de son appartement.

Elle grinça sur ses gonds comme si depuis plusieurs mois ils n'avaient pas fonctionné.

Alors il la referma doucement ; mais plus le mouvement fut lent, plus le grincement fut fort : il résonna dans la cage sonore de l'escalier.

Bien que ce fût un appartement de garçon qu'Aurélien habitait, on ne se fût jamais cru chez un garçon, et quiconque eût pénétré chez lui sans être averti eût pu penser qu'il était chez un magistrat ou chez un ecclésiastique occupant un haut rang dans l'Église. De l'entrée, qui n'avait aucun caractère propre, on passait dans un grand cabinet de travail d'une sévérité presque lugubre. Le meuble était en drap gris, avec des ornements sombres ; les deux bibliothèques qui se faisaient vis-à-vis étaient en ébène, sans sculpture et sans moulure ; derrière les glaces de ces bibliothèques se montraient, soigneusement rangés, quinze ou dix-huit cents volumes uniformément reliés en chagrin noir. Pas de tableaux, pas de gravures aux murailles, mais seulement un très-grand et très-beau christ en ivoire dont la blancheur éclairait cette pièce sombre. Après ce cabinet de travail se trouvait la chambre à coucher, dont l'ameublement, plus simple et plus sévère encore peut être, se composait uniquement d'un lit et d'une grande table en palissandre, de deux immenses fauteuils placés devant la cheminée, et d'un prie-Dieu recouvert d'une tapisserie à la main, représentant un petit saint Jean.

Pour un homme qui tombait de sommeil, Aurélien ne se pressa pas de se coucher.

Il entra dans son cabinet de toilette et, ayant ouvert un portemanteau, il en tira des chaussons à semelle de feutre et un chapeau gris à grands bords mous.

Il passa les chaussons par-dessus ses bottines, et se coiffa du chapeau, dont il rabattit les bords de manière à cacher son visage; puis, ayant quitté son veston, il le remplaça par un long pardessus.

Cela fait, il se regarda dans un miroir, et, ne se trouvant pas assez déguisé, il s'enveloppa le bas du visage avec un foulard de l'Inde à fond noir.

Une veilleuse pleine d'huile brûlait sur une console; il la prit, et traversant sa chambre ainsi que son cabinet de travail, il alla dans l'entrée. Là il déchira un morceau de papier et le roula dans ses doigts comme pour en faire une allumette; mais, au lieu d'allumer ce papier à la veilleuse, il le trempa dans l'huile, et doucement, avec précaution, il huila les gonds de la porte, qui avaient grincé si fort lorsqu'il était entré dans son appartement.

Alors il revint dans son cabinet de travail, et, s'asseyant dans un fauteuil, les jambes étendues, les bras croisés, il resta immobile, plongé dans une profonde méditation ou bien attendant.

Les bruits s'étaient éteints dans la maison, et le silence était descendu sur la ville endormie, troublé seulement par la sonnerie des heures qui se répétait de clocher en clocher.

Plusieurs fois il regarda le cadran de sa montre, qu'il tenait dans sa main fermée ; enfin, l'ayant regardé une dernière fois, il se leva et ouvrit avec précaution la porte qu'il venait de huiler.

Elle ne grinça pas ; l'escalier était sombre, car les lampes avaient été éteintes, et elles étaient remplacées par une veilleuse, qui ne donnait qu'une faible lumière vacillante.

Il écouta : aucun bruit. Sa mère et les domestiques étaient assurément endormis.

Il descendit sur la pointe des pieds, ses semelles de feutre glissaient légèrement sur la pierre.

Le vestibule du rez-de-chaussée communique par deux portes avec l'extérieur : une grande, donnant sur la cour d'entrée ; une petite, ouvrant sur le jardin. Celle-ci était fermée avec une clef et deux verrous. Il tira les verrous, fit fonctionner doucement le pêne, et, ayant pris la clef dans sa main, il sortit. Du dehors, il referma la serrure avec sa clef.

Tout cela n'avait pas fait le plus léger bruit, et personne assurément n'avait dû l'entendre dans la maison, où d'ailleurs tout le monde devait dormir.

Cependant tout le monde ne dormait pas, comme il l'avait cru.

Car à peine était-il sorti qu'une confusion de légers bruits troubla le silence : un bruit de porte au premier étage et de pas au rez-de-chaussée.

Au premier étage, c'était madame Prétavoine qui venait de paraître dans le vestibule.

Au rez-de-chaussée, c'était la cuisinière, qui, n'étant pas encore couchée, comme Aurélien l'avait supposé, avait entendu un léger bruit à la porte du rez-de-chaussée, et, en fille soigneuse qu'elle était, venait voir ce qui se passait.

Elle regarda cette porte, et, ayant vu que les verrous n'étaient pas fermés, elle les poussa. L'absence de la clef parut la surprendre ; mais, s'étant assurée que le pêne était bien pris dans la gâche, et que par conséquent avec ce pêne et les verrous il était impossible d'ouvrir la porte, elle monta se coucher par l'escalier de service, remettant au lendemain matin pour chercher la clef, qui avait pu être retirée par la femme de chambre.

Pendant tout ce temps, madame Prétavoine était restée immobile à la porte de sa chambre ; quand la cuisinière eut disparu, elle descendit, et, allant tout droit à la petite porte, elle tira les verrous qui venaient d'être fermés.

Puis, cela fait, elle remonta chez elle.

V

Les semelles de feutre qui avaient donné à Aurélien des pieds de souris, tant qu'il avait marché sur la pierre, ne le protégèrent plus lorsqu'il fut descendu dans le jardin : le sable cria sous ses pas.

Alors, abandonnant l'allée, il marcha sur la bordure en gazon.

Le ciel, sans lune, n'était éclairé que par de pâles étoiles ; le temps était à souhait pour qui voulait se cacher.

Au bout du jardin, derrière une palissade d'arbres verts taillés en haie, se trouvait une petite porte ouvrant sur une ruelle qui ne servait qu'aux jardins des maisons environnantes, c'est-à-dire qu'elle était ordinairement déserte.

Aurélien ouvrit cette porte avec précaution et, l'entre-bâillant, il regarda dans la ruelle ; mais sa vue ne s'étendit qu'à une courte distance devant lui, car la municipalité de Condé n'avait pas jugé à propos de faire placer des becs de gaz ni même de simples lanternes dans cette ruelle, où personne ne passait la nuit.

Son inspection le rassura, et, n'entendant aucun bruit suspect, il s'engagea dans la ruelle après avoir refermé la porte. En moins de trois minutes, il eut gagné une rue où de loin en loin brûlaient quelques becs de gaz, dont la flamme avait été réglée avec économie. Il regarda de chaque côté et il écouta; personne, et pas d'autre bruit que celui du clapotement d'un ruisseau alimenté par une fontaine qui coulait à quelques pas de là; aux fenêtres, pas la moindre lumière. La ville dormait; les voleurs et les amants pouvaient en toute sûreté circuler dans les rues.

Cependant il n'avança qu'en rasant les maisons, sans faire plus de bruit qu'une ombre impalpable; ceux qui l'auraient aperçu auraient pu croire, pour peu que leur esprit eût été sensible aux idées fantastiques, que c'était une apparition.

De rue en rue, il arriva, sans avoir fait de fâcheuse rencontre, à l'entrée de la Courtine.

Ainsi que son nom l'indique, la Courtine est une rue qui a été construite sur l'emplacement des anciennes fortifications. Dans sa partie haute, se trouvent quelques vieux hôtels, bâtis au moment où Condé a été démantelé; dans sa partie basse, qui confine à la ville neuve, s'élèvent au contraire de pauvres maisons, habitées par une population peu fortunée, vivant de son travail.

Ce fut vers la partie basse que se dirigea Aurélien,

rasant de plus en plus les maisons, tournant souvent la tête pour regarder derrière lui, et s'arrêtant de distance en distance pour écouter.

Mais rien d'inquiétant ne se montrait nulle part ; une seule lumière apparaissait derrière une persienne au premier étage d'une maison de chétive apparence.

Il s'arrêta devant cette maison, et, s'étant baissé, il ramassa quelques grains de gravier qu'il jeta dans la persienne.

Aussitôt la lumière disparut, et quelques secondes après, on entendit grincer faiblement le pène d'une serrure ; la porte de l'allée de cette maison s'ouvrit.

Aurélien était venu s'appuyer contre cette porte, il se glissa dans l'allée, et la porte se referma doucement.

— Toi ? dit une voix étouffée, enfin c'est toi !

Et il se sentit pris et serré dans une étreinte passionnée.

— Donne-moi la main, dit la même voix, que je te conduise.

Ainsi guidé, il put monter l'escalier sans bruit et sans encombre.

Arrivée au palier du premier étage, sa conductrice poussa une porte, et il se trouva dans une petite pièce où brûlait une lampe.

La porte du palier fut refermée avec précaution, et alors, pour la seconde fois, la femme, qui ne lui avait pas abandonné la main, se jeta à son cou.

— Oh ! comme je t'attendais avec impatience, dit-elle, mon cœur ne battait plus.

— Ma mère m'a retenu.

— Mais je ne te reproche rien, mon chéri, car je sais bien que si tu n'es pas venu plus tôt, c'est parce que tu n'as pas pu. Est-ce que je doute de toi ?

Et, de ses deux bras, elle l'étreignit avec force, se haussant jusqu'à ses lèvres pour les embrasser passionnément.

C'est une jeune femme de dix-huit à dix-neuf ans environ, de grande taille, avec une belle tête encadrée de cheveux châtains; le cou qui portait cette tête était long et flexible; les épaules étaient tombantes, la taille était un peu épaisse, mais cependant avec quelque chose de souple et d'ondoyant ; en tout, des pieds à la tête, ce qu'on appelle une belle fille. Mais ce qui frappait en elle et ce qui saisissait le premier regard, c'étaient de beaux yeux alanguis, légèrement voilés, et d'admirables lèvres sensuelles. Son costume, qui était celui d'une ouvrière, se composait d'une robe d'indienne dont la ceinture était dénouée ; avec cela un petit col plat, uni, et sur les cheveux un bonnet de lingerie aussi simple que possible.

— Comme j'ai été heureuse en recevant ta lettre ce matin ! dit-elle. Tout d'abord, je n'en voulais pas croire mes yeux; tu arrivais, ce n'était pas possible Je n'ai pas pu rester en place et je suis allée attendre la voiture dans le faubourg Saint-Louis. Je n'ai pas osé aller sur la place Saint-Étienne, je t'aurais sauté au cou devant tout le monde. Elle était joliment en retard, la correspondance du chemin de fer ! Enfin elle est arrivée et j'ai pu t'apercevoir dans ton coin du coupé. Mais toi tu n'as pas seulement tourné les yeux de mon côté, et cependant j'étais sur la pointe des pieds pour te mieux voir. Comment as-tu pu passer si près de moi, sans que ton cœur te dise que j'étais là ? Rien, rien, la voiture a disparu dans un tourbillon de poussière, et je suis restée, regardant toujours, quand depuis longtemps il n'y avait déjà plus rien à voir. C'est égal, j'étais bien heureuse ; je t'avais vu, moi ; tu étais arrivé, tu viendrais le soir, et te voilà, enfin te voilà !

De nouveau elle le serra à pleins bras.

— Tiens, j'en perds la tête ; je ne sais plus ce que je dis, je ne sais plus ce que je fais ; je t'arrête là pour bavarder, au lieu de te faire entrer ; viens donc, mais viens donc !

Et, prenant la lampe de la main droite, tandis que de la main gauche, elle tirait son amant, ils entrèrent dans la chambre, dont elle poussa la porte avec son pied.

C'était une petite chambre, simplement mais proprement meublée ; des morceaux de mousseline jetés sur une table, avec des broderies pêle-mêle, disaient tout de suite qu'on était chez une lingère. Cependant, malgré l'encombrement de cette table, on ne remarquait de désordre nulle part ailleurs.

Au contraire, tout était soigneusement et gentiment arrangé : des rideaux de cretonne à fleurs des champs étaient tirés devant la fenêtre ; ceux du lit, en même étoffe, étaient relevés, et ils laissaient voir des draps blancs et une taie d'oreiller sur lesquels les plis se montraient avec netteté.

— Tu travaillais ? dit Aurélien, qui n'avait pas encore prononcé une seule parole.

— Oui, en t'attendant; mais mal. J'étais trop émue, mes doigts tremblaient.

Elle avait posé la lampe sur la table et elle avait levé l'abat-jour.

— Laisse-moi donc retirer ton chapeau, que je te voie, dit-elle.

Et, d'un geste rapide, elle enleva ce chapeau d'une main, tandis que de l'autre elle dénouait le foulard.

Puis, cela fait, s'arrêtant à deux ou trois pas de son amant, elle le contempla longuement dans une attitude extatique

Ses lèvres s'agitaient, mais les paroles qu'elles prononçaient tout bas n'étaient pas intelligibles.

Il y avait tant de flamme dans ses yeux et tant d'amour dans sa contemplation; tant de passion rayonnait de son être entier, comme la chaleur d'un brasier ardent, qu'Aurélien ouvrit les bras.

Elle s'abattit palpitante sur sa poitrine, et un même baiser, une même étreinte les unit.

Ce fut Aurélien qui le premier retrouva son calme et reprit son sang-froid.

— Sophie, mon enfant, n'as-tu donc rien à me dire, rien à m'apprendre?

— Te dire? Tu veux que je parle, tu veux que je dise que je t'aime. Est-ce que tout en moi ne le dit pas? Tu veux des paroles? Eh bien, oui, je t'aime! je t'adore; tu es mon maître, mon roi, mon dieu. Je t'aime, oui, je t'aime!

— Mais de toi, tu n'as rien à me dire? Ce que tu me faisais pressentir dans tes dernières lettres s'est-il réalisé?

— Ah ! que tu es mignon d'en parler.
— Et que veux-tu donc que j'aie plus à cœur ?
— Tu l'aimeras, n'est-ce pas ?
— Tu es donc certaine ?
— Certaine ? Je l'aurais été depuis longtemps déjà, si tes lettres ne m'avaient pas donné tes doutes; mais comme tu m'écrivais et me répétais que cela n'était pas, je me disais et me répétais que je devais me tromper.
— Et maintenant ?
— Oh ! maintenant c'est à moi de te dire que tu te trompais.
— Ah ?
— Quand on a senti remuer son enfant, on est bien certaine, n'est-ce pas, qu'on est enceinte ?
— Tu as senti ton enfant ?
— Mais oui, je l'ai senti ; tiens, donne-moi ta main, tu le sentiras toi-même.

Elle voulut lui prendre cette main qu'elle demandait, mais il ne l'abandonna pas.

— Tu ne veux pas ! s'écria-t-elle ; pourquoi ne veux-tu pas ? Oh ! je t'en prie, dis-moi pourquoi tu ne veux pas.

Et tout effarée, elle leva sur lui ses yeux qui, une seconde auparavant, étaient encore noyés dans le trouble du bonheur.

— Es-tu folle, dit-il après un moment de silence, de te laisser ainsi entraîner ? Pourquoi ne voudrais-je pas ce que tu veux ?
— C'est la question que je te pose.
— Réfléchis donc, grande enfant, que je ne suis

pas médecin et que je ne connais rien à ces choses.

— Ce que je demande, ce n'est pas l'avis d'un médecin, c'est la caresse d'un père pour son enfant.

Il devenait singulièrement difficile pour Aurélien de persister dans son refus ; aussi, après un court moment d'hésitation, s'exécuta-t-il. Mais bien vite il déclara qu'il n'avait senti aucun des mouvements dont elle parlait.

Et, comme elle le regardait désolée :

— Au reste, cela est de peu d'importance pour le moment, dit-il; ce qui me préoccupe, ce que je te demande, c'est quand et comment tu as acquis cette certitude sur ton état.

— Quand? Mais du jour où je t'en ai parlé pour la première fois. Je n'ai été troublée dans cette certitude que par tes lettres qui me disaient que j'étais folle. Je voulais te croire, et cependant il se passait en moi toutes sortes de choses qui me montraient que je ne m'étais pas trompée : je n'avais plus d'appétit, j'avais mal au cœur, je dormais mal, enfin ma taille grossissait. Si cela m'avait été possible, j'aurais consulté un médecin pour te prouver que tu avais tort, tandis que moi j'avais raison. Mais à quel médecin s'adresser ici ? D'ailleurs tout ce que je t'explique là, à toi, je n'aurais jamais osé en parler à personne. Devant toi, je suis heureuse et fière de dire que je suis enceinte; devant tout autre, je mourrais de honte, si je devais l'avouer.

— Cependant...

— Je sais ce que j'ai éprouvé devant certains regards des voisines, devant certaines questions. Enfin je restais partagée entre ta conviction et la mienne, n'osant m'arrêter à l'une ou à l'autre, hésitante et, je t'assure, très-malheureuse. Je me disais qu'il fallait attendre et que le jour où je sentirais mon enfant, ton enfant, je pourrais parler en toute sûreté, mais ce jour-là seulement. C'est en recevant ta lettre qui m'annonçait ton retour qu'il est arrivé, ce jour. Quand j'ai lu que dans quelques heures tu allais être près de moi, que je pourrais te voir, que je pourrais t'embrasser, il s'est fait dans tout mon être un trouble que je ne pourrais expliquer, et j'ai senti un mouvement étrange. Était-ce mon enfant ? C'est ce que je me suis demandé. Mais je n'ai pas osé répondre ni oui ni non. Quand j'ai vu la diligence arriver et que je t'ai aperçu, j'ai de nouveau ressenti ce mouvement. Enfin quand tout à l'heure tu as jeté des cailloux dans cette fenêtre, je l'ai senti encore. Cette fois, la troisième dans la même journée, il n'y avait plus de doute possible, c'était ton enfant qui bondissait dans mon sein, comme pour s'élancer au devant de son père.

Aurélien secoua la tête.

— Tu ne crois pas que cela soit possible, toi, qui sais tant de choses, s'écria-t-elle ; mais je le sens, moi, qui ne sais rien. Est-ce qu'on se trompe ? C'est maintenant que je puis t'assurer que je suis enceinte. Ah ! comme je suis heureuse ! Et justement tu arrives, tu es là près de moi, le jour où mon enfant manifeste sa vie ; est-ce que ce n'est pas une bénédiction ?

Si c'était une bénédiction pour elle, il ne paraissait pas sur le visage d'Aurélien que c'en fût une pour lui.

Il était sombre, ce visage, contracté, crispé par des réflexions assurément pénibles.

Mais, toute à sa joie, elle ne remarquait rien de ce qui se passait en lui; la résistance qu'il lui avait opposée lorsqu'elle lui avait demandé sa main, l'avait surprise et effrayée, mais c'était parce qu'elle se manifestait d'une façon presque brutale; mieux contenue ou plus habile, elle n'en eût pas eu conscience, emportée qu'elle était par le délire du bonheur.

— Suis-je à toi maintenant, continua-t-elle, suis-je bien à toi? Tu n'auras plus, n'est-ce pas, de ces accès de jalousie qui me faisaient mourir? Qui voudrait d'une fille déshonorée, d'une fille qui a un enfant? Un seul homme peut l'aimer, c'est le père de cet enfant. Est-ce que ce lien qui va nous unir ne vaut pas tous les mariages du monde? Je n'ai jamais pensé, même dans mes plus beaux rêves, que je deviendrais ta femme. Une pauvre fille comme moi, la femme du fils de madame Prétavoine, est-ce que c'était possible? Je savais bien que ce serait ton malheur. Que de chagrins pour toi, que de querelles, n'est-ce pas?

— Il est vrai que ma mère se serait opposée à ce mariage; tu connais ses idées sur la fortune, et toujours... tant qu'elle vivra, je respecterai ses idées justes ou injustes.

— Oui, tu es un bon fils, et je t'en aime davantage; tu seras un bon père. Au moins rends-moi cette justice de reconnaître que jamais je ne te l'ai demandé ce mariage. Est-ce vrai, dis, est-ce vrai?

Il inclina la tête en signe d'assentiment.

— Le jour où tu m'as avoué que tu m'aimais, où tu

t'es jeté à mes genoux, je ne t'ai pas demandé si tu voulais me prendre pour femme; et cependant, si je te l'avais demandé, tu me l'aurais promis, tu me l'aurais juré. Ce jour-là, j'aurais obtenu de toi tout ce que j'aurais voulu, ta fortune, ton nom, ton honneur, même l'impossible. Je t'aimais; je ne t'ai rien demandé, car il me semblait que ç'aurait été me vendre et je voulais me donner. T'en souviens-tu? Ah! si je te rappelais tout ce que tu m'as dit, tu ne me croirais pas aujourd'hui, car tu étais fou d'amour. Je te demande seulement de te rappeler une seule chose : c'est que je n'ai exigé de toi aucun engagement, aucune promesse.

— Ton amour eût été bien faible, si tu avais pu raisonner et calculer.

— Peut-être. Mais depuis, loin de toi, dans ma solitude et ma tristesse, si je n'ai pas calculé, j'ai raisonné, et je t'avoue que plus d'une fois j'ai ressenti de cruelles angoisses ; car enfin je ne savais pas ce que tu faisais, comment tu vivais là-bas, loin de moi, en Belgique.

— Je t'ai dit cent fois que rien n'était plus déplaisant, et pour moi plus irritant que la jalousie.

— Mais, pour ne pas tourmenter la tienne, j'ai bien changé toutes mes habitudes, moi. Tu souffrais de ce que j'allais travailler en ville, et parce que tu m'avais fait la cour chez ta mère, me poursuivant, m'entourant, pendant mes heures de travail, tu t'es figuré qu'on pouvait me faire la cour dans les autres maisons où j'allais ordinairement. Quand tu m'as manifesté tes inquiétudes, je n'ai pas hésité une minute.

Moi, te faire souffrir, moi, te tourmenter, pendant que nous serions séparés et que tu ne pourrais pas me surveiller? Oh ! non, mon chéri. Je n'avais qu'une chose à faire, ne plus aller travailler en ville. Cette chose je l'ai faite, et je me suis mise à travailler dans ma chambre. Ce n'est pas pour te dire que cela a été un grand sacrifice pour moi, cependant cela en a été un. Il m'a fallu trouver du travail, et ce n'est pas facile avec tous vos couvents et vos patronnats qui se sont fondés dans la contrée.

— Ce sont de pieuses fondations, qui rendent les plus grands services.

— Je ne te dis pas qu'elles ne rendent pas des services; mais enfin, d'un autre côté, avec ces pieuses fondations qui accaparent le travail au rabais, une pauvre fille seule comme moi ne trouve pas facilement de l'ouvrage; est-ce qu'on veut de nous? On aime bien mieux s'adresser au couvent, qui sert plus vite et qui fait payer moins cher. Sais-tu combien on me paye la façon d'un peignoir comme celui que tu vois sur cette table? un franc, et il me faut de quinze à seize heures pour en faire un.

Il laissa échapper un mouvement d'impatience qu'elle remarqua.

— Je ne te raconte pas tout cela pour me plaindre ou te rien reprocher. Je vis très-bien avec ce que je gagne, et, en travaillant seule ici, je peux librement penser à toi; car ça n'empêche pas de penser, de tirer l'aiguille, bien au contraire : c'est comme si l'activité des doigts donnait de l'activité à l'esprit. Mais il ne s'agit pas de tout cela. Ce que je veux dire, c'est que si quelquefois j'ai eu peur que tu m'oublies, si quelquefois et même bien souvent je me suis répété que je n'étais qu'une pauvre fille qui devait disparaître de ta vie, comme elle y était entrée, par hasard, par caprice, une fantaisie succédant à une autre ; aujourd'hui je n'ai plus cette crainte, car je ne suis plus une fantaisie ou un caprice dans ta vie. Que serais-je de plus, si j'étais ta femme ? Oh ! mon chéri, que je suis heureuse !

Et passionnément elle le serra dans ses bras.

Puis, après un certain temps donné à son extase, elle continua :

— Si de tristes pensées ont parfois traversé mon esprit, bien plus souvent j'en ai eu de douces et de charmantes, qui m'ont réjoui le cœur. D'abord tu sais que ce sera un garçon et que nous l'appellerons Aurélien.

— Es-tu folle !

— Est-ce qu'il y a un nom plus joli et plus doux à prononcer ? Aurélien ! Aurélien ! Tu ne sais donc pas qu'un de mes bonheurs de travailler ici, seule, porte close, c'est de pouvoir le prononcer tout haut, ce nom que j'aime tant : Aurélien, Aurélien ! Vingt fois, cent fois par jour, je le répète.

— Tout le monde ici sait que ce nom est le mien, et il est peu probable que d'autres que moi le portent.

Elle frappa ses deux mains l'une contre l'autre en riant franchement.

— Comment ! mon chéri, tu crois que c'est ici que je veux faire baptiser notre enfant ? Mais alors autant crier sur les toits qu'il est ton fils. Toi, tu pourras, quand tu voudras, dire qu'il est ton fils; moi je n'ai pas ce droit-là. Entre nous deux, il est notre fils; pour les autres, il sera mon fils. Et encore, ces autres devant lesquels j'en parlerai, ce ne seront pas les gens de Condé. Sais-tu que tu es naïf, malgré tout ton esprit?

— Et pourquoi ? dit-il d'un air piqué.

— Comment ! je t'expliquais tout à l'heure que les regards des voisins me gênaient, que leurs questions me faisaient monter le rouge à la figure, enfin que je mourrais de honte si je devais avouer ici que je suis enceinte, et tu t'imagines que c'est ici que je déclarerai la naissance de mon enfant ?

— Mais alors....

— Si je faisais cela, ce serait exactement comme si j'allais présenter mon enfant à ta mère, en lui disant: « Voilà votre petit-fils. » Les soupçons de ta mère ne sont déjà que trop excités.

— Ma mère connaît ta grossesse?

— Cela non; je n'ai pas vu ta mère depuis trois mois, et, il y a trois mois, ma taille n'avait pas changé. Je ne crois donc pas que ta mère se doute que je suis enceinte, bien qu'elle ait des moyens pour apprendre un tas de choses qui sont vraiment extraordinaires.

— Ma mère vit retirée chez elle et ne s'occupe des affaires de personne.

— Je ne dis pas qu'elle s'en occupe, je dis qu'elle les sait; elle saurait donc que je suis enceinte, que cela serait possible. Cependant il est probable qu'elle l'ignore. Mais ce qu'elle n'ignore pas, j'en jurerais, c'est que je suis ta maîtresse. Est-ce que, si elle n'avait pas été notre complice pour ainsi dire, tu aurais pu, dans une maison réglée comme la sienne, m'entretenir et me poursuivre de ton amour ?

— Je te prie de ne pas mêler ma mère à tes propos, cela me blesse.

— Je ne veux pas te blesser, mon chéri, et je ne veux pas davantage dire une parole contre ta mère ; je laisse donc là ce sujet. Que ta mère ait su ou n'ait pas su que j'étais ta maîtresse, cela n'avait pas d'importance pour nous, puisqu'elle n'est jamais intervenue entre nous pour gêner notre amour. Mais si elle apprenait que je suis enceinte, cela serait bien différent. Ta mère peut tolérer que tu aies une maîtresse, quand cette maîtresse est une fille comme moi, qui a ce grand avantage d'être malgré sa faute une honnête fille, et surtout de ne pas compter dans le monde. Mais, si cette maîtresse te donne un enfant, cela devient une terrible chose : tu es compromis, tu es perdu, car la pauvre fille compte du jour où elle est mère. Je ne veux donc pas être mère à Condé, et pour cela sais-tu ce que j'ai résolu ?

— Je te l'ai déjà demandé ?

— Je vais te rejoindre en Belgique.

— A Louvain !

— A Louvain ou à Bruxelles.

Il laissa échapper un geste de surprise.

— Tu ne veux pas que j'aille vivre près de toi ? s'écria-t-elle.

— Et qui a dit cela ?

— Ton mouvement.

— Pourquoi te hâtes-tu de traduire mes mouvements, au lieu de me demander de te les expliquer?

— Franchement est-ce qu'il n'est pas vrai qu'il t'a échappé un mouvement qui semblait exprimer un refus?

— Oui, il est vrai, il est très-vrai que j'ai été épouvanté, à la pensée que tu voulais venir habiter Louvain.

— Et pourquoi cela?

— Parce que Louvain n'est pas ce que tu imagines, c'est-à-dire une grande ville dans laquelle on peut facilement se cacher.

— Je sais bien que c'est une ville plus importante que Condé.

— Sans doute, mais je ne vis pas à Louvain comme à Condé. Les étudiants de notre université ne sont pas libres comme les étudiants de Paris, de Caen, ou de Rennes. Nous sommes soumis à des règles rigoureuses; nous ne pouvons manquer à un cours sans que notre absence soit signalée.

— Est-ce que je te ferais manquer tes cours?

— En dehors des cours, une surveillance s'exerce sur nous au moyen des appariteurs de l'Université, qui ont pour mission d'apprendre quelle est notre conduite en ville. Je n'aurais pas été dix fois chez toi, que cela serait connu, et, comme nous disons, « je serais obligé d'aller prendre le café chez le vice-recteur »; c'est-à-dire que j'aurais à subir un interrogatoire qui finalement aboutirait à mon exclusion. Ce n'est pas cela que tu veux, n'est-ce pas?

— Comment peux-tu m'adresser sérieusement une pareille question ? En quelle circonstance t'ai-je jamais montré que, pour une heure de mon bonheur, je voulais t'exposer à une minute de peine ! Si Louvain est impossible, Bruxelles l'est-il également?

— Je réponds à ce que tu m'as dit de Louvain.

— J'ai parlé de Louvain aussi bien que de Bruxelles, m'en rapportant à toi pour choisir l'une ou l'autre ville. Si j'ai parlé de Louvain tout d'abord, c'est parce que tu habites Louvain et que je voudrais être aussi près de toi qu'il est possible; mais Bruxelles n'est pas à une bien grande distance. Depuis que je rêve de cette idée, j'ai acheté un indicateur des chemins de fer, et j'ai vu que le trajet entre Louvain et Bruxelles ne demandait que trente minutes par les trains express. Qui t'empêcherait de venir à Bruxelles quand tu voudrais me voir et quand tu aurais le désir de m'embrasser? Est-ce qu'il n'y a pas des heures dans la journée où tu as besoin d'une caresse. Moi, vingt fois par heure, je me dis : « Ah ! si Aurélien était là, si j'avais ses yeux à regarder rien qu'une seconde ! » Il me semble que tes appariteurs ne te suivraient pas à Bruxelles, si bien qu'en rentrant à Louvain tu n'aurais pas à aller prendre le café chez ton vice-recteur, et qu'il ne pourrait pas être question pour toi d'exclusion. Voilà comment je raisonnais.

— Et tu raisonnais juste, chère enfant.

— Alors tu veux donc bien que j'aille à Bruxelles ?

— Mais sans doute.

— Ah ! mon chéri bien-aimé, que ne l'as-tu dit tout de suite ? Et moi qui t'accusais ! Ah ! pardonne-moi.

Et, lui prenant les deux mains, elle les embrassa.

Puis bientôt, relevant la tête et le regardant dans les yeux :

— Es-tu bon ! s'écria-t-elle. Ah ! je ne t'aimerai jamais comme tu mérites d'être aimé. Si je pouvais donner ma vie pour toi ! Embrasse-moi, embrasse-moi, que je sois bien certaine que je ne rêve pas.

Et ce fut elle qui le serra dans ses bras.

— Je vais donc vivre près de toi ! Y penses-tu, mon chéri ? A Bruxelles, ce ne sera pas comme ici. Plus d'entraves, plus de contraintes. Tu pourras venir quand tu voudras, bien certain de me trouver toujours attendant mon seigneur et maître. Quand viendras-tu ?

— Je ne sais ; nous parlerons de cela.

— Oui, tu as raison, nous verrons, et puis d'ailleurs je n'ai pas besoin de savoir à l'avance quand tu viendras ; tout ce que je veux, c'est de savoir que tu viendras. Et maintenant j'en suis certaine, sans que tu me le dises. Ah ! mon bien-aimé, mon adoré, mon Dieu, que je t'aime !

Et joignant les mains, elle resta un moment sans parler, en extase devant son idole.

— Quel bonheur pour moi de n'avoir plus à rougir ! Car je ne rougirai plus, je ne détournerai plus la tête, je ne baisserai plus les yeux comme ici, devant ceux qui m'ont connue. A Bruxelles, je serai une dame : Madame Sophie Fautrel. Et, quand je passerai, mon enfant dans mes bras, on ne rira pas de moi. C'est une grande ville, Bruxelles, n'est-ce pas ?

— Une très-grande ville.

— Oui, une capitale ; on y est perdu. Et puis je

pourrai facilement trouver du travail ; tandis qu'ici, tu sais, personne ne voudrait donner de l'ouvrage à une fille qui a un enfant. Est-ce qu'il y a des promenades aux environs de Bruxelles ?

— Mais sans doute.

— Alors est-ce que nous ne pourrons pas quelquefois nous promener ensemble ? Songe donc, mon chéri, que je n'ai jamais eu la joie de m'appuyer sur ton bras et de marcher près de toi, la main dans ta main. Comme cela doit être doux de s'en revenir le soir, quand le soleil est couché ! Comme on doit bien s'entendre sans parler ! Ah ! quel bonheur ! Et puis, à Bruxelles, tu pourras tenir ton fils dans tes bras et l'embrasser, sans tourner la tête pour regarder si l'on ne te voit pas ! Allons-nous être heureux ! Mon Dieu ! est-ce que c'est vraiment possible ? Quand partons-nous ?

— Mais nous ne pouvons pas partir ensemble, tu dois le comprendre.

— Ce n'est pas cela que je veux dire ; je sais bien que nous ne pouvons pas partir ensemble, si nous ne voulons que tout le monde sache que je vais te rejoindre. Je te demande seulement quand tu pars, afin de combiner mon départ avec le tien.

— C'est justement ce qu'il ne faut pas ; si nous voulons nous bien cacher et dérouter les recherches, il faut procéder plus habilement.

— Dis ce qu'il faut, je suis prête.

— Rien ne te retient à Condé ?

— Rien. Qui veux-tu qui me retienne ?

— Ta famille.

— Mais je n'ai pas d'autre famille que toi, tu es tout pour moi. Tu vois donc que rien ne me retient, et que bien réellement je suis prête.

— Si tu es prête à partir, c'est que depuis longtemps déjà tu as préparé ce départ, tandis que tu me prends à l'improviste.

— Eh bien! réfléchis; mais, vite, vite, je te prie.

Il parut se conformer à cette demande; en tout cas, il resta quelques minutes sans parler, le front contracté, les sourcils froncés, le regard fixe.

— Tu ne trouves rien? demanda-t-elle.

— Je cherche.

— Oh! je t'en prie, mon chéri.

— La difficulté c'est de tout concilier. Ainsi le meilleur moyen de dérouter les soupçons, ce serait qu'on me vît à Condé, tandis qu'on ne t'y verrait plus toi-même.

— Comment arranges-tu cela?

— Je n'arrange rien, je raisonne, et mon raisonnement est des plus simples. Que je parte demain pour Louvain, et que toi-même tu partes dans deux jours, dans six ou huit jours, il est bien probable que ceux qui ont des soupçons diront que tu es partie pour me rejoindre.

— C'est à craindre.

— Et il est à craindre aussi que ce ne soit le bruit de toute la ville, même des gens qui ne se doutaient de rien et qui, après que la chose sera découverte, diront fièrement: « Je m'en doutais. » Au contraire, si tu partais la première et si je me montrais pendant plusieurs jours dans Condé, cela changerait du tout au tout la face des choses : tu es partie au moment de mon arrivée, il n'y a donc aucun accord entre nous; car, si je suis ton amant, il n'est pas logique de supposer que tu me fuis.

— Tu voudrais donc que je partisse tout de suite ? C'est cela, n'est-ce pas ?

— Je ne veux rien, je combine un arrangement raisonnable; mais, outre tout ce que cet arrangement aurait de pénible, il aurait encore cela de mauvais pour moi, de m'être un dérangement. En effet, supposons un moment que tu pars demain, que dois-je faire pour ne pas éveiller les soupçons ? Rester ici pendant quelque temps. Or, cela n'entre pas du tout dans mes dispositions.

— Tu ne devais donc pas rester ici ?

— Quelques jours à peine ; tu sais bien que je ne peux m'absenter de l'Université sans avoir pour cela de sérieuses raisons.

— Tu es bien parti aujourd'hui.

— Parce que j'avais des affaires d'intérêt très-importantes à régler avec ma mère, et puis aussi surtout parce que tes lettres me donnaient la fièvre d'inquiétude et que je voulais savoir la vérité. Mais, cette vérité, je la connais, et mes affaires seront terminées demain. Rien ne me retient donc plus ici, tandis que tout m'appelle à Louvain. Il n'y aurait que ton départ immédiat, si tu le décidais, qui pourrait me faire rester.

Il se tut et il la regarda à la dérobée.

A son tour elle était hésitante et perplexe.

— Je m'y perds, dit-elle ; veux-tu m'aider à me retrouver ?

— Qui t'embarrasse? Ne veux-tu plus partir?

— Je ne veux qu'une chose : être le moins longtemps qu'il sera possible sans te voir. Ainsi, si je partais demain, n'est-ce pas, tu resterais ici, et tu ne viendrais me rejoindre que dans quelques jours? Combien de jours as-tu dit?

— Je n'ai pas fixé de nombre, je resterai le temps nécessaire pour tromper la malignité publique.

— Le temps nécessaire! cela ne précise rien, s'écria-t-elle.

— Enfin le moins possible, huit jours, dix jours peut-être.

— Cela c'est parler; dix jours... on peut compter là-dessus. C'est donc dix jours sans nous voir, et puis, après, toujours, toujours ensemble. Maintenant voyons de l'autre côté. Je ne pars pas demain; toi, quand pars-tu?

— Après-demain.

— Alors tu passes ici la nuit de demain?

— Oh! cela, non, ma chère Sophie.

— Comment! nous sommes à deux pas l'un de l'autre, tu n'as que quelques rues à traverser, et tu ne viens pas? Mais c'est impossible, tu ne réfléchis donc pas à ce que tu dis?

— C'est, au contraire, parce que j'y réfléchis que je le dis; c'est ma tête qui parle, crois-le bien, ce n'est pas mon cœur.

— Et pourquoi ne viens-tu pas?

— Parce qu'il y a danger à venir. Je t'ai raconté ma fâcheuse rencontre du mois de décembre. Tu sais comment, en sortant d'ici, je me suis jeté, au milieu du brouillard, sur un homme qui me guettait.

— Te guettait-il?

— Qu'eût-il fait devant ta porte, à cinq heures du matin, par ce temps horrible? Bien que mon visage fût caché, cet homme, qui m'a entraîné sous le reverbère, m'a assurément reconnu; moi, je ne sais pas qui il est, tandis que lui sait parfaitement qui je suis. Ce n'est pas dans Condé que je puis échapper à la curiosité; tout le monde me connaît, tandis que moi je ne connais presque personne. Il y a donc un fait certain, qui est que le 30 décembre, un homme était embusqué devant ta porte et qu'il m'a vu sortir de chez toi.

— Je ne l'ai pas vu, il n'a pas pu me voir.

— Peut-être en effet ne t'a-t-il pas vue; mais il n'a pas eu bien de la peine, tu en conviendras, à deviner d'où je sortais. Ceci est déjà fort grave. Ce n'est pas tout. Je t'ai dit en arrivant que j'étais en retard, parce que ma mère m'avait retenu.

— Elle ne t'a pas retenu?

— Elle m'a retenu, il est vrai, car tu sais que je ne mens jamais, mais en te disant cela je ne t'ai pas avoué toute la vérité. Au retard causé par ma mère, s'en est ajouté un second, causé par un homme que j'ai trouvé à l'affût au bout de la ruelle de notre jardin, et que je n'ai pu perdre que par une promenade à toute vitesse à travers la ville.

— Et moi qui t'accusais! oh! mon mignon.

— Pourquoi cet homme m'attendait-il? Parce qu'il avait des soupçons sur moi et peut-être même sur toi. S'il voulait savoir chez qui j'allais, il n'aura pas satisfait sa curiosité, puisqu'il a perdu ma trace ; mais s'il avait en même temps des soupçons sur toi, il sera venu m'attendre sur la Courtine, et, quand je vais sortir tout à l'heure, je le trouverai devant moi. Mettons les choses au mieux : je ne le trouve pas sur la Courtine, je ne le trouve pas davantage au bout de ma ruelle, et je rentre chez moi sans mauvaise rencontre. Mais, si je viens demain dans la nuit, est-il probable que mon espion, dépité de son échec d'aujourd'hui, ne prendra pas mieux ses dispositions, de telle sorte que tout sera découvert? Je suis donc condamné, si je reste à Condé, à ne pas revenir ici.

Elle parut réfléchir un moment; puis tout à coup elle releva la tête, et sur son visage se montra l'expression d'une résolution bien fermement arrêtée :

— C'est décidé, dit-elle ; je partirai demain soir.

— Pauvre enfant ! murmura-t-il.

— Tu me plains, cher bien-aimé ? Ne me plains donc pas, puisque tu vas me rejoindre bientôt et que nous ne nous séparerons plus. Tu me ferais peur, si tu me plaignais.

— Je te plains parce que je pense à ta fatigue, car le voyage est long d'ici à Bruxelles ; je te plains aussi, parce que tu vas avoir les tracas d'une installation dans une ville étrangère.

— Une ville où l'on parle français n'est pas une ville étrangère.

— Néanmoins tu vas éprouver des ennuis et des difficultés de toutes sortes par cela seul que tu es une femme. Ah ! que ne puis-je partir avec toi et organiser moi même ton installation ?

— N'aie donc pas peur, mon chéri.
— Enfin comment comptes-tu t'arranger ?
— C'est bien simple. Demain matin, je finirai mon ouvrage ; j'en ai pour deux heures à peu près, ce n'est rien ; puis je le reporterai.
— On voudra t'en donner d'autre.
— Mais je refuserai en faisant une petite révolution, cela m'amusera. Je demanderai 50 centimes d'augmentation, et, comme on ne voudra pas me les donner, je partirai fièrement ; une fois dans ma vie, ce sera drôle. En revenant, je passerai par la rue aux Hardes, et je chercherai un brocanteur qui veuille bien m'acheter tout cela, mon linge et mes vêtements exceptés.
— Tu veux vendre ton mobilier, pauvre petite ?
— Il faut bien ; je ne peux pas l'emporter à Bruxelles, n'est-ce pas ? Je ne te dis pas que ce sera gaiement, car il y a des objets auxquels je tiens, quand ce ne serait que mon armoire à glace, que j'ai eu tant de mal à payer, et dans laquelle je me suis regardée si souvent quand je t'attendais, en me demandant : « Serai-je à son gré ce soir ? » Enfin il faut ce qu'il faut. Et puis, je ne pourrai pas m'attrister en pensant que nous allons être réunis, et que c'est pour toi que je fais ce petit sacrifice. Je pense que le brocanteur me donnera bien trois ou quatre cents francs de tout cela ; enfin j'en demanderai quatre cents, et je me contenterai de trois, s'il le faut. Quand j'aurai mon argent dans ma poche, j'irai payer ma propriétaire, et, comme je ne dois qu'à elle seule ici, il me restera au moins deux cent soixante-quinze francs. C'est bien

plus qu'il n'est nécessaire, n'est-ce pas, pour aller à Bruxelles ?

— Mais je ne veux pas que tu aies ces soucis d'argent ; laisse-moi, je te prie, mettre à ta disposition une somme sur laquelle tu prendras ce qui te sera utile.

Il voulut atteindre son portefeuille dans la poche de son paletot, mais elle l'arrêta vivement.

— Je t'en prie, dit-elle avec fermeté, qu'il ne soit pas question d'argent entre nous. Je te l'ai déjà demandé, je te le demande une dernière fois.

— Cependant...

— Tu es riche, je suis pauvre ; il est impossible que j'accepte de l'argent de toi. Ah ! si tu travaillais comme moi, ce serait différent ; mais tu es trop riche, voilà le mal. N'en parlons plus, n'en parlons jamais, je te prie. D'ailleurs tu vois bien que je n'ai réellement pas besoin de cet argent puisque j'ai au moins deux cent soixante-quinze francs. D'ici à Paris, mon voyage coûte vingt-cinq francs, n'est-ce pas ? Car tu penses bien que je ne prends pas les premières classes. De Paris à Bruxelles, quelle est la dépense ?

— Environ quarante francs par les premières.

— C'est-à-dire vingt francs par les troisièmes. Vingt et vingt-cinq, cela fait quarante-cinq ; mettons en plus dix francs pour les voitures et les frais de route, cela fait cinquante-cinq francs. Il me reste donc, en arrivant à Bruxelles, deux cent vingt francs ; tu vois que tu ne dois pas t'inquiéter.

— Au moins puis-je m'inquiéter des difficultés que tu peux rencontrer en route : ainsi tu n'as jamais été à Paris. Comment te dirigeras-tu ?

— Je prendrai une voiture.

— Que diras-tu au cocher? Laisse-moi te donner quelques explications et écris-les.

— Ce n'est pas la peine.

— Écris-les, je t'en prie.

— Si tu y tiens tant, je ne veux pas te contrarier.

Et, prenant une petite clef, elle ouvrit son armoire à glace, dans laquelle elle prit un encrier et un portefeuille qui paraissait rempli de lettres.

— Que veux-tu que j'écrive, demanda-t-elle?

Il lui donna quelques indications, qu'elle écrivit sur une feuille blanche de son portefeuille.

— Maintenant, dit-elle, tu n'as plus à t'inquiéter de rien. Me voici à Bruxelles; je laisse ma malle à la gare, et je cherche une chambre meublée; puis le lendemain matin je visite les magasins pour trouver de l'ouvrage, et j'en trouverai, sois-en certain. Tout étant ainsi organisé, je n'ai plus qu'à t'attendre; mais avant tu sais que je compte sur tes lettres. Quand m'écriras-tu?

— Quand j'aurai ton adresse.

— C'est juste. Je t'écrirai donc la première et je te raconterai mon voyage. Mais cela doit être très-amusant d'avoir un voyage à raconter. Et où dois-je t'adresser ma lettre?

— Chez ma mère. Ici il était difficile que tu m'écrivisses, tandis qu'il est tout naturel que je reçoive des lettres de Bruxelles.

— C'est juste. Tu vois comme tout s'arrange bien. Ah! quel bonheur. Ensemble! y penses-tu, mon chéri? ensemble! Ah! comme je vais t'aimer.

Depuis qu'elle avait cessé d'écrire, il avait pris le portefeuille entre ses mains, et il l'avait ouvert, faisant glisser entre ses doigts le paquet de lettres qui s'y trouvait enfermé.

— Ce sont mes lettres? dit-il.

— Tu vois; je n'ai jamais reçu d'autres lettres que les tiennes.

— Elles sont toutes là?

— Toutes, de la première à la dernière, et classées en ordre; il y en a trente et une.

— Trente et une?

— Non, tu as raison; avec celle que j'ai reçue ce matin, il y en a trente-deux.

— Tu vois que tu te trompais.

— J'oubliais une lettre, voilà tout. Ne crois-tu pas que je ne les ai point lues et relues tes lettres. Tiens, prends la première venue et, si tu veux, je vais te la réciter.

— Il y a une chose que j'aimerais mieux; si tu voulais, j'emporterais ces lettres pour les relire: ce me serait une joie de refaire avec elles l'histoire de notre amour. Si tu les sais par cœur, moi je ne les ai pas relues depuis qu'elles sont écrites. Plusieurs seront pour moi une sorte de révélation. Je lirai en même temps les tiennes, et j'occuperai ainsi, d'une façon délicieuse et charmante, le temps de notre séparation.

— Moi aussi, j'aurais aimé occuper de cette façon le temps de notre séparation; car ce n'est pas du tout la même chose de se réciter une lettre ou bien de la lire. Mais je n'ai rien à te refuser; prends-les, mon chéri. Tu me les rendras quand nous nous reverrons.

Et elle voulut attacher elle-même ce paquet de lettres.

Déjà plusieurs fois Aurélien avait regardé sa montre.

— Est-ce terrible? dit-il, il va falloir nous quitter.

— Ah! mon Dieu déjà! il me semble que tu viens d'arriver.

— Dans une heure, il fera jour; ce n'est pas quand nous allons être réunis que nous devons nous laisser entraîner à des imprudences. Adieu.

— Ah! encore cinq minutes, je t'en prie.

— Ne me retiens pas où je ne partirai jamais.

— Eh bien, adieu, mon bien-aimé!

— A bientôt.

— Oui, tu as raison, à bientôt, à bientôt.

Mais il ne put pas partir encore; car dix fois elle le serra dans ses bras, ne se séparant de lui que pour le reprendre plus fortement.

Toute sa vie était concentrée dans ces étreintes, et les paroles entrecoupées qu'elle prononçait n'avaient aucune suite; deux mots seuls revenaient sans cesse:

— A bientôt, pour toujours!

VI

Sur la Courtine déserte, aucun bruit ne troublait le calme et le silence de la nuit; au loin seulement, on entendait le chant des coqs qui saluaient bruyamment l'approche du jour.

Déjà les étoiles pâlissaient du côté de l'orient, et au ras des prairies sombres une longue traînée blanche rayait les profondeurs bleuâtres du ciel, tandis que de légères vapeurs, se contournant çà et là comme un immense serpent, flottaient au-dessus de la rivière dont elles indiquaient le cours.

Lorsque la porte de la maison eut été doucement refermée par Sophie, Aurélien fit quelques pas en avant, comme pour prendre sa course; mais bientôt il s'arrêta et resta immobile à regarder, la tête levée, la fenêtre de cette maison d'où il venait de sortir.

Puis tout à coup un frisson l'agita de la tête aux pieds.

Sans doute c'était l'humidité de la nuit et le froid

du matin qui, le saisissant brusquement, le faisaient trembler ainsi.

Et, par un geste machinal, il serra son paletot sur sa poitrine.

Dans ce mouvement, sa main rencontra le paquet de lettres qui lui avait été remis par Sophie, et il l'appuya fortement dans sa poche de côté; alors baissant la tête, il se mit en route d'un pas rapide, regardant devant lui et non plus derrière.

La ville n'était pas encore éveillée, et, à l'exception de deux ou trois ouvriers matineux, qui virent avec surprise passer près d'eux cette ombre silencieuse, il arriva à la porte du jardin de sa mère sans mauvaise rencontre.

Il était grand temps de rentrer; car le jour s'avançait rapidement, et déjà l'aube matinale blanchissait les clochers des églises et les tours pointues du vieux château.

Au retour, comme au départ, il eut soin d'éviter le gravier des allées pour marcher sur les gazons, mais cette fois la rosée qui courbait les herbes mouilla le feutre de ses chaussons.

Sous sa main légère, la serrure de la porte du vestibule s'ouvrit sans bruit, et, à la clarté vacillante de la veilleuse, dont la mèche carbonisée s'était coiffée d'un champignon rouge, il put la refermer doucement, ainsi que les verrous.

Maintenant il n'avait plus qu'à monter l'escalier : ce qu'il fit avec précaution et si heureusement qu'il fut convaincu que personne dans la maison n'avait pu l'entendre.

Cependant, à peine la porte de son appartement était-elle refermée, que celle qui lui faisait vis-à-vis de l'autre côté du vestibule s'ouvrit, et madame Prétavoine parut.

Elle était revêtue de la même toilette que la veille, et bien certainement elle ne s'était point couchée, passant sa nuit debout à attendre la rentrée de son fils.

Après avoir écouté un moment, sans rien entendre de suspect, elle descendit l'escalier, et alla retirer de la serrure la clef qu'Aurélien venait d'y laisser; puis elle alla l'accrocher à un clou dans un petit cabinet où étaient pendues toutes les clefs de la maison.

Si, en descendant le matin, la cuisinière allait comme de coutume ouvrir la petite porte du jardin, elle la trouverait dans l'état même où elle l'avait vue le soir, c'est-à-dire sans clef.

C'était là une précaution bonne à prendre pour cacher la sortie d'Aurélien.

Par ce moyen, la cuisinière, qui ne trouverait pas le matin une clef qu'elle avait vainement cherchée le soir, n'aurait point à se demander comment s'était opéré ce miracle, et l'on échapperait ainsi à des curiosités contre lesquelles il est toujours prudent de se défendre. Sans doute, Barbe était une bonne fille, mais enfin, si bonne fille qu'elle fût, ce n'était pas une raison pour se fier à elle; qui pouvait savoir à qui elle parlerait de cette étrange découverte d'une clef tombant du ciel dans le trou d'une serrure? Les esprits travaillent vite dans une petite ville; on cherche, on imagine, on combine, on invente, et, d'extravagance en extravagance, on arrive parfois à la vérité. Empêcher qu'on dît dans Condé que, la nuit même de son arrivée, M. Aurélien Prétavoine avait découché, cela valait bien quelques heures passées sans sommeil. Quel scandale, mon Dieu ! si de pareils propos se répandaient, et surtout, dans les circonstances présentes, quel danger !

Ce danger écarté, madame Prétavoine, tranquillisée, se hâta de monter l'escalier; mais, en arrivant aux dernières marches, elle s'arrêta surprise.

Sur le mur des remises qui se trouvaient dans la cour et faisaient vis-à-vis aux fenêtres de la chambre d'Aurélien, dansait une lueur fantastique qui tout à coup s'élevait jusqu'au toit, et tout à coup aussi se rapetissait et s'évanouissait.

Qu'est-ce que cela pouvait être ?

Ce fut la question que se posa madame Prétavoine.

Il semblait que ce fût le reflet d'un grand feu brûlant dans la chambre d'Aurélien.

Mais où aurait-il pris le bois pour faire ce feu ? En cette douce saison, les cheminées avaient été nettoyées et les coffres étaient vides.

Et puis ces lueurs ne devaient point être projetées par un feu de bois, qui brûle régulièrement une fois qu'il est allumé, mais bien plutôt par un feu de paille ou de papier.

Cette dernière hypothèse amena un sourire sur le visage de madame Prétavoine.

Elle avait trouvé.

Et elle rentra dans sa chambre avec une légèreté

qui n'était plus de son âge, c'était à croire qu'il venait de lui pousser des ailes.

Une lampe, l'abat-jour baissé, brûlait sur une table encombrée de livres.

Elle s'assit devant cette table, mais elle ne reprit pas sa lecture dans le livre ouvert sous la lumière de la lampe.

Accoudée dans son fauteuil, les mains jointes, les yeux fixés devant elle, sans rien regarder, elle resta immobile, suivant le rêve de son esprit.

Ce fut dans cette attitude que le jour levant la surprit et la tira de sa méditation.

Vivement elle éteignit la lampe, et, quittant son fauteuil, elle s'occupa à ranger dans une armoire fermant à clef, les livres qui avaient occupé ses heures de la nuit : l'un était un gros volume compacte qui portait pour titre : *Dictionnaire pratique et critique de l'art épistolaire français;* un autre, de format moins considérable, était le *Manuel du cérémonial;* un troisième, le *Guide du savoir-vivre.*

Le soin qu'elle mit à bien enfermer ces livres disait clairement qu'elle désirait qu'ils ne fussent vus par personne.

Cela fait, elle enleva les couvertures et les draps de son lit, de façon que sa femme de chambre ne pût pas voir qu'elle ne s'était pas couchée; puis elle procéda à sa toilette. Mais alors, poussant les précautions jusqu'à l'extrême, elle quitta sa robe de mérinos noir, qu'elle portait invariablement du lundi au samedi, pour en revêtir une autre, un peu moins simple.

Quand la messe de six heures sonna au clocher de la cathédrale, elle était prête, et, à la voir descendre la rue de l'Évêché, alerte et vive, marchant de son pas glissé, personne n'eût pu admettre qu'elle avait passé la nuit dans son fauteuil, à lire le *Guide du savoir-vivre* et le *Manuel du cérémonial*, au lieu de dormir tranquillement dans son lit comme il convenait à une femme de son âge.

A la messe, elle édifia tous ceux qui, placés près d'elle, purent voir son attitude pleine de recueillement.

C'était pour onze heures que l'abbé Armand avait été invité à déjeuner. Madame Prétavoine, qui connaissait son exactitude et savait qu'à onze heures moins cinq minutes, il sonnerait à la grille, s'inquiéta, vers dix heures, de n'entendre aucun bruit dans l'appartement de son fils.

Assurément Aurélien dormait encore.

Elle écouta à la porte et n'entendit rien.

Alors elle se décida à entrer : il ne fallait pas que l'abbé Armand fût exposé à attendre. Que dirait-on dans la ville, si l'on apprenait que M. Aurélien Prétavoine n'était pas encore levé à onze heures du matin? Que de clabauderies! Ce serait presque aussi grave que l'histoire de la clef; sans compter qu'il est toujours mauvais pour un jeune homme de faire dire de lui qu'il reste tard au lit; c'est donc un paresseux. Or, pour le succès des desseins de madame Prétavoine, il importait beaucoup qu'Aurélien acquît la réputation d'être un travailleur.

De la bibliothèque elle passa dans la chambre à

coucher, où Aurélien dormait du plus profond sommeil, le nez tourné vers la muraille.

Avant de l'éveiller elle regarda la cheminée où l'âtre était presque entièrement rempli de papier brûlé, et, sur quelques feuilles tortillées par le feu, mais non réduites en cendres, on apercevait des lignes entières d'écriture se détachant en caractères blancs sur fond noir.

Elle était entrée assez vivement, n'ayant pas peur de faire du bruit; mais, après avoir aperçu ces feuilles de papier, elle marcha vers la cheminée, sur la pointe des pieds, en retenant son souffle et les yeux attachés sur son fils.

Il continuait de dormir, et elle voyait ses épaules qui se soulevaient et s'abaissaient par un mouvement régulier, qui prouvait la tranquillité de son sommeil.

Arrivée à la cheminée, elle se baissa avec précaution; les quelques bouts de lignes que de loin elle n'avait pu voir que confusément se détachèrent alors avec assez de netteté pour qu'elle les lût et d'autant plus facilement qu'elles étaient d'une écriture qu'elle connaissait bien, celle de son fils.

« Rien n'éteindra ma tendresse pour toi, chère
« Sop... A toi pour la vie... Tu es et tu seras pour
« jamais la maîtresse de mon cœur... Je t'adore...»

A côté de ces feuillets, s'en trouvaient d'autres, sur lesquels se dessinaient des caractères moins bien formés et qu'elle lut plus difficilement, car ils étaient d'une écriture qu'elle voyait pour la première fois.

« Ne sois donc pas jaloux, mon mignon; je n'aime

« et n'aimerai jamais que toi... Tout ce que tu vou-
« dras, je le ferai, ce qui est possible, ce qui est
« impossible... Dis-toi bien que je ne vis que pour
« ton bonheur... »

Elle eût pu en lire davantage, mais à quoi bon ? Elle en savait assez. Surtout elle savait ce qui l'avait si fort tourmentée dans cette nuit d'attente : tout était rompu, et, ce qui n'était pas moins important, il était très-probable que tout était détruit. De cette liaison qui l'avait tant inquiétée, il ne restait rien, rien que ces papillons noirs qui, insaisissables et impalpables, allaient se disperser aux quatre vents.

Maintenant il était à elle, bien à elle, rien qu'à elle, et personne ne viendrait se jeter à travers ses desseins.

S'étant relevée, elle retourna doucement à la porte; puis, comme si elle arrivait, elle frappa plusieurs petits coups contre le chambranle, et elle appela son fils à plusieurs reprises :

— Aurélien ! Aurélien !

Il se réveilla en sursaut et s'assit brusquement sur son lit.

— Il est dix heures un quart, dit-elle. Ne vous entendant pas remuer, je suis montée pour vous éveiller; nous avons M. l'abbé Armand à déjeuner.

— Ah ! oui, répondit-il d'une voix empâtée, c'est vrai; pardonnez-moi, je m'étais endormi comme une marmotte.

— Et vous dormiez si bien que je ne vous aurais pas réveillé sans ce déjeuner.

— C'est sans doute la fatigue du voyage.

— Assurément.

Puis, d'un air indifférent, elle s'approcha de la cheminée et regarda le foyer.

— Tiens, vous avez brûlé des papiers? demanda-t-elle.

— Oui, des papiers inutiles qui m'auraient gêné; je les ai brûlés avant de me coucher.

— Vous avez bien fait; il ne faut jamais garder des papiers qui ne doivent pas nous servir, car bien souvent ils servent aux autres.

Puis, changeant de ton et appuyant sur ce qu'elle disait comme sur une chose de grande importance :

— A propos, mon cher enfant, quelle toilette comptez-vous faire?

— N'importe laquelle.

— Eh bien! alors je serais bien aise de vous voir revêtir une redingote noire et un pantalon gris clair; la redingote boutonnée vous va très-bien, elle vous donne l'air grave, tout en montrant la finesse de votre taille. Avec cela, des bottines, n'est-ce pas? et non des bottes; un col droit, et non un col rabattu, qui est trop négligé.

— Il sera fait comme vous le désirez, chère maman, et dans une demi-heure je vous rejoindrai au salon.

Il fut exact; en moins d'une demi-heure, sa toilette fut achevée, et il descendit au salon où madame Prétavoine l'attendait les yeux attachés sur les aiguilles de la pendule.

Elle se retourna vivement pour le voir entrer, et, à mesure qu'il s'avança vers elle, elle laissa paraître sur son visage un sentiment de satisfaction qui devint bien vite de l'admiration.

— Oh ! mon cher fils ! s'écria-t-elle.

Et sa voix, ordinairement claire et sèche, trembla d'émotion.

Mais la sonnette de la grille, tintant doucement, interrompit cet élan d'effusion maternelle.

L'aiguille de la pendule marquait cinq minutes avant onze heures : c'était assurément M. l'abbé Armand qui arrivait.

En effet, au bout de deux minutes à peine, la porte du salon s'ouvrit devant un prêtre de petite taille, mais de vaste corpulence, qui marchait la pointe des pieds en dehors, les talons rapprochés, la tête de trois quarts, et le nez au vent.

Madame Prétavoine se précipita au devant de lui avec des génuflexions, comme en font les gens d'église lorsqu'ils passent devant le tabernacle.

Pour lui, il salua d'une simple inclinaison de tête; car il ne pouvait que difficilement plier son échine, et, après avoir tendu à Aurélien sa main courte et potelée, il s'assit dans un fauteuil avec un soupir de satisfaction, en homme qui est presque aussi heureux de trouver un siège qu'un naufragé à bout de souffle et de forces quand il touche enfin le rivage.

La marche lui était en effet extrêmement pénible, et c'était un des malheurs de sa vie d'habiter Condé, une ville qui, pour une bonne partie, — la vieille, — est bâtie sur un coteau aux pentes escarpées. Pour les âmes sensibles, c'était pitié de le voir gravir ces rues rapides, en s'arrêtant à chaque pas pour souffler, et, pour les esprits moqueurs, c'était un plaisir de le voir les descendre; car, empêché, par la proéminence de son ventre, de regarder à ses pieds, il s'avançait en aveugle, le visage levé et les deux mains étendues en avant comme s'il avait peur de tomber : ce qui eût été assurément très-grave, car, rond comme une barrique, il eût roulé jusqu'au bas de la pente.

Qui eût cru que ce prêtre de tournure hétéroclite avait pu être le plus charmant des abbés ?

Et cependant tel il avait été vingt-cinq ans auparavant, à sa sortie du séminaire, quand Mgr Aurélien l'avait pris pour secrétaire intime. Prélat de belles manières et de goûts délicats, Mgr Aurélien aimait à s'entourer de figures sympathiques et de caractères agréables; il avait remarqué à son séminaire ce jeune abbé Armand, qui lui était signalé par le professeur d'histoire ecclésiastique comme un de ses plus brillants élèves, et, par le professeur de dogme, comme un dialecticien de première force, capable de discuter, pendant une journée entière, sur la *gratia de condigno* ou *de congruo*, sans hésiter un quart de seconde devant le mot à employer.

Plusieurs autres élèves du séminaire possédaient, il est vrai, les mêmes qualités; mais l'abbé Armand en avait de spéciales et de personnelles, qui le désignaient à l'attention en même temps qu'à la bienveillance de Monseigneur.

D'abord il était fils du marquis d'Ypréau, et les d'Ypréau étaient, avec les la Roche-Odon et les Rudemont, les plus hauts représentants de la noblesse dans le diocèse; aussi, quoique la filiation du jeune abbé fût illégitime et même adultérine, n'en était-elle pas moins une puissante recommandation auprès de Monseigneur, qui, de grande maison lui-même, était plein de considération pour tous ceux qui avaient de la naissance, alors même que cette naissance était entachée d'une barre de bâtardise.

Enfin il était l'abbé le plus joli, le plus coquet qu'on eût vu au séminaire, et son visage rond, au teint rosé, malgré la cuisine de l'ordinaire, ses cheveux frisés, ses mains à fossettes, son aimable sourire, qui découvrait si gracieusement ses petites dents blanches; l'aisance de son maintien, la grâce de ses manières, avaient fait de lui un véritable séraphin.

— C'est ainsi que doivent être les anges, disait-on.

Et ce mot était accepté comme vrai.

Séduit par tant de mérites, Monseigneur l'avait choisi pour secrétaire intime, et la noire envie elle-même, soulevée par une faveur si extraordinaire, avait été obligée de reconnaître que, pour porter la crosse ou la mitre de Monseigneur, l'abbé Armand était doué de grâces incomparables : c'était une révélation dans le cérémonial.

Mais il avait su bien vite se rendre, d'autre part, plus sérieusement utile; n'ayant ni caractère propre, ni idées personnelles, ni indépendance d'esprit, il était devenu en quelques semaines une copie fidèle de Monseigneur; il parlait avec les intonations de Monseigneur, il marchait comme Monseigneur, il riait comme Monseigneur; il écrivait comme Monseigneur, non-seulement pour le style, dont il avait admirablement attrapé l'allure et la tournure, mais encore pour l'écriture même, qu'il reproduisait avec une perfection qui eût trompé M. Prudhomme ou tout autre expert aussi illustre.

L'évêque avait commencé par s'amuser de ce talent; mais bientôt la paresse aidant, il s'était laissé aller à l'employer, tout d'abord pour des lettres insignifiantes, puis peu à peu pour des affaires plus importantes, si bien qu'en quelques mois, ce petit Armand, qu'on n'avait pas voulu prendre au sérieux, était devenu une puissance.

Ce n'était point un des flambeaux de l'épiscopat français que Mgr Aurélien; mais ce qui est plus rare de notre temps, où tant de princes de l'Église ne sont que des fils de paysans, qui restent malgré tout des paysans, c'était un évêque grand seigneur. Personne ne saluait comme lui, personne ne bénissait comme lui, personne ne recevait comme lui, et personne ne pouvait lui être comparé pour la grandeur et la noblesse des manières; de tous les évêques de France, il était celui auquel on disait le plus volontiers « Votre Grandeur, » tant cela paraissait naturel.

Quand Mgr Aurélien avait quitté le petit siège de Condé pour devenir archevêque, il avait, bien entendu, emmené l'abbé Armand avec lui, et comme il lui était de plus en plus indispensable, il l'avait maintenu dans ses fonctions, sans se demander si le secrétaire intime ne méritait pas de l'avancement : pour le moment on avait besoin de lui; plus tard on verrait.

Mais ce plus tard n'était jamais venu, car à mesure

que l'archevêque s'était fait vieux, il avait eu de plus en plus besoin des services de son secrétaire : ce n'était pas quand la main était presque paralysée qu'on pouvait se passer de la plume alerte de l'abbé Armand; ce n'était pas quand la pensée se faisait lente qu'on pouvait renoncer à un traducteur qui saisissait les indications les plus vagues et savait donner une forme précise à ce qui n'était que balbutié.

L'abbé Armand avait souffert de cet injuste oubli, mais dans son dépit il n'avait pas été jusqu'à s'en fâcher franchement et à rompre le lien qui le retenait. D'ailleurs, en rompant ce lien, il rompait du même coup ce qui était son bonheur et sa vie. Qu'il forçât son maître à lui donner la position à laquelle il avait droit, où irait-il? dans une petite ville, dans une bourgade. Alors plus de relations du monde, plus de bons dîners; c'est-à-dire pour lui le néant.

Il fallait attendre.

Il avait tant attendu que Mgr Aurélien était mort sans avoir rien fait pour lui, et qu'un nouvel archevêque était arrivé.

Mais alors l'abbé Armand n'était plus un séraphin, les bons dîners avaient produit un effet désastreux dans cette nature prédisposée à l'obésité : son petit nez retroussé était devenu un gros nez obtus, son petit menton rond descendait maintenant en cascades luisantes sur son rabat; la congestion graisseuse l'avait envahi de la tête aux pieds.

On lui avait offert un doyenné dans un petit bourg, et, bien qu'il n'eût aucune fortune, il avait refusé.

Alors il était revenu à Condé et à grand'peine on l'avait fait nommer chanoine par Mgr Hyacinthe.

Ses anciennes relations n'étaient pas toutes rompues, il pouvait vivre encore.

VII

En voyant comment l'abbé Armand s'était laissé tomber dans son fauteuil, madame Prétavoine avait compris que ce n'était pas le moment de le faire parler.

Aussi s'était-elle lancée dans un récit insignifiant, qui n'avait d'autre but que de donner au chanoine le temps nécessaire pour retrouver sa respiration.

Plein de reconnaissance pour cette généreuse attention, l'abbé Armand avait doucement dodeliné de la tête, sans parler, écarquillant des yeux ronds comme des billes et ouvrant la bouche toute grande pour aspirer un peu d'air.

— Charmante ville que Condé, dit-il enfin quand madame Prétavoine fut arrivée au bout de son récit, mais terrible... oui, terrible, avec ses rues en pente, pour qui est menacé de maladies suffocatoires.

Heureusement un repos de quelques minutes suffit

pour conjurer toute attaque de l'une ou l'autre de ces maladies suffocatoires, et, quand on se mit à table, le chanoine était en état de faire honneur au déjeuner de madame Prétavoine.

Brillat-Savarin a dit que le plaisir de la table ne comporte ni ravissement, ni extase, ni transport; mais Brillat-Savarin était magistrat, et de plus il était bel homme; enfin il a écrit certaines pages sur les vertus du poisson et des truffes, qui donnent à supposer qu'il avait connu d'autres plaisirs qui comportent mieux le ravissement, l'extase et le transport. L'abbé Armand, en voyant servir une belle truite à la crème, donna un démenti à l'aphorisme du professeur qui a écrit la *Physiologie du goût*, et sur sa figure se montrèrent tous les signes d'un véritable ravissement: son visage s'élargit, et les sourcils, les paupières, les narines, les angles de la bouche, se relevèrent, tandis que les yeux prenaient une expression extatique.

— Pêchée dans l'Andon, n'est-ce pas? demanda-t-il, à la ligne volante, au-dessus d'Hannebault.

— Au-dessus même de Condé.

— Elle sera délicieuse. Vous ne sauriez vous imaginer quelle différence existe entre le poisson pris au-dessus des usines et celui qui est pris au-dessous: l'industrie est notre plaie.

Et pendant qu'on découpait la truite, dont la chair rouge tranchait agréablement sur la blancheur de la crème, ses narines se dilatèrent démesurément, et son ravissement devint de plus en plus manifeste. Il est vrai qu'il n'était point magistrat, il est vrai aussi qu'il n'avait jamais été bel homme, et il est vrai enfin que les vertus du poisson comme des truffes avaient simplement consisté pour lui à flatter son goût ; aussi dans ces conditions était-il excusable d'éprouver, pour des plaisirs qui pour lui étaient et avaient été exclusifs de tous autres, l'extase et le transport.

Cependant les yeux de madame Prétavoine, obstinément tournés de son côté, finirent par attirer son attention ; il parut sortir de son extase, et alors il cessa de contempler la truite pour regarder Aurélien.

Mais il fit cela discrètement, sans en avoir l'air, en homme qui glisse et n'appuie pas.

Puis, revenant à madame Prétavoine, il lui adressa un sourire d'approbation.

— Très-bien, c'est parfait ! semblait-il dire.

A qui s'appliquait cette approbation ? à la truite ? au service de la table ? à Aurélien lui-même ? C'était ce qui ne se pouvait pas facilement deviner.

D'ailleurs Aurélien était trop attentif à regarder le chanoine manger pour se laisser distraire par autre chose.

C'était pour lui une véritable surprise de voir que ce petit chanoine tout rond, qui dans la rue lui avait paru si ridicule, et qui était à table plein d'aisance et même d'élégance.

Était-il possible que ce convive, si alerte dans ses mouvements à table, fût le petit bonhomme qui faisait rire les enfants lorsqu'il descendait la rue de l'Évêché.

Et, bien qu'il restât toujours dans des sentiments de respect à l'égard de tout ce qui portait la soutane, il ne pouvait se défendre d'une comparaison qui malgré lui s'imposait à son esprit : pourquoi une oie grasse, si disgracieuse lorsqu'elle marche en se dandinant majestueusement au bord d'une rivière, est-elle si légère et si gracieuse lorsqu'elle se laisse doucement aller au cours de l'eau ?

Assurément le chanoine avait été mis au monde pour s'asseoir à table, comme les oies ont été créées pour flotter sur les mares et les rivières.

Lorsqu'après le déjeuner on fut retourné au salon, madame Prétavoine fit un signe discret à son fils pour lui demander de la laisser seule durant quelques minutes avec l'abbé Armand.

— Eh bien ? demanda-t-elle vivement quand Aurélien fut sorti.

— Soyez rassurée, chère madame ; je n'ai que des compliments à vous adresser. Sans doute je pourrais relever quelques détails, mais ils sont de peu d'importance. Sur un seul point, je trouve qu'il sera utile que vous interveniez.

— Lequel ?

— Au sujet de la façon dont il tient sa fourchette. J'aurais voulu moi-même lui présenter cette observation, mais j'ai vainement cherché une anecdote dans laquelle je pourrais l'encadrer utilement. Quant à la risquer directement, cela était impossible : il y a des ménagements à garder avec la jeunesse.

— Mais comment donc tient-il sa fourchette ? demanda madame Prétavoine effrayée.

— Il la tient dans sa main gauche, tandis que de la droite il tient son couteau.

— Est-ce que tout le monde ne tient pas son couteau de la main droite?

— Assurément; mais il y a une nuance à observer: on tient son couteau de la main droite pour couper sa viande, on ne le garde pas. Vous me direz que c'est un usage anglais de tenir sa fourchette de la main gauche et son couteau de la main droite, de sorte qu'après avoir poussé sa sauce avec le couteau sur le morceau de viande que pique la fourchette, on porte celle-ci à sa bouche de la main gauche. Eh bien! je déclare que ceci est une innovation pernicieuse, qui ne tend à rien moins qu'à saper la grâce française jusque dans ses fondements; c'est l'abomination de la désolation. Est-ce qu'il est permis à un galant homme d'être gaucher? De plus remarquez que c'est dans ce mouvement continuel de la fourchette allant de droite à gauche et revenant de gauche à droite que se montre l'aisance d'un homme qui sait manger. Et c'est précisément parce que cet usage repose sur une difficulté vaincue qu'il doit être religieusement conservé, songez donc....

Malheureusement Aurélien en rentrant interrompit les développements dans lesquels le chanoine allait se lancer, mais il en avait assez dit pour que madame Prétavoine se promît de veiller à ce que son fils chéri ne contribuât pas à saper les fondements de la grâce française. Que dirait le comte de la Roche-Odon, lui l'homme de la tradition par excellence, s'il trouvait un révolutionnaire dans son futur gendre?

C'était précisément pour qu'Aurélien ne se rendît pas coupable de fautes de ce genre qu'elle avait invité l'abbé Armand. Quel malheur qu'elle ne pût pas le lui donner pour précepteur !

Si rigide qu'il fût sur les lois de la politesse, l'abbé Armand mettait toujours une condition à l'acceptation des invitations qu'on lui adressait : c'était qu'il pourrait se retirer de bonne heure. Il avait en effet des digestions pénibles, et il ne voulait point donner en spectacle ses douleurs d'estomac. Rentré chez lui, s'il souffrait le martyre, il ne se plaignait pas : c'était une juste expiation de sa gourmandise, et il offrait ses souffrances au Seigneur en lui demandant la grâce de pouvoir recommencer le lendemain.

La mère et le fils restèrent donc bientôt seuls.

— Et maintenant que comptez-vous faire ? demanda madame Prétavoine.

— Mais c'est la question que j'allais vous adresser, chère maman ; car je n'ai rien à faire et je ne suis ici que pour vous.

— Si vous voulez, nous irons jusqu'à la Rouvraye ; peut-être aurons-nous la chance d'apercevoir mademoiselle de la Roche-Odon, et alors vous pourrez la regarder avec d'autres yeux que ceux avec lesquels vous l'avez vue.

— Allons à la Rouvraye, et faisons des vœux pour apercevoir mademoiselle Bérengère.

Pour aller à la Rouvraye en sortant de chez madame Prétavoine, il faut suivre le rempart jusqu'au point où il se change en grande route, et continuer cette route pendant un certain temps.

C'est assurément la promenade la plus agréable qu'on puisse faire à Condé, car sur presque tout son parcours, on jouit de beaux points de vue sur la ville neuve, qui s'étend au pied même du rempart, et sur les prairies environnantes, au travers desquelles serpente lentement la rivière. Une fois que l'œil s'est échappé au-dessus des toits des maisons et des bouquets d'arbres plantés dans les jardins, il ne rencontre plus qu'une mer de verdure qui va se perdre au loin, confusément, dans le bleu sombre de l'horizon. C'est une succession infinie de prairies, de champs et de bois, au milieu desquels se montrent çà et là des maisons aux murailles blanches et aux toits noirs; dans les herbages enclos de grands arbres, on aperçoit des troupeaux de bœufs qui font des taches rousses au milieu de l'herbe verte.

Madame Prétavoine marchait, la main posée sur le bras de son fils, mais sans s'appuyer, car elle volait sur les ailes de l'espérance et c'était à peine si ses pieds touchaient la terre. Ses yeux ordinairement baissés restaient franchement levés pour sourire aux rares personnes qui la saluaient.

— C'est lui, semblait-elle dire, et je suis sa mère.

Lorsqu'ils arrivèrent à la tour du Connétable, qui est l'endroit d'où l'on voit le mieux la ville neuve et les prairies au milieu desquelles elle a été construite, ils s'arrêtèrent un moment et allèrent s'accouder sur le parapet.

Au-dessous d'eux et ne s'élevant pas jusqu'à la hauteur du parapet, se montraient les toits des maisons et les cimes des arbres qui bordent les rues tirées au cordeau entre le rempart et la rivière.

Connaissant chacune de ces maisons, ils ne se se

raient probablement pas attardés dans la contemplation de ce spectacle, si l'attention d'Aurélien ne s'était pas portée sur une vaste prairie située en dehors des limites de la ville neuve, et dans laquelle en ce moment même on apercevait une armée de terrassiers qui travaillaient.

— Vous ne m'aviez pas appris que les casernes étaient commencées? dit-il en se tournant vers sa mère.

— Je ne savais pas que cela eût de l'intérêt pour vous.

— Et pour quelle époque ces casernes doivent-elles être terminées?

— Je ne sais pas; mais les travaux vont être poussés, dit-on, avec activité: on assure qu'une partie de la maçonnerie sera finie cette année. A propos de ces travaux, je dois vous avertir qu'ils sont dirigés par un jeune capitaine qui est reçu à la Rouvraye.

— Comme vous me dites cela, ma mère!

— Mais tout simplement pour que vous sachiez tout ce qui, de près ou de loin, se rapporte à mademoiselle de la Roche-Odon. Vous pourriez être surpris si vous voyiez ce capitaine dans la compagnie du comte; je vous avertis, car il ne faut jamais se laisser surprendre.

— Vous me faites peur. Quel est donc cet officier?

Avant de répondre, madame Prétavoine regarda autour d'elle, mais ils étaient seuls, et personne ne pouvait surprendre leur conversation; car, bien que cette partie du rempart soit la promenade la plus belle de Condé, elle n'est guère fréquentée quand il n'y a pas d'étrangers en visite dans la ville.

Cependant, comme il entrait dans le caractère et dans les habitudes de madame Prétavoine d'être prudente et circonspecte en toutes choses, elle prit le bras de son fils et ils revinrent au milieu de la promenade. Elle avait de bons yeux, et elle verrait bien si quelque indiscret venait au devant d'elle ; elle avait de bonnes oreilles, et elle entendrait les bruits de pas de ceux qui pourraient survenir par derrière.

— Eh bien! demanda Aurélien impatient, ne savez-vous rien sur le compte de cet officier, ce qu'il est, d'où il vient, comment il a pu se faire recevoir par le comte de la Roche-Odon ? Il me semble que cela a de l'intérêt pour nous.

— J'aime à vous voir cette inquiétude, dit madame Prétavoine, mieux que toutes les paroles, elle me montre combien vivement vous avez pris à cœur mon projet.

— Cet officier ?...

Elle baissa la voix :

— Il se nomme Richard de Gardilane.

— Noble ! Il est noble ?

— Il n'a pas de titre. J'ai vu ses cartes de visite, il n'est ni comte ni baron.

— Jeune ?

— Vingt-cinq ans environ.

— Son avancement a donc été bien rapide?

— Il s'est très-brillamment distingué pendant la guerre. Fait prisonnier à Metz, il s'est échappé pour venir se mettre à la disposition du gouvernement de la Défense nationale. On avait besoin d'officiers, on l'a envoyé à l'armée de la Loire en lui donnant presque coup sur coup je ne sais quels grades. Il paraît qu'il a rendu de grands services dans l'armée du général Chanzy. Cependant la commission de révision des grades l'a remis au rang de capitaine.

— Il est beau garçon?

— C'est un militaire, grand, bien bâti; la tête est fine cependant. Mais il y a en lui une chose déplaisante, qui d'ailleurs se trouve chez beaucoup d'officiers : c'est l'assurance, la confiance en soi; je ne connais rien de plus désagréable que ce regard qui ne se baisse jamais. Avec cela l'apparence de la franchise et peut-être même la réalité. C'est un homme qui doit se livrer facilement. Quand vous le rencontrerez, vous pourrez l'étudier; peut-être même ferez-vous bien d'entrer en relations avec lui, ce qui ne doit pas être difficile, bien qu'il soit réservé dans ses relations.

— Sa fortune?

— Présentement elle est des plus médiocres : quelques milliers de francs de rente lui venant de son père et de sa mère, qui sont morts; mais il a, dit-on, des oncles fort riches dont il est l'héritier naturel.

— Comment et en quelle qualité est-il reçu par le comte de la Roche-Odon?

— Ses relations avec le comte remontent à l'époque de la guerre; il paraît que le capitaine a assisté à la mort du vicomte de la Roche-Odon, le père de Bérengère, et que celui-ci, en mourant, l'avait chargé de lettres pour son père et sa fille.

— Cela me paraît grave.

— De plus, le capitaine Richard de Gardilane a

logé à la Rouvraye pendant qu'il a occupé Condé avec son corps d'armée.

— Et vous ne m'aviez pas dit tout cela !

— C'est que tout cela n'a pas la gravité que votre esprit, trop prompt à s'inquiéter, imagine.

— Ce capitaine peut être un prétendant dangereux.

— Un prétendant, oui, comme beaucoup d'autres, j'en conviens, car il y a et il y aura beaucoup de prétendants à la main de mademoiselle de la Roche-Odon; mais dangereux comme vous dites, je ne crois pas.

— Mademoiselle Bérengère n'est plus une enfant.

— Il n'y a guère qu'un mois que le capitaine Gardilane est revenu à Condé, où il a été envoyé...

— Où il s'est fait envoyer.

— Cela est possible, mais il n'y a qu'un mois qu'il est ici pour diriger la construction des casernes, et je puis vous assurer que depuis un mois il n'a été que deux fois à la Rouvraye. Cela, je vous l'affirme; car vous comprenez que je sais jour par jour ce qui se passe à la Rouvraye. Le capitaine habite seul avec un domestique une petite maison rue de l'Andon, au bord de la rivière, et il vit là fort retiré. Il s'est créé peu de relations en ville et on ne le voit nulle part; il ne va pas à l'église, et je sais qu'il fait gras le vendredi. Ne vous inquiétez donc pas de lui outre mesure. Admettez qu'il désire devenir le mari de mademoiselle de la Roche-Odon, c'est possible. Mais d'autre part, considérez quelle différence de position existe entre ce prétendant, qui n'a pas pour lui un allié, et vous, appuyé comme vous l'êtes; pesez les forces de l'un et l'autre parti; voyez pour qui sont les chances probables, et, si la bataille s'engage un jour entre vous deux, ne doutez pas du succès. Il est seul, et vous, mon enfant, vous aurez près de vous votre mère, et derrière elle, pour la soutenir, si besoin est, — ses amis.

VIII

Ils continuèrent leur promenade et ils arrivèrent au bout du rempart à l'endroit où commence la route qui sort de Condé, passe devant le château de la Rouvraye, et conduit à la station du chemin de fer.

Comme ils suivaient cette route depuis quelques instants, ils entendirent le trot d'un cheval, et ils tournèrent la tête pour voir qui arrivait derrière eux.

C'était un officier en petite tenue.

— C'est lui, murmura madame Prétavoine.

Mais cet avertissement était inutile pour appeler l'attention d'Aurélien ; les officiers sont rares à Condé, et, avant que sa mère eût parlé, il avait reconnu Richard de Gardilane.

Aussitôt il cessa de tenir sa tête tournée en arrière et il se mit au contraire à regarder devant lui.

Cependant le cavalier arrivait dans une bonne allure, et bientôt il se trouva à la hauteur de madame Prétavoine et d'Aurélien.

Alors il se tourna vers eux et salua poliment.

Puis il continua sa route, trottant à l'anglaise, mais en quittant à peine la selle, les jambes restant près du corps du cheval et tombant naturellement, le corps droit, la main basse et le coude à la hanche sans la toucher; en tout, l'attitude correcte d'un excellent cavalier.

Bien qu'il se fût écoulé peu de temps entre le moment où il avait ôté son képi et celui où il l'avait remis, ce court intervalle avait suffi à Aurélien pour le bien voir.

Le visage était mâle, mais l'énergie qui l'animait n'excluait point une certaine douceur, qui se montrait dans des yeux noirs ombragés par d'épais sourcils; le front était large et le nez avait de la finesse : en tout, une belle tête de soldat sur un torse vigoureux, bien que svelte.

— Il est décoré, dit Aurélien.

— Sans doute, est-ce que tout le monde ne l'est pas aujourd'hui ?

— Il monte bien à cheval.

— C'est son métier.

— Il va certainement à la Rouvraye ?

— Nous allons voir.

En effet, ils n'étaient plus qu'à une courte distance de la Rouvraye ou tout au moins de l'avenue qui de la route conduit au château.

L'officier qui, bien entendu, allait plus vite qu'eux, était sur le point d'atteindre cette avenue.

Tournerait-il pour la prendre ou bien continuerait-il son chemin tout droit ?

Ils n'eurent pas à s'impatienter longtemps sur cette question ; bientôt il dépassa l'avenue.

— Il ne va pas à la Rouvraye, dit Aurélien avec un soupir de soulagement.

— Je vous ai dit que depuis son installation à Condé, il n'avait fait que deux visites au comte.

— Oui, mais il vient calvacader devant le château.

— Il ne faut rien exagérer ; devant le château n'est pas très-juste.

En effet, le château de la Rouvraye se trouve à une distance d'au moins huit cents mètres de la route, à laquelle il accède par une admirable avenue de chênes.

Ce sont même ces chênes appartenant à l'espèce du *rouvre* qui lui ont donné le nom de *Rouvraye*, c'est-à-dire lieu planté de rouvres, et jamais nom n'a été mieux justifié. Au milieu d'un vaste herbage dans lequel paissent des bœufs libres, se dessine cette avenue formée de chaque côté par trois rangées de chênes séculaires, qui, dans cette terre franche, profonde et fraîche, ont pris un développement magnifique, élevant droit vers le ciel leurs troncs énormes, qui se terminent par une immense cime élargie.

Avant d'arriver au château, cette avenue développe, parallèlement aux jardins, ses six rangées de chênes, qui vont rejoindre les arbres du parc, mais en les dominant de leur port majestueux.

C'est le lieu de promenade favori des habitants de Condé, et, comme les la Roche-Odon ont toujours libéralement ouvert leurs barrières devant les promeneurs, on vient là les dimanches et dans la belle saison se promener ou s'ébattre sous le frais ombrage de ces chênes et dîner en pique-nique sur le gazon.

Un saut-de-loup, flanqué de deux petits pavillons bas, se trouve au bout de l'avenue, qu'il sépare d'un jardin dessiné à la française, dans le style de le Nôtre, avec parterre, charmilles, quinconces, balustres, escaliers, bassins, vases et statues. Mais la grande curiosité de ce jardin, celle qui provoque l'étonnement des enfants et l'admiration d'un nombre considérable de gens de la contrée, consiste en deux ifs taillés ou plus justement sculptés et qui représentent : celui de droite : *un loup terrassé par un chasseur*, et celui de gauche, *un chasseur terrassé par un loup*.

Au milieu de ce jardin et sur une terrasse s'élève le château, qui date du commencement du dix-septième siècle, peu de temps après que, par ordre d'Henri IV, fut rasée la vieille forteresse de la Roche-Odon, qui avait servi de place d'armes aux ligueurs. Ayant fait sa paix avec le roi qu'il avait longtemps combattu, le comte de la Roche-Odon, qui était alors le chef de la famille, n'avait pas voulu relever son château sur les ruines de celui qu'on venait de démolir, et abandonnant la Roche-Odon, qui d'ailleurs était un emplacement un peu trop sauvage pour les mœurs de l'époque; il s'était rapproché d'une ville, et, à une courte distance de Condé, sur les confins d'une forêt qui lui appartenait, il avait fait construire le château qui existe encore aujourd'hui.

C'est un monument de grande et belle ordonnance, édifié dans le style le plus pur de l'époque, avec bossages en pierre se mélangeant à la brique, hautes cheminées, gracieuses lucarnes, et toits aigus couronnés d'ouvrages en plomb.

Tel il était à l'extérieur en sortant des mains de son constructeur, tel il est encore à notre époque, les seuls travaux qu'on y ait faits étant des travaux d'entretien et de réparation.

A l'intérieur seulement, il a subi quelques changements, car les confrères de Ducerceau et de Dupérac entendaient la distribution d'un appartement d'une façon un peu trop primitive : une salle à un bout, une salle à un autre, un escalier au milieu, et c'était tout. On a donc remanié cette distribution dans quelques-unes de ses parties, mais en n'ayant en vue que la commodité des habitants et sans détruire l'ordonnance générale : c'est ainsi qu'ont été conservés les solives apparentes, les lambris, les boiseries, les carreaux de faïence, les dorures, les tapisseries, et, dans un grand nombre de salles et de chambres, le mobilier même de l'époque.

Madame Prétavoine et son fils vinrent jusqu'au saut-de-loup, et ils longèrent les jardins en suivant les deux avenues latérales ; mais, si soigneusement qu'Aurélien regardât entre les charmilles, il n'aperçut ni mademoiselle Bérengère ni le comte. Heureusement il trouva une consolation à cette déception dans l'admiration que produisit en lui la vue de ces jardins et de ce château, qu'il connaissait bien cependant, mais qu'il n'avait jamais regardés avec les mêmes yeux qu'en ce moment.

— C'est vraiment seigneurial, disait-il de temps

en temps, comme s'il se parlait en lui-même.

— Trop seigneurial, répondit madame Prétavoine.

— Et comment cela ?

— J'entends dans l'administration de ce domaine. Ainsi, j'ai fait le compte, il y a quelque temps, des arbres de cette avenue qui, arrivés à leur limite de croissance, ne peuvent que dépérir maintenant ; il y en a sept cent cinquante. Si on les abattait, on les estimant l'un dans l'autre à 100 francs seulement, cela fait 75,000 francs qu'on trouverait là tout de suite.

C'était en revenant vers Condé que madame Prétavoine opérait ce calcul. A ce moment, ils furent croisés par la voiture du chemin de fer qui se rendait à la station, et ils durent se ranger sur le trottoir pour la laisser passer.

Une tête de jeune femme parut à la portière, et, pendant que la voiture s'éloignait grand train, elle resta à les regarder.

Madame Prétavoine avait senti le bras de son fils tressaillir.

— Est-ce que ce n'est pas Sophie Fautrel qui nous regarde ? demanda-t-elle.

— Sophie Fautrel ? balbutia-t-il.

— Oui, c'est bien elle. Est-ce qu'elle quitte Condé ? Ma foi ! j'en serais bien aise, car j'ai des raisons pour croire que ce n'est pas une honnête fille.

IX

Condé et toute la contrée, dans un rayon d'une vingtaine de lieues, étaient en révolution.

Les invitations de lady Sarah Barrington avaient été lancées.

Et celles de madame Prétavoine, trésorière de la loterie de Saint-Pierre, les avaient suivies d'autant plus vite qu'elles étaient préparées à l'avance.

On ne parlait que du bazar des Anglais dans un certain monde.

Et dans un autre il n'était question que de la loterie.

Église contre Église, ainsi que l'avait dit madame Prétavoine, la lutte était franchement engagée.

On allait voir quel en serait le résultat.

En attendant, le pays s'était divisé en deux camps : Anglais et Français, protestants et catholiques, libéraux et dévots.

La guerre déclarée, elle se faisait à coups de langue, avec plus ou moins de violence, avec plus ou moins de bonne foi.

On en était vite arrivé aux gros mots, qui tout naturellement avaient conduit à la dispute et à la brouille :

L'ami avec l'ami, le père avec le fils, les frères entre eux.

Dans plus d'un ménage, l'invitation de madame Prétavoine arrivant après celle de lady Sarah Barrington, avait amené la division et la lutte.

— Nous irons chez lady Barrington, disait le mari.

— Cependant, mon ami...

— Il n'y a pas de cependant, c'est décidé, et je ne reviens jamais sur ce que j'ai arrêté ; tu dois savoir que je ne suis pas une girouette.

Quand un mari a la prétention de n'être pas une girouette et qu'il est assez naïf pour affirmer cette prétention à sa femme, il est rare que celle-ci soit assez maladroite pour le contredire.

— Tout le monde sait que tu es maître chez toi, tu le montres assez pour qu'il ne soit pas nécessaire de le crier si fort. Je ne veux donc pas essayer de te faire revenir sur ce que tu as arrêté, seulement je te ferai remarquer que lady Barrington quittera Condé un jour ou l'autre; tandis que le comte de la Roche-Odon, le marquis de la Villeperdrix, l'abbé Guillemittes, l'abbé Fichon, M. de la Fardouyère y restent, et tu y as tout intérêt...

— Ce n'est pas une affaire d'intérêt, c'est une affaire de conviction.

— Je sais bien : c'est pour cela que je n'essaye pas

de changer cette conviction. Je dis seulement que tu as tout intérêt à être bien avec ces messieurs, tandis que tu n'en as aucun à plaire à lady Barrington.

Le confessionnal eut aussi à intervenir et à dire son mot.

— Mon père, vous me voyez bien agitée, bien tourmentée ; mon mari veut que je l'accompagne chez lady Sarah Barrington.

— Ma fille, il faut obéir à votre mari.

— Ah ! mon père, ne m'abandonnez pas !

— Et comment voulez-vous que j'intervienne entre votre mari et vous, ma chère fille ? Ce n'est pas aujourd'hui que je puis avoir de l'influence sur lui. Ah ! si vous aviez suivi mes conseils, si vous aviez amendé son esprit, si vous aviez ouvert son cœur à la bonne parole !

— J'ai fait tout ce que j'ai pu.

— Je ne vous adresse pas de reproches ; mais je dis que si vous aviez réussi dans la sainte mission que je vous avais prêchée, vous n'en seriez pas réduite aujourd'hui à me confier vos douleurs et vos craintes. Maintenant c'est vous seule qui pouvez tenter d'éclairer cette volonté égarée.

— Mais comment, mon père ? c'est là ce que je cherche en vain.

— Cherchons ensemble, ma fille ; mais avant tout demandons à la sainte Vierge de nous envoyer une inspiration.

Et à la maison, dans le silence de la nuit comme au milieu des affaires de la journée la femme pieuse employait avec ardeur tout ce qu'elle avait de séduction pour décider son mari à ne pas aller chez lady Barrington.

Quelle joie quand elle avait triomphé ; mais aussi quelle amertume, quelles blessures qui ne se cicatriseraient pas de si tôt, quand elle avait échoué.

Ce n'était pas seulement parmi ceux qui, par leur position sociale étaient appelés à aller chez lady Sarah Barrington ou chez madame Prétavoine, que l'émotion était vive ; elle s'était étendue jusque dans la petite bourgeoisie, dans la classe des boutiquiers et des marchands qui ne pouvaient pas prétendre à l'honneur d'une invitation dans l'une ou l'autre maison.

Et là les discussions, pour être simplement théoriques, n'en prenaient pas moins une gravité qui amenait des querelles et des ruptures.

Chacun se rangeait du parti vers lequel le portaient ses croyances, ses opinions, ses relations ou ses intérêts.

Mais il faut dire que dans cette classe, on comptait beaucoup plus de partisans de lady Barrington que de partisans de madame Prétavoine.

Précisément parce qu'il existe à Condé une aristocratie qui conserve un reste de grandeur et un clergé puissant, la bourgeoisie est en grande partie libérale, et les libéraux, est-il besoin de le dire ? blâmaient hautement, aussi haut que leurs voix pouvaient crier, ceux qui avaient eu l'idée d'engager une lutte, à propos du bazar des Anglais et du tirage de la loterie de Saint-Pierre.

Ah ! si ceux qui s'échauffaient et se passionnaient

ainsi, les uns pour blâmer, les autres pour approuver, avaient connu la vérité, s'ils avaient pu voir le dessous des cartes !

Mais comment admettre la pensée que cette guerre qui divisait la ville, brouillait les familles, excitait les passions et les haines, était née d'un simple projet de mariage ?

Alors même qu'un esprit plus subtil que les autres eût deviné le plan de madame Prétavoine et l'eût divulgué, personne assurément n'aurait voulu le croire ni même l'entendre.

Comment ! ce serait pour que M. Aurélien Prétavoine pût se rencontrer avec mademoiselle Bérengère de la Roche-Odon qu'on aurait jeté tout un pays dans l'agitation et le trouble ? Allons donc, c'était impossible !

Ce n'était point pour un si mesquin résultat qu'on jouait avec les choses les plus sacrées et qu'on mettait en lutte les intérêts les plus élevés.

Église contre Église, cela se comprenait.

Mais le mariage du fils de madame Prétavoine, c'eût été simplement ridicule.

Et, comme on aime généralement fort peu à se trouver ridicule, on évite de rechercher si l'on a pu l'être ; si bien que personne à Condé ne soupçonnait de quelle main était partie l'étincelle qui avait allumé cette guerre.

Sans doute on devinait le rôle important que madame Prétavoine avait joué dans cette affaire, mais son intervention s'expliquait de reste par sa position.

On la blâmait sévèrement ou bien on l'approuvait

chaudement, selon que l'on appartenait à l'un ou l'autre camp ; mais personne, ami ou ennemi, ne devinait qu'elle avait mené toute cette campagne uniquement dans son intérêt personnel.

Pendant que la lutte qui s'était élevée, et qui grandissait chaque jour, désolait les esprits sages et prudents, elle réjouissait madame Prétavoine ; car, plus elle s'accentuait, plus il devenait impossible que le comte de la Roche-Odon n'y prît point part.

Après tout ce qui s'était déjà passé et après tout ce qui s'était déjà dit, le comte était obligé non à confesser hautement sa foi, — ce qui était inutile, car tout le monde la connaissait, — au moins à donner à la manifestation publique qu'on entreprenait l'appui éclatant de son nom, de son influence et de son autorité.

Madame Prétavoine l'avait fait tâter à ce sujet par l'abbé Armand. Il avait répondu de manière à la rassurer pleinement : il viendrait, Bérengère l'accompagnerait ; on pouvait compter sur eux.

Il n'y avait donc plus qu'à presser les préparatifs de cette fête, de manière qu'il n'y eût aucun retard au jour fixé.

Et, tandis que madame Prétavoine se réservait tout ce qui regardait le tirage même de la loterie, l'abbé Armand voulait bien s'occuper de la collation ; il écrivait à Colmar pour les foies gras, à Périgueux pour les truffes, à Bordeaux pour les fruits, à Angers pour les fleurs, et à Paris pour mille choses.

On ne voyait plus que lui dans la rue de l'Évêché ; il la montait ou la descendait du matin au soir, se hâtant à l'aller, se hâtant au retour, soufflant, étouffant, roulant et titubant, mais en tous cas le plus heureux homme de la ville.

Madame Prétavoine, qui refusait dix sous à un commissionnaire et qui donnait des centimes aux mendiants en les leur glissant dans la main, lui avait ouvert un crédit illimité, et il en usait largement, n'épargnant pas plus la bourse qui lui était confiée qu'il n'épargnait lui-même son temps et ses peines : sa réputation était engagée.

— Vous verrez, vous verrez, disait-il discrètement à ceux qui voulaient l'arrêter, je ne puis pas vous en dire davantage, c'est une surprise, et puis d'ailleurs je suis pressé. Ah ! si ces rues n'étaient pas si roides !

Une surprise ! Cette indiscrétion, accompagnée des réticences du chanoine, exaspérait la curiosité, déjà si vivement excitée.

Même dans les divers séminaires, même dans les couvents, chez les sœurs de la Sagesse, chez les Carmélites, chez les Ursulines, chez les Servantes de Marie, chez les Bénédictines, chez les Dames hospitalières, chez les sœurs de la Miséricorde, de l'Adoration perpétuelle, de la Sainte-Famille, de la Visitation, de Saint-Joseph, de la Retraite, du Refuge, de l'Espérance, chez les Oblats de l'Immaculée-Conception, chez les Eudistes, chez les Carmes, on parlait des merveilles qui se préparaient dans la maison de madame Prétavoine, sous la direction de l'abbé Armand, à l'occasion du tirage de la loterie de Saint-Pierre, et les langues couraient, et les esprits s'envolaient sur les ailes du rêve et de la fantaisie.

Étranges merveilles, que celles que rêvaient ces pauvres filles qui ne voyaient chaque jour que les murailles nues de leur couvent.

— On dit qu'on servira des sandwich.

— Des sandwich, ma sœur !

— Oui, ma sœur ; je suis bien certaine du mot, il m'a été dit par la chère sœur Marie-Augustine, qui le tenait de la chère sœur Marie-Sophie, laquelle l'avait entendu chez notre chère mère, de la bouche du révérend père Berloquin, qui lui-même l'avait appris de M. l'abbé Armand.

— Et qu'est-ce que c'est que... cette chose ?

— Je ne sais pas, mais je crois que si nous le demandions à la chère sœur Sidonie-Félicité, elle pourrait nous l'apprendre ; elle sait tant de choses.

Bien que circonspect et prudent au point de n'oser parler de rien, le journal de la bonne doctrine, l'*Étoile de la vallée*, n'avait pas pu ne rien dire de cette fête qui préoccupait si vivement tous les esprits.

En tête de sa chronique locale, on avait pu lire l'entre filet suivant : « A l'occasion du tirage de la loterie de Saint-Pierre, dont les derniers billets ont été placés avec une rapidité qui prouve combien est vif le zèle religieux de nos contrées, nous croyons savoir que madame Prétavoine, trésorière de l'œuvre, est dans l'intention d'offrir une fête à ses invités. On parle de merveilles pour cette fête, et les noms des invités que l'on cite sont ceux des personnages qui occupent le premier rang dans notre ville, par la naissance, la position ou la fortune. Nous voudrions être plus complet; mais nos sentiments de discrétion que nos lecteurs ont toujours approuvés, nous empêchent de répéter les bruits qui nous parviennent à ce sujet. En même temps que nous publierons la liste des numéros gagnants de cette loterie, nous donnerons un compte rendu détaillé de cette fête, qui, dans les circonstances où elle se produit, est une manifestation nouvelle, une affirmation nécessaire de la foi ardente qui anime notre population si profondément catholique. »

Cette note ayant paru dans le journal clérical du dimanche, le journal libéral le *Réveil de Condé* y répondit dans son numéro du jeudi.

Mais il y répondit à sa manière. Depuis que ces deux frères ennemis se faisaient la guerre, il était de tradition qu'une chose dont celui-ci parlait n'existait pas pour celui-là, et il suffisait qu'un nom eût paru dans les colonnes du *Réveil* pour qu'il ne fût jamais imprimé dans celles de l'*Étoile*.

Il ne pouvait donc pas être question de madame Prétavoine ni de sa fête; mais, sans parler de l'une et sans nommer l'autre, on pouvait cependant les attaquer toutes deux par un mouvement tournant : ce qu'on fit.

En tête de la chronique locale du *Réveil*, on l'entre-filets suivant :

« Nous rappelons à nos lecteurs que c'est samedi prochain qu'aura lieu l'ouverture du bazar, organisé par les soins de lady Sarah Barrington, au profit de la chapelle évangélique qu'on construit à Condé. Cette fête sera, dit-on, merveilleuse, et, sous la tente que lady Sarah Barrington vient de faire élever dans ses admirables jardins, se pressera l'élite de la société de notre ville. On parle de surprises féeriques. Notre prochain numéro contiendra le compte rendu de cette fête, qui, dans les circonstances où elle se produit, est une heureuse occasion pour notre population, si profondément dévouée aux principes de tolérance religieuse, d'affirmer une fois de plus ses sentiments libéraux. »

Tout d'abord madame Prétavoine avait eu l'intention de donner sa fête dans les appartements de son hôtel; mais ayant appris que lady Barrington faisait construire une tente dans ses jardins, elle s'était décidée à en faire construire deux chez elle : une dans la cour, où se ferait le tirage de la loterie, et l'autre sur la pelouse de son jardin, où l'on servirait la collation. Par ce moyen, les appartements resteraient libres, et l'on pourrait les parcourir en visitant les principaux lots de la loterie, qui seraient exposés sur des dressoirs et des étagères.

— Sans doute, c'est une dépense, répondait-elle à ceux qui lui parlaient de ces tentes ; mais elle était indispensable, on aurait mal vu les lots exposés, et c'est faire œuvre de reconnaissance envers ceux qui les ont généreusement offerts de les disposer de telle sorte qu'on puisse les admirer.

Et de fait ils étaient, pour un assez grand nombre, admirables.

Lorsque madame Prétavoine et l'abbé Guillemittes avaient eu l'idée de cette loterie, il avait été convenu qu'on ne demanderait aux donateurs qui devaient fournir les lots, rien qui pût les entraîner à une dépense quelconque ; car l'abbé Guillemittes avait déjà fait tant d'appels à la générosité, à la charité ou à la vanité, qu'il eût eu de grandes chances pour ne rien obtenir, s'il s'était de nouveau adressé directement à la bourse des fidèles : « On vous a donné hier, avant-hier, tous les jours depuis dix ans, » eût été la réponse avec laquelle on l'aurait partout plus ou moins poliment reconduit. Cette fois, il ne s'agissait pas d'une dépense nouvelle. La demande était beaucoup plus modeste. Il s'agissait tout simplement de prendre chez soi un objet quelconque dont on ne se servait plus, un vieux bijou, une vieille pièce d'argenterie, un meuble antique, une étoffe ancienne, et de le donner à la loterie. Pouvait-on refuser une offrande si minime ?

Et l'offrande, sollicitée avec ces ménagements, n'avait point en effet été refusée.

Peu à peu et successivement madame Prétavoine avait vu arriver, quand elle n'allait pas les chercher elle-même, les vieux bijoux, croix, bagues, montres, pendants d'oreilles, la vieille argenterie, plats armoriés, salières, huiliers, flambeaux, les vieilles faïences de Rouen ou de Nevers, les vieilles porcelaines de Saxe ou de Sèvres, les vieilles tapisseries, les vieilles dentelles d'Alençon, des meubles, des armes, des jouets, enfin tout un assortiment de magasin d'antiquités, dans lequel le trucage n'avait pas glissé une seule pièce fausse.

Sans doute ces objets ainsi réunis était d'inégale valeur ; mais l'abbé Guillemittes, qui en eût montré à l'expert le plus roué, avait tiré dans le tas les pièces les plus remarquables, et c'étaient ces pièces qui étaient exposées dans les salons de madame Prétavoine.

Le vendredi soir, à onze heures, tout était terminé dans les salons, sous les tentes, et même à la cuisine, pour ce qui devait être préparé à l'avance.

X

Les personnes qui seraient arrivées à Condé, le samedi matin, sans connaître la lutte qui s'était engagée dans le pays, à l'occasion du bazar anglais et de la loterie de Saint-Pierre, n'auraient rien compris à ce qu'elles voyaient.

Que se passait-il donc dans cette ville ordinairement si tranquille ? attendait-on le président de la République ? allait-on inaugurer un monument ?

Devant les remises, on voit des voitures qu'on vient de sortir dans les rues et que des cochers en veste rouge ou en manches de chemise frottent et astiquent. A la façon dont ils appuient sur les cuivres et sur les fers polis, il est certain qu'ils veulent obtenir un brillant extraordinaire ; la bouche grande ouverte, ils soufflent sur les panneaux vernis des coffres, et aussitôt ils les essuient à la peau, revenant plusieurs fois à la même place, doucement, en tournant la main, jusqu'à ce que le vernis brille comme un miroir et reflète les rayons obliques du soleil levant.

Des ouvrières passent dans les rues, marchant vite ; leurs cheveux ébouriffés, leurs yeux battus, leur visage qui porte la marque de la fatigue : tout dit qu'elles ont travaillé durant la nuit, au lieu de se coucher. Au bout d'un long bâton qu'elles tiennent à deux mains comme la hampe d'un drapeau, sont accrochées des robes et des jupes blanches qui, par le bas, s'envolent au vent. Ce sont des couturières ou des blanchisseuses qui vont livrer des toilettes achevées dans la nuit.

Des hommes en habit noir, la cravate blanche au cou et les escarpins aux pieds, marchent au contraire lentement, avec importance, regardant soigneusement les pavés pour voir où ils doivent poser la pointe de leur chaussure sans crainte de la crotter. Ce sont évidemment des maîtres d'hôtel qui s'en vont dans quelque maison de la ville pour y servir un déjeuner de cérémonie ; en temps ordinaire ayant pour métier de frotter les appartements, de tirer le vin, de porter les billets de mort, ils ont revêtu la tenue des grands jours, et les mains lessivées, les cheveux gras et frisés, ils laissent derrière eux une odeur de pommade à la bergamotte mêlée à celle du savon à la rose.

Et cependant on ne voit rien, ni à la mairie ni à la sous-préfecture, qui indique qu'une fête se prépare ; pas de guirlandes de feuillage, pas d'ifs, pas de mâts vénitiens, pas de drapeaux, pas de banderoles. Les accessoires des réjouissances officielles sont restés sous les remises et dans les magasins.

Pour trouver une explication à l'activité des cochers, à l'empressement des couturières et à la tenue des maîtres d'hôtel, il faut monter la rue de l'Évêché et après le château prendre le rempart. Alors, derrière une grille dorée à neuf, au milieu d'une cour qui précède un hôtel dans le style Louis XV, on aperçoit une tente enguirlandée de verdure, et au fronton de laquelle se détachent, pour tout ornement, deux grandes lettres en drap rouge, S. P. Le pavé de la cour est recouvert d'un beau sable doré, sur lequel a été étendu un chemin en tapis qui commence à la grille. De chaque côté de cette grille, sont groupés dans de la mousse des arbustes à feuillage ornemental. Malgré ces deux lettres S. P, cet hôtel n'est pas celui de la sous-préfecture, comme pourrait le supposer un étranger. Il appartient à madame Prétavoine, et ces préparatifs de fête ont été faits à l'occasion d'une grande loterie qui doit se tirer ce jour même. Quant aux initiales S. P, ce ne sont pas celles de madame Prétavoine; ce sont celles de saint Pierre ou du Saint-Père, sans qu'il soit possible de savoir d'une façon précise laquelle de ces deux dernières explications est la vraie, même en s'adressant aux personnes les mieux informées; car, si la loterie porte le nom de saint Pierre, son produit est destiné au Saint-Père.

Si l'on ne s'arrête pas à cet hôtel et si l'on continue le rempart, pour prendre ensuite la route qui le prolonge, ou bien si l'on coupe au court à travers les prairies par un chemin vert et frais, qui abrége la distance de moitié, on ne tarde pas à rencontrer une nouvelle tente, ornée de drapeaux anglais, américains et français, qui s'élève sur la grande pelouse d'un magnifique jardin. On est au château des Yvetaux, l'ancienne propriété du banquier Charlard, qui, après le suicide de celui-ci, a été achetée par une riche Anglaise, lady Sarah Barrington. Sous cette tente, sont dressées des tables et des boutiques pleines d'objets de fantaisie, qui ce jour même vont être vendus au profit de la chapelle anglicane qu'on construit en ce moment à Condé.

C'est pour se rendre chez madame Prétavoine que les maîtres d'hôtel se sont parfumés et pommadés.

C'est pour porter la belle société de Condé chez madame Prétavoine et chez lady Sarah Barrington que les cochers, dès le matin, astiquent et frottent si consciencieusement leurs voitures.

Enfin, ce sont les toilettes des invitées de l'une et de l'autre maison que les ouvrières aux yeux ensommeillés portent pieusement comme des bannières.

Maintenant, il ne s'agit plus que de voir qui réunira la plus nombreuse compagnie.

Plus tard, on discutera sur la question de qualité de cette compagnie, et il y aura là une belle matière à querelles et de bons sujets de brouille.

En toute autre circonstance, cette question de qualité, aussi bien que de quantité, eût été une affaire capitale pour madame Prétavoine ; mais à cette heure, si elle ne s'en détachait pas complétement, il est vrai de dire qu'elle la reléguait au second rang.

La grande affaire pour elle en ce moment, la plus importante, celle pour le succès de laquelle tout avait été combiné et arrangé, c'était le mariage d'Aurélien.

c'est-à-dire la venue du comte de la Roche-Odon et de Bérengère.

Cependant, si émue qu'elle fût au moment de jouer la première carte de cette partie, elle ne se laissait pas dominer par son émotion et elle gardait toute sa tête, aussi bien que toute son activité.

Lorsque les maîtres d'hôtel arrivèrent, ils la trouvèrent revenue de la messe, les attendant, et chacun d'eux reçut d'elle de longues et minutieuses recommandations.

Puis, son inquiétude à l'égard du comte de la Roche-Odon augmentant, elle envoya à la Rouvraye un émissaire dont elle était sûre et qui avait des intelligences au château : le comte allait bien, mademoiselle Bérengère allait bien aussi; la vieille calèche était préparée devant les remises.

Un peu avant l'arrivée des invités, elle reçut la visite d'un rédacteur de l'*Étoile*, qui venait lui demander de vouloir bien faire dresser la liste exacte des personnes qui assisteraient au tirage de la loterie, le journal ayant pris l'engagement de publier cette liste, qui, dans les circonstances actuelles, présentait un intérêt capital.

Mais il n'était point dans les habitudes de madame Prétavoine de se charger de ce qu'elle pouvait faire faire par les autres : elle excellait, au contraire, à se décharger sur les autres de ce qu'elle aurait dû faire elle-même; peu de personnes possédaient au même point qu'elle le talent de se faire servir par autrui.

Sans doute il était d'un intérêt capital que cette liste parût dans l'*Étoile*, mais qui pouvait mieux la dresser exacte et complète que le journaliste lui-même? Ce n'était pas elle, qui serait tout à ses invités et qui aurait mille occupations. Elle espérait donc que le journaliste voudrait bien aller passer un habit, — le malheureux s'écartait terriblement des lois écrites dans le *Code du cérémonial*, — et, en se pressant un peu, il serait de retour bien en temps. D'ailleurs, elle le priait de vouloir bien assister lui-même, comme invité, au tirage de la loterie et à la collation qui terminerait la journée.

Il n'y avait qu'à obéir, car l'*Étoile* ne faisait pas d'assez brillantes affaires pour mécontenter une abonnée qui exerçait dans le monde clérical une influence telle que celle de madame Prétavoine.

Bien que cette fête n'eût été conçue et organisée que dans l'intérêt d'Aurélien, celui-ci avait fort peu aidé sa mère, et, pendant toute la matinée du jour, il était resté enfermé dans son appartement.

Qu'avait-il donc ?

Il avait reçu trois lettres portant le timbre de Bruxelles, et c'étaient ces lettres sans doute qui le préoccupaient.

De qui elles étaient, madame Prétavoine s'en doutait bien un peu et même beaucoup, mais cela ne suffisait pas ; il aurait fallu savoir ce qu'elles disaient, et il aurait fallu savoir aussi pourquoi elles venaient de Bruxelles.

Bruxelles ? Cela était étrange alors surtout qu'Aurélien ne devait pas retourner à Louvain.

Que celle qui écrivait ces lettres eût quitté Condé, et se fût retirée à Paris, à Caen, n'importe où, il n'y avait là rien que de naturel qu'elle s'expliquait parfaitement.

Qu'elle écrivît, cela s'expliquait de même facilement.

Que ces lettres contrariassent Aurélien, cela s'expliquait toujours.

Mais ce qui restait inexplicable, c'était Bruxelles.

Et ce qui était inexplicable encore, c'était que ce qui n'avait paru être que de la contrariété au reçu de la première lettre, fût devenu de l'inquiétude aux reçu de la seconde et de la troisième.

Pour madame Prétavoine, les deux idées d'inquiétude et de Bruxelles étant absolument contradictoires s'excluaient l'une l'autre.

Puisque celle qui écrivait ces lettres était à Bruxelles, la logique disait qu'on n'avait rien à craindre d'elle.

Si madame Prétavoine avait pu les lire, ces lettres, elle aurait partagé l'inquiétude d'Aurélien.

Elles étaient, en effet, de Sophie.

Dans la première, Sophie annonçait qu'elle était bien arrivée à Bruxelles, et, pour faire plaisir « à son chéri », elle lui racontait longuement son voyage. Elles étaient naïves, les impressions de voyage de cette fille, qui n'avait jamais quitté son pays; ce qu'elle avait vu, ce qu'elle avait entendu, ce qu'elle avait éprouvé, elle racontait tout, et ce récit, plein de naturel et d'abandon, qui ne s'interrompait que pour se perdre dans des effusions de tendresse, eût été charmant pour tout autre que « le chéri »; mais il avait vraiment bien autre chose en tête que les effusions ou les récits de Sophie.

La seconde lettre était d'un tout autre ton; pleine encore de tendresse, bien entendu, mais aussi de craintes; pourquoi n'avait-il pas répondu, comme il s'était engagé à le faire? Elle avait cependant bien donné son adresse; comment n'écrivait-il pas? était-il malade? Elle demandait une réponse immédiate. Elle implorait deux lignes, un mot : « J'arrive. » Si sa première lettre avait été perdue à la poste, la seconde ne le serait pas assurément.

La troisième était chargée, et le facteur, conformément à ses instructions, n'avait dû la remettre qu'à Aurélien lui-même et contre un reçu signé.

Celle-là était la plus courte, et elle ne contenait que quelques lignes : « J'ai perdu la tête, mon chéri, je
» suis folle d'anxiété et de crainte. Pas un mot de toi,
» pas un signe de vie. Es-tu vivant? Que t'es-t-il ar-
» rivé? Dis-moi la vérité quelqu'elle soit, elle sera
» moins terrible que cette incertitude. Comprends-tu,
» j'attends et je ne reçois rien. Tu devais m'écrire, tu
» devais me rejoindre. Tu n'écris pas, tu n'arrives pas.
» Rien le matin, rien le soir. Sens-tu ce que sont mes
» nuits? Que penser? Qu'imaginer? que craindre?
» Tout, exceptée une seule chose : qui est que tu ne
» m'aimes plus et que tu m'abandonnes. Cela, mon
» chéri, je ne l'imagine pas, je ne peux pas le croire;
» même quand on me le dirait, je ne le croirais jamais.
» Toi, m'oublier; toi, ne plus m'aimer, c'est impossi-
» ble. Je ne suis ici que pour toi; c'est pour toi que
» je suis venue, c'est pour toi que je reste, si tu ne
» viens pas, je retourne à Condé. Il faut que je te voie;
» si je ne peux pas te voir parce que tu es malade, il

» faut que j'aie de tes nouvelles. Je trouverai bien
» moyen d'en avoir quand je serai à Condé. Enfin, je
» saurai, je vivrai ; ici je meurs, et de la plus cruelle
» maladie dont on puisse souffrir. Envois-moi une dé-
» pêche, cette lettre reçue, c'est-à-dire samedi matin.
» Si lundi je n'ai reçu ni dépêche ni lettre, je retourne
» à Condé.

» O mon bien-aimé ! ô mon adoré ! aie pitié de
» celle qui donnerait sa vie pour toi ; au nom de notre
» amour, au nom de notre enfant, une lettre, je t'en
» supplie !

» Sophie. »

Cette lettre n'attendrit pas Aurélien, et il remarqua avec dépit qu'elle renfermait plusieurs fautes d'orthographe ; c'était la première fois qu'il les voyait : *quelqu'elle*, — *exceptée*, — *envois*.

Mais il ne s'y arrêta pas longtemps, car il avait à penser à des choses plus sérieuses.

Il la connaissait, cette Sophie ; il savait qu'elle était passionnée, exaltée, et qu'elle ferait assurément ce qu'elle disait.

La belle aventure, si elle arrivait à Condé !

Comment l'empêcher ?

Il avait tout d'abord pensé à lui écrire.

Mais justement cela était impraticable. Ce n'était pas quand il venait de rentrer en possession des lettres qu'il avait eu la sottise d'écrire dans un moment de folie amoureuse, qu'il allait être assez maladroit pour en écrire une nouvelle, qui pouvait devenir une arme terrible contre lui.

Quant à lui envoyer une dépêche, il n'y fallait pas songer, au moins à Condé : comment signer Aurélien Prétavoine une dépêche adressée à mademoiselle Sophie Fautrel ? et comment ne pas la signer, ou la signer d'un faux nom, alors qu'il devait la remettre à un employé qui le connaissait ?

Ah ! s'il avait eu un ami à qui se fier, il aurait pu le prier d'écrire cette lettre, qui, d'une autre main que de la sienne, cessait d'être dangereuse ; mais cet ami, il ne l'avait pas. Au temps où il ne songeait pas à devenir le mari de mademoiselle de la Roche-Odon, sa position lui interdisait toute confidence amoureuse ; personne n'avait su qu'il aimait Sophie et qu'il était son amant. Maintenant plus que jamais, tout le monde devait ignorer qu'il avait eu une maîtresse. Ah ! que la vie est plus facile pour les jeunes gens de mœurs légères et qui ne sont pas condamnés à l'austérité ; on leur permet tout, on leur pardonne tout. A lui, on n'avait rien permis ; à lui, on ne pardonnerait rien.

Après avoir examiné sa situation dans tous les sens, il n'avait trouvé que deux moyens pour en sortir ou tout au moins pour retarder un denoûment terrible et gagner du temps.

Ah ! qu'il avait été imprudent de se faire aimer de cette diablesse de fille !

Elles sont charmantes tant qu'on les aime, ces femmes passionnées et exaltées ; mais combien gênantes et dangereuses elles sont, lorsqu'on ne les aime plus.

Le premier de ces moyens consistait à s'en aller le lendemain à quinze ou vingt lieues de Condé, dans un village où il était inconnu, et là de déposer une dépêche signée d'un faux nom pour dire à Sophie qu'on était malade, et qu'on la priait d'attendre à Bruxelles d'autres nouvelles.

Le second consistait à être lui-même l'ami qui lui manquait, c'est-à-dire à déguiser son écriture et à écrire à Sophie trois ou quatre lignes : « Notre ami malade me charge de vous dire qu'il ne peut pas vous écrire lui-même, il compte le faire dans deux ou trois jours, et il vous demande d'attendre sa lettre. »

Il était devant sa table, en train de s'essayer à griffonner de la main gauche ces quelques lignes, et il en avait déjà fait plusieurs copies, dont la dernière lui paraissait assez bien réussie pour que Sophie ne pût pas reconnaître l'écriture, lorsque sa mère entra dans la bibliothèque.

— N'êtes-vous pas prêt? dit-elle.

— Si, mais je ne descendais pas pour ne pas vous gêner.

Il s'était levé. Elle vit que sa tenue était correcte des pieds à la tête ; le linge était d'une fraîcheur immaculée, pas un cheveu ne dépassait l'autre. Il eût été vraiment tel qu'elle avait souhaité qu'il fût pour cette grande circonstance, s'il n'y avait pas eu une sorte de vide dans son regard.

— Nos invités vont arriver, dit-elle.

— Je vous suis. Je vous demande seulement le temps de ranger ces papiers.

Ces papiers étaient sans doute une réponse aux lettres de Bruxelles, mais elle ne lui adressa pas de question à ce sujet. Il allait assurément les placer dans un tiroir de son bureau qu'il fermerait à clef. Pendant le tirage de la loterie, elle s'échapperait une minute, et elle apprendrait ce qu'elle désirait tant savoir.

Mais il ne les plaça pas dans son bureau, comme elle avait espéré ; il les froissa dans sa main et en fit une boule, qu'il jeta dans la cheminée. Puis, ayant allumé une allumette, il mit le feu à cette boule et la regarda brûler.

Décidément, elle n'apprendrait rien, elle ne put pas retenir un geste de contrariété :

— Vous brûlez beaucoup de papiers depuis quelque temps, dit-elle.

— Je suis vos conseils ; vous me disiez l'autre jour qu'il ne faut jamais garder des papiers qui ne peuvent pas nous servir, car bien souvent ils servent aux autres.

Il n'y avait rien à répondre : l'élève récitait la leçon du maître.

Ils descendirent l'escalier ; mais au bas madame Prétavoine s'arrêta et se retournant vers son fils, qu'elle regarda un moment, les yeux dans les yeux, avec une expression d'inquiétude :

— Allez-vous porter dans notre fête ce visage sombre ? demanda-t-elle d'une voix où il y avait plus de prière que de reproche.

— Soyez tranquille, chère mère ; mademoiselle de la Roche-Odon va éclaircir ce visage. Je ne compromettrai point par une maladresse le succès de votre projet.

Et, par un effort de volonté, amenant un sourire dans ses yeux :

— Je ne désire pas moins que vous ce mariage.

Du vestibule, ils passèrent sous la tente ; tout était en ordre et chacun était à son poste. Auprès d'un cylindre, se tenaient deux enfants de l'école des frères, chargés, l'un de tourner ce cylindre, l'autre d'en extraire les numéros gagnants de la loterie.

Il était temps que madame Prétavoine et Aurélien descendissent, les invités arrivaient.

Elle regarda vers l'entrée et elle eut la satisfaction d'apercevoir le rédacteur de l'*Étoile*, qui s'était installé mélancoliquement entre deux lataniers, pour accomplir sa besogne.

Elle s'avança au devant des arrivants.

C'étaient le comte et la comtesse O'Donoghue, accompagnés du baron M'Combie ; le comte et la comtesse étaient des Irlandais qui descendaient, bien entendu, des rois d'Irlande, et le baron était un Écossais qui descendait, bien entendu aussi, des rois d'Écosse. Le certain, c'est qu'ils étaient tous trois de la plus pure noblesse, mais aussi, hélas ! de la plus lamentable pauvreté. Leurs familles s'étaient établies en France depuis qu'elles avaient été chassées de leur pays par la conquête anglaise, et eux s'étaient fixés à Condé après la chute de Charles X et le licenciement de la garde royale, où le comte et le baron avaient occupé un grade. Comment et de quoi vivaient-ils ? C'était un mystère qui amusait les esprits moqueurs et qui attendrissait les cœurs généreux lorsqu'on le discutait à Condé. Pour le moment, c'était chose touchante de voir ces trois vieillards, dont le plus jeune avait soixante-dix-sept ans, faire leur entrée le visage animé, la taille redressée, heureux de confesser la foi pour laquelle ils avaient souffert, et d'affirmer une fois de plus leur haine contre ces Anglais détestés qui, après avoir envahi leur pays, voulaient encore envahir la France.

Si nobles qu'ils fussent, ils étaient trop pauvres pour que madame Prétavoine s'occupât longtemps d'eux.

D'ailleurs un nouvel arrivant la réclamait tout entière : celui-là n'était autre que le fameux abbé Guillemittes, le doyen d'Hannebault, qui descendait d'un magnifique landau, la taille légèrement voûtée par le poids écrasant des immenses travaux qu'il avait accomplis depuis dix ans, mais encore plein de force cependant, d'énergie et d'ardeur.

Le landau d'où il descendait était celui de son neveu et de sa nièce, M. et madame Hubert Guillemittes, nouvellement arrivés d'Italie, et avec lesquels il était venu. Descendu le premier, il s'effaça pour laisser passer sa nièce, qui avait pris le bras de son mari, qu'elle pressait tendrement, aussi heureuse de marcher près de lui, contre lui, après plusieurs années de mariage, qu'aux belles nuits de la lune de miel, car le temps n'avait point affaibli son amour, et dans madame Hubert Guillemittes battait toujours le cœur d'Isabelle Pinto-Soulas, ce cœur passionné qui lui avait fait choisir pour mari, elle la riche héritière, un pauvre petit architecte de province.

Presque sur les pas de l'abbé Guillemittes, arrivèrent M. et madame Bonhomme de la Fardouyère et leur fils Dieudonné, le président grave, majestueux et renversé dans sa cravate blanche comme à l'ordinaire. Madame de la Fardouyère, simple mais digne, comme il appartient à une femme qui a la prétention de descendre de la sainte Vierge, et enfin M. Dieudonné, le type le plus parfait du gommeux de province, encore plus myope d'esprit que de vue.

Madame Prétavoine ne put pas leur accorder toute l'attention respectueuse à laquelle ils avaient droit, car elle dut courir au-devant de Mgr Hyacinthe, qui arrivait, accompagné de son premier vicaire général, M. Fichon.

Les invités se succédaient rapidement et la tente, ainsi que les salons, commençaient à se remplir.

Tout à coup il se fit un brouhaha dans la cour : une calèche jaune rechampie de rouge venait de s'arrêter devant la grille ; sur le siège de devant, se tenait immobile un gros cocher à perruque poudrée, et sur celui de derrière se dressaient, roides comme s'ils eussent été empalés, deux vieux valets de pied en grande livrée, frac, culottes courtes, souliers à boucles, et perruques à queue.

Trop vieux pour être souples, les valets de pied descendirent lentement, mais noblement de leur siège, et, de leurs mains gantées, ils abaissèrent le marchepied.

Une jeune fille sauta légèrement à terre, et, se retournant, elle tendit sa petite main à un grand vieillard.

C'étaient le comte de la Roche-Odon et sa petite-fille Bérengère.

XI

Madame Prétavoine, dont le regard était à tout et à tous en même temps, avait aperçu et reconnu la livrée du comte de la Roche-Odon avant que la calèche fût arrêtée.

Faisant signe à Aurélien de la suivre, elle se précipita hors la tente et courut jusqu'à la grille.

Elle arriva juste au moment où le comte posait le pied sur le pavé de la cour.

Longtemps à l'avance, elle avait étudié avec soin la question de savoir comment elle recevrait un personnage tel que le comte de la Roche-Odon, et, après avoir pesé le pour et le contre, elle s'était arrêtée à une révérence : ce qui était beaucoup plus respectueux qu'un simple salut.

Pendant plusieurs semaines, elle avait tous les jours travaillé cette révérence devant une glace ; car on ne lui avait jamais enseigné l'art de la révérence, et c'était chose grave de l'apprendre toute seule et à son âge. Par bonheur, l'habitude des génuflexions avait donné à ses genoux une certaine élasticité qui lui fut d'un grand secours.

Mais faire une révérence devant une glace, portes closes, en prenant le temps et l'espace qu'on veut, n'est point du tout même chose que de la faire dans une cour, en public et devant une personne : elle ne put donc pas donner à celle qu'elle adressa au comte la grâce, la légèreté et le moelleux qu'elle avait espéré.

Heureusement elle avait aussi bien préparé sa phrase de bienvenue, et elle put la débiter sans en chercher les mots :

— Monsieur le comte, c'est un grand honneur pour nous de vous recevoir, vous et mademoiselle, dans notre maison.

Sur ce mot « nous », Aurélien s'inclina tout bas devant le comte et devant Bérengère.

— C'était pour nous un devoir d'assister à cette réunion, dit le comte.

Madame Prétavoine, qui savait conserver son sang-froid en toutes circonstances, se trouva jusqu'à un certain point décontenancée par cette réponse qui marquait bien nettement la situation : Je viens assister au tirage de cette loterie, disait le comte ; je ne viens pas chez vous.

Elle le fut plus encore, lorsqu'elle vit le comte tendre le bras à sa petite-fille.

Elle avait compté en effet que ce serait Aurélien qui offrirait son bras à mademoiselle de la Roche-Odon et qui l'introduirait sous la tente.

Et, partant de cette idée, elle avait réglé le cérémonial de l'introduction du comte et de mademoiselle de la Roche-Odon en conséquence : tout d'abord Aurélien donnant le bras à Bérengère, puis ensuite elle-même auprès du comte et l'entretenant. Cette entrée dans la tente sous les yeux de tout Condé, c'était pour elle la glorieuse récompense de trente années de lutte et d'efforts : elle faisait donc partie de ce monde, que de son humble position, elle avait si longtemps contemplé, l'envie au cœur, sur des sommets qu'elle n'avait espéré atteindre qu'en ces dernières années seulement.

L'action du comte renversa subitement cette combinaison si amoureusement caressée, et durant une seconde, madame Prétavoine resta moralement aussi gauche que l'avait été Aurélien arrondissant son bras et ne trouvant pas la main vers laquelle il l'avait avancé.

Mais elle n'était pas femme à perdre la tête ni à s'abandonner ; elle se remit bien vite, et marchant à la droite du comte, elle lui parla avec un doux sourire du lot qu'il avait bien voulu offrir à la loterie, lequel lot, par sa beauté aussi bien que par sa richesse, provoquait l'admiration générale.

Et ceux qui dans l'assemblée pouvaient voir les sourires de madame Prétavoine devaient croire qu'elle était engagée avec le comte dans une conversation toute d'intimité.

Des chaises toutes semblables avaient été préparées dans la tente pour les invités ; deux fauteuils seuls avaient été disposés à la plus belle place, sur une sorte d'estrade; l'un était pour l'évêque, l'autre était pour le comte: le Roi et l'Église.

Ce fut vers ce fauteuil que madame Prétavoine voulut conduire M. de la Roche-Odon; mais celui-ci se défendit d'un tel honneur, et de telle sorte qu'elle ne pût pas insister davantage, sous peine d'indiscrétion manifeste.

Elle dut donc retourner à l'entrée, pleine de dépit au fond du cœur, mais le sourire aux lèvres, pour recevoir les invités qui continuaient d'arriver; cependant, avant de s'éloigner, elle voulut au moins qu'Aurélien la remplaçât.

N'ayant pas pu le présenter dans les formes, lorsque le comte lui avait pour ainsi dire fermé la bouche, le moment était venu de le faire.

— Permettez-moi de vous laisser mon fils, dit-elle en appelant ainsi Aurélien au premier rang; il est revenu exprès de Louvain, où il achève ses études à l'université, pour me seconder dans cette cérémonie, qui est une lourde tâche pour une femme telle que moi.

Il fallait bien que le comte répondît quelque chose.

— Ah! vous arrivez de Louvain, dit-il, et comment se porte Mgr Cartuyvels?

— Mais très-bien, monsieur le comte...

Malheureusement Aurélien eut la parole coupée: l'entrée du comte de la Roche-Odon avait produit sensation, et plusieurs personnes avaient quitté les places qu'elles occupaient déjà, pour venir au devant de lui.

Le plus empressé avait été le président Bonhomme de la Fardouyère, qui, oubliant la majesté de sa tenue, s'était précipité sur le comte, suivi de madame de la Fardouyère et de Dieudonné, qui avaient enveloppé Bérengère.

C'avait été une véritable prise d'assaut et si impétueuse qu'Aurélien avait été repoussé. Le président avait saisi les mains du comte et il les lui serrait longuement, sans vouloir les lui lâcher; pendant ce temps, madame de la Fardouyère s'était emparée de Bérengère, l'accablant de témoignages d'affection et surtout de compliments, que Dieudonné approuvait par un petit rire continu, qui eût fait tomber le lorgnon enfourché sur son nez, si à chaque instant il ne l'avait pas assuré du bout du doigt.

— Êtes-vous charmante, mon petit ange ! disait madame de la Fardouyère. Positivement vous avez reçu le don de la beauté, en même temps que le génie de la toilette, c'est-à-dire, pour mieux m'exprimer, de la convenance de la toilette. Je le disais encore hier à mon fils, car nous parlons souvent de vous; je lui disais : « Je suis certaine que, de toutes les femmes de Condé, celle qui portera la toilette la mieux appropriée à la circonstance sera mademoiselle de la Roche-Odon. » Est-ce vrai ?

Et elle se tourna vers Dieudonné pour le prendre à témoin.

— Positivement vrai, répondit Dieudonné, accentuant son rire.

Il était manifeste que le président, ainsi que sa femme et son fils, voulaient accaparer le comte et Bérengère, mais ils ne purent pas déployer autant de force dans la défense qu'ils en avaient mis dans l'assaut, ils furent à leur tour débordés et enveloppés.

Les gens de peu, le président les avait maintenus à distance en les foudroyant, à quinze pas, par un regard plein de morgue ; mais bientôt s'étaient avancés en sens contraire deux adversaires redoutables, contre lesquels il s'était trouvé réduit à l'impuissance : l'un, était l'évêque ; l'autre, le marquis de la Villeperdrix.

Mgr Hyacinthe, ayant abandonné le trône où madame Prétavoine l'avait conduit, avait fait le tour de l'assistance, disant une parole gracieuse à chacun, et il allait arriver au comte. Ce n'est pas avec un regard insolent qu'on arrête un évêque.

Quant au marquis de la Villeperdrix, il n'y avait rien à tenter non plus contre lui : le marquis avait servi dans l'armée papale sous les ordres du comte, ils avaient combattu ensemble ; ils étaient pairs par la naissance ; ils étaient presque voisins, ils se voyaient souvent.

Il fallait donc renoncer pour le moment à une résistance impossible et souffrir que ce grand dadais de marquis, qui, malgré ses trente-cinq ans et le délabrement de sa fortune, avait la prétention d'épouser Bérengère, vînt empêcher Dieudonné de profiter des avantages que lui assurait la manœuvre par laquelle le comte avait été isolé. Bientôt, quand on prendrait place sur les chaises, on pourrait tenter une autre manœuvre : le président s'assiérait à la droite du comte ; la présidente, à la gauche de Bérengère, et Dieudonné immédiatement derrière celle-ci. Par ce moyen, l'approche de tout importun serait empêchée, et Dieudonné n'aurait qu'à montrer de l'esprit pour plaire : ce qui devait lui être facile.

La stratégie du président et la venue de l'évêque, suivie presque immédiatement de celle du marquis de la Villeperdrix, avaient tout naturellement relégué Aurélien à l'écart, et il ne lui était bientôt resté rien autre chose à faire que de regarder celle qui devait être sa femme ; il se trouvait perdu dans la foule, et il n'avait pas à craindre d'être surpris dans son examen.

Si l'on ne pouvait pas dire, comme madame de la Fardouyère, qu'elle avait reçu le don de la beauté, il était vrai cependant et rigoureusement vrai qu'elle était charmante.

C'était une grande enfant de quinze à seize ans, moitié jeune fille, moitié jeune garçon, ayant les yeux d'une vierge et les allures d'un diablotin. Ce qui tout d'abord attirait l'attention en elle, c'étaient d'admirables cheveux qui foisonnaient en une forêt blonde, non de ce blond pâle ou fade de la femme des races épuisées qui n'ont plus de sang dans les veines, mais de cette couleur fauve et rutilante, aussi vigoureuse dans sa douceur que le noir d'ébène peut l'être dans sa dureté. Il est vrai qu'elle n'était blonde que de cheveux et de carnation, car ses lèvres charnues étaient plutôt rouges que roses, et sous de doux sourcils soyeux brillaient deux grands yeux à la prunelle brune, qui donnaient à sa physionomie quelque chose de bizarre et de saisissant, qu'accentuait encore un petit nez fin, retroussé, fait pour se moquer de tout et de tous. Avec cela un cou un peu long, mais flexible et onduleux comme celui d'un oiseau ; des épaules tombantes, un corsage chaste, une taille longue, ronde et mince, descendant sur des hanches à peine indiquées; car là, comme dans de grandes jambes, souples et découplées, on ne trouvait que le jeune garçon. Mais ces jambes, toujours prêtes à courir, n'empêchaient point que lorsqu'elle voulait bien penser à ses seize ans, elle eût une démarche pleine de distinction et de noblesse, avec un port de tête charmant d'aisance et de grâce. Cette gracieuse aisance était même ce qui la caractérisait, et l'impression qu'emportaient d'elle ceux qui la voyaient passer sans l'approcher de près : pour ceux qui la connaissaient mieux et avaient pu vivre près d'elle, ils y joignaient dans leur souvenir un air simple et naturel, sous lequel perçaient l'esprit et l'enjouement.

Bien qu'il y ait terriblement loin d'une enfant de seize ans à un vieillard de soixante-quinze, il était impossible de voir Bérengère à côté du comte de la Roche-Odon sans deviner tout de suite leur parenté.

Sous les cheveux blancs du grand-père, sous les rides de son beau et noble visage, sous sa grande taille, voûtée par le chagrin autant que par les années, dans sa démarche appesantie, dans sa physionomie attristée, on retrouvait, avec un peu d'attention, tout ce que sa petite-fille avait reçu de lui.

Mais ce n'était point seulement par l'extérieur qu'elle lui ressemblait, c'était encore par certains points de caractère et même par certaines habitudes d'esprit.

Au reste ç'avait été un grand bonheur pour le comte que cette ressemblance, car, lorsqu'il avait réclamé

9.

sa petite-fille devant les tribunaux, il l'avait fait plutôt par devoir et par respect envers son nom que par tout autre motif. Ayant rompu toutes relations avec son fils, officier de cour de Napoléon III et mari de la princesse Sobolewska, il ne connaissait point sa petite-fille, qu'il n'avait jamais vue. Quelle était-elle? Fille de son fils? ou bien simplement la fille de celle à laquelle son fils avait fait la folie de donner son nom?

Tout était possible avec une femme telle que celle que la loi appelait sa belle-fille et qui pour lui n'était et ne serait jamais rien.

Ce tout effrayant, le comte, malgré sa charité et sa parfaite piété, l'avait admis jusqu'à ses dernières limites.

Qui pouvait savoir si c'était vraiment sa petite-fille qu'il demandait aux tribunaux de remettre entre ses mains?

N'allait-il pas admettre près de lui, élever, aimer peut-être, une enfant qui n'avait pas une goutte du sang des la Roche-Odon dans les veines?

La vue de Bérengère avait dissipé ces doutes, horribles autant pour sa fierté que pour son cœur.

Elle était, elle était bien, en tout et pour tout, une la Roche-Odon; sa filiation sautait aux yeux des moins clairvoyants.

De sa mère, elle n'avait reçu que ces magnifiques cheveux blonds qui, contrastant si bizarrement avec ses yeux bruns, la faisaient la fille de deux races; mais dans cet accouplement, c'était, heureusement pour le comte, la française qui l'avait emporté. S'il y avait en elle deux natures, il n'y avait par bonheur qu'un caractère, et il était français, mieux que français, celui même des la Roche-Odon.

Cependant la tente s'était assez rapidement remplie, et tous les invités, au moins ceux qui comptaient, étaient arrivés.

Le moment était venu d'ouvrir la séance, et, depuis quelques instants déjà, l'abbé Guillemittes, qui devait prononcer le discours, avait été s'asseoir auprès de Mgr Hyacinthe, devant une petite table, chaire ou tribune.

Alors il s'était fait un grand mouvement dans l'assemblée, et chacun s'était empressé d'occuper sa place : c'était l'instant décisif pour le président d'envelopper le comte et Bérengère. Mais, si bien combiné qu'eût été son mouvement, il n'avait pas réussi; le comte avait prié le marquis de s'asseoir à la gauche de sa petite-fille, et, prenant lui-même la première chaise d'une travée, il s'était trouvé tout naturellement débarrassé d'un voisin fâcheux.

Ce n'était point un orateur que l'abbé Guillemittes; car, absorbé par ses affaires et ses travaux, il n'avait jamais trouvé le temps de se livrer à la prédication; mais il savait parler, sinon avec éloquence et entraînement, au moins avec habileté, disant bien, adroitement et finement ce qu'il était utile et opportun de dire. Avec lui, pas de sermons, pas d'homélies, pas de discours; mais des allocutions substantielles quoique rapides.

Aussi grande fut la surprise de ceux qui le connaissaient, et c'était l'assemblée entière, lorsqu'on l'entendit commencer un véritable discours, coupé et ordonné selon les règles de la rhétorique.

Mais le fond de ce discours ne causa pas moins d'étonnement que sa forme.

Jusqu'à ce jour il s'était fait beaucoup plus remarquer par l'habileté que par la franchise de sa conduite politique : c'était un de ces prêtres qui rasent les murs et ont grand soin de ne s'engager dans une voie qu'après s'être ménagé des sentiers dérobés pour en sortir par l'un ou par l'autre côté, selon leur intérêt, ne faisant quatre pas à droite que pour en faire aussitôt quatre à gauche. Prodigue de gages cependant, mais avec discrétion et les offrant à tous, ce qu'il donnait à celui-ci, il le donnait le lendemain à celui-là, et il faisait ce partage avec une telle mesure que chacun avait une part égale. Avec qui était-il? à qui était-il? A tous, à celui-ci pour telle raison, à celui-là pour telle autre. En réalité à personne, si ce n'est à lui-même et à lui seul. Il avait voulu réserver l'avenir, et, par un miracle d'équilibre qui lui faisait grand honneur auprès de ceux qui avaient suivi sa marche, il avait réussi : bien avec les gouvernements de qui il avait beaucoup obtenu; également bien avec Rome, à qui il avait beaucoup donné.

Mais le moment était venu sans doute où ces ménagements de conduite n'étaient plus nécessaires et où il avait intérêt à se prononcer d'une façon éclatante.

Ce fut ce qu'il fit.

Le sujet de son discours fut celui-ci : Il y a quelques années, on pouvait être catholique pour soi; mais aujourd'hui que les ennemis de la religion sont unis, il faut que les catholiques s'unissent aussi et établissent une étroite solidarité entre eux pour propager et défendre leur foi. S'il y a eu entre eux union de foi, il doit maintenant y avoir union d'action, et notre siècle, qui s'appellera dans l'histoire le siècle de Pie IX, verra le triomphe de l'Église s'accomplir par l'union de tous les catholiques.

La péroraison sur le siècle de Pie IX s'acheva au milieu des applaudissements enthousiastes de l'assemblée, qui décida qu'un télégramme devait être immédiatement envoyé à Sa Sainteté le pape.

Il fallut un certain temps pour que l'émotion soulevée par ce discours se calmât, et il en fallut plus encore pour que tous ceux qui avaient été féliciter l'orateur eussent regagné leurs places.

A la fin cependant, on put commencer le tirage de la loterie.

Mais c'était là une opération assez peu récréative à contempler, et lorsque les premiers numéros eurent été extraits de la roue, c'est-à-dire ceux qui gagnaient les lots les plus importants, il se produisit un mouvement de lassitude.

Est-ce qu'on allait rester ainsi à regarder ce gamin tourner ce cylindre et cet autre tirer des numéros ?

Ce fut ce que demanda Dieudonné à mi-voix, et il eut même la grossièreté d'ajouter un mot qui faillit suffoquer son noble père :

— Mais c'est crevant cette machine-là, dit-il en bâillant.

Puis, quittant sa place, il s'approcha de Bérengère.

— Est-ce que vous ne sentez pas votre cœur tourner, mademoiselle? lui dit-il ; pour moi, ça me donne le mal de mer. Voulez-vous me permettre d'aller vous chercher un rafraîchissement ou un réconfortant?

Mais Bérengère n'accepta ni l'un ni l'autre.

Peu à peu quelques personnes suivirent l'exemple de Dieudonné, on se leva; puis insensiblement on abandonna la tente, pour passer dans les salons et dans le jardin, car, il faut le dire, on ne pensait pas à partir avant la collation.

Il y avait même des invités qui arrivaient pour ce moment; ils avaient calculé à peu près l'heure à laquelle on devait la servir et ils ne s'étaient point hâtés.

Désolés, vraiment désolés d'être en retard, mais ils avaient été retenus malgré eux.

Parmi ceux qui arrivaient ainsi au moment où le vide se faisait dans la tente de la loterie, se trouvèrent deux retardataires dont l'entrée produisit une certaine sensation.

L'un était le sous-préfet, l'autre était le capitaine Richard de Gardilane, tous deux en toilette de ville.

Madame Prétavoine, en les apercevant, alla au devant d'eux, se demandant ce que le capitaine venait faire chez elle.

— Je suis tellement fâché d'être en retard, dit le sous-préfet, que je n'ai pas osé venir seul, et je vous ai amené mon ami M. de Gardilane.

— M. de Gardilane nous fait un honneur dont je

vous suis profondément reconnaissante, monsieur le sous-préfet.

On les avait entourés.

— Mon cher sous-préfet, dit le président, je vous plains de n'avoir pas entendu l'admirable discours que vient de prononcer M. l'abbé Guillemittes.

— Croyez-vous que je devais l'entendre? demanda le sous-préfet en souriant.

— Comment donc? répliqua le président, qui ne comprenait pas qu'on ne prît pas tout par le côté sérieux.

— Puisque je ne l'ai pas entendu, continua le sous-préfet, je vais pouvoir aller le féliciter en toute sincérité.

Et, plantant là le capitaine, il se dirigea vers l'abbé Guillemittes, qui n'avait pas encore fini de répondre aux compliments dont on l'accablait.

Pendant quelques instants, le capitaine resta seul, regardant autour de lui; puis, ayant aperçu le comte de la Roche-Odon et Bérengère, toujours assis à la même place, il marcha vers eux.

A son approche, le comte se leva et lui tendant les deux mains :

— Ah ! mon cher capitaine, dit-il, que je suis aise de vous voir! Ma fille me demandait tout à l'heure si vous ne viendriez pas, et je ne savais que lui répondre.

Le capitaine salua Bérengère, qui rougissait de l'indiscrétion de son grand-père.

— Allons, asseyez-vous là, dit le comte, ou plutôt faisons un tour dans le salon; je vous montrerai les lots de notre loterie. Offrez votre bras à ma fille.

XII

Lorsque le capitaine avait offert son bras à Bérengère, et lorsque celle-ci l'avait accepté en souriant, le saisissement l'avait emporté chez madame Prétavoine sur la volonté; elle avait pâli et elle était restée, bouche ouverte, sans achever la phrase qu'elle avait commencée.

Ce n'était pas seulement sur madame Prétavoine que l'action du comte de la Roche-Odon avait produit de l'effet, elle avait encore suffoqué le président et indigné la présidente.

Un nouveau venu, préféré à des gens comme eux ! Pourquoi ?

Et, dans l'espérance de deviner ce pourquoi, ils s'étaient mis tous les deux, comme madame Prétavoine, à suivre le comte, ainsi que le capitaine et Bérengère; un mot attrapé au vol, un geste, pouvaient les mettre sur la voie et leur faire comprendre une chose aussi extraordinaire que celle qui venait de se passer sous leurs yeux.

Mais Dieudonné, au lieu de les accompagner, s'était rapproché du sous-préfet, qu'il écoutait en riant.

C'était un charmant garçon que M. de Mirevault, le sous-préfet de Condé, et qui n'eût eu que des amis, si précisément il ne s'était point trop ouvertement appliqué à se faire l'ami de tout le monde. Comme il n'avait ni foi politique ni foi religieuse, et qu'il professait pour tous les partis une égale indifférence, prêt à les servir tous, sans jamais s'aventurer à en défendre aucun, ce rôle lui était facile, et c'était avec une entière bonne foi qu'il le remplissait. « Comment diable ! voulez-vous qu'un honnête homme sache aujourd'hui ce qu'il est et le dise ? répétait-il souvent. Attendons, nous verrons; suivons le pays, c'est la seule chose à mon sens raisonnable. »

Pour le moment, le sous-préfet n'exposait point ses idées de tolérance en matière politique, il racontait sa visite au bazar de lady Sarah Barrington.

— Comment ? vous avez été chez lady Barrington.

— J'en arrive.

— Vous ?

— Et pourquoi n'y serais-je point allé ? Je viens ici. Vous savez bien d'ailleurs que je vais partout.

— Il y a beaucoup de monde ? demanda une voix impatiente.

— Mais oui, beaucoup.

— Qui, qui ?

Et à chaque nom que le sous-préfet citait s'étaient des exclamations.

— Et les toilettes? Impossibles, n'est-ce pas? Des manteaux rouges, des fleurs dans les cheveux?

— Mais pas du tout : je vous assure qu'il y a des toilettes délicieuses, de même qu'il y a des femmes délicieuses aussi.

— Qui ça?

— Je vous en nommerais vingt, je vous en nommerais cinquante.

— Nommez-en deux seulement.

— Quand je n'aurais vu que madame Louis Mérault.

— Elle est là?

— Et je vous assure qu'elle est tout à fait charmante. Elle tient une boutique de pains d'épices et elle porte une toilette de paysanne qui lui va à merveille; il est impossible d'être plus jolie.

— Si j'étais comme elle, fille d'une comédienne, je ne m'aviserais point de rappeler ma naissance en cherchant un succès dans les travestis.

Le sous-préfet n'avait pas l'habitude de se jeter à l'eau pour ses amis, cela n'entrait pas dans son caractère; cependant il risqua un mot de défense en faveur de celle qui venait d'être attaquée.

— Croyez-vous que si elle avait voulu faire allusion à sa naissance, dit-il, il ne lui eût point été facile de trouver un moyen pour rappeler qu'elle est la fille du marquis de Rudemont?

— Vous aviez promis de nous nommer vingt femmes délicieuses et vous n'avez pu en trouver qu'une, et encore faut-il bien de la bonne volonté pour vous accorder celle-là.

— Et madame Onslow, et madame Gibson, et miss Askham ?

— Et qu'est-ce qu'elle vend miss Askham ?

— Des roses.

— Et vous ne lui avez pas acheté le plus petit bouton pour mettre à votre boutonnière ?

— Je lui ai acheté mieux que cela.

— Quoi donc ?

— Son cœur peut-être ?

— Non, son sang.

— Et elle vous l'a donné ?

— Elle me l'a vendu cinq louis.

— Oh ! monsieur le sous-préfet, vite votre histoire, crièrent dix voix.

— Je vous ai dit, commença le sous-préfet, que miss Askham tient une boutique de bouquetière, et c'était à elle que j'avais décidé de faire mon achat, parce que vous savez, les porte-monnaie à treize sous et les étuis à cigares à vingt-neuf, ça devient encombrant, on n'en sait que faire ; tandis qu'un bouquet, quand il est fané, on le jette.

— Ou bien on le garde sur son cœur.

— Ou bien on le garde sur son cœur, c'est vous qui l'avez dit, madame ; cela dépend de la main qui l'a donné. Je voulais donc demander une rose à miss Askham.

— Pour la jeter ?

— Pour la garder sur votre cœur ?

— Pour lui acheter quelque chose. Je m'approche donc de sa boutique et je cherche quelle rose je pourrais bien choisir. Une rouge, c'était impossible parce que cela aurait attiré l'attention de certaines personnes et leurs critiques. Une blanche, c'était tout aussi impossible, parce que cela aurait provoqué les commentaires d'autres personnes. Je m'arrête donc pour une jaune. Heureusement le jaune n'est pas encore une couleur politique ; seulement j'ai grand soin de ne pas prendre des *Maréchal-Niel*, qui étaient superbes, parce que vous comprenez que le maréchal Niel ayant été ministre de Napoléon III, il se serait trouvé des gens qui m'auraient reproché mes sentiments bonapartistes si j'avais porté à ma boutonnière une rose s'appelant *Maréchal-Niel*.

— Pas d'exagération.

— En exagérant la prudence, un sous-préfet aujourd'hui et dans ce pays reste encore exposé à toutes sortes de dangers, je ne le sais que trop. Je me décide donc pour la *Gloire de Dijon*, qui, il me semble, n'a rien de séditieux. Je dis, il me semble, parce que tout est possible. Je fais ma demande et miss Askham s'empresse de me rouler quelques feuilles autour du bouton que j'avais choisi. Je vous assure qu'elle faisait cela très-gentiment avec ses jolis doigts, tenant le bouton de rose de la main gauche, roulant le fil de la main droite et serrant le bout de ce fil entre ses dents. Tout à coup voilà qu'elle pousse un petit cri. Elle s'était piqué le bout du doigt. On s'empresse autour d'elle. C'était sous l'ongle et la piqûre était profonde. « Il faut sucer la piqûre, dit madame Onslow qui était arrivée la première, ou bien il peut survenir un panaris. — Oh ! monsieur de Mirevault, me dit miss Askham, je ne vous le pardonnerai jamais. — Mais, mademoiselle, je ne demande qu'à réparer mes torts ; donnez-moi votre doigt et je suis tout prêt à appliquer le traitement conseillé par madame Onslow.» Déjà la douleur était calmée, miss Askham se mit à sourire. «Tiens! c'est une idée, dit-elle ; mais je ne vous donnerai pas mon doigt, je vous le vendrai. Combien me l'achetez-vous ? — cinq louis.

— Mais c'est abominable, ce que vous racontez là.
— C'est un scandale !
— C'est une honte !
— Et ces gens-là font construire des chapelles.
— C'est là qu'on forme des jeunes filles comme cette Américaine !

Chacune de celles qui avaient lâché ces exclamations s'était aussitôt éloignée, abandonnant avec dignité l'homme qui était capable de raconter de pareilles histoires.

Cependant quelques jeunes femmes étaient restées autour du sous-préfet, et aussi quelques hommes au front d'airain.

— Et alors ? demanda une de ces jeunes femmes.
— Quoi alors ?
— Je veux dire que... vous avez bu le sang de miss Askham.
— Mais oui.
— Et qu'est-ce qu'elle a dit ?
— Elle a ri.

Parmi ceux qui l'entouraient, s'amusant à son récit, se trouvait Dieudonné, et ce n'était pas celui qui riait le moins fort ; sa voix claire dominait toutes les autres.

Le récit terminé, il prit le sous-préfet par le bras :

— Allons donc voir si le champagne est bon, dit-il, voulez-vous ?

— Volontiers.

Et, bras dessus, bras dessous, ils se dirigèrent vers la tente du jardin.

Sur leur passage, ils rencontrèrent le comte de la Roche-Odon, qui s'était arrêté devant un dressoir avec Bérengère et le capitaine de Gardilane, expliquant à ceux-ci les mérites historiques et artistiques d'une vieille faïence.

Puis, à quelques pas de là, Dieudonné se trouva en face de son père, qui voulut le retenir, mais il se dégagea de l'étreinte paternelle.

— J'ai à vous parler, dit le président.

— Tout à l'heure, je reviens ; le temps seulement d'aller dans le jardin avec M. de Mirevault et je vous retrouve.

Ce que le président avait à dire à son fils, c'était de s'approcher de Bérengère et du capitaine, de façon à surprendre quelques-unes de leurs paroles.

Pour lui, il l'avait vainement tenté jusqu'alors ; plusieurs fois il s'était, il est vrai, approché d'eux, mais sans pouvoir entendre ce qu'ils disaient, car il n'avait plus l'ouïe très-fine et de plus il avait toujours été dérangé par madame Prétavoine ou M. Aurélien Prétavoine, qui semblaient s'attacher à ses pas. Sans doute il était jusqu'à un certain point flatté de ces marques de déférence et d'empressement ; car, s'ils le recherchaient ainsi, ce ne pouvait être que pour lui rendre ce qu'ils devaient à ses fonctions et à son importance, mais enfin il en était aussi gêné, au moins en ce moment. Il y a temps pour tout, que diable !

Il y avait d'autant plus d'intérêt à surprendre l'entretien du capitaine et de Bérengère que ceux-ci semblaient chercher une occasion pour pouvoir parler librement, en gens qui ont quelque chose d'intéressant à se dire qui ne doit être entendu par personne.

Cette remarque n'était point du président, qui n'avait pas l'esprit porté à ce genre d'observation, elle était de madame Prétavoine, qui savait tout voir et tirer les conséquences de ce qu'elle avait vu.

Or ce qu'elle avait vu n'était que trop clair et que trop facile à comprendre.

Tandis que le comte expliquait avec une parfaite complaisance chacune des choses devant lesquelles ils s'arrêtaient, donnant des détails circonstanciés sur l'origine et l'histoire de l'objet, sur la famille qui l'avait offert, sur sa généalogie, sur ses relations, Bérengère ne paraissait guère attentive à ses explications, que le capitaine, lui, écoutait avec un intérêt qui paraissait sincère ; elle regardait à droite et à gauche, devant et derrière elle, d'un coup d'œil rapide et furtif, puis si elle apercevait une étagère devant laquelle il n'y avait personne, elle entraînait le capitaine avant que son grand-père fût arrivé au bout de sa démonstration, comme si elle espérait trouver là l'occasion qui jusqu'à ce moment lui avait toujours échappé. Et alors si quelqu'un se joignait à eux, elle laissait paraître un mouvement de déception ou de dépit.

De tout cela il résultait bien évidemment que si le

capitaine n'avait rien à dire à Bérengère, — et il était bien possible qu'il en fût ainsi, — Bérengère, elle, avait quelque chose à dire au capitaine.

Madame Prétavoine eût volontiers admis le contraire et trouvé tout naturel que le capitaine cherchât à entretenir la jeune fille en particulier, — ces soldats sont si insolents et si audacieux ! — Mais enfin, parce qu'elle ne devinait pas en ce moment ce que la jeune fille voulait confier au capitaine, il n'en était pas moins certain qu'on ne pouvait pas se tromper sur ses intentions : elle était encore trop jeune et trop inexpérimentée pour échapper à des yeux qui savaient regarder et qui avaient intérêt à bien voir.

Ah ! si madame Prétavoine avait été libre ! si elle n'avait point été, chez elle, obligée d'aller de l'un à l'autre et d'écouter tout le monde, elle eût bien trouvé le moyen d'assurer à Bérengère et au capitaine ce tête-à-tête si obstinément cherché, et de surprendre quelques paroles au moins de leur entretien.

Une fois que cette idée eut traversé son esprit, elle n'eut plus la liberté de l'abandonner; il fallait qu'ils s'expliquassent et qu'elle les entendît. Comment ?

Il fallait éloigner le comte.

Il fallait mettre Bérengère et le capitaine en tête-à-tête.

Il fallait enfin entendre ce qu'ils diraient dans ce tête-à-tête, et dans des conditions telles qu'ils se crussent seuls.

Cela était bien difficile, pour ne pas dire impossible.

Cependant le comte, accompagnant toujours sa petite-fille et le capitaine, avait terminé sa visite des lots de la loterie. Après avoir fait le tour des salons ils étaient revenus à la porte qui ouvrait sur la tente, où l'on tirait toujours des numéros du cylindre.

— Eh bien ! mon enfant, demanda le comte, ne penses-tu pas que maintenant nous pourrions rentrer à la Rouvraye ?

— Mais non, grand-papa.

— Ah ! tu veux rester encore ? Eh bien ! restons, ma mignonne.

— Il me semble que nous ne pouvons pas partir ainsi. Madame Prétavoine a fait préparer une collation dont on dit merveilles ; tu sais que c'est M. l'abbé Armand qui en a été l'organisateur; est-ce que ce ne serait pas blesser madame Prétavoine et peiner cet excellent chanoine que de ne pas goûter au moins un gâteau ?

— Ah ! la gourmande, dit le comte en riant ; voyez donc, capitaine, voyez donc !

— Je t'assure, grand-papa, que ce n'est pas la gourmandise qui me fait parler.

— Tu es une chère petite fille qui trouve tout naturellement ce qui est bien et ce qui est juste ; ta réflexion est pleine de convenance. Allons donc goûter la collation offerte par madame Prétavoine et organisée, comme tu dis, par l'abbé Armand.

A ce moment, madame Prétavoine qui s'était peu à peu rapprochée de manière à barrer le passage au comte, car elle avait deviné son intention de partir, s'avança franchement vers eux.

— Est-ce que monsieur le comte et mademoiselle

ne me feront pas l'honneur d'accepter un rafraîchissement ? demanda-t-elle.

— Mon Dieu ! madame, nous allions nous diriger vers le buffet, répondit le comte avec bonhomie.

Madame Prétavoine se confondit en remercîments ; puis, s'adressant au capitaine et changeant de manières avec lui, exactement comme le comte venait d'en changer avec elle, le pria de la façon la plus gracieuse de vouloir bien aussi passer sous la tente. Le capitaine eût été son meilleur ami qu'elle n'eût pas mis plus de cordialité dans son invitation.

Elle voulut les conduire elle-même.

Elle n'avait plus que trois invités : le comte, Bérengère et le capitaine ; les autres n'existaient pas.

Ç'avait été un travail plein de difficultés que de dresser la tente dans le jardin, car madame Prétavoine avait exigé qu'on ne touchât pas à un seul arbuste : elle voulait bien faire le sacrifice de son gazon, mais celui de ses plantes ou de ses arbrisseaux, non.

C'étaient ces exigences qui avaient décidé, qui avaient imposé les dispositions de cette tente. Pour ménager les arbustes de madame Prétavoine, elle n'occupait donc point le milieu du jardin, mais elle était plantée de travers sur la pelouse, et elle appuyait un de ses côtés sur le mur voisin. A l'intérieur, les plantes avaient aussi été ménagées, et tirant parti des obstacles qu'elles opposaient à ses arrangements, l'entrepreneur les avait utilisées pour en faire le centre de petites décorations florales ; si bien que le buffet ainsi dessiné n'était rien autre chose qu'un jardinet recouvert d'une toile. Au fond s'élevait un énorme dressoir, sur lequel étaient disposées, au milieu des fleurs, les pièces de la collation : viandes froides, poisson, pâtés, pâtisseries; puis çà et là se trouvaient, pour les personnes qui ne voulaient pas manger debout, de petites tables placées autour des massifs de plantes.

Ce fut à l'une de ces tables que madame Prétavoine conduisit ses convives; elle était à l'extrémité de la tente dans l'angle qui touchait au mur voisin, et l'on n'y arrivait que par un étroit sentier serpentant entre deux touffes d'arbustes. On se trouvait là presque retiré.

Madame Prétavoine plaça elle-même le comte, ainsi que Bérengère et le capitaine; puis, après les avoir fait servir, elle s'éloigna.

Comme elle sortait du sentier, elle se trouva nez à nez avec le président et madame de la Fardouyère.

— Eh! quoi? dit-elle, vous n'êtes pas placés? Venez donc, je vous prie, que je vous trouve une table; j'ai dû mettre le comte dans ce petit coin.

Le président avait envie de refuser, mais c'était bien difficile; il suivit donc madame Prétavoine, qui les installa à l'autre bout de la tente.

Puis, cela fait rapidement, elle se dirigea vers la sortie; mais à ce moment Aurélien l'arrêta.

— Bérengère et ce maudit capitaine sont installés là-bas, dans un coin, dit-il à voix basse.

— Gardez-vous de les déranger, dit-elle aussi en sifflant doucement ses paroles; n'allez même pas de leur côté. C'est moi qui les ai mis là.

Et elle s'éloigna vivement, laissant Aurélien interdit.

XIII

— Elle est vraiment très-aimable, madame Préta-voine, dit Bérengère ; nous sommes ici comme chez nous au milieu de cette foule..

Et de fait c'était un privilége d'avoir une table ; car plusieurs des invités, parmi les personnages les plus importants du pays, mangeaient debout devant le buffet, ayant grande peine à se faire servir, poussés, coudoyés, si bien que plus d'un s'étouffait pour avoir eu le bras heurté au moment où il trempait ses lèvres dans son verre.

Le comte avait achevé son biscuit depuis quelques instants déjà, et il était occupé à regarder Bérengère boire son champagne à petits coups, retirant vite ses lèvres du verre au moment où le gaz du vin lui picotait les yeux, quand son attention fut attirée par un personnage de grosse taille et de mine hétéroclite qui se tenait dans le sentier qui conduisait à leur table, et arrêté là au milieu des arbustes et des feuilles de laurier qui enveloppaient son vaste abdomen, toussait, se mouchait, poussait des hem! hem! significatifs en homme qui n'ose pas avancer plus loin, bien qu'ayant à remplir une importante mission.

C'était M. Trempu, un bonhomme à la mine rougeaude, aux yeux ronds, à la physionomie placide et vide, bien connu de toute la ville de Condé, où il occupait un certain rang par le grand nombre de fonctions touchant aux affaires et aux choses d'église dont il se trouvait investi. Ayant épousé une veuve riche dont il avait été le commis, il s'était introduit dans les œuvres de charité plutôt par ambition que par vocation, pour être quelqu'un aux yeux de sa femme, qui l'ayant tiré de rien pour l'élever jusqu'à elle, n'avait pour lui qu'une piètre estime; mais, peu à peu la vocation était arrivée, et en quelques années il était devenu ce qu'on appelle un *homme de bonnes œuvres;* marguillier à Saint-Étienne, il était membre actif de toutes les confréries, de toutes les associations de la contrée, et il avait eu l'honneur de soutenir trois grands procès devant le tribunal de Condé, dans lesquels il avait figuré en qualité « de personne interposée » selon l'expression de la loi; c'est-à-dire, en termes plus compréhensibles pour le commun du vulgaire, que lorsqu'une personne pieuse voulait faire un legs à un établissement religieux incapable de recevoir, elle choisissait M. Trempu pour légataire; celui-ci touchait le legs et le remettait fidèlement à l'établissement auquel il était destiné. On pouvait compter sur lui, et pour le récompenser de son dévouement à la bonne cause, on lui payait en considération apparente les services précieux qu'il rendait secrètement. Personne maintenant ne riait plus de lui, et sa femme elle-même en était venue à lui témoigner un certain respect : elle en avait peur.

— Grand-papa, dit Bérengère, qui avait remarqué le manége du gros personnage, voici M. Trempu qui se livre à des signaux désespérés pour attirer ton attention : je crois bien qu'il a besoin de te parler.

— Je le crois aussi.

— Oh! je t'en prie, ne lui fais pas signe d'avancer ; il est si ennuyeux sans sa trompe. Est-ce que vous avez jamais vu un éléphant sans trompe, monsieur de Gardilane? Non, n'est-ce pas? Eh bien! regardez M. Trempu.

— Cependant, s'il a quelque chose à me dire? interrompit le comte.

Elle se mit à sourire gracieusement à son grand-père.

— Il y aurait bien un moyen, dit-elle, de le contenter, sans nous ennuyer.

— Ce serait?

— Dame! ce serait d'aller à lui.

— Voyez comme elle dispose de moi, cette petite dit le comte sans se fâcher.

— Grand-papa, c'est encore plus dans ton intérê que dans le nôtre.

— Ah! vraiment.

— Certainement. Tu comprends que, si tu vas au-devant de M. Trempu, ce bon, cet excellent M. Trempu il ne te retiendra pas longtemps, d'abord pour ne pas te laisser debout, et puis ensuite pour ne pas y rester lui-même, attendu que quand deux pauvres jambes sont seules à porter une pareille masse, elles doivent demander grâce rapidement. Au contraire, si tu le laisses venir ici, il prendra cette chaise, et une fois assis, qu'est-ce qui pourra le relever? Je te le demande, est-ce toi, grand-papa ! est-ce vous, capitaine ?

— Allons, dit le comte, qu'il soit fait comme tu le veux, une fois de plus.

En quittant sa chaise, il alla au-devant de M. Trempu, qui était resté au milieu des feuillages, sans faire un pas en avant, mais souriant de plus en plus à mesure que le comte s'avançait vers lui.

A peine le comte avait-il quitté sa chaise que Bérengère se pencha vers le capitaine.

Elle était placée en face de lui et séparée seulement par la largeur du guéridon.

Elle posa son coude sur le guéridon et plaça sa main devant sa bouche de façon que le bruit de sa voix ne se répandît pas dans la tente.

— Voulez-vous avoir la complaisance de vous pencher un peu vers moi? dit-elle au capitaine.

Celui-ci la regarda avec surprise, ne comprenant rien à cette étrange demande.

—J'ai quelque chose à vous dire, continua-t-elle, qui ne doit être entendu par personne.

Il la regarda de nouveau ; elle avait pâli et sa voix était légèrement tremblante ; il était manifeste qu'elle éprouvait une vive émotion.

Le capitaine fit ce qu'elle demandait et s'accouda à son tour sur le guéridon.

Ainsi placés l'un près de l'autre, ils se trouvaient tournés vers l'angle de la tente où le bruit de leurs voix devait nécessairement se perdre.

— Monsieur de Gardilane, continua Bérengère, il faut que je vous voie et que je vous voie seul.

De nouveau la surprise se montra sur le visage du capitaine.

— Depuis longtemps, poursuivit Bérengère, je veux vous adresser cette demande, et aujourd'hui, pendant notre promenade, j'ai vainement cherché l'occasion de vous dire quelques mots en particulier. Viendrez-vous ?

— Mais, mademoiselle, je suis tout à votre disposition.

— J'ai bien cherché des moyens de vous entretenir sans crainte d'être surprise, mais de tous ceux que j'ai trouvés, il n'y en a vraiment qu'un de praticable. Vous connaissez le saut-de-loup qui regarde la rivière ?

— Parfaitement.

— Voulez-vous vous trouver au fond du fossé de ce saut-de-loup demain, à trois heures ? Vous y serez très-bien caché, et moi en me promenant ostensiblement sur le terre-plein ou même en m'y asseyant, je pourrai vous entretenir en toute liberté.

— Demain, à trois heures j'y serai, répliqua le capitaine après un court moment d'hésitation.

— Non, je réfléchis ; voulez-vous après-demain plutôt ?

— Après-demain, si vous voulez.

— A la même heure.

— A trois heures.

— Si je renonce à demain, c'est parce que c'est dimanche ; les gens de Condé viennent se promener le dimanche dans l'avenue, et ils pourraient nous surprendre. Lundi, au contraire, nous n'aurons rien à craindre.

Elle parlait les yeux tournés vers l'angle de la tente; aussi ne pouvait-elle pas voir l'étonnement du capitaine.

Tout à coup elle changea de ton.

— Voici grand-papa, dit-elle ; parlons d'autre chose, je vous en prie, pour qu'il n'ait pas de soupçons.

Mais le capitaine était trop troublé pour trouver ainsi à l'improviste un sujet à l'entretien.

Ce fut elle qui reprit la parole.

— Alors, dit-elle, en haussant la voix, vos travaux dureront longtemps encore?

— Ah ! assurément très-longtemps.

— Le comte était revenu près d'eux et il avait repris sa chaise.

Alors elle cessa de s'adresser au capitaine pour se tourner vers son grand-père.

Maintenant que nous avons fait honneur à la collation de madame Prétavoine, et que nous pourrons adresser nos compliments à M. l'abbé Armand, il nous est peut-être permis de nous retirer. Veux-tu, grand-papa?

Elle paraissait radieuse, et la préoccupation qui, pendant leur promenade, avait obscurci son front s'était dissipée : elle avait réussi et de telle sorte que personne assurément n'avait pu entendre ce qu'elle avait dit.

Ce fut joyeusement qu'elle prit le bras du capitaine et, le regard assuré, qu'elle traversa la foule qui encombrait le buffet.

Au moment où ils arrivaient à la porte du salon, ils trouvèrent devant eux madame Prétavoine, qui voulut quand même reconduire le comte jusqu'à sa voiture.

Tant de prévenances méritaient bien un remerciement et un compliment; le comte s'acquitta de ce devoir de politesse en quelques paroles qu'il tâcha de faire aussi aimables que possible, mais dans lesquelles perçait l'effort.

Il se rattrapa avec le capitaine et ce fut cordialement qu'il lui reprocha de ne pas venir plus souvent à la Rouvraye.

— Il faut donc vous expliquer, en mettant les points sur les *i*, qu'on a du plaisir à vous voir? dit-il; eh bien! on vous l'expliquera. A bientôt, n'est-ce pas mon cher capitaine?

— A bientôt, monsieur le comte.

Et la calèche roulait déjà que Bérengère, se penchant par la glace ouverte, envoya au capitaine un adieu de la main en riant gaiement.

— Au revoir, capitaine.

Elle eût été moins tranquille et moins joyeuse, si elle avait su que son entretien avec le capitaine, qu'elle croyait secret, avait été entendu, du premier mot au dernier, par madame Prétavoine, et que sa précaution de parler le visage tourné vers l'angle de la tente était justement ce qui l'avait perdue.

En effet, madame Prétavoine après avoir installé le comte, ainsi que Bérengère et le capitaine devant le guéridon qu'elle leur avait choisi, s'était mise à la recherche de M. Trempu.

Le personnage était de taille à ne point se perdre ; elle l'avait vite trouvé, et non moins vite elle l'avait emmené dans le jardin.

— Mon cher monsieur Trempu, il y a une bonne œuvre à entreprendre ; voulez-vous vous en charger ?

— Mais si elle est dans la mesure de mes faibles moyens, certainement, madame.

— Personne mieux que vous ne peut la faire réussir. Rue du Pont n° 17, retenez bien le numéro, il y a une famille, la mère et trois filles qui meurent de faim.

— J'enverrai demain une de ces dames les visiter.

— Non ce n'est pas ce qu'il faut ; ces malheureuses femmes sont d'ailleurs dans une position qui ne permettrait guère à ces dames de faire quelque chose pour elles.

— Mais alors ?

— Alors il faudrait leur envoyer le comte de la Roche-Odon ; vous savez comme il entend la charité.

— Il nous fait bien du tort, hélas ?

— Il leur viendra en aide comme toujours dans ces circonstances. Je voulais le prévenir. Mais j'ai réfléchi que puisqu'il est mon invité, il n'est peut-être pas convenable à moi de profiter de cette occasion pour lui imposer un sacrifice. Vous comprenez cela, n'est-ce pas ? vous si délicat.

— Mais... oui, certainement je comprends, je comprends très-bien.

— Tandis que vous, qui n'êtes pas dans les mêmes conditions, vous pouvez très-bien faire appel à sa générosité.

— Vous croyez?

— Cela ne fait pas le moindre doute. Je l'ai installé là-bas, avec sa petite-fille et le capitaine de Gardilane, au coin de la tente à gauche; allez à lui franchement.

— Comme cela...

— Mais sans doute; soyez assuré qu'il vous remerciera de lui avoir signalé cette infortune. Seulement, comme il n'aime pas, ainsi que tous les cœurs élevés, à rendre publics ses bienfaits, ne lui dites rien devant M. de Gardilane; demandez-lui deux minutes d'entretien et prenez-le dans un coin; en quelques mots, vous lui contez votre affaire.

— Si j'attendais qu'il sorte?

— Il sera alors entouré; vous ne pourrez pas lui parler en particulier, et ce sera du temps de perdu; si, pendant ce temps, une de ces malheureuses succombait, quels remords pour vous?

Elle le quitta vivement, bien certaine qu'il accomplirait ponctuellement la commission qu'elle venait de lui confier.

Elle avait parlé avec tant de volubilité que cette confidence n'avait pas pris plus de deux ou trois minutes.

Cependant, pour mener à bien la fin de son entreprise, elle n'avait pas de temps à perdre. Rapidement elle avait passé derrière la tente, se dirigeant vers le mur contre lequel cette tente était, ou plutôt contre lequel elle paraissait appuyée. En effet, ce mur étant garni de camellias en espalier madame Prétavoine avait voulu qu'on les respectât d'autant plus soigneusement qu'ils étaient une des curiosités de son jardin. Se conformant à cet ordre, l'entrepreneur n'avait donc pas appuyé la tente contre le mur, et il avait réservé un espace étroit, il est vrai, mais suffisant, néanmoins, pour que les camellias ne fussent pas frôlés par les mouvements de la toile.

C'était sur cette disposition que madame Prétavoine avait basé son plan, et, pour réussir, il ne lui restait plus maintenant qu'à se glisser entre la toile et les camellias.

Sans doute cela allait abîmer les camellias, car c'était contre eux qu'elle devait s'appuyer et non contre la toile, sous peine de trahir sa présence; mais elle avait présentement d'autres soucis que de protéger ses arbres, et plus sérieux, plus importants, pour lesquels elle eût tout sacrifié.

Il n'y avait personne derrière la tente si ce n'est des gens de service; en apercevant madame Prétavoine, ils crurent qu'elle venait les surveiller, et, comme en réalité ils n'avaient rien à faire là ils se hâtèrent de disparaître avant qu'elle leur adressât la parole, car ils savaient sur quel ton elle leur parlerait.

Elle était donc libre et personne ne pouvait la surprendre.

Aussitôt elle se glissa entre la toile et le mur. Heureusement elle n'était pas grosse, et d'autre part elle était encore assez alerte pour se faufiler partout. S'avançant avec précaution en évitant de toucher la toile, comme si elle avait été un rideau de tôle rougie au feu, elle ne tarda pas à arriver à l'angle de la tente.

Il n'y avait pas à se tromper, et, bien qu'elle ne pût pas voir à travers la toile, elle était bien certaine que là, vis-à-vis, à deux pas d'elle, dans l'intérieur de la tente, se tenaient le comte, ainsi que Bérengère et le capitaine, attablés devant le guéridon qu'elle leur avait si complaisamment choisi.

Elle colla son oreille contre la toile et elle écouta.

Tout d'abord elle n'entendit que le murmure confus et le brouhaha des voix de ses invités qui se mêlaient en une vague rumeur.

Mais bientôt, au-dessus de cette rumeur, des paroles distinctes arrivèrent à son oreille.

Elle arrêta sa respiration pour mieux écouter.

C'était Bérengère qui parlait : il était question de M. Trempu, dont le nom lui parvint distinctement.

Tout avait réussi comme elle l'avait espéré : elle n'arrivait pas trop tard à son poste d'observation ; le bruit des voix passait à travers la toile assez distinctement pour qu'elle entendît tout ce qui se disait autour du guéridon ; enfin M. Trempu s'acquittait de la commission dont elle l'avait chargé.

Ah! le digne homme!

Presque aussitôt le comte se leva.

Le moment était venu de redoubler d'attention ; Bérengère sans doute allait parler.

En effet elle parla : « J'ai quelque chose à vous dire qui ne doit être entendu par personne. »

Si on avait pu observer madame Prétavoine, collée contre la toile, qu'elle ne touchait pas cependant, les narines dilatées, la bouche à demi ouverte, les deux mains étendues, on eût vu un sourire passer sur son visage.

« Il faut que je vous voie et que je vous voie seul. »

C'était bien cela? C'était un rendez-vous qu'elle lui donnait.

Eh quoi? c'était elle!

Et lui, comme il répondait froidement!

A quel point en étaient-ils donc?

« Le saut-de-loup... lundi, trois heures... nous n'aurons rien à craindre. »

Le comte revint : madame Prétavoine sortit de sa cachette.

Mais elle resta quelques minutes dans le jardin, réfléchissant, s'efforçant de retrouver son calme et sa décision.

—Cette jeune fille! Celle qu'elle avait voulu donner pour femme à son fils.

XIV

La collation se prolongea longtemps encore après le départ du comte de la Roche-Odon et de Bérengère.

Et elle eût même duré une partie de la nuit, si madame Prétavoine avait voulu le permettre.

Mais elle savait comment certains invités se mettent parfois à leur aise et font leur une maison étrangère dans laquelle bien souvent ils sont introduits pour la première fois.

Ne voulant pas qu'il en fût ainsi chez elle, elle avait pris ses mesures en conséquence.

Lorsque la journée commença à s'avancer, il arriva un moment où les convives, solidement attablés, ne distinguèrent plus facilement ce qu'ils avaient dans leurs assiettes, pas plus que ce qu'ils versaient dans leurs verres ou à côté.

— Il faudrait des lumières, dirent quelques voix.

Mais les gens de service, ainsi interpellés, déclarèrent qu'ils n'avaient ni lampes, ni flambeaux, ni bougies.

C'était là une réponse suffisamment claire pour qui voulait comprendre; aussi quelques tables furent-elles assez promptement abandonnées.

Mais plusieurs invités étaient arrivés à ce moment psychologique où l'on ne comprend pas les choses à demi-mot, et où on éprouve le besoin d'accomplir des actions extraordinaires, où l'on a tous les courages, toutes les audaces.

Parmi ceux qui étaient montés à ce diapason héroïque se trouvait Dieudonné de la Fardouyère, qui, après avoir promis « à ses nobles parents » de les rejoindre tout de suite, « le temps de dire un seul mot au sous-préfet, » était resté, d'abord parce qu'il trouvait le champagne bon, et puis aussi parce qu'il tenait à prouver publiquement qu'il avait eu tort de dire que la maison de madame Prétavoine n'était pas amusante; très-drôles, au contraire, les bonnes loteries qui étaient suivies d'une collation; seulement il fallait la collation, parce que la loterie, « vous savez, crevante, et l'homélie crevante aussi ».

Lorsqu'on lui eut répondu qu'il n'y avait ni lampes ni bougies au buffet, il prit mal cette réponse.

— Est-ce que vous vous fichez de moi par hasard ? Savez-vous à qui vous parlez, hein ?

Il fallut du temps et de la diplomatie pour lui faire comprendre qu'on ne pouvait pas lui donner ce qu'on n'avait pas.

— Eh bien ! puisque vous n'en avez pas, je vais vous en apporter, moi, et quand on vous demandera qui vous a donné ces lumières, vous direz que c'est M. Dieudonné de la Fardouyère.

Là-dessus, se levant en vainqueur, le lorgnon campé sur le nez, malgré les efforts de quelques jeunes gens qui avaient trouvé le champagne moins bon, il partit pour conquérir des bougies.

— Cela n'était parbleu ! pas difficile ; il n'y avait qu'à prendre deux candélabres dans un salon et à allumer les bougies. Qu'est-ce qui serait étonné en voyant la tente illuminée ? Ce serait madame Prétavoine. Vraiment c'était un bon tour à lui jouer. Est-ce qu'on met ainsi les gens à la porte quand il y a encore du champagne ? Ah ! non, non ! On allait donc rire un peu.

Et lui-même avait ri d'avance.

Mais le premier étonné ce fut M. Dieudonné Bonhomme de la Fardouyère ; car, s'il trouva des candélabres dans les salons, ils n'étaient point garnis de bougies.

Il fallut revenir.

Il fallut partir...

A peine eut-il quitté la tente, marchant roide comme un homme qui tient à prouver que le champagne n'agit pas sur lui, que les lumières, quelques minutes auparavant introuvables, s'allumèrent çà et là.

Et sous la direction de madame Prétavoine, les gens de service, en manche de chemise et la serviette nouée derrière le cou, commencèrent à mettre toutes choses en ordre.

Si lasse et surtout si préoccupée qu'elle fût, elle n'était pas femme en effet à confier à personne la surveillance de la desserte du buffet ; il fallait qu'elle fût là pour empêcher le gaspillage, le coulage, et aussi le vol.

Ce fut sous cette surveillance rigoureuse qu'on serra dans l'office tout ce qui n'avait pas été entamé.

Et ce fut aussi sous cette surveillance qu'on rangea dans la cave toutes les bouteilles qui n'avaient pas été débouchées.

Un crayon à la main, elle inscrivit chaque objet, et ce qui fut dérobé ne put l'être que par des doigts aussi alertes que ceux d'un prestidigitateur.

Il était près de onze heures quand tout fut terminé.

Alors elle monta à l'appartement de son fils.

Deux fois Aurélien était venu la trouver, car il voulait l'interroger, elle l'avait renvoyé.

— Plus tard, quand j'aurai fini.

Et, comme il la connaissait mieux que personne, il n'avait point insisté ; il savait qu'il n'obtiendrait rien d'elle.

Il était remonté chez lui et il avait repris sa lettre à Sophie.

Décidément, toute réflexion faite, il s'en tiendrait à une lettre, écrite de la main gauche, et il irait la mettre le lendemain matin à la station du chemin de fer, dans la boîte même du bureau ambulant ; par là il éviterait le timbre de Condé ou de toute autre ville ; c'est-à-dire qu'il s'assurerait une bonne chance de plus pour enlever à sa lettre tout caractère compromettant. Pour le moment, Sophie, rassurée, le laisserait en repos, et plus tard, si elle voulait se servir de cette lettre, elle n'en pourrait rien faire.

Il s'appliqua donc à écrire cette lettre, et, après plusieurs essais, il arriva à un résultat qui le satisfit pleinement; personne assurément ne pourrait croire que cette lettre était de lui, Sophie ne se douterait point que l'écriture en était déguisée; elle admettrait l'ami.

Ce fut un grand soulagement, et il respira, comme le commerçant qui vient d'obtenir le renouvellement de billets protestés pour lesquels on allait le mettre en faillite. Il avait du temps, il aviserait, il trouverait.

Cependant la satisfaction qu'il éprouvait n'était pas sans mélange; car, si le danger qu'il redoutait le matin était écarté pour le moment, il en voyait poindre un autre qu'il n'avait pas prévu.

Que signifiait cette intimité de mademoiselle de la Roche-Odon et du capitaine de Gardilane, qui venait de se révéler à lui d'une façon si manifeste?

C'était là une question capitale et qui prenait des proportions de plus en plus menaçantes, à mesure qu'on l'examinait.

Les difficultés qui s'opposaient à son mariage avec mademoiselle de la Roche-Odon étaient pour lui presque insurmontables; si elles se compliquaient d'un amour entre Bérengère et cet officier, il ne voyait plus quelle chance de succès lui restait, si petite qu'elle fût.

Et cependant sa mère était souriante.

Et cependant elle disait qu'elle avait voulu ce tête-à-tête.

Il y avait là quelque chose d'inexplicable qui demandait à être éclairci par elle.

Aussi attendait-il son arrivée avec une impatience fiévreuse.

Mais, contrairement à son attente, elle ne voulut rien lui expliquer.

— Je tombe de fatigue, dit-elle, et je ne suis entrée que pour vous embrasser; bonne nuit, mon enfant.

— Mais, ma mère, jamais situation n'a été plus grave que la nôtre.

— Encore une fois, je vous répète d'avoir bon espoir, ou si vous aimez mieux, je vous répète ce que je vous ai dit: Vous serez le mari de mademoiselle de la Roche-Odon. Maintenant bonne nuit, je n'ajoute plus un mot.

Ce fut tout ce qu'il en put obtenir; sans doute c'était quelque chose, c'était même beaucoup que cette parole; mais enfin une explication l'eût encore mieux rassuré.

Du temps où elle était dans les affaires, madame Prétavoine avait conservé l'habitude de faire chaque soir la balance du compte de sa journée.

En rentrant dans sa chambre, elle ne se coucha point, mais elle s'assit devant sa table de travail et atteignit des livres ainsi que des carnets de comptes, auxquels elle joignit un petit cahier qu'elle tira de la poche de sa robe, celui-là même sur lequel elle avait pris des notes dans l'office et dans la cave.

Elle feuilleta vivement ces livres et ces carnets, et, la plume à la main, elle releva différents chiffres.

C'étaient ceux de la dépense faite par elle à l'occasion du tirage de la loterie.

Tout d'abord elle inscrivit une somme de 12,500 fr., montant de 50,000 billets à 25 c., non placés et qu'elle avait pris, afin que le tirage pût avoir lieu au jour choisi par elle.

Puis au-dessous elle inscrivit ce qu'elle devait ou ce qu'elle avait payé pour la tente, pour la collation : vins, viandes, conserves, fruits, fleurs, etc., pour les gens de service, et le total s'éleva à 6,347 fr. 82 c.

Mais de ce total elle eut à défalquer ce qui n'ayant pas été consommé lui était resté en nature, ce qu'elle estimait à 1,235 fr. 40 c.

La soustraction fut vite faite, et elle trouva que la fête qu'elle venait d'offrir à ses invités, coûtait 5,112 fr. 42 c.

Additionnant ces 5,112 fr. 42 c. avec les 12,500 fr., montant des billets, elle arriva au chiffre de 17,612 fr. 42 c. pour la dépense totale.

C'était donc de 17,612 fr. 42 c. qu'elle avait à débiter M. le comte Turold de la Roche-Odon demeurant en son château de la Rouvraye près Condé-le-Châtel; car cette dépense qu'elle venait de faire, n'était qu'une simple avance qu'elle espérait bien recouvrer un jour.

Maintenant pour que l'opération fut complète il fallait en face le compte de *débit* ouvrir un compte de *crédit*.

Là, les écritures furent moins longues, car les différentes recettes qu'elle avait escomptées, bon accueil du comte de la Roche-Odon, accord de Bérengère et d'Aurélien, etc., lui ayant manqué, elle n'avait qu'un article à inscrire; il est vrai que celui-là représentait une valeur pour qui saurait l'exploiter, c'était le secret de Bérengère.

RÉSUMÉ :

Débit
17, 612 fr. 42 c.

Crédit
Secret de Bérengère

Décidément l'opération de la journée pouvait donner de bons résultats.

XV

La règle de conduite de madame Prétavoine avait toujours été de ne pas laisser improductive, fût-ce une heure, fût-ce une journée, une valeur qu'elle avait entre les mains.

Le secret de Bérengère était une valeur, il fallait donc l'exploiter.

Mais comment? Fallait-il le révéler au comte? cela était très-facile; il n'y avait qu'à lui adresser une lettre anonyme pour le prévenir que le lundi suivant, à trois heures de l'après-midi, sa petite-fille se trouverait en tête-à-tête avec le capitaine Richard de Gardilane dans le saut-de-loup qui regarde la rivière; ou bien si la lettre anonyme était écartée comme moyen peu sûr et dangereux, il n'y avait qu'à aller trouver le comte et charitablement, avec toutes sortes de ménagements et de façon à ce qu'il comprît bien qu'on obéissait à un appel irrésistible de la conscience, l'avertir que, par suite d'un hasard ou plutôt d'un dessein de la Providence, on avait entendu mademoiselle Bérengère donner au capitaine de Gardilane un rendez-vous dans le parc.

Mais une fois averti, que ferait M. de la Roche-Odon.

Chasserait-il le capitaine avec indignation?

Ou bien lui donnerait-il sa petite-fille?

Les deux étaient possibles.

Qu'il chassât le capitaine, c'était parfait, tout danger de ce côté était écarté; mais, qu'au contraire, ému, attendri, en se trouvant en face d'un amour naissant, il devînt favorable à cet amour, et alors la dénonciation produisait un résultat précisément opposé à celui qu'on avait voulu obtenir.

Arrivée à ce point de son raisonnement, madame Prétavoine regarda avec une certaine mélancolie le compte qu'elle avait dressé quelques instants auparavant, et son avoir lui parut assez faible en face de ces 17,612 f. 42 c. bien réellement déboursés par elle.

Longtemps elle tourna dans sa chambre d'un pas inégal, tantôt rapide, tantôt lent, tout à coup saccadé, selon l'impulsion de son esprit, dont il trahissait ainsi le trouble.

Les heures sonnèrent sans qu'elle les entendît et sans que le sommeil lui rappelât que la nuit s'écoulait.

Il était trois heures du matin, quand pour la première fois, elle s'arrêta devant sa pendule pour regarder les aiguilles à demi noyées dans l'ombre.

Alors elle se prépara à se coucher; car, si son plan n'était point fixé, comme elle l'avait espéré, jusqu'ne ses détails et à l'égard de tout, sa résolution au moins était arrêtée.

Elle avait été trop vite, poussée par le coup que la révélation du secret de Bérengère lui avait donné.

Le moment n'était pas venu d'exploiter ce secret qu'elle ne connaissait qu'imparfaitement, et avant tout elle devait maintenant chercher à compléter ce qu'elle avait appris.

Sans doute le fait du rendez-vous donné par Bérengère à cet officier était précis ; mais les termes mêmes dans lesquels il avait été donné laissaient place à des interprétations de toutes sortes.

Bérengère était-elle la maîtresse du capitaine ?

Madame Prétavoine n'admettait même pas cette idée.

Aimait-elle le capitaine ? le capitaine l'aimait-il ?

Cela était possible, même cela était probable ; mais le possible, le probable, c'est bien vague, quand on veut serrer les choses de près et ne rien laisser à l'incertain.

Si l'on pouvait entendre ce qui se dirait dans cet entretien, si l'on pouvait voir ce qui s'y passerait, combien meilleure deviendrait aussitôt la situation.

Avant tout, ce qu'il fallait maintenant, c'était assister à ce rendez-vous.

Par quel moyen ? Elle n'en savait rien. Mais elle avait la journée du lendemain pour chercher, et, en examinant elle-même le lieu de ce rendez-vous, elle trouverait peut-être quelque cachette, d'où elle pourrait tout voir et tout entendre sans être vue.

Et sur cette pensée d'espérance, elle s'endormit.

Mais son sommeil ne fut pas long, car il était de règle qu'elle assistât le dimanche à deux messes, une basse à six heures, et la grande à dix heures.

A six heures, elle entrait à la cathédrale calme et recueillie.

Et à sept heures, debout devant le lit d'Aurélien, elle expliquait longuement à son fils comment, s'inquiétant de l'intimité qui semblait s'être établie entre Bérengère et le capitaine, elle avait voulu savoir ce qu'était cette intimité, et comment s'étant faufilée entre le mur et la tente elle avait surpris leur entretien.

— Vous avez fait cela? s'écria Aurélien légèrement interdit.

— Pour vous, je ferais tout, et pour votre mariage le possible comme l'impossible. Je vous voyais malheureux, tourmenté, jaloux, il fallait vous rassurer, ou bien il fallait vous avouer la vérité.

— Eh bien! s'écria-t-il.

— Je vous ai dit hier soir de vous rassurer, je vous le répète ce matin : Vous serez le mari de mademoiselle de la Roche-Odon.

— Alors cet entretien?...

— Cet entretien m'a appris ce que je vous redis : Vous serez le mari de Bérengère. Je vous aurais fait ce récit hier, s'il n'avait été trop long, et surtout si je n'avais voulu vous habituer à avoir pleine confiance en moi et à rester parfaitement tranquille quand je vous demande d'être tranquille.

Aurélien poussa un soupir de soulagement; puis, d'un air indifférent, il annonça son intention de faire une promenade dans la journée.

XVI

Le saut-de-loup, dont Bérengère avait parlé au capitaine Richard de Gardilane, se trouve à l'extrémité d'un vaste tapis vert qui s'étend devant la façade du château de la Rouvraye exposée au midi.

Il a été creusé là pour ménager au château la vue de la vallée dans laquelle serpente la rivière, et son emplacement de même que sa construction ont été combinés de façon à donner tout son développement à cette vue, qui est vraiment fort belle.

Du côté du tapis vert, il n'y a ni balustres, ni grilles, ni massifs de plantes qui arrêtent le regard, et la pelouse se termine par une large allée dont la bordure extérieure est formée par les dalles mêmes qui recouvrent le mur du saut-de-loup.

Du côté de la campagne, on ne rencontre pas plus d'obstacle; le terrain descend presqu'immédiatement par une pente assez roide jusqu'aux prairies, et cette pente est cultivée en herbages dans lesquels on a grand soin de ne laisser pousser ni arbres, ni buissons.

C'est seulement à chaque extrémité du saut-de-loup, et au... bien du côté de la pelouse que du côté de la cal... e, que se trouvent des massifs boisés, car dans cette position, au lieu d'être une gêne à la perspective ménagée, ils lui sont un agrément, et lui font un beau cadre de feuillage.

Autant la façade du château qui regarde l'avenue des chênes et la grande route voit de promeneurs ou de passants, autant celle qui regarde la vallée en voit peu : il n'y a en effet point de route de ce côté, et l'on y trouve seulement un sentier tracé à travers les herbages par les gens du pays, qui veulent couper au court le matin et le soir.

En indiquant cet endroit pour lieu de rendez-vous au capitaine, Bérengère avait donc pris ses précautions pour n'être point dérangée ; puisque personne ne passait ordinairement par là, il y avait toute probabilité pour croire qu'ils ne seraient pas surpris juste au moment ou le capitaine serait dans le fossé ; en tous cas, elle se tiendrait sur ses gardes, veillant au loin de l'endroit dominant où elle serait placée.

Ainsi qu'elle l'avait dit, elle avait longtemps cherché avant de s'arrêter à cette combinaison, et c'était parce qu'elle semblait réunir toutes les conditions de sécurité qu'elle l'avait adoptée.

Si elle s'était promenée de ce côté le dimanche, après les vêpres, elle eût sans doute perdu de sa confiance dans l'excellence de sa combinaison.

En effet, elle aurait aperçu madame Prétavoine qui

suivait le sentier tracé dans l'herbe, marchant lentement, en cherchant une bonne cachette, d'où elle pourrait, sans être vue, assister à l'entretien de Bérengère et du capitaine.

Malheureusement cette cachette ne se montrait nulle part.

Dans l'herbage, aucun buisson au milieu des branches duquel on pût se blottir.

Dans le fossé du saut-de-loup, point de ces grandes herbes, point de ces roseaux qui poussent souvent dans les bas fonds marécageux, mais partout un gazon épais, émaillé de pâquerettes, de myosotis, de fumeterres et de fleurs des champs.

Des fleurs ! elle avait vraiment bien besoin de ces fleurs bêtes ! Ah ! qu'une belle touffe d'orties ou un buisson de ronces eût bien mieux fait son affaire !

Mais elle eut beau regarder en ralentissant sa marche déjà si lente, elle ne vit nulle part le buisson sur lequel elle avait compté pour les surprendre ; aucun moyen de s'embusquer, aucun moyen de tomber sur eux à l'improviste.

Décidément, cette petite fille avec son air virginal était remplie de prudence, et elle savait choisir le lieu des rendez-vous qu'elle donnait, avec un art qui devait faire réfléchir.

Sans doute on pouvait se cacher, à l'une comme à l'autre extrémité du saut-de-loup, derrière les haies et dans les massifs boisés qui se trouvent là, seulement il était bien certain qu'à pareille distance on ne pourrait pas entendre un seul mot de leur entretien. Il est vrai qu'on les verrait. Mais les voir n'apprendrait rien de nouveau à madame Prétavoine, car il n'était pas probable que Bérengère se jetât dans les bras du capitaine. Les choses ne devaient pas en être à ce point, et y fussent-elles, le lieu d'ailleurs ne se prêtait pas à pareille effusion de tendresse amoureuse; le capitaine serait au fond du fossé et Bérengère serait sur le terre-plein, position commode pour se parler, mais non pour s'embrasser.

Que se diraient-ils?

Cette question se posait maintenant comme elle s'était déjà posée durant la nuit; mais avec cette circonstance exaspérante qu'il n'était plus possible de se dire: Je chercherai et je trouverai; la recherche était faite et la trouvaille ne l'était point.

Elle avait heureusement vingt-quatre heures devant elle, et en vingt-quatre heures, on fait bien des choses; mais il n'y avait plus de temps à perdre, et au lieu de rester à se lamenter devant cette position inexpugnable de vive force, il fallait se hâter de chercher un sentier pour la tourner adroitement.

Ce fut dans cette disposition d'esprit qu'elle descendit les pentes herbées de la colline pour rentrer en ville.

Malheureusement Bérengère n'avait point assisté à cette promenade de madame Prétavoine, et quand le lendemain, vers deux heures et demie, elle quitta le château pour se diriger vers le saut-de-loup, elle ne se doutait guère qu'elle pouvait être menacée dans l'exécution de son projet.

En tous cas si pour elle il y avait un danger possible, c'était du château qu'il devait venir, non du dehors, et c'était contre ce danger qu'elle avait pris ses précautions.

La première personne à écarter avait été son grand-père, car il ne fallait pas qu'elle fût exposée à ce qu'il vînt la rejoindre; pour elle cela n'avait été qu'un jeu, car depuis longtemps elle faisait de lui ce qu'elle voulait; elle l'avait donc envoyé en ville sous le prétexte de rendre à deux ou trois de ses amis des devoirs de politesse depuis plusieurs mois retardés, et le comte était parti sans le moindre soupçon.

Avec son institutrice, devenue depuis peu sa dame de compagnie, la tâche avait été plus difficile, car miss Armagh, qui était Irlandaise et non Anglaise, ne la quittait jamais; et alors même qu'il s'agissait d'une simple promenade dans les jardins ou dans le parc, elle était certaine de trouver la vieille demoiselle, gantée de gants de peau, chaussée de fortes bottines, coiffée d'un chapeau rond recouvert d'un voile vert, l'ombrelle ou le parapluie à la main, prête à la suivre à deux pas ou au bout du monde; lui échappait-elle durant quelques minutes, c'étaient alors des recherches qui aboutissaient presque toujours, car miss Armagh avait un flair remarquable pour trouver les pistes perdues. Heureusement l'esprit des jeunes filles est fertile en ressources. Au moment où miss Armagh se préparait comme de coutume à l'accompagner;

— Je voudrais bien être seule, lui avait-elle dit.

Interdite en entendant une pareille parole, miss Armagh s'était redressée, car elle était fort susceptible en sa qualité de descendante des rois d'Irlande, et elle s'était aussitôt demandée si on voulait lui faire sentir qu'on n'avait plus besoin de ses services.

— C'est une expérience que je veux tenter, avait poursuivi Bérengère, vous me reprochez souvent de n'avoir jamais l'inspiration de faire des vers. Je veux voir aujourd'hui si cette inspiration va me venir. Le temps est à souhait et tout à fait poétique, doux et vaporeux, je vais aller m'asseoir là-bas devant le saut-de-loup, et si en regardant la vallée l'inspiration ne me vient pas, c'est qu'elle ne me viendra jamais.

— Il ne faut pas dire cela. Sans doute cette vallée est jolie, mais tant que vous ne vous serez pas assise pour rêver au bord des lacs de Killarney, vous ne saurez pas quelle source de poésie se trouve dans la nature. Ne vous découragez donc pas si...

— Je ne me découragerai pas; d'ailleurs je recommencerai plusieurs fois l'expérience si cela est nécessaire : seulement, pour qu'elle soit décisive, il faut, n'est-ce pas, que je sois seule.

— Oh! certainement, dit miss Armagh, dont l'inquiétude avait été remplacée par la satisfaction, il ne faut pas que vous soyez distraite; je ne vous accompagne donc pas et je reste ici à lire.

Et elle s'était installée devant le château, à l'ombre d'un tulipier; si elle n'accompagnait pas Bérengère, au moins elle la verrait.

Poussant la précaution jusqu'au bout, Bérengère avait voulu s'assurer qu'un jardinier n'aurait pas l'idée de venir râtisser l'allée qui longe le saut-de-loup, juste au moment où elle serait en tête-à-tête avec le capitaine, et, pour empêcher ce contre-temps fâcheux, elle avait le matin mis tous les jardiniers au travail-

devant la façade opposée au saut-de-loup, et leur traçant une besogne qui demandait deux ou trois jours, elle les avait priés de la terminer pour le soir même. C'était une fantaisie, un caprice. Et comme tous les gens de la Rouvraye savaient par expérience qu'il était productif de satisfaire les caprices de « Mademoiselle », il n'y avait pas à craindre qu'ils quittassent la tâche qu'elle leur avait donnée pour en entreprendre une autre.

Tout étant ainsi disposé et arrangé, elle s'était lentement dirigée vers le saut-de-loup, sous l'œil attendri de miss Armagh.

Hélas! pourquoi la vallée de l'Andon n'était-elle pas celle de la Foyle ou du Shannon, alors l'inspiration poétique saisirait assurément l'âme de la chère enfant.

Bérengère arriva la première au lieu du rendez-vous; elle regarda dans le fossé, puis au loin dans l'herbage, mais sans apercevoir le capitaine.

Il est vrai qu'il s'en fallait de vingt-cinq minutes qu'il fût trois heures.

Elle attendit cinq minutes environ, puis elle le vit sortir de derrière la haie située à l'extrémité du saut-de-loup : il était en toilette de ville, et non en uniforme.

XVII

Le capitaine n'avait nullement l'air d'un vainqueur qui court à un rendez-vous, superbe d'assurance et de confiance. Son attitude, à vrai dire, était celle d'un homme embarrassé, qui aimerait beaucoup mieux retourner sur ses pas que de continuer à avancer.

Bérengère, au contraire, paraissait radieuse; elle s'était assise sur les dalles de pierre qui recouvrent le mur du saut-de-loup, et, tournée vers le capitaine, elle le regardait en souriant; elle ne faisait aucun geste de ses bras, car elle savait qu'elle était sous les yeux de sa gouvernante, et celle-ci admettrait difficilement que l'inspiration poétique la transportât si vivement; mais tout dans sa personne disait au capitaine qu'il était impatiemment attendu.

Il arriva jusqu'à elle, et poliment il la salua comme il l'eût fait dans un salon.

Pour elle, elle lui tendit la main droite, c'est-à-dire celle qui était suspendue au-dessus du fossé et qui par conséquent ne pouvait pas être aperçue par miss Armagh, en supposant que celle-ci occupât ses yeux à regarder au loin devant elle, au lieu de les tenir attachés sur son livre.

— Bonjour, monsieur de Gardilane, dit-elle gaiement, vous êtes plus qu'exact.

— Je suis en retard, puisque vous êtes arrivée la première.

— Ah! j'avais si grand désir de vous voir! Vous n'imagineriez jamais tout ce que j'ai fait pour cela.

Et d'un ton légèrement important, elle raconta comment elle avait envoyé son grand-père à Condé; comment elle avait donné aux jardiniers un travail pressé qui les empêcherait de venir du côté du saut-de-loup; enfin comment elle s'était débarrassée de miss Armagh, pour s'abandonner avec plus de liberté à l'inspiration poétique.

Puis tout à coup, s'interrompant pour se mettre à rire :

— Est-ce que vous faites des vers ordinairement, capitaine? demanda-t-elle.

— Mon Dieu! non, mademoiselle, ni ordinairement, ni extraordinairement.

— Quel malheur! j'avais jusqu'à un certain point compté sur vous pour me tirer d'embarras; vous m'auriez prêté deux vers, deux seulement, et j'aurais ébloui cette bonne miss Armagh en les lui récitant.

— En nous appliquant bien tous les deux, peut-être...

— Oui, nous pourrions peut-être arriver à les composer; mais ce n'est pas pour cela que je vous ai demandé de venir.

Alors, changeant brusquement de ton :

— C'est pour la chose la plus grave, pour celle qui me touche le plus profondément. Croyez bien, capitaine, qu'il ne me serait jamais venu à l'esprit de déranger un homme tel que vous, si je n'avais eu à vous entretenir d'un sujet sérieux.

En entendant Bérengère plaisanter, le capitaine s'était déridé ; mais, à l'annonce de ce sujet sérieux, il reprit son air contraint.

— Je suis tout à votre disposition, dit-il, après un moment de silence ; car il fallait bien qu'il dit quelque chose.

Cependant, malgré cette invitation, Bérengère ne se hâta point d'aborder ce sujet sérieux, et le capitaine, qui tenait les yeux levés vers elle, remarqua qu'elle paraissait troublée et confuse.

— Je m'imaginais être plus vaillante, dit-elle enfin, et, quand je me suis résolue à vous demander cet entretien, j'ai cru que j'aurais le courage de l'aborder bravement, et vous voyez...

Elle hésita :

— Vous voyez... je n'ose pas.

Elle était en effet de plus en plus troublée ; elle avait pâli et ses yeux évitaient de rencontrer ceux du capitaine.

Elle aurait eu besoin d'être encouragée, et c'était précisément à quoi le capitaine n'était nullement disposé, étant lui-même mal à l'aise, et ne sachant que dire.

Depuis que Bérengère lui avait si vaillamment donné ce rendez-vous, il s'était demandé ce qui se passait dans cette tête de petite fille, dans la tête ou dans le cœur.

Car enfin il n'y avait pas d'illusion possible, et il fallait bien appeler les choses par leur nom, c'était un rendez-vous qu'elle lui avait donné et dans des conditions qui indiquaient que si elle n'était pas une enfant inconsciente de ce qu'elle faisait comme de ce qu'elle lisait, elle était une jeune personne terriblement délurée.

Voyant qu'elle se taisait, il leva les yeux sur elle.

Leurs regards se rencontrèrent.

Et, instantanément, il eut honte des pensées qui l'avaient obsédé.

Avant qu'elle parlât, il était certain maintenant qu'il n'entendrait rien qui ne fût en accord parfait avec ces lèvres virginales.

Autant il avait montré de contrainte quelques secondes auparavant, autant il montra d'empressement et de franchise lorsque la lumière de ce regard l'eut éclairé.

— Prenez courage, je vous prie, dit-il vivement, et puisque dans la réflexion vous m'avez jugé digne d'être votre confident, ne m'enlevez pas maintenant ce témoignage de confiance que vous m'aviez donné. Je suis à vous, mademoiselle, entièrement à vous, de tout cœur, dévouement, discrétion, comptez sur moi absolument.

Le brusque changement qui s'était fait dans le capitaine s'opéra avec la même instantanéité dans

Bérengère, lorsqu'elle eût entendu ces paroles.

Sur son visage, la rougeur remplaça la pâleur, et son cœur, qui étouffait sous le poids de l'émotion, se desserra, un sourire entr'ouvrit ses lèvres.

Cette crainte qu'elle avait eue d'aborder cet entretien s'était évanouie ; elle se sentait vaillante, surtout elle se sentait confiante.

L'homme qui venait de l'intimider par son abord réservé n'existait plus ; elle avait retrouvé « celui qu'elle avait jugé digne d'être son confident. »

— Je vous remercie de vos bonnes paroles, dit-elle, elles me sont un encouragement bien utile. Ce que j'ai à vous demander est si délicat que je ne sais vraiment par où ni comment l'expliquer ; c'est maintenant que je sens toute la gravité de ma démarche ; car ce qui de loin m'avait paru jusqu'à un certain point assez facile, prend en votre présence un tout autre aspect ; malgré moi, je me trouble.

Elle se mit à sourire.

— Ce n'est pas que vous m'intimidiez au moins, ne croyez pas cela. Tout à l'heure oui, j'en conviens, vous m'avez intimidée par le regard curieux que vous avez attaché sur moi en arrivant. Il m'a semblé alors que vous n'étiez plus celui que j'avais vu quelques jours auparavant, et j'ai eu peur, vraiment peur. Mais je m'étais sottement trompée, je vous ai retrouvé... vous-même, et je n'ai plus peur, plus peur de vous. Seulement j'ai peur de moi. J'ai peur de mal dire ce que je voudrais exprimer avec convenance et respect. Et c'est cela qui me rend hésitante, mais cela seulement, et non autre chose.

— Eh bien! prenez votre temps, rien ne nous presse, il me semble.

— Assurément non, cependant il est fort ridicule à moi de vous tenir là, dans ce fossé, avec mes timidités de pensionnaire effarouchée. En deux mots et pour brusquer, c'est de mon père que je veux vous entretenir, ce que je ne pouvais faire dans cette maison — elle tourna à demi la tête du côté du château — et c'est pour que vous me disiez, vous qui l'avez connu, tout ce que vous savez de lui, et ce que j'ignore, moi sa fille, que je vous ai demandé cette entrevue.

Elle avait complétement oublié miss Armagh, et, au lieu de garder l'attitude inspirée d'une jeune fille qui contemple poétiquement le paysage, elle s'était penchée vers le capitaine, tandis que celui-ci, une main appuyée contre le mur du saut-de-loup, se tenait la tête levée vers elle, la regardant, l'écoutant attentivement.

— Vous savez, n'est-ce pas, poursuivit Bérengère, comment j'ai été confiée aux soins de grand-papa ?

Il inclina la tête sans répondre directement; car, si le sujet qu'elle abordait était délicat pour elle, il l'était aussi pour lui. Il allait être question du vicomte de la Roche-Odon, et incidemment aussi sans doute de la vicomtesse; il était donc prudent à lui de ne pas s'engager avant d'avoir appris ou tout au moins pressenti ce que cette jeune fille pouvait connaître des histoires de son père et de sa mère, car la vérité était telle qu'il fallait la cacher et non la révéler, ou si la cacher était impossible, par suite de ce qu'elle savait déjà, l'arranger au moins.

— A la suite de difficultés survenues entre mon père et ma mère, continua Bérengère, les tribunaux ont décidé que je devais être élevée par grand-papa. J'avais alors neuf ans, et je n'avais jamais vu grand-papa, car vous savez encore, n'est-ce pas? que mon père et mon grand-père avaient rompu toutes relations entre eux. J'étais trop jeune alors pour bien comprendre ce que c'est qu'un procès; mais par les domestiques qui ne se gênaient pas pour bavarder devant moi, j'avais appris... bien des choses terribles. J'étais chez ma mère, et mon père depuis longtemps déjà, n'habitait plus avec nous. Je le voyais seulement une fois par semaine, le jeudi, aux Tuileries, où ma gouvernante me conduisait. Alors mon père donnait congé à ma gouvernante jusqu'à une certaine heure, et il m'emmenait avec lui. Nous allions nous promener au Bois, et dans les allées désertes, il jouait avec moi, aux billes, au cerceau, ou bien au sabot, je n'ai jamais vu personne donner un coup de fouet comme lui, le sabot tournait pendant plusieurs minutes.

Et comme le capitaine souriait :

— Cela vous paraît bizarre, n'est-ce pas? que le colonel de la Roche-Odon, que vous avez connu, jouât au sabot avec une petite fille. Mais il faut vous dire qu'il n'avait presque jamais son uniforme de colonel, et seulement quand je lui demandais de le revêtir, pour que je pusse l'admirer, car je le trouvais très-beau mon père, le plus beau des hommes, et ce sentiment est encore le mien aujourd'hui. Et puis, vous devez vous dire encore que cette petite fille était sa fille qu'il aimait tendrement, et qui lui eût fait faire, si elle en avait eu l'idée, toutes les folies. Je me contentais de lui demander tout ce qui me passait par la tête, et ce que j'avais imaginé, arrangé pendant la semaine, car j'avais le temps de faire toutes sortes de combinaisons savamment disposées, restant souvent seule pendant des heures, pendant des journées à la maison. Si dans la conversation vous m'entendez parler de Paris, comme quelqu'un qui le connaît très-bien, c'est en me reportant à mes souvenirs et aux connaissances que j'ai alors acquises; car depuis cette époque je ne suis guère retournée à Paris. Mais avec mon père j'ai tout vu, tout visité, même ce qu'une enfant de mon âge ne visite pas ordinairement; ainsi les musées de tableaux, d'armes, de curiosités; les galeries du Jardin des Plantes; en un mot tout depuis le théâtre de Guignol, dont j'ai suivi assidûment les représentations, jusqu'aux boutiques des marchands de jouets et des pâtissiers que je vous énumérerais en ce moment avec des appréciations sur leurs produits, si cela avait de l'intérêt pour vous. Jamais mon père n'a manqué un jeudi, et il est toujours arrivé avant l'heure aux Tuileries; cela était si régulier que nous arrivions nous-mêmes avant l'heure fixée, pour qu'il n'attendît pas. Et cependant ce jour-là je passais longtemps à ma toilette, je vous assure, et je faisais le tourment de ma gouvernante par mes exigences. Il en était de mes robes comme de mes combinaisons, j'y pensais pendant toute la semaine. Ah! comme j'étais fière et heureuse quand mon père me prenant dans ses bras m'enlevait de terre et me disait de sa voix joyeuse : « Tu es bien gentille aujourd'hui, fillette. »

Elle s'arrêta un moment, car sa voix tremblait et elle voulait se remettre de son émotion.

— Il n'y avait pas qu'à moi que mon père disait que j'étais gentille, continua-t-elle ; dans nos promenades nous rencontrions souvent de ses amis et alors il les arrêtait : « N'est-ce pas qu'elle est gentille, ma fillette ? » disait-il, et il fallait qu'on répondît que j'étais charmante. Cela arrivait quelquefois, mais cela n'arrivait pas toujours, et il y avait des beaux messieurs et des belles dames qui étaient trop occupés de leurs propres affaires ou d'eux-mêmes pour prendre intérêt à une gamine telle que moi, et il y en avait aussi, je le crois bien, qui ne me trouvaient pas du tout charmante. Mon père ne faisait pas violence à leur indifférence ni à leur goût ; mais quand ils s'étaient éloignés il laissait paraître son mécontentement et souvent même il l'affirmait franchement, comme il affirmait sa reconnaissance pour ceux qui avaient proclamé que j'étais une merveille. Si j'entre dans tous ces détails qui peuvent vous paraître puérils, c'est pour que vous sachiez quels étaient les sentiments de mon père pour moi.

— Je sais combien tendrement M. votre père vous aimait.

— C'est pour que vous sachiez aussi quels étaient mes sentiments pour mon père, et quels ils sont maintenant encore pour sa mémoire ; car sans cela vous ne pourriez pas comprendre comment j'ai pu me résoudre à vous demander ce rendez-vous.

— Je le comprends, dit-il d'une voix grave, et je suis profondément touché de l'honneur que vous m'avez fait.

Elle le regarda un moment, surprise par le ton ému de ses paroles, mais elle était trop à son sujet pour s'en laisser distraire par un incident.

Elle continua :

— Puisque vous comprenez quels étaient nos sentiments réciproques, vous devez sentir combien j'étais inquiète de ce procès, dont je connaissais, hélas! toutes les phases par les domestiques, et aussi, il faut le dire, par ce que m'en racontait mon frère. Plus âgé que moi de quatre ans, mon frère Michel, fils de ma mère et du prince Sobolewski, détestait mon père. Pourquoi? Je ne l'ai jamais su, mais enfin il le haïssait, et toute la haine qu'il nourrissait contre lui, il l'épanchait avec moi.

— Hélas !

— Vous dites bien, hélas! Hélas! oui, cela était triste et terrible pour une enfant de neuf ans. Et si vous saviez tout ce que j'ai alors souffert, vous auriez pitié de cette enfant. Mais de cela je ne puis, ni ne veux parler. Vous n'avez pas connu ma mère, et c'est de mon père que je veux vous entretenir, c'est de mon père que je veux, que je désire que vous parliez, c'est pour mon père, pour lui seul que nous sommes ici.

Il sembla au capitaine qu'elle avait mis une intention dans ce mot « seul, » mais comme elle continuait, il n'eut pas la liberté de rechercher quelle pouvait être cette intention.

— De toutes les personnes qui m'entouraient, mon père était la seule qui ne m'eût jamais parlé de ce procès. Un jour enfin, il m'en parla et je me rappelle encore ce qu'il me dit, comme si je l'avais entendu hier : « Serais-tu heureuse, si nous ne nous quittions plus ? Oui, n'est-ce pas ? Eh bien ! il est possible que cela arrive. Pour des motifs que tu connaîtras plus tard, je plaide avec ta mère, et je demande au tribunal que tu sois remise entre mes mains ; le veux-tu ? » Je me jetai dans ses bras en pleurant. Il se méprit sur la cause de ces larmes, car il ne savait pas que ce qu'il venait de me dire, je l'avais appris depuis longtemps déjà, ainsi que mille autres choses affreuses, de même que j'avais appris aussi que ce qu'il demandait aux tribunaux ma mère le demandait également. Entre quelles mains me remettrait-on ? Je vous assure que je ne pensais plus à mes toilettes du jeudi, pas plus qu'à mes combinaisons de plaisirs ; cette terrible question occupait mes journées aussi bien que mes nuits, car j'en rêvais. Un jour enfin, ma mère en rentrant, je la vois encore, me dit : « Nous allons nous quitter. » Comme je savais que le jugement avait dû être rendu dans la journée, je crus que je devais aller chez mon père. Ma mère continua : « Le tribunal vient de décider que vous seriez confiée aux soins de votre grand-père. » Je fondis en larmes. Mon grand-père, le comte de la Roche-Odon, je ne le connaissais point, je ne l'avais jamais vu, et ce que j'avais appris de lui par les propos que j'avais entendus, n'était pas pour me rassurer. Ma mère, mon frère, les domestiques parlaient du comte.....

— En personne qui ne le connaissaient point.

— Précisément ; mais comme je ne le connaissais pas davantage, je m'en rapportais à ce que j'entendais. Quel était ce comte de la Roche-Odon qui demeurait dans les bois ? Vous pouvez imaginer quelles étaient les frayeurs d'une enfant dans ma situation. Le lendemain, ma mère me fit appeler. Je trouvai près d'elle une dame sèche, maigre et roide, pour tout dire, miss Armagh, et un monsieur vêtu de noir, à la mine souriante, qui, je l'appris plus tard, était un avoué. « On vient vous arracher de mes bras, me dit ma mère, et voici les personnes qui doivent vous remettre aux mains du comte de la Roche-Odon, votre grand-père. » Je restai immobile, comme si j'étais devenue tout à coup imbécile ; puis je me mis à pousser des cris et à me cramponner à la robe de ma mère. — « Vous voyez quels crimes on commet au nom de la loi ! » s'écria ma mère en se tournant vers l'avoué. Celui-ci répondit par un discours que je n'entendis point. Enfin on m'emmena, dans le vestibule mon frère vint m'embrasser : « Vas-tu t'embêter ! » me dit-il. Et ce fut son adieu. On me conduisit dans un hôtel et je me trouvai en face de mon grand-père qui m'attendait. A sa vue, je reculai épouvantée. Mais il ne se fâcha point. « La pauvre enfant ! dit-il ; la pauvre petite ! » Et cela me fit pleurer d'entendre quelqu'un qui me plaignait. Le soir même nous montâmes en chemin de fer et le lendemain nous arrivâmes dans ce château.

Elle s'arrêta un moment, car elle avait fait ce récit tout d'une haleine, et l'émotion l'oppressait.

Bientôt elle reprit :

— Il ne me fallut pas longtemps, par bonheur, pour comprendre que ce terrible comte de la Roche-Odon était le meilleur des hommes, le plus doux, le plus tendre des grands-pères. Sur un seul point, je le trouvai dur, ou, si ce n'est pas le mot qu'il faut employer, d'une fermeté inébranlable, ce fut à propos de mon père et de ma mère. Il me fut défendu de prononcer leur nom et de parler d'eux. J'essayai de transgresser cette défense, je vis grand-papa se fâcher, et, ce qui était plus grave à mes yeux, se désoler. Je ne risquai donc plus de tentative à ce sujet. Mais ce dont une petite fille ne parle point, n'est pas pour cela mort pour elle ou effacé de son cœur. La guerre contre l'Allemagne survint, et quand l'invasion menaça ce pays, grand-papa m'envoya dans l'île de Wight, avec miss Armagh, restant lui-même ici. Ce fut en Angleterre que j'appris la mort de mon père, et que je reçus la lettre qu'il m'avait écrite et que vous aviez apportée à la Rouvraye. Ah! comme j'aurais voulu vous voir, vous, qui aviez été le compagnon de captivité de mon pauvre père; vous qui aviez recueilli ses dernières paroles. Mais quand je rentrai à la Rouvraye, la guerre finie, vous en étiez parti. Aussi vous devez comprendre ma joie, quand, il y a quelque temps, vous êtes revenu à Condé. Je pourrais donc entendre parler de mon père. Mais j'avais compté sans la surveillance de miss Armagh et de grand-papa. Vous fîtes deux visites au château, et il me fut impossible de vous dire un mot en particulier; quant à vous parler de mon père devant mon grand-papa, je ne l'aurais pas voulu...pour bien des raisons. Ce fut alors que l'idée me vint de vous donner ce rendez-vous.

Ce qui lui avait été si pénible à dire était dit, et il lui semblait qu'elle avait pu jusqu'à un certain point atténuer et peut-être même cacher ce qu'elle ne voulait pas qui fût connu; il y avait tant de choses dans sa première enfance dont elle avait honte de laisser soupçonner ou entrevoir la possibilité!

— Ainsi, dit-elle après avoir respiré un moment, ce que je vous demande c'est de me raconter tout ce que vous savez de mon père, comment vous l'avez connu, dans quelles circonstances vous êtes devenu son compagnon de captivité; comment il vous a confié des lettres pour grand-papa et pour moi; ce qu'il vous a dit; comment vous êtes parvenu à vous échapper et à apporter ces lettres à la Rouvraye au milieu de la guerre.

— Tout cela est facile.

— N'est-ce pas? Ah! si vous saviez quelle curiosité est la mienne et combien j'ai désiré pouvoir vous interroger! Quand je pensais à mon pauvre père, et il n'y a pas de jour où je n'aie pensé à lui, je me disais : Si au moins j'avais vu le capitaine Richard de Gardilane !

— Me voici.

— Et je vous écoute.

— C'est à Metz que j'ai connu M. votre père, après que le siége a été commencé. Jusque-là, j'avais souvent entendu parler de lui, je l'avais même vu à la tête de ses hussards, mais en réalité je ne le connaissais point. Ce fut dans de terribles circonstances que je pus apprécier son caractère chevaleresque et sa loyauté. Vous savez, n'est-ce pas, ce qu'a été cette agonie qu'on appelle dans l'histoire la capitulation de Metz ?

— Parlez, je vous prie, comme si je ne savais rien.

— Enfin, vous savez, n'est-il pas vrai ? l'ordre des faits, et vous devez vous demander dès lors comment une grande armée a pu se laisser livrer par un homme comme un troupeau de moutons. Cela serait bien long et aussi bien douloureux à vous expliquer; ce qu'il faut que je vous dise seulement pour répondre à vos questions, c'est que dans cette armée il s'est trouvé, et, en grand nombre, des officiers et des soldats qui s'inquiétaient, qui s'épouvantaient de la situation qui leur était faite. Parmi ceux-ci le colonel de la Roche-Odon. Ce fut dans ces circonstances que je me rencontrai avec lui. Il était le plus énergique à demander que nous nous fassions jour au lieu de rester à l'abri des forts de Metz, mourant de maladie et de faim, en attendant le succès d'intrigues misérables.

— Brave père !

— Ce que furent nos dernières journées à Metz, je ne le dirai point, si vous le voulez bien. Le souvenir de ces hontes est douloureux. Ce fut dans une gare de chemin de fer que je retrouvai M. votre père, à Ludwigshafen, où on le fit monter dans le wagon que j'occupais avec mes gardiens. C'était plusieurs jours après la capitulation. Vous savez, n'est-ce pas, quel fut le sort des officiers? On nous demanda, non pas notre parole de ne pas nous évader, mais un engagement écrit. Il y eut des officiers qui signèrent cet engagement, et ceux-là restèrent libres, c'est-à-dire qu'on les interna dans des villes d'Allemagne où ils eurent le droit de circuler librement. Il y en eut d'autres au contraire qui refusèrent de signer cet engagement, et ceux-là furent traités comme de véritables prisonniers, c'est-à-dire qu'on les enferma dans des prisons et dans des forteresses. J'avais cru ne pas devoir signer cet engagement, et j'étais en wagon, en route pour une destination inconnue. Le colonel, en montant dans ce wagon m'apprit qu'il était dans le même cas. Pardonnez à mon égoïsme, mais en voyant le colonel, j'éprouvai un mouvement de satisfaction ; cela me fut une sorte de consolation d'avoir pour compagnon un brave cœur tel que lui.

Bérengère fit mieux que de dire au capitaine qu'elle lui pardonnait, elle lui tendit la main, et pendant quelques secondes elle resta à le regarder, les yeux émus, les lèvres frémissantes.

Il reprit :

— Pourquoi n'avez-vous pas signé ? me demanda le colonel. Je lui expliquai les raisons qui m'en avaient empêché. — Vos raisons sont les miennes, me dit-il, mais j'en ai en plus une autre. Alors il se pencha à mon oreille, car, avec les Allemands, on ne saurait trop prendre de précautions. — Je compte bien m'échapper, me dit-il. — Moi aussi. — Il me prit la main et me la serra. — Tout n'est pas fini, la France n'est pas morte, elle lutte ; nous lutterons avec elle. Alors nous fûmes comme deux complices. La route fut longue et bien fatigante dans les conditions misérables où on nous la fit faire. Au milieu de nos fatigues, nous avions une pensée qui nous inquiétait : « Si on nous séparait. » Par bonheur on ne nous sépara pas. On nous adjoignit au contraire le long de la route plusieurs officiers et nous arrivâmes enfin à l'autre bout de la Prusse, dans une petite ville qu'on appelle Glogau, et que vous connaissez sans doute.

— C'est une ville de la Silésie, dit-elle, sur la rive gauche de l'Oder. Sa population est de 13,000 habitants. Il s'y trouve une forteresse de deuxième classe. Soyez certain que je sais à peu près tout ce que les livres peuvent apprendre sur la ville où mon père a été prisonnier, et où il est mort.

— Je n'ai donc pas à vous dire, continua le capitaine, que c'est un séjour fort peu agréable, au moins à cette saison de l'année. Mais la question d'agrément nous inquiétait peu, notre intention n'étant pas d'y demeurer longtemps. Le jour même de notre arrivée dans notre prison, le colonel s'occupa de chercher le moyen d'en sortir. Mais cela ne paraissait pas très-facile; car nous étions bien gardés, non-seulement par notre prison même, mais encore par nos geôliers. Ajoutez que nous étions tout à l'extrémité de la Prusse, à trois cents lieues de la frontière française par la route la plus directe. Pour moi, j'avoue que chaque tour de roue qui m'avait éloigné de la France m'avait enlevé un peu de mes espérances d'évasion, si bien qu'en arrivant à Glogau il ne m'en restait guère. Comment faire une aussi longue route avec une bourse peu garnie, comme l'était la mienne ?

Par bonheur le colonel était dans une meilleure situation pécuniaire, et très-généreusement, il me dit que ce qui était à lui était à moi. Le premier emploi qu'il fit de son argent fut de nous acheter des vêtements bourgeois qui devaient nous être utiles pour notre évasion, car nous n'espérions pas, vous devez bien le penser, traverser l'Allemagne avec nos uniformes. Dans notre tristesse, ce nous fut une récréation que d'essayer ces vêtements que nous nous gardâmes bien de commander, et que nous achetâmes au contraire tout faits. Il ne s'agissait pas d'être élégants, mais de ressembler autant que possible à des Allemands. Je vous assure que nous avons bien ri, quand, revêtus de nos habits neufs, nous avons paru l'un devant l'autre.

— Pauvre père ! interrompit Bérengère.
— Puisque vous vous le rappelez...
— Si je me le rappelle..
— Vous devez vous représenter combien, avec son élégance parisienne, sa désinvolture, sa finesse et son air de grand seigneur, il était drôle déguisé en bon négociant de la ville de Glogau : redingote vert bouteille, gilet chiné jaune et gris, pantalon, ah ! un pantalon digne d'être offert à un comique du Palais-Royal. Notre amusement avait commencé à l'acquisition de ces vêtements, car le marchand qui croyait nous jouer un bon tour de son métier ne cessait de s'écrier à chaque objet que le colonel choisissait : « Comme les Français ont le goût hardi et distingué ! » Pour moi, moins fantaisiste que le colonel et pensant d'ailleurs au rôle que j'aurais à remplir, si notre

projet d'évasion réussissait, j'avais choisi le costume d'un employé ou d'un domestique attaché à la personne d'un négociant; cela était d'autant plus utile que M. votre père ne savait que quelques mots d'allemand, tandis que je parle cette langue couramment : je le servirais en route et parlerais pour lui. Ce fut ce costume qui amena mon évasion, comme je vous l'expliquerai tout à l'heure, si cela vous intéresse.

— Ah! comment pouvez-vous dire cela.

— Enfin pour le moment c'est de M. votre père qu'il s'agit. Il était arrivé à Glogau très-souffrant d'un gros rhume et d'une fièvre violente. Je voulais qu'il se soignât, mais il aimait peu les remèdes et encore moins les médecins. Il refusa toute consultation. Peut-être eût-il guéri tout seul, si la saison avait été favorable et si le pays avait été sain. Mais le temps était détestable et il règne à Glogau, pendant l'hiver, une humidité qui lui fut funeste. Il s'alita. Et alors il fallut bien qu'il subît la visite du médecin qui constata une fluxion de poitrine. Elle prit rapidement un caractère alarmant. Je ne le quittai presque pas, au moins aussi peu que le permettaient les règlements, et tout le temps que je ne passais pas à lui traduire, dans les journaux allemands, les faits de la guerre, nous l'employions à parler de vous. Le récit que vous m'avez fait tout à l'heure de vos promenades, je le connaissais pour l'avoir entendu de sa bouche, et l'émotion qui faisait trembler tout à l'heure votre voix, en me parlant de lui, avait fait trembler la sienne quand il parlait de vous.

Elle porta la main à son cœur pour en comprimer les battements.

— Le colonel ne se fit pas illusion sur la gravité de son état; il avait trop souvent bravé la mort pour en avoir peur, alors même qu'elle devait le frapper sur son lit; il vous écrivit, puis il écrivit au comte de la Roche-Odon, et il voulut me confier ces deux lettres.

— Vous rentrerez en France, me dit-il, moi je resterai ici et ce qui me désole, c'est de penser que la terre d'Allemagne me recouvrira; j'aurais voulu dormir en France, à la Rouvraye, pour que ma chère petite fille vînt quelquefois se promener autour de ma tombe.

Le capitaine s'arrêta un moment pour regarder Bérengère; elle avait pâli, et, la lèvre inférieure serrée entre ses dents, la figure convulsée, elle s'efforçait de retenir ses larmes.

— Continuez, dit-elle, tout, je vous en prie, tout sans ménagement.

Il reprit :

— Autant que possible, je cherche à vous rapporter les paroles mêmes de votre père. Il continua : — Ce seront des Allemands qui viendront autour de cette tombe et qui diront avec leur rire orgueilleux : « Là est un Français, un vaincu mort en captivité. » Pour le distraire de cette idée qui exaspérait sa fièvre, je lui parlais de vous. — Oui, me dit-il, vous avez raison, parlez-moi de ma jolie fillette, de ma Bérengère, c'est elle qui doit désormais occuper mon esprit, c'est la seule personne en ce monde qui m'aime, c'est la seule qui me pleurera. Mon père pleurera peut-être le fils qu'il a élevé, mais il s'est passé entre nous des choses trop graves pour qu'il pleure l'homme que je suis, et qui va mourir. Ma fillette, elle, me regrettera, j'en suis sûr, et pensera à moi avec tendresse.

A ces mots, Bérengère ne put pas retenir ses larmes, et le capitaine les sentit tomber chaudes encore sur sa main qu'il tenait appuyée contre le mur.

— Ces souvenirs vous font mal, dit-il.

— Ah ! parlez, je vous en conjure, et faites-moi aimer mon pauvre père encore plus que je ne l'aimais ; n'ayez pas peur de faire couler mes larmes, et laissez-moi les répandre librement.

— Le colonel continua ainsi : « J'aurais voulu embrasser une dernière fois cette chère petite, et ce m'est un profond désespoir de partir de ce monde sans l'avoir revue. Vous la verrez, vous, et vous comprendrez alors toute ma tendresse pour cette adorable enfant ».

Il s'interrompit de nouveau.

— Je vous demande pardon, mademoiselle ; mais je vous ai dit que je vous rapporterais les mots mêmes dont s'est servi votre père ; c'est lui qui parle. « Vous verrez comme elle est charmante. » Et alors, il me fit un portrait de vous si ressemblant que, vous voyant pour la première fois il y a deux mois, il m'a semblé que je vous retrouvais. Puis il poursuivit : « Avant que les forces m'abandonnent tout à fait ou que la tête déménage, je lui ai écrit et en même temps j'ai écrit aussi à mon père. Vous porterez ces lettres, n'est-ce pas ? C'est le dernier service que je vous demande. La France est envahie ; peut-être les Prus-

siens pousseront-ils jusqu'à la Rouvraye. Je veux en mourant avoir cette tranquillité d'esprit de savoir que mes lettres ne seront point perdues et que ma fille aura ma dernière pensée. Me le promettez-vous?»
Je pris, bien entendu, l'engagement solennel qui m'était demandé. Mais le colonel voulut davantage; il voulut que je lui promisse de m'évader aussi vite que possible. Je lui fis encore cette promesse. Ceci se passait le 15 novembre. Le lendemain, il se trouva beaucoup plus mal, et il fut certain qu'une catastrophe était prochaine. Elle arriva dans la soirée du 16 au 17, et les derniers mots que ses lèvres, déjà paralysées par la mort, prononcèrent furent: «Ma fille,» et son regard, ce regard si éloquent des mourants, acheva ce que sa bouche n'avait pu prononcer. D'un coup d'œil et d'un geste, il me demanda ma main et il me la serra faiblement. A dix heures du soir, il mourut.

— Ah! mon Dieu! murmura Bérengère, et elle se cacha la tête entre ses deux mains.

Ému lui-même par ces souvenirs et par cette douleur d'une enfant qui pleurait son père, le capitaine garda le silence.

Au bout de quelques minutes, elle essuya son visage baigné de larmes, et, de sa main à demi levée, elle pria le capitaine d'achever son récit.

— Voilà tout, dit-il.

— Mais ces lettres? mais vous-même.

— Ah! c'est juste. Les derniers devoirs rendus au colonel, je pensai à tenir l'engagement que j'avais pris envers lui; mais, plus j'étudiai les moyens d'une évasion, plus j'acquis la conviction qu'elle était à peu près impossible. Quelques jours se passèrent, et je ne trouvai rien ; car ce que j'imaginais n'était praticable qu'avec du temps. J'en étais là lorsqu'un jour le général chargé de l'inspection des forteresses de cette partie de la Prusse vint visiter la nôtre ; il était accompagné d'un certain nombre d'officiers supérieurs. Je remarquai pendant cette inspection trois domestiques qui se tenaient dans la cour sur laquelle ouvrait ma chambre. Ils étaient là, roides, immobiles, tenant chacun une valise à la main. Une idée me traversa l'esprit ; vivement je coupai mes moustaches, et, quittant mon uniforme, j'endossai mon costume bourgeois, celui qui me faisait si bien ressembler à un domestique ; puis, prenant aussi une valise à ma main, je descendis dans la cour, et, de l'air le plus rogue que je pus me donner, j'allai me joindre à ces trois escogriffes.

— Sans parler, interrompit Bérengère.

— Oh ! sans parler, bien entendu ; en France, je n'aurais jamais osé risquer pareille partie, car des domestiques français m'auraient sûrement interpellé ; mais les Allemands ne ressemblent pas aux Français, heureusement pour nous. Ils me regardèrent cependant avec une certaine surprise, et je crois même que l'un d'eux allait m'adresser la parole, quand le général et son cortége parurent : la bouche entr'ouverte se referma et j'échappai à l'interrogation. On se mit en marche, et j'emboîtai le pas derrière mes trois camarades. L'inspection étant finie, le général se dirigea vers la sortie. J'avoue que j'eus un moment d'émotion, quand je passai devant la garde qui nous présentait les armes. Tout alla bien. Nous nous rendîmes à la gare. Un train nous attendait. Toujours muet, toujours roide, je montai dedans, tandis que mes camarades s'empressaient autour de leurs maîtres. La machine siffla, le train démarra : personne ne m'avait rien demandé. Où allions-nous ? Je n'en savais rien. Mais peu importait. Au bout d'une heure à peu près, nous arrivâmes à une bifurcation appelée Lissa. Je crus qu'il était prudent de descendre; je laissai donc partir le train de mon général, qui se dirigeait vers Posen. Puis je pris un billet pour Breslau, qui est dans une direction opposée. De Breslau, je gagnai heureusement Cracovie. Là j'étais libre. Trois jours après, j'étais en France. Vous voyez que cette évasion n'a pas demandé un grand effort d'intelligence.

— Au moins a-t-elle demandé de l'audace et du sang-froid.

— Ç'a été une sorte d'inspiration.

— Et si vous aviez été reconnu?

— Il est probable que ma captivité ne se serait pas terminée d'une façon agréable. Heureusement on ne me reconnut pas, et je pus arriver ici.

— J'étais partie depuis quelques jours pour l'île de Wight.

— Ce fut ce que votre grand-père m'apprit. D'après ce que m'avait dit le colonel, je m'imaginais que les graves difficultés qui s'étaient élevées entre lui et son père avaient altéré les sentiments paternels du vieux comte; je m'étais trompé. En apprenant la mort de son fils, son désespoir fut navrant, et ce ne fut pas seulement l'enfant qu'il avait élevé qu'il pleura. Il voulut le récit de cette mort, et je le lui fis tel que vous venez de l'entendre. — Oui, dit-il, il aimait tendrement cette enfant, je suis désolé qu'il n'ait pas su que son dernier souhait serait exaucé et que sa fille pourrait, quand elle le voudrait, visiter sa tombe: la guerre finie, j'irai à Glogau et je ramènerai son corps; le dernier des la Roche-Odon reposera à côté de ses ancêtres. — Je vis alors que le comte n'était pas ce que j'avais imaginé.

— Oh! le meilleur des hommes.

— Assurément un grand cœur. Le comte aurait voulu que je restasse quelques jours à la Rouvraye, mais les heures, même les minutes, m'étaient étroitement mesurées. Je le quittai le soir, fâché de n'avoir pas pu vous voir, mais heureux au moins d'avoir aidé à la réconciliation du père avec la mémoire de son fils.

— Je ne savais pas que c'était à vous que je devais de pouvoir prier sur la tombe de mon père, je ne l'oublierai jamais; et à tout ce que je vous dois pour mon père s'ajoutera ce que je vous dois pour moi-même.

— Les paroles du colonel, fidèlement rapportées, ont tout fait, mademoiselle, vous ne me devez rien; c'est la tendresse du père pour sa fille qui a touché le cœur du grand'père et lui a fait oublier ses griefs.

— Qui les a rapportées ces paroles?

Le capitaine ne répondit pas, il changea même le sujet de leur entretien.

— Quand je revins à Condé, après la bataille du Mans, vous étiez toujours en Angleterre, il est vrai que ce n'était pas le moment de vous rappeler quand ce pays pouvait être dévasté par la guerre un jour ou l'autre. A cette époque je vis assez souvent M. le comte de la Roche-Odon, et, au moment de mon départ, je lui témoignai le regret de n'avoir pas pu vous rencontrer.

— J'ai envoyé à Bérengère, me dit-il, la lettre de son père, et je lui ai rapporté votre récit.

— Si brièvement !

— Il me sembla, je vous demande pardon de me permettre une supposition à ce sujet, mais elle explique ma conduite à votre égard, il me sembla que le comte ne tenait pas à ce que je vous fisse moi-même ce récit.

— Hélas !

— Ce fut mon impression du moment, et plus tard cette impression devint une sorte de certitude par la lettre que M. le comte de la Roche-Odon m'écrivit après qu'il eût été chercher en Allemagne le corps de son fils pour le rapporter à la Rouvraye. Ce fut après la cérémonie que je reçus cette lettre et non avant, sans quoi croyez bien, mademoiselle, que c'eût été pour moi un devoir d'honneur et de cœur d'y assister.

— Oh ! n'accusez pas grand'papa.

— Loin de moi cette pensée.

— Sans doute le mot dont je me sers est impropre je veux dire qu'il faudrait connaître les véritables sentimets de grand'papa pour les juger. Ou plutôt je ne veux rien dire sur ce sujet, car je ne pourrais que mal m'expliquer, ne les connaissant réellement pas moi-même. Tout ce que je sais, c'est qu'il est pénible pour grand'papa qu'on lui parle de mon père et qu'on prononce même son nom; si vous êtes allé devant la tombe de mon père, vous avez dû remarquer qu'elle ne porte ni nom ni inscription.

— Il est vrai; et sans le gardien, je ne l'aurais pas trouvée.

— De même il est tout aussi pénible à grand'papa que je parle de mon père, ou même qu'on m'en parle. C'est pour cela que depuis votre arrivée à Condé j'ai été surveillée quand vous êtes venue à la Rouvraye; et c'est pour cela enfin que voulant vous interroger, sans peiner grand'papa, je vous ai demandé de vouloir bien venir ici. Voilà l'explication du rendez-vous, un peu... comment dirais-je bien?

— Original.

— Si vous voulez. Grand'papa vous a invité à venir plus souvent à la Rouvraye, et je sais qu'aujourd'hui il doit même vous faire visite pour vous prier à dîner. Eh bien! je crois devoir vous avertir que devant lui comme devant miss Armagh je ne vous parlerai jamais de mon père. De même vous voudrez bien, de votre côté, ne pas me parler de lui devant eux, n'est-ce pas?

— Assurément, je me conformerai à cet avertissement.

— Seulement, comme je ne pourrais pas m'en tenir avec vous à l'exécution rigoureuse de cette règle que je m'impose, je voudrais bien que nous puissions nous entendre pour qu'il me fût possible de la... tourner quelquefois.

— Comment cela, je vous prie?

— Il me semble qu'avec un peu de bonne volonté,

cela n'est pas difficile. Ainsi quand vous viendrez à la Rouvraye, vous éviterez de parler de mon père et même de prononcer son nom ou de faire allusion à lui d'une façon directe. Mais ce qui est défendu directement ne l'est pas indirectement, et je connais un petit mot tout court qui est très-commode pour faire entendre ce qu'il est défendu d'exprimer.

— C'est?

— C'est « on ». On, c'est bien vague, qui « on »? mais pour moi cela sera précis, et je ne m'égarerai point. Et puis il y a encore une formule qui m'agace quand je l'entends employer, et qui dans votre bouche me sera au contraire agréable et douce, c'est « un de mes amis ». Vous pouvez, n'est-ce pas, vous exprimer ainsi en parlant de mon père?

— Ah! certes, oui; car, bien que mes relations avec le colonel n'aient point duré longtemps, elles ont permis cependant qu'il me traitât en ami.

— Eh bien! vous direz « un de mes amis, » et nous pourrons ainsi très-bien nous comprendre; nous aurons notre secret, et personne ne pourra soupçonner notre complicité.

Disant cela, elle se mit à sourire d'un air décidé et mutin, comme une petite fille qui se réjouit à l'idée de faire quelque chose qui est défendu : un secret, un complice, une entente mystérieuse, mais ce serait très amusant.

Et le capitaine, qui la regardait, se mit à sourire aussi, devinant à peu près ce qui se passait en elle.

Durant quelques secondes, ils restèrent ainsi les yeux dans les yeux, se souriant l'un à l'autre.

Bientôt Bérengère reprit la parole :

— Par ce moyen, dit-elle, nous n'aurons plus besoin de nous voir ici, et je crois que, pour vous comme pour moi, cela vaudra mieux; car enfin il n'est pas bien agréable pour un homme tel que vous de venir se cacher dans ce fossé.

— Je vous assure que cette promenade est au contraire charmante.

— Où je suis, oui, peut-être; mais où vous êtes, non vraiment. Et puis, pour moi, je finirais par être embarrassée avec miss Armagh. Jamais elle ne voudrait admettre que l'inspiration poétique ne m'est pas venue, et elle en arriverait à se demander si je ne suis pas l'être le plus prosaïque de la création. Et ce doute lui causerait une grande peine, car elle déteste les êtres prosaïques. Si vous voulez être bien avec elle, ne soyez pas prosaïque, capitaine. Elle adore les militaires, seulement...

— Il y a un seulement?

— Il faut bien, puisqu'elle est toujours miss Armagh, seulement elle trouve que ceux d'aujourd'hui n'ont pas le sentiment romanesque.

— Je tâcherai de n'être pas trop prosaïque pour miss Armagh.

— Alors, nous allons dire adieu au saut-de-loup.

— Ou au revoir, au moins.

— Soyez sûr que je viendrai souvent m'asseoir à cette place, pour y penser aux paroles que vous m'avez rapportées.

Puis changeant de ton :

— Et quand nous verrons-nous à la Rouvraye?

— Mais demain sans doute, je viendrai rendre au comte la visite qu'il me fait peut-être en ce moment.

— Oui, demain, quel bonheur! et vous me parlerez « d'un de vos amis, » n'est-ce pas?

— Oui, mademoiselle.

Comme elle lui tendait la main, il la vit faire un mouvement d'effroi et se lever vivement.

— Cachez-vous, dit-elle d'une voix rapide et à demi-étouffée.

— Que se passe-t-il?

— M. le curé et madame Prétavoine, sont là dans l'herbage qui nous regardent. Adieu, capitaine.

Et elle fit quelques pas pour s'éloigner du côté du château.

— Restez, je vous en prie, dit-il d'un ton de commandement.

Elle s'arrêta indécise. Alors il continua :

— Si vous ne voulez pas donner prise aux suppositions les plus sottes, ne vous éloignez pas, ce serait paraître vous sauver.

— Vous croyez?

— Ils nous ont vu, dites-vous?

— Assurément; ne les voyez-vous pas vous-même?

— Non.

Et de fait, il était impossible que le capitaine, au fond de son fossé, les aperçût, tandis que du terre-plein Bérengère les voyait, comme eux-mêmes voyaient Bérengère.

— Puisque je ne les vois pas, dit-il, ils n'ont pas dû me voir.

— Ils ont reculé de quelques pas vers la haie de

l'herbage; mais, au moment où je les ai aperçus, ils vous voyaient assurément; car ils ont tous les deux levé les bras au ciel par un mouvement de surprise, et c'est ce geste qui a attiré mon attention.

— Eh bien! s'il en est ainsi, le mieux est que vous ne manifestiez ni trouble ni crainte, il ne faut pas surtout que je me cache.

— Sans doute, vous avez raison.

— Soyez-en certaine. Veuillez me donner la main ostensiblement.

Elle fit ce qu'il demandait.

— Maintenant, dit-il, je vais vous quitter et remonter dans l'herbage. Au lieu de me cacher, j'irai du côté de madame Prétavoine et je la saluerai. Au revoir, mademoiselle.

— Au revoir.

Mais comme il allait s'éloigner, elle le rappela.

— Voilà qu'ils disparaissent derrière la haie, dit-elle, et madame Prétavoine marche les deux bras levés comme si elle était frappée de stupeur.

— Je vais tâcher de les rejoindre.

— A demain, n'est-ce pas?

— Oui, à demain.

XVIII.

Lorsque madame Prétavoine était rentrée chez elle, après avoir inutilement cherché une cachette, d'où elle pourrait surprendre l'entretien du capitaine et de Bérengère, elle s'était enfermée dans sa chambre afin de reprendre à tête posée l'étude de son plan.

Vers cinq heures Aurélien, de retour de la station, où il avait mis à la poste la lettre de Sophie, était venu frapper à sa porte, mais elle n'avait pas ouvert, car son dessein n'était point encore définitivement arrêté.

Elle entrevoyait confusément la marche à suivre ; mais les étroits sentiers détournés par lesquels elle devait passer n'étaient pas tracés, et elle ne voulait rien laisser à l'imprévu ni au hasard.

Puisqu'elle ne pouvait pas entendre ce qui se dirait entre le capitaine et Bérengère, il fallait au moins qu'ils fussent vus par quelqu'un qui pourrait affirmer que le lundi, à trois heures, il avait aperçu mademoiselle de la Roche-Odon et le capitaine de Gardilane en tête-à-tête et se cachant dans le saut-de-loup qui regarde l'Andon.

Cette affirmation, si elle était faite par une personne dont on ne pourrait mettre en doute la véracité, aurait une importance capitale, aussi bien à l'égard du capitaine que de Bérengère, car il serait bien évident pour tout le monde que si cet officier et cette jeune fille se trouvaient ainsi en tête-à-tête dans cet endroit écarté, ce n'était pas pour herboriser.

Or, pour madame Prétavoine, un ecclésiastique seul jouissait de cette autorité.

C'était donc par un ecclésiastique qu'elle devait faire constater le tête-à-tête du capitaine et de Bérengère.

Et avec ses relations, son crédit, son influence, ce n'était pas là une tâche difficile pour elle; il n'y avait pas d'ecclésiastique à Condé qu'elle ne pût amener devant le saut-de-loup, pour y surprendre mademoiselle de la Roche-Odon en conversation intime avec le capitaine de Gardilane; il n'y avait pour cela qu'à inventer quelque bon prétexte, et une invention de ce genre n'était pas au-dessus de ses moyens; elle en avait imaginé bien d'autres.

Mais ce n'était pas tout.

Il fallait de plus que cet ecclésiastique, dont elle se servirait ainsi, ne pût pas soupçonner qu'il n'était qu'un instrument entre des mains habiles, et cela restreignait singulièrement le nombre de ceux parmi lesquels elle pouvait faire son choix; car ils sont rares les ecclésiastiques qu'on mène comme des aveugles.

Enfin il fallait encore qu'il fût assez docile ou assez simple, pour ne parler de ce qu'il avait vu, que quand on lui ouvrirait la bouche, et pour se taire tant qu'on la lui fermerait.

Heureusement, quand l'idée lui était venue de donner pour femme à Aurélien mademoiselle de la Roche-Odon, elle avait eu soin de placer auprès du comte un homme qui, par la sainteté de sa vie aussi bien que par l'innocente simplicité de son âme, bonne et candide, pouvait rendre les plus utiles services à qui saurait le bien employer.

Cet homme n'était autre que le curé de Bourlandais, l'abbé Colombe, autrefois vicaire de l'abbé Guillemittes, à Hannebault.

Bien que le château de la Rouvraye ne soit qu'à une courte distance de Condé, il n'est pas situé sur le territoire de cette ville, et, pour le temporel comme pour le spirituel il dépend de Bourlandais, grosse commune de douze à treize cents habitants qui à vrai dire n'est qu'un faubourg de Condé-le-Châtel.

Résolue à entreprendre la conquête du comte de la Roche-Odon ou plutôt de sa petite-fille, madame Prétavoine avait voulu avoir auprès du comte un allié sur lequel elle pourrait pleinement compter, et c'était l'abbé Colombe qu'elle avait jugé digne de ce poste; elle le connaissait depuis longtemps; elle savait comment on pouvait jouer de lui sans qu'il s'en doutât; c'était le prêtre le plus vénérable du diocèse de Condé pour sa piété et sa charité; elle ne pouvait donc mieux choisir.

Et ce choix arrêté dans son esprit, elle avait manœuvré de manière à le faire ratifier par l'autorité diocésaine, en dehors de son ami et directeur, l'abbé Guillemittes qui avait été bien étonné le jour où son vicaire lui avait annoncé qu'on voulait le nommer desservant à Bourlandais. Comment, l'abbé Colombe voulait le quitter ! Qu'est-ce que cela pouvait signifier ? Mais l'abbé Colombe s'était très-facilement disculpé ; lui, quitter l'église d'Hannebault, à la construction de laquelle il avait travaillé dans la mesure de ses faibles moyens ; lui qui espérait, selon son expression favorite, mourir portier de cette église, *janitor domus Domini;* C'était Monseigneur qui voulait l'envoyer à Bourlandais et qui de cette obéissance faisait une affaire de discipline et de conscience. Mais, à Bourlandais, il ne cesserait pas de s'occuper des affaires du doyenné d'Hannebault ; de la comptabilité, de la correspondance, etc. Tout d'abord l'abbé Guillemittes avait cru que c'était un coup de l'évêque ou même de son bon ami le vicaire-général qui voulait le priver des services de son collaborateur le plus utile et le plus dévoué ; et ç'avait été seulement plusieurs mois après la nomination de son vicaire qu'il avait soupçonné la part que madame Prétavoine avait pu prendre à cette nomination, qui devait si bien servir les intérêts de celle-ci. Mais les dénégations de madame Prétavoine avaient été si habiles, et d'autre part toute l'affaire avait été si adroitement, si mystérieusement menée, qu'il n'avait jamais pu acquérir de certitude à ce sujet, et que maintenant encore, il en était à se demander qui de l'évêque, de monsieur Fichon ou de madame Prétavoine lui avait enlevé l'abbé Colombe ;

l'un des trois ? tous les trois réunis ? Il n'en savait rien.

Curé de Bourlandais, l'abbé Colombe était devenu le commensal de la Rouvraye, où il dînait régulièrement une fois par semaine, le jeudi ; il était le confesseur du comte et de Bérengère ; car, bien que M. de la Roche-Odon eût pour amis les prêtres les plus éclairés du diocèse, il eût cru faire injure au curé de sa paroisse de ne le pas prendre pour le directeur de sa conscience ; cela était chez lui affaire de principe ; c'était par principe qu'il habitait le château de la Rouvraye, au milieu de ceux dont il avait été autrefois le seigneur et maître, et dont il se faisait maintenant, en toutes circonstances, le protecteur ou le bienfaiteur ; c'était par principe qu'il résidait sur ses terres, afin de ne pas laisser prendre à d'autres l'influence et la direction qu'avaient exercées ses ancêtres ; c'était par principe qu'il allait à la messe de sa paroisse au lieu d'aller à celle de la cathédrale de Condé, ce qui lui eût été beaucoup plus commode ; enfin c'était par principe tout autant que par conscience qu'il donnait chaque jour l'exemple de la pratique de toutes les vertus chrétiennes.

Par l'abbé Colombe, madame Prétavoine savait donc tout ce qui se passait d'important à la Rouvraye ; de même que par lui, elle trouvait moyen d'y faire dire tout ce qu'elle voulait qui fût connu du comte ou de Bérengère.

Avec sa naïveté ordinaire, le bon curé se prêtait admirablement à ce double rôle, tout ensemble oreille et porte-voix, et sans se douter bien entendu qu'on le lui faisait jouer; comment soupçonner madame Prétavoine, une personne si pieuse ! une pareille idée n'eût pu être que l'œuvre du démon.

Et sous sa soutane, à nu sur sa poitrine, il portait plusieurs rangées de saintes médailles qui le défendaient de la tentation; il n'avait qu'à frapper sa poitrine de sa main, et le bruit argentin des médailles mettait Satan en fuite.

Depuis plusieurs mois, il n'avait pas manqué chaque jeudi de raconter des histoires édifiantes sur le compte de M. Aurélien Prétavoine, « ce bon jeune homme dont je crois vous avoir déjà parlé plusieurs fois, » disait-il; et le comte, aussi bien que Bérengère, avaient eu les oreilles rebattues du nom et des pieux exploits « de ce bon jeune homme. »

Trop poli pour interrompre son curé ou pour montrer de l'ennui, le comte avait écouté ces histoires comme si elles avaient eu de l'intérêt; mais Bérengère, qu'elles agaçaient, avait essayé d'y couper court une fois pour toutes.

— Que vous a donc fait « ce bon jeune homme » ? monsieur le curé », avait-elle demandé.

— Ce qu'il m'a fait ? Rien. C'est moi qui lui ait fait faire sa première communion.

Évidemment il eût été cruel d'empêcher le bon curé de faire l'éloge de son élève, et Bérengère s'était résignée à entendre cet éloge sans protestation, au moins devant l'abbé Colombe; car dans le particulier elle se vengeait de cette contrainte.

— Quel malheur, disait-elle quelquefois le jeudi matin en déjeunant, que je n'aie pas pensé dès le début à prendre des notes d'après les récits de M. le curé; nous aurions aujourd'hui « la légende complète du bon jeune homme », et cela serait bien intéressant, n'est-ce pas, grand-papa?

— Méchante enfant ! devrais-tu rire de la bonté de notre excellent curé, ne sens-tu pas que ce que le digne homme raconte ici de son ancien élève, il le raconte de toi dans une autre maison; est-ce donc un crime à tes yeux d'aimer trop ses amis et de faire leur éloge avec enthousiasme?

— Tu as raison grand-papa ; seulement c'est terrible, tu en conviendras, de penser que « le bon jeune homme » a pour pendant « la bonne jeune fille »; quand cette jeune fille, c'est... moi.

C'était donc ce bon curé que madame Prétavoine, son plan arrêté, avait choisi pour être témoin de l'entretien secret de Bérengère et du capitaine.

De lui elle était sûre comme d'elle-même, et à l'avance elle savait qu'elle le ferait parler quand et comment elle voudrait.

Aussitôt elle avait envoyé Angèle, sa femme de chambre, chez lui, afin de lui demander s'il pourrait la recevoir le lendemain lundi à deux heures, pour une affaire importante qui devait se traiter à Bourlandais, et non à Condé.

Et comme elle s'y attendait bien, l'abbé Colombe avait fait réponse, qu'il serait heureux de se tenir à la disposition de madame Prétavoine et qu'il l'attendrait au presbytère depuis deux heures jusqu'à quatre.

XIX

A deux heures précises, le lundi, elle avait frappé à la porte du presbytère de Bourlandais, et de l'intérieur de la maison une voix chevrotante avait répondu :
— Entrez, la porte est ouverte.
Et sur cette aimable invitation, madame Prétavoine ayant pénétré dans un vestibule aux murailles verdies par l'humidité, s'était trouvée en face d'une vieille servante d'âge et de laideur canoniques, qui arrivait en traînant ses sabots sur les dalles sonores.
Ce n'était autre que dame Estelle, la gouvernante de M. l'abbé Colombe, qui, se tenant toujours en garde contre les tentations de la chair et les séductions « des personnes du sexe », avait pris pour domestique la mégère la plus vieille, la plus laide et la plus acariâtre de la création. Cette servante faisait la joie des jeunes confrères du bon curé, et elle était devenue l'éternel sujet de leurs plaisanteries :

— Je crois que vous ferez bien de congédier dame Estelle.

— Et pourquoi donc? demandait le curé de Bourlandais, qui ne soupçonnait jamais qu'on voulait se moquer de lui.

— Elle rajeunit, mon cher; êtes-vous bien sûr qu'elle n'a pas caché son âge pour entrer chez vous, et qu'elle ne s'est pas vieillie à plaisir? Pour moi, elle n'a pas trente ans.

— Trente ans! s'écriait le pauvre curé, qui ne l'avait jamais regardée avec des yeux capables de distinguer l'âge d'une femme.

— Je ne sais pas si elle a trente ans, disait un autre, mais ce qu'il y a de certain, c'est qu'elle a maintenant une tournure coquette et un air provoquant.

— Sérieusement, disait un troisième, prenez garde à vous, Colombe.

Et le curé de Bourlandais rentrait chez lui fort effrayé. Si les feux de la concupiscence allaient s'éveiller en lui! Qui peut sonder les malins desseins du démon! Et à cette pensée il était pris d'un tremblement qui faisait sonner ses médailles.

La pièce dans laquelle dame Estelle avait fait entrer madame Prétavoine était le salon du presbytère, car l'abbé Colombe avait un salon. En s'installant à Bourlandais il avait trouvé une pièce que son prédécesseur appelait un salon, et il avait conservé ce nom à cette pièce à laquelle il ne manquait que des meubles pour être tout à fait habitable. Malheureusement l'abbé Colombe n'ayant jamais eu l'argent nécessaire pour acheter ces meubles, avait de mois en mois retardé cette acquisition, si bien que pour le moment le mobilier de ce salon se composait de quatre chaises, et son ornement d'une Immaculée-Conception en plâtre, posée sur la cheminée entre une bouteille d'eau de la Salette à sa droite et un flacon d'eau de Lourdes à sa gauche.

Madame Prétavoine n'eut pas longtemps à attendre; elle était à peine assise sur une des quatre chaises d'où elle avait préalablement enlevé la poussière avec son mouchoir, que l'abbé Colombe arriva :

— Pardonnez-moi, dit-il, mais j'étais occupé à travailler à la correspondance de notre cher abbé Guillemittes, qu'il veut bien toujours me confier, et je n'ai pas entendu la porte s'ouvrir. Cependant je vous attendais. Mais je suis un si pauvre homme, que la moindre occupation m'absorbe entièrement ; me voici néanmoins tout à votre disposition.

— J'ai un conseil à vous demander.

— A moi, madame !

— Et j'ai pensé que vous ne me le refuseriez pas.

Bien que l'humilité de l'abbé Colombe fût grande, bien qu'il fût de bonne foi quand il disait qu'il était un pauvre homme, il ne pût se défendre d'un mouvement de fierté en entendant madame Prétavoine réclamer ses conseils.

Mais ce souffle d'orgueil diabolique n'avait fait qu'effleurer son âme, il s'était bien vite défendu contre la tentation, et il avait pensé à son vénéré maître l'abbé Guillemittes, le directeur de madame Prétavoine; si elle avait besoin de conseils, c'était au doyen d'Hannebault qu'elle devait s'adresser, et non à lui qui était un si pauvre homme.

— C'est que je suis bien nul en affaires, dit-il pour se défendre.

— Rassurez-vous, monsieur le curé, je me charge de tout ce qui est affaire et je ne demande que vos lumières pour m'aider à élever dans votre paroisse un monument consacré à la gloire de notre sainte religion.

Cela n'était pas pour le rassurer : il avait été le collaborateur de l'abbé Guillemittes, et il savait par expérience quelle lourde tâche c'est d'élever un monument.

Madame Prétavoine voulait-elle donc élever à Bourlandais un monument comme l'église d'Hannebault ?

— Voici ce dont il s'agit, dit-elle ; vous savez que les herbages et les bois qui joignent le parc de la Rouvraye du côté de l'Andon sont à vendre. L'idée m'est venue de les acheter.

— Ah ! vraiment ! dit l'abbé Colombe, qui ne se sentait nullement rassuré.

— Un pareil dessein ne se serait jamais présenté à mon esprit, si M. le comte de la Roche-Odon avait pu désirer ces biens ; mais, par suite des dettes énormes de son malheureux fils qu'il a payées, cette acquisition est pour lui en ce moment impossible. Je crois donc pouvoir acheter ces biens sans contrarier le comte.

— Je crois qu'il ne les désire pas.

— Cela est bien fâcheux, car ils appartenaient par leur situation à la terre de la Rouvraye. Enfin il vaut mieux qu'ils passent dans mes mains que dans celles de personnes qui ne seraient pas, comme moi, disposées à les rétrocéder au comte, le jour où celui-ci en aurait envie.

— Oh ! certainement.

— En les visitant, hier, j'ai été frappée d'une idée pour laquelle j'ai précisément besoin de votre concours. Il y a dans ces herbages et dans ces bois trois ou quatre emplacements qui semblent choisis exprès pour l'érection d'un calvaire. Vous savez que ces biens ont appartenu autrefois au couvent de Saint-Cénéri, qu'ils ont été vendus lorsque la Révolution a dépouillé les églises et les établissements religieux. Je ne voudrais en devenir propriétaire qu'après les avoir purifiés de cette tache originelle, et voilà pourquoi je pense à ériger un calvaire.

— C'est une pieuse inspiration.

— N'est-ce pas ? Quand cette idée m'a été envoyée, j'ai pensé tout de suite que vous l'accueilleriez. Vous n'avez point de calvaire à Bourlandais, et ce serait un monument qu'il serait bien utile pour la piété des fidèles en même temps que pour la glorification de notre sainte religion, d'élever en ce moment.

Ce n'est pas impunément qu'on a, pendant plusieurs années, parlé et entendu parler du matin au soir de moellon et de mortier ; plus d'une fois l'abbé Colombe avait rêvé, lui aussi, qu'il construisait son monument, non une cathédrale comme son maître l'abbé Guillemittes, mais un monument plus modeste, tel qu'il convenait à un pauvre homme comme lui, et, dans ses heures d'insomnie, il avait tracé bien des plans imaginaires. Son rêve allait donc se réaliser ! Un calvaire

14.

qui serait un monument! Et pas de soucis d'argent, pas de fonds à obtenir, pas d'échéances, pas de ces inquiétudes, de ces fièvres, de ces angoisses dont il avait vu si souvent souffrir l'abbé Guillemittes aux abois; rien que le plaisir de la construction.

— Ah! madame, s'écria-t-il dans un élan de joie, c'est une inspiration de la sainte Vierge.

— Puisque vous adoptez mon idée, continua madame Prétavoine, il ne nous reste plus qu'à déterminer l'emplacement où nous érigerons ce calvaire. Et c'est là une question de grande importance sur laquelle il n'y a pas à insister avec un homme tel que vous, monsieur le curé, qui avez été le bras droit de M. l'abbé Guillemittes. Je viens donc vous prier de m'accompagner, afin qu'après avoir visité les lieux, nous arrêtions définitivement la place la plus favorable. Je voudrais un endroit découvert, dominant, d'où notre calvaire fût bien en vue, de façon à ce qu'on le distinguât facilement de Condé.

— Je suis tout à vous, madame. Quand désirez-vous que nous fassions cette visite?

— Mais tout de suite, si vous le voulez bien.

— Le temps de prendre mon chapeau.

Ce que l'abbé Colombe appelait son chapeau était une chose informe, bosselée, pelée, roussie par la pluie et le soleil, de laquelle cependant il avait grand soin depuis dix ans, mais qui à force de servir était arrivée à un état complet de décrépitude.

C'était ainsi que l'abbé Colombe avait été enlevé par madame Prétavoine, qui lui avait fait parcourir les herbages et les bois, cherchant l'emplacement de son calvaire, passant et repassant à la même place, de manière à gagner l'heure où le capitaine et Bérengère seraient en tête-à-tête.

Tout au choix de cet emplacement, l'abbé Colombe n'avait pas remarqué que madame Prétavoine regardait souvent le cadran de sa montre.

Tout à coup elle avait poussé un cri étouffé en levant les bras au ciel.

— Qu'avez-vous donc ? avait-il demandé.

— Là-bas, dans le saut-de-loup, ne voyez-vous pas ?... Mais non ! je ne me trompe pas, c'est bien mademoiselle de la Roche-Odon en tête-à-tête avec le capitaine de Gardilane, qui se trouve dans le fossé. Mais ce n'est pas possible ! Comme ils paraissent se parler tendrement ! Ils se tiennent par la main. Est-ce que je rêve, monsieur le curé ! Je me trompe, n'est-ce pas ? C'est une illusion, vous ne voyez rien ?

— Je vois mademoiselle Bérengère et ce jeune homme qui lui parle, mais que je n'aurais pas reconnu si vous ne me l'aviez pas nommé.

— Ah ! voilà mademoiselle de la Roche-Odon qui nous aperçoit et qui veut se sauver ; le capitaine la retient. Éloignons-nous, monsieur le curé ; c'est abominable ; ne soyons pas les témoins d'un pareil scandale !

Et madame Prétavoine, les bras levés au ciel, s'était éloignée, entraînant avec elle l'abbé Colombe éperdu.

Tout en descendant la colline à grands pas, elle manifestait par des mots entrecoupés et par des gestes violents un profond désespoir.

— Est-ce possible? disait-elle en se retournant vers lui.

Puis sans attendre qu'il eût répondu, elle reprenait sa course.

Ils arrivèrent ainsi au presbytère, et avant même que l'abbé Colombe l'invitât à entrer, elle poussa la porte et pénétra dans le salon où elle se laissa tomber sur une chaise.

— Pardonnez-moi, dit-elle, mais j'ai besoin de me remettre du coup que je viens de recevoir; est-ce possible, mon Dieu!

Bien que l'émotion de madame Prétavoine parût aller en augmentant, celle de l'abbé Colombe, au contraire, se calmait peu à peu; la raison, la réflexion lui étaient revenues.

— Non, dit-il, non, assurément, ce n'est pas possible.

— Qui n'est pas possible?

— Mais... ce que vous paraissez supposer.

— Je suppose quelque chose, moi!

— Il me semble...

— Avez-vous vu mademoiselle de la Roche-Odon sur le terre-plein du saut-de-loup et le capitaine de Gardilane dans le fossé? Oui ou non, les avez-vous vus? Ou bien ai-je été victime d'une hallucination? Répondez, je vous prie.

— Je les ai vus; mais...

— Avez-vous vu mademoiselle de la Roche-Odon faire un mouvement pour se sauver, et le capitaine en faire un pour la retenir?

— J'ai vu des mouvements de l'un et de l'autre;

mais ce qu'ils signifiaient, je n'en sais rien ; c'est vous, madame, qui m'avez dit que mademoiselle Bérengère voulait s'éloigner, tandis que cet officier voulait la retenir.

— Je vous ai dit ce que je voyais.

— Sans doute, mais...

— Avez-vous vu cet officier prendre la main de mademoiselle de la Roche-Odon ? Oui ou non, l'avez-vous vu ? car tout est là.

— J'ai vu mademoiselle Bérengère donner sa main à cet officier, mais...

— Mais vous ne récusez pas le témoignage de vos yeux, n'est-ce pas ?

— Non, mais...

— Mais quoi, monsieur le curé ? puisque vous avez vu, vous ne pouvez pas faire maintenant que vous n'ayez pas vu.

L'abbé Colombe appela à lui tout son courage pour arrêter ce flot de paroles qui ne lui avait pas permis de placer un mot.

— Je veux dire que, sans récuser le témoignage de nos yeux, nous pouvons, en réfléchissant, nous expliquer ce qui tout d'abord nous a surpris.

— Ah ! monsieur le curé, comme vous me rendez heureuse ! ainsi vous pouvez vous expliquer comment nous avons trouvé mademoiselle de la Roche-Odon en tête-à-tête dans cet endroit écarté avec ce militaire.

— Je ne me l'explique pas, mais je me dis que, si étrange que cela puisse paraître, cela cependant doit avoir une raison légitime.

— Laquelle ?

L'abbé Colombe fut de nouveau déconcerté.

— Vous voyez bien, continua madame Prétavoine, profitant de cette défaillance pour l'accabler, comme moi vous ne trouvez rien, rien, hélas! rien.

Et elle parut écrasée autant par son affliction que par le sentiment de son impuissance à trouver une explication si vivement désirée.

Mais, après un court moment d'abandon, l'abbé Colombe reprit son courage.

Il s'était laissé tomber sur une chaise; il se releva avec énergie.

— Je dis, s'écria-t-il, que quand nous en aurions vu dix fois plus que ce que nous avons vu, cela ne prouverait pas que mademoiselle Bérengère est coupable; il y a là quelque mystère que nous ne pouvons pas comprendre en ce moment, mais qui s'expliquera plus tard tout naturellement.

Madame Prétavoine leva ses deux bras au ciel dans un transport de joie, et sur son visage se montrèrent les témoignages de la plus vive satisfaction.

— Ah! monsieur le curé, s'écria-t-elle, que je suis heureuse de vous entendre parler ainsi et de vous voir si bien traduire les sentiments que j'éprouvais; ah! bien heureuse, bien heureuse!

Et ses yeux se mouillèrent de larmes.

Comme l'abbé Colombe la regardait sans rien comprendre évidemment à ce brusque changement, elle se leva et elle alla ouvrir la porte pour voir si dame Estelle n'était pas dans le vestibule, l'oreille aux écoutes; n'ayant trouvé personne, elle revint vers le curé qui la suivait des yeux avec stupéfaction.

— Pardonnez-moi ces précautions, dit-elle, mais le secret que j'ai à vous confier ne doit être connu de personne, et je vous prie de l'entendre comme si nous étions au confessionnal.

L'abbé Colombe était le moins curieux des curés du diocèse de Condé, et peut-être même de toute la France; les secrets lui faisaient une peur horrible, non pas qu'il ne se sentît sûr de sa discrétion, mais parce que partager un secret était pour lui partager en quelque sorte une responsabilité, chose presque aussi lourde à porter pour sa conscience qu'un péché.

Il voulut arrêter madame Prétavoine, mais elle ne le laissa pas placer un seul mot.

— Ce n'est pas d'aujourd'hui, dit-elle à voix basse, que je ressens pour mademoiselle de la Roche-Odon l'estime et la sympathie dont je vous parlais tout-à-l'heure. Du jour où je l'ai vue, même de loin, et alors qu'elle n'était qu'une enfant, je me suis sentie attirée vers elle. Cette attraction a été en grandissant, si bien que voyant cette jeune fille se développer en beauté, en grâce et aussi, ce qui est bien plus important à mes yeux, en vertu, j'ai formé un projet que je vous demande de ne pas juger avant de le bien connaître ; ce projet, ç'a été de l'obtenir pour belle-fille, et de la donner pour femme à mon fils bien-aimé.

— Mademoiselle de la Roche-Odon! s'écria l'abbé Colombe, qui ne fut pas maître de retenir cette exclamation.

— Mon projet de mariage vise plus haut que ma satisfaction personnelle et que mon amour maternel continua madame Prétavoine. Sans doute, quand j'ai conçu ce projet, je pensais à Aurélien, à son bonheur, qui, je le croyais, aurait été assuré par son mariage avec une jeune fille à laquelle j'attribuais toutes les vertus ; mais je pensais aussi à notre sainte religion.

L'abbé Colombe marchait de surprise en surprise ; madame Prétavoine qui l'observait suivant sur son visage les sentiments par lesquels il passait et qu'il ne songeait pas à dissimuler, ne lui laissa pas le temps de réfléchir.

— Vous savez, dit-elle vivement, dans quelles idées Aurélien a été instruit, puisqu'il est votre élève, et mieux que personne, vous connaissez sa foi ardente.

— C'est un bon jeune homme.

— Le Seigneur ayant béni mon travail et récompensé mes efforts en me donnant une certaine fortune, je me trouve aujourd'hui dans une position qui permet à mon fils de se consacrer entièrement à la défense de notre sainte religion que de toutes parts on menace et on opprime. Ce n'est plus seulement au clergé qu'il appartient de la défendre : c'est un devoir qui s'impose à tous ceux qui ont la foi, et tous, hommes, femmes, enfants, prêtres et laïques, nous devons combattre pour elle. Je veux qu'Aurélien soit le soldat de l'Église ; voilà le but de sa vie ; celui qu'il doit poursuivre, et que lui comme moi, nous nous proposons. Mais pour atteindre ce but, ce n'est pas assez du courage personnel et de la bonne volonté. Cela, nous l'avons. Il faut plus. Pour parler avec autorité, il faut avoir l'autorité. Pour exercer une influence déterminante sur la masse, il faut avoir par sa position cette influence. Et cela, nous ne l'avons pas. Pour être entendu, il faut parler de haut. Et nous sommes dans une humble position.

L'abbé Colombe voulut protester, car pour lui la riche madame Prétavoine n'était pas dans une humble position ; pendant dix ans elle avait été à ses yeux la personnification de l'argent et de la puissance financière ; mais elle lui ferma la bouche d'un geste.

— Comprenez-vous maintenant, dit-elle, pourquoi j'ai formé ce projet de mariage, pourquoi j'ai si vivement souhaité qu'il réussît? C'est que M. le comte de la Roche-Odon nous donnait cette autorité et cette influence qui nous manquent, si bien que son gendre pouvait parler de manière à s'imposer à tous.

Elle s'arrêta un moment, afin de laisser à l'abbé Colombe le temps de s'habituer à cette idée ; puis, quand elle jugea qu'elle pouvait, sans le troubler, continuer, elle poursuivit :

— C'était en m'appuyant sur ces considérations que je comptais adresser ma demande à M. le comte de la Roche-Odon. J'étais donc dans ces dispositions, quand, il y a quelques instants, j'ai aperçu mademoiselle de la Roche-Odon en tête-à-tête avec ce militaire, et vous pouvez maintenant comprendre comment j'ai pu me laisser aller à une douleur qui a dû vous paraître excessive ou tout au moins inexplicable, à vous qui ne saviez rien de nos projets. Car, en m'en tenant à ce que mes yeux voyaient, à ce tête-à-tête qui paraissait être un rendez-vous d'amour, à cette épouvante de mademoiselle de la Roche-Odon, à sa tentative de fuite, à sa main donnée, je devais croire, comme je l'ai cru, que ce mariage était impossible. Et ce qui me fortifiait encore dans ce sentiment, c'était le coup que vous aviez reçu, car il est bien certain qu'avant d'avoir réfléchi, et vous en tenant, vous aussi, à ce que vous aviez vu, vous admettiez la culpabilité de mademoiselle de la Roche-Odon.

— C'est-à-dire, madame... que je l'ai admise sans l'admettre.

— C'est à-dire que votre premier mouvement a été de l'admettre, et votre second de la repousser. De là le sentiment de bonheur que j'éprouve maintenant, car si vous êtes certain de l'innocence de mademoiselle de la Roche-Odon, c'est que votre conviction se base sur ce que vous savez d'elle, et non sur ce que vous avez vu, si bien que ce mariage, impossible, il y a quelques instants, est possible maintenant.

A ces mots, la figure de l'abbé Colombe s'allongea considérablement.

Mais madame Prétavoine parut ne pas remarquer cet effet, qu'elle avait d'autant mieux vu, qu'elle le guettait, connaissant bien l'abbé Colombe et le sachant parfaitement incapable de garder un masque sur son visage.

— Peut-être, dit-elle en continuant, serais-je arrivée comme vous à cette conviction que mademoiselle de la Roche-Odon n'était pas en faute, par de longues réflexions et par des raisonnements, mais les raisonnements sont détruits par d'autres raisonnements; tandis que par ce que vous venez de me dire, vous me donnez une foi entière et absolue. Vous qui connaissez bien mademoiselle de la Roche-Odon, vous qui êtes sûr d'elle, vous qui répondez d'elle, vous me conseillez de persister dans ce projet de mariage; je ne peux donc maintenant qu'en poursuivre l'exécution.

L'abbé Colombe ne répondait pas, et cependant l'interrogation était directe.

Madame Prétavoine se tut, et pendant quelques secondes elle le regarda en face; mais il avait baissé les yeux et il restait devant elle dans une attitude embarrassée, respirant avec peine, et d'autant plus mal à l'aise qu'elle ne parlait plus : ce silence l'étouffait.

Elle le laissa se prolonger pendant quelques instants encore.

Puis elle reprit :

— Hé! quoi, monsieur le curé?

— Madame ?

— Je vous ai demandé un conseil.

— Un conseil ?

— Sans doute, je vous ai dit que je persistais dans ce projet de mariage parce que vous me conseilliez de le faire.

— Mais je ne vous ai rien conseillé.

— Oh! entendons-nous bien, monsieur le curé; dans un pareil sujet, il ne faut pas qu'il y ait place au doute ou à l'équivoque. Il s'agit du bonheur, il s'agit de l'honneur de mon fils. Je vous ai dit que, m'en tenant à ce que nous avions vu, je croyais que mon fils ne pouvait pas être le mari de mademoiselle de la Roche-Odon. Vous, de votre côté, vous m'avez dit que ce que nous avions vu n'avait pas d'importance, ou tout au moins ne vous empêchait pas d'être certain que mademoiselle de la Roche-Odon, bien qu'ayant été surprise dans la position que vous savez, sa main dans celle de ce militaire, était parfaitement innocente. Vous me conseillez donc de persister dans mon projet. C'est au moins ce que j'ai compris. Et pleine de confiance en vous, je suis prête à suivre ce conseil ; mais encore faut-il qu'il me soit formellement donné.

Jamais l'abbé Colombe n'avait été dans pareille situation : assurément il avait cru à l'innocence de Bérengère, mais, par un changement bizarre qu'il ne s'expliquait pas, il se trouvait qu'en interrogeant sa conscience en présence de la responsabilité qu'il devait assumer, il n'y croyait plus aussi fermement.

Ah ! si Bérengère avait été un jeune garçon, il n'eût pas eu de ces doutes et de ces hésitations. Mais elle était « une personne du sexe, » et c'est la femme qui a entraîné Adam dans le péché ; comme les anciens prédicateurs, il croyait que la femme est « un vase d'iniquité, une sentine d'impureté. » Bérengère, en tant que Bérengère, était « un miroir de perfection ; » mais, en tant que femme, elle ne pouvait être qu'un « vase d'iniquité ». L'homme prudent doit se tenir en garde contre les embûches diaboliques « des personnes du sexe. » S'il avait oublié cette règle auprès de cette jeune fille, c'est parce qu'elle n'était qu'une enfant, mais il devait s'en souvenir au moment où elle venait de se révéler femme. De là son embarras, sa perplexité, ses angoisses.

Madame Prétavoine, qui lisait à peu près couramment ce qui se passait en lui, trouva que le moment était venu d'exaspérer ces angoisses; elle reprit:

— Il est certain que si vous me dites formellement que ce mariage est encore possible, je n'hésiterai pas, malgré ce que nous avons vu; votre caractère sacré et votre sagesse personnelle l'emporteront sur mes scrupules; mais il faut que vous me le disiez.

Il garda le silence, — un silence pour lui terrible.

Madame Prétavoine ne le quittait pas des yeux, lorsqu'elle vit qu'il allait enfin desserrer les lèvres, vivement elle l'arrêta :

— Ne parlez pas, monsieur le curé, s'écria-t-elle avec désespoir, votre hésitation et votre silence m'en ont plus appris que toutes les paroles du monde. Un mot, un geste, auraient suffi; mais ce mot vous n'avez pas pu le prononcer, ce geste, vous n'avez pas pu le faire, parce qu'il y a du trouble et du doute dans votre conscience.

— Mais, madame...

— Toutes les explications, monsieur le curé, n'effaceront jamais l'impression produite sur moi par votre silence. Je ne dis pas néanmoins que je renonce à ce projet, mais je dis que j'en ajourne l'exécution, avec quel chagrin, vous le voyez. Plus tard, nous aviserons, car tout peut s'éclaircir et s'expliquer.

— Oh! soyez-en certaine.

— Je pense, d'ailleurs, que vous allez provoquer cet éclaircissement; car enfin, après ce que vous avez vu, vous ne pouvez pas ne pas intervenir auprès du vieux comte, auprès de mademoiselle de la Roche-Odon, et même auprès de cet officier.

— Moi, madame, intervenir...

— Voulez-vous laisser cette jeune fille, qui n'a été sans doute qu'imprudente, livrée aux séductions de ce militaire ? n'est-ce pas un devoir pour vous de l'avertir, de prévenir même son grand-père?

L'abbé Colombe n'avait pas épuisé toutes les angoisses ; ces paroles de madame Prétavoine en provoquèrent en lui de nouvelles. Lui intervenir! lui avertir le comte! lui traiter une pareille question avec Bérengère ! La rougeur lui monta au front.

— Alors, dit-il, après un moment de silence, à ma place vous...

— Ce que je ferais à votre place ? Ah ! monsieur le curé, pouvez-vous m'adresser une pareille question. Ai-je vos lumières ! et puis d'ailleurs n'ai-je pas un intérêt personnel dans cette cruelle affaire ?

Madame Prétavoine le laissa un moment sous le poids de ses réflexions, de plus en plus écrasantes pour lui à mesure qu'elles s'accumulaient les unes par-dessus les autres.

Puis elle reprit :

— Vous me demandiez tout à l'heure ce que je ferais à votre place; eh bien ! je vais vous le dire.

Il respira.

— J'irais trouver M. l'abbé Guillemittes et lui demanderais conseil. Qui mieux que lui est en état de vous éclairer?

— C'est une inspiration de la sainte Vierge, je cours à Hannebault.

— Peut-être est-il bien tard ce soir, et d'ailleurs les réflexions de la nuit peuvent nous suggérer quelques bonnes idées.

L'abbé Colombe se crut sauvé, et ce fut avec effusion qu'il remercia madame Prétavoine en la reconduisant.

Elle rentra rapidement en ville, mais au lieu d'aller chez elle, elle entra chez un loueur de voitures. Une heure après elle sonnait à la porte de l'abbé Guillemittes, à Hannebault.

En prenant une voiture de louage pour aller conférer avec l'abbé Guillemittes, madame Prétavoine était sûre de ne pas commettre une imprudence.

Il n'y avait en effet nullement à craindre que l'abbé Colombe s'adressât au même loueur pour se faire conduire à Hannebault le lendemain matin, et qu'en route il apprît du cocher qu'elle l'avait devancé auprès de l'abbé Guillemittes.

Il n'était pas homme à se payer le luxe d'une voiture, même de la voiture publique, et son habitude connue de tous était de faire ses courses à pied, si longues qu'elles fussent. Dans l'état de santé déplorable où il se trouvait, avec sa faiblesse résultant de ses maux d'estomac, cela lui était souvent une terrible fatigue, et plus d'une fois il était obligé de s'asseoir sur un tas de cailloux pour respirer et calmer ses spasmes par un peu de repos. Mais ces fatigues et ces douleurs n'étaient pas faites pour l'arrêter. D'ailleurs où eût-il pris l'argent nécessaire au payement d'une voiture : il n'avait jamais un sou dans sa poche, son traitement comme son casuel passant, aussitôt touchés, en bonnes œuvres et en charités, car il ne donnait pas seulement à tous ceux qui demandaient, il cherchait encore à qui il pourrait bien donner utilement, s'endettant quand sa bourse était vide.

Les prévisions de madame Prétavoine s'étaient réalisées; le mardi matin, sa messe dite, l'abbé Colombe s'était mis en route pour Hannebault, chaussé de gros souliers, emportant un morceau de pain et trois noix pour son déjeuner, qu'il mangeait tout en marchant.

Deux heures après, blanc de poussière, le visage couvert de sueur, il arrivait sur la *haga* d'Hannebault; mais, avant d'aller au presbytère, il voulut entrer dans l'église, — cette église à la construction de laquelle il avait travaillé pendant dix années, — et s'agenouiller devant l'autel où il avait si souvent prié.

Que les temps étaient changés ! Il n'avait pas de responsabilité alors !

Heureusement l'abbé Guillemittes voulut bien comme autrefois le décharger de celle qui lui pesait présentement sur les épaules, de telle sorte que lorsqu'il sortit du doyenné après une conférence qui avait duré plus d'une grande heure, il savait ce qu'il devait faire aussi bien vis-à-vis du comte de la Roche-Odon que vis-à-vis de Bérengère et du capitaine de Gardilane.

Vraiment madame Prétavoine lui avait donné un bon conseil en l'engageant à venir consulter l'abbé Guillemittes ; jamais tout seul il n'aurait osé adopter la ligne de conduite qui venait de lui être tracée, et qui assurément était la bonne, puisqu'elle lui était indiquée par un homme tel que le doyen d'Hannebault.

Lorsqu'après être sorti du presbytère il descendit la grande rue pour reprendre la route de Condé, plusieurs personnes voulurent l'arrêter et le retenir, car il avait laissé dans le pays les meilleurs souvenirs, et tout le monde l'aimait, mais il ne céda pas aux invitations pressantes qui lui furent adressées ; il avait hâte de rentrer et de se mettre à l'œuvre pour sauver « cette pauvre jeune fille.

Conformément au plan adopté entre le doyen et lui, il se rendit en arrivant à Condé, chez le capitaine de Gardilane, qui habitait rue de l'Andon une maison située au milieu d'un jardinet ; la maison n'était pas grande, mais elle était enveloppée de plantes grimpantes qui lui donnaient un aspect frais aux yeux et plaisant à l'esprit ; le jardin était des plus modestes, mais il était bordé à son extrémité par la rivière et ombragé par un énorme saule pleureur, si bien que les passants s'arrêtaient souvent devant la grille de la rue pour se dire qu'il devait être bon de demeurer là.

En voyant ce prêtre couvert de poussière et de tournure assez misérable, sonner à la grille, l'ordonnance du capitaine qui ne connaissait point le curé de Bourlandais, se montra peu empressé pour ouvrir, et il fallut même que l'abbé Colombe insistât pour être introduit.

La pièce dans laquelle on l'avait fait entrer était un cabinet de travail, dont le milieu était occupé par une grande table en bois blanc encombrée de plans et de dessins ; devant la fenêtre se trouvait une table plus petite, chargée de livres brochés ; puis sur une étagère on voyait, rangés en bon ordre, d'autres livres, mais reliés.

L'abbé Colombe n'était pas observateur, et ordinairement il ne regardait rien de ce qui l'entourait ; mais après avoir attendu près de deux heures, l'impatience commença à le prendre, et l'idée lui vint que s'il pouvait trouver un bon livre, le temps lui paraîtrait moins long ; il se mit donc à chercher parmi les volumes placés sur la table s'il ne trouverait point ce bon livre qu'il désirait ; il lui semblait que cela n'était pas indiscret, son intention n'étant pas de découvrir quels étaient les études ou les goûts littéraires du capitaine.

Sur la table, au milieu de brochures allemandes, grossies par des cartes enluminées de petites lignes rouges et bleues, il trouva des livres traitant de matières militaires, mais comme les choses de la guerre lui faisaient horreur, il continua son examen, et quelques volumes à couvertures roses, grises, bleues, jaunes, rouges attirèrent son attention ; il lut leurs titres : *Nanon*, *Julia de Trécœur*, la *Fortune des Rougon*, les *Aventures de Tartarin*.

Sans doute c'étaient là de ces ouvrages diaboliques, qu'on appelle des romans, et bien qu'il ne sût pas au juste ce que c'était qu'un roman, car il n'en a jamais lu un seul, il frémit pour Bérengère. Tant de romans chez ce capitaine, quel homme donc était-il ? La pauvre jeune fille !

Comme il repoussait ces volumes avec indignation, un titre lui sauta aux yeux : l'*Abbé Tigrane, candidat à la papauté*.

Pour le coup il fut suffoqué ; eh quoi ! il y avait des écrivains, non pas des écrivains, des folliculaires qui ne craignaient pas de s'attaquer à des sujets aussi sacrés !

Décidément cet officier était un suppôt de l'enfer.

Mais cette pensée ne l'effraya pas. S'il devait lutter contre Satan, il lutterait et il lui arracherait cette âme ; il était plein d'une sainte ardeur, et, sentant sous sa main résonner les médailles qui recouvraient sa poitrine, il était prêt, comme l'archange, à affronter les coups du démon.

Il ne continua pas son examen. A quoi bon ? Il était convaincu qu'il ne trouverait pas au milieu de ce fumier le bon livre qu'il aurait voulu. Est-ce que ce capitaine faisait de bonnes lectures ? Ah ! c'était vraiment une invention diabolique que celle de l'imprimerie ; car, pour un bon livre qu'elle propageait, combien de mauvais allaient, grâce à elle, empoisonner le monde ! Pour un *Serviteur de Marie*, qui était sa lecture favorite, combien de *Tigrane !*

Et puis d'ailleurs il avait autre chose à faire maintenant que de se distraire par une lecture ou de s'édifier.

Il devait se préparer à lutter.

Comme il examinait le plan de cette lutte, il se fit un bruit dans le jardin qui attira son attention ; il regarda par la fenêtre, et il vit le capitaine de Gardilane qui rentrait.

L'ennemi, c'était l'ennemi ; aux armes !

Et l'esprit troublé, mais le cœur ferme, il attendit le choc.

Presque aussitôt la porte s'ouvrit devant le capitaine.

L'abbé Colombe était debout.

Le capitaine salua d'assez mauvaise grâce, il ne connaissait pas en effet le curé de Bourlandais, qui était encore vicaire à Hannebault quand il avait occupé la Rouvraye pendant la guerre, et il ne l'avait pas vu de près la veille, n'ayant pas pu le rejoindre ainsi qu'il l'avait promis à Bérengère. Se trouvant en face de ce prêtre poussièreux, qui l'attendait depuis plus de deux heures, lui avait dit son ordonnance, il s'imagina qu'il allait être question d'une demande de secours comme on lui en adressait si souvent, et cela n'était pas de nature à lui donner une figure aimable ; il en avait tant vu depuis son arrivée à Condé de prêtres quêteurs, de moines et de bonnes sœurs !

L'abbé Colombe remarqua l'effet qu'il avait produit :

— Bien, se dit-il, il a peur.

Et tout de suite il voulut profiter de ce premier avantage.

— Je suis le curé de Bourlandais, dit-il d'une voix ferme.

Ce ne fut plus de la peur qui se montra sur le visage du capitaine, ce fut de la surprise mêlée à l'inquiétude.

En effet, le capitaine se demandait ce que signifiait cette visite ; ce n'était plus un curé quêteur dont il se débarasserait avec une offrande qu'il avait devant lui, c'était le curé de Bourlandais, celui qui l'avait surpris la veille en tête-à-tête avec Bérengère, et il n'était que trop certain qu'il allait être question de Bérengère.

— Je viens vous demander quelques instants d'entretien, continua l'abbé Colombe.

— Monsieur le curé, je suis tout à votre disposition ; veuillez vous asseoir, je vous prie.

Et, prenant une chaise, le capitaine s'assit lui-même, faisant face au curé de Bourlandais.

L'abbé Colombe se jeta bravement au feu.

— Vous savez sans doute, dit-il, que nous avons charge d'âme, et que nous devons veiller sur le salut de nos paroissiens pour les protéger et les défendre au besoin.

A cette affirmation directe et positive d'un droit qui légitimait l'intervention du prêtre, le capitaine n'opposa aucune dénégation, et y acquiesça même par une inclinaison de tête.

L'abbé Colombe, voyant ce geste, se sentit encouragé. « Il n'ose pas engager une discussion de principes », se dit-il ; et il continua avec plus d'assurance.

— Ceci admis, vous trouverez donc légitime, je pense, que je vienne, sans avoir l'avantage d'être connu de vous, pour vous entretenir d'une de mes paroissiennes à laquelle je porte un intérêt... une amitié...

Ici l'abbé Colombe hésita et s'embrouilla, se demandant s'il lui était permis d'avouer son amitié pour « une personne du sexe, » en parlant à ce militaire qui ne devait rien comprendre aux sentiments d'un chrétien.

— En un mot, c'est de mademoiselle Bérengère de la Roche-Odon que je veux vous parler, dit-il.

Le capitaine ne s'était pas trompé dans ses prévisions ; il ne laissa donc paraître sur son visage aucune marque de surprise, et il demeura impassible.

— Hier, continua l'abbé Colombe, j'ai été amené à passer devant le saut-de-loup du château de la Rouvraye, du côté de la rivière...

Il fit une pause et regarda le capitaine qui ne broncha pas.

— Et je vous ai aperçu dans le fossé de ce saut-de-loup.

— Effectivement, dit le capitaine.

— Quelle audace ! se dit l'abbé, c'est bien l'homme décidément qui a retenu cette « pauvre jeune fille » quand elle voulait s'échapper. Ah ! démon !

Mais précisément parce que c'était bien cet homme redoutable, l'abbé Colombe se trouvait terriblement embarrassé en face de lui.

— Alors vous ayant aperçu, dit-il en appelant tout son courage, j'ai pensé que je devais vous demander quelques explications.

— Vous, monsieur le curé ?

— Sans doute.

— Et au nom de qui, je vous prie ?

— En mon nom.

— Seul ?

— Mais, monsieur !

— Pardon, monsieur le curé, je vous ferai remarquer que vous trouvez tout naturel de venir chez moi, me poser des questions au moins étranges, pour ne pas dire plus, mais vous ne souffrez pas que dans le cours de cet entretien, je prenne la liberté de vous interroger, moi.

— Mais, monsieur, la situation n'est pas du tout la même; vous venez de reconnaître tout à l'heure qu'un pasteur avait le droit de veiller sur ses paroissiens.

— Je n'ai pas, par politesse, contesté cette affirmation de votre part, voilà tout.

— Et maintenant?

— Maintenant, sans engager de discussion sur ce point, je vous demanderai, bien que vous n'aimiez pas les interrogations, si je suis votre paroissien?

— Non, sans doute, mais mademoiselle de la Roche-Odon est ma paroissienne, je vous l'affirme.

— Je n'en doute pas, monsieur le curé.

— Eh bien, alors?

— Eh bien alors, il me semble que si vous désirez obtenir des explications sur ce fait qui paraît piquer votre curiosité...

— Qui trouble ma conscience et épouvante ma responsabilité.

— Il me semble, dis-je, que ce n'est pas à moi que vous devez vous adresser; mademoiselle de la Roche-Odon était sur le terre-plein du saut-de-loup, tandis que j'étais dans le fossé; elle peut tout aussi bien que moi vous expliquer, si cela lui convient, ce qui épouvante votre conscience.

— Mais c'est à vous que je m'adresse.

— Elle est votre paroissienne, tandis que moi je ne suis pas placé sous votre autorité. De plus vous êtes, je crois, son directeur. Vous avez donc toute qualité pour obtenir d'elle les éclaircissements que vous désirez. Ajoutez encore que, la connaissant comme vous devez la connaître, vous pouvez avoir pleine confiance en elle, en sa franchise, en sa loyauté.

— Assurément, j'ai confiance en cette franchise et en cette loyauté; mademoiselle de la Roche-Odon est un miroir de perfection.

— C'est vous qui l'avez dit, monsieur le curé.

— C'est-à-dire...

— Il n'y a pas à vous reprendre; vous l'avez caractérisée d'un mot, et je partage votre sentiment ; c'est une charmante jeune fille, qui me paraît douée de toutes les qualités et de toutes les vertus.

L'abbé Colombe regarda le capitaine pour voir ce que signifiait ce changement de ton. Comment ce suppôt du diable pouvait-il être heureux de ce que cette jeune fille était douée de toutes les vertus? Il y avait là quelque chose d'inexplicable, si l'on ne se moquait pas de lui.

Mais le visage que ses yeux rencontrèrent respirait la sincérité et non la raillerie; il n'avait rien de satanique.

Que signifiait donc tout cela?

Sa surprise augmenta encore quand le capitaine eut repris la parole.

— Je veux être franc avec vous, monsieur le curé, et ce que vous venez de me dire de mademoiselle Bérengère, pour qui j'ai moi aussi de l'amitié, ou tout au moins une grande sympathie, m'empêche de continuer notre entretien comme il a commencé. Je dois vous dire que j'ai tout d'abord été assez étonné de votre démarche... étrange, et que je n'ai pas été loin de m'en fâcher. Je vous demande pardon de ce premier mouvement de vivacité. Je vous écoutais ; je ne vous regardais point, et vraiment ce que vous me disiez n'était point de nature à m'inspirer la patience ou la bienveillance.

— Je vous parlais dans le seul intérêt de mademoiselle de la Roche-Odon, qui vous inspire cette grande sympathie.

— Maintenant je le crois, mais tout à l'heure je me demandais dans l'intérêt de qui vous parliez. En vous regardant, l'idée m'est venue peu à peu que vous ne pouviez être qu'un brave et digne prêtre, plein de droiture et de générosité.

L'abbé Colombe rougit comme une pudique jeune fille, car rien ne le mettait plus mal à l'aise que d'entendre faire son éloge, ce qui cependant lui était arrivé bien souvent dans sa vie.

Il voulut balbutier quelques paroles, mais il s'embrouilla, bredouilla et rougit de plus en plus.

— Est-ce quand on rougit comme vous venez de rougir, est-ce quand on a un regard limpide comme le vôtre, qu'on peut obéir à un autre mobile que le dévouement, à un autre sentiment que la générosité...

— Monsieur...

— Oh ! je ne veux pas vous faire de compliments, monsieur le curé, car je crois que cela ne vous serait pas agréable, je veux vous expliquer ce que j'ai été tout à l'heure avec vous, et ce que je suis maintenant. Tenez, regardez-moi un peu aussi, si vous voulez bien, et dites-moi si vous croyez que vous avez un fourbe devant vous.

L'abbé Colombe fit ce qui lui était demandé : évidemment ce visage était celui d'un honnête homme.

C'était ce qu'il allait répondre quand ses yeux en se baissant tombèrent sur les volumes qui quelques instants auparavant l'avaient si bien renseigné, et ses lèvres entr'ouvertes se refermèrent : comment concilier la loyauté de ce regard avec ces lectures diaboliques? N'était-ce point une nouvelle tromperie, cette affectation de franchise ? L'esprit malin est si subtil.

Sans attendre la réponse à sa question, le capitaine continua:

— Hier, vous m'avez vu en conversation avec mademoiselle de la Roche-Odon. Eh bien ! monsieur le curé, je pourrais facilement vous donner des explications qui vous rassureraient pleinement. Mais je ne le ferai point. Supposez un moment que dans notre entretien il ait été question de choses importantes, qui m'aient été révélées par mademoiselle de la Roche-Odon, et demandez-vous s'il m'est permis de vous les répéter. La réponse que vous vous ferez vous-même vous dictera, j'en suis certain, votre conduite. Ce sera celle que je vous indiquais il n'y a que quelques instants et qui consiste tout simplement à vous adresser à mademoiselle de la Roche-Odon. Je crois pouvoir vous affirmer que ce qu'elle vous dira, vous satisfera pleinement. Cependant, s'il en était autrement, et si vous vouliez alors me faire une nouvelle visite, je serais heureux de vous recevoir et de reprendre l'entretien sur ce sujet. Jusque-là je vous demande la permission de me renfermer, à l'égard de mademoiselle de la Roche-Odon, dans un silence absolu, qui n'est que de la discrétion.

— Cependant, monsieur...

— Monsieur le curé, je ne vous répondrai pas.

— Mais enfin si vous voulez vous renfermer dans le silence à l'égard de mademoiselle de la Roche-Odon, il me semble qu'à l'égard de ce qui vous touche vous-même, vous pouvez...

— Je puis vous répondre tout ce que vous désirez, sans doute; seulement il faudra que cela ne se rapporte pas à mademoiselle de la Roche-Odon.

— Mais, monsieur, c'est dans l'intérêt de mademoiselle de la Roche-Odon que je veux vous faire entendre quelques paroles, et si vous éprouvez pour elle les sentiments que vous venez de montrer...

— C'est parce que j'éprouve ces sentiments, interrompit le capitaine, que je vous répète de vous adresser à elle.

Sur ce mot il se leva, montrant ainsi que toute insistance nouvelle serait inutile.

Cependant l'abbé Colombe était resté assis, réfléchissant, se demandant ce qu'il devait faire, les yeux fixés devant lui dans la direction de la table chargée de livres.

— Vous regardez ces livres, dit le capitaine, qui voulait changer le sujet de l'entretien: il y en a un parmi eux qui, je crois, vous intéresserait vivement. Voulez-vous que je vous le prête, monsieur le curé? J'irai vous le demander dans quelque temps, en vous rendant la visite que vous avez bien voulu me faire aujourd'hui.

Disant cela il présenta au curé le volume sur la couverture grise duquel on lisait: *L'abbé Tigrane, candidat à la papauté.*

A cette vue, l'abbé Colombe se leva avec le geste que devait avoir saint Antoine, lorsqu'il résistait glorieusement aux tentations du démon.

Et, saluant le capitaine, il s'enfuit de cette maison diabolique.

XXI

Il sortit de chez le capitaine la tête en feu.

Quel pauvre homme il était !

Il n'avait rien fait, rien dit de ce que l'abbé Guillemittes lui avait conseillé.

C'était cet officier qui avait pris la parole et qui s'en était servi assurément pour le bafouer. L'offre de ce livre n'était-elle pas une dernière raillerie ?

Et cependant, quand il pensait au regard que cet officier avait attaché sur lui, en parlant des qualités et des vertus de mademoiselle de la Roche-Odon, il se disait que ce regard ne pouvait pas être celui d'un suppôt de Satan. Certainement, il y avait de la droiture et de la loyauté dans ce regard ; certainement il y avait de la sincérité dans cette voix.

Mais alors ?

Alors il se perdait dans des contradictions inextricables.

Il rentra chez lui dans un état pitoyable, écrasé par

son impuissance, accablé sous le poids des fautes de sa journée.

Si seulement il avait pu savoir quelles étaient ces fautes ! mais avec la conviction qu'il en avait commis plusieurs, il avait le chagrin de ne pas pouvoir reconnaître de quelle nature elles étaient et quelles seraient leurs conséquences.

L'accueil que lui fit sa vieille servante ne fut pas pour le distraire et l'égayer.

Parmi les nombreuses choses que dame Estelle ne pardonnait pas à son maître, il y en avait une qui l'exaspérait particulièrement et qu'elle lui faisait payer cher lorsqu'il s'en rendait coupable, c'était le retard dans l'heure des repas. Lorsqu'elle était arrivée au presbytère, elle avait établi pour règle que le déjeuner aurait lieu à neuf heures, le dîner à deux heures et le souper le soir; c'étaient ses habitudes à elle, elle y tenait, et elle ne permettait pas à son maître un écart de plus de dix minutes; elle avait servi un médecin qui lui avait toujours dit (au moins elle le répétait): « Estelle, ma fille, notre santé est faite de régularité », et elle ne voulait pas détruire sa santé.

Quand l'abbé Colombe, de retour de sa course à Hannebault et de sa visite chez le capitaine, rentra au presbytère, il était près de cinq heures; il y avait donc trois heures que dame Estelle attendait.

— Vous voulez donc nous faire mourir ! s'écria-t-elle du plus loin qu'elle le vit.

— Vous n'auriez pas dû m'attendre.

— C'est ça, remerciez-moi; et puis quand je ne

vous aurais pas attendu, ça n'empêcherait pas que vous ne soyez en retard de trois heures.

— Moi, cela ne signifie rien.

— Vraiment non, comme vous avez bien une santé à faire des imprudences! Faut donc vous dire pour vous donner de la sagesse, que vous baissez tous les jours.

— Comment, je baisse?

— Pardi! Je ne voulais pas vous le dire, parce que ces choses-là ce n'est pas agréable à entendre ; mais je vois bien à la fin qu'il faut vous avertir, ou bien vous ferez tant d'imprudences que vous y resterez. Vous ne vous regardez donc jamais dans votre miroir?

— Non.

— Eh bien, regardez-vous une fois, vous verrez quelle mine vous avez.

Ç'avait toujours été la faiblesse de l'abbé Colombe de s'occuper et de s'inquiéter de sa santé ; il est vrai que, malade depuis sa jeunesse d'une inflammation du pylore qui le faisait cruellement souffrir, il pouvait à bon droit se préoccuper et se tourmenter.

— J'ai mauvaise mine? dit-il.

— Pardi, cela vous étonne?

— Je me trouvais mieux depuis que j'avais abandonné les remèdes pour les remplacer par l'eau de Lourdes.

— Je ne dis pas que l'eau de Lourdes ne soit pas bonne ; les feuilles de lierre aussi sont bonnes; seulement, vous pensez bien que la sainte Vierge ne peut pas vous guérir malgré vous ; vous défaites ce qu'elle fait, avec vos imprudences.

— Si nous dînions, dit l'abbé Colombe, qui n'aimait pas qu'on lui parlât longtemps de maladies.

Cette scène peu agréable eut au moins cela de bon qu'elle l'arracha pour un court moment à sa préoccupation, et lui fit oublier le capitaine de Gardilane pour sa santé.

Était-il vraiment si bas que le disait dame Estelle ?

Alors il était tout naturel qu'il eût montré tant d'incapacité et tant de maladresse dans son entrevue avec le capitaine : qu'attendre d'un malade, d'un mourant ?

Sa nuit fut longue; dans son sommeil le capitaine et la mort se mêlèrent d'une façon terrible, et plus d'une fois il se réveilla étouffé par d'horribles cauchemars; mais jamais l'idée ne lui vint que madame Prétavoine avait été mal inspirée en lui montrant le tête-à-tête de ce capitaine et de mademoiselle de la Roche-Odon, que, sans elle, il n'eût certainement pas vu.

Au contraire, il se dit que cette inspiration avait été bienheureuse puisqu'elle lui permettait de sauver « cette pauvre jeune fille »; car, malgré tout, il était fermement décidé à la sauver.

Ce fut dans cette intention que le lendemain, sa messe dite, il se rendit à la Rouvraye.

Le comte était déjà sorti et Bérengère était seule.

Lorsqu'elle vit entrer l'abbé Colombe une légère rougeur empourpra ses joues. Cependant elle s'acquitta avec aisance de ses devoirs de politesse envers son curé, mais cela fait elle ne trouva rien à dire, et resta silencieuse devant l'abbé Colombe, qui lui-même ne prenait pas la parole.

La timidité naturelle que l'abbé Colombe éprouvait toutes les fois qu'il se trouvait devant une femme le paralysait; jusque-là il était resté maître de lui avec cette jeune fille qu'il traitait en enfant, mais maintenant elle était une femme, et cette pensée seule le remplissait de honte : elle avait rougi, il rougissait, et la confusion qu'elle laissait paraître augmentait celle qu'il ressentait lui-même.

— Oh! chère, chère demoiselle! s'écria-t-il, enfin, est-ce possible, est-ce bien vous que je revois? ô mon enfant! ô ma fille!

Ce n'était certes pas là un discours bien éloquent, cependant Bérengère dans l'état de trouble où elle se trouvait elle-même, en fut vivement émue.

Eh quoi! il pleurait, ce prêtre vénérable!

Elle se leva vivement pour venir à lui.

— Oh! monsieur le curé, dit-elle, qu'avez-vous?

— Vous écouterez ma voix, n'est-ce pas, ma chère fille; revenez en arrière, ne vous laissez pas entraîner par les tentations du démon.

Ces quelques mots détruisirent instantanément l'effet que les larmes avaient produit; comprenant maintenant où l'abbé Colombe voulait en venir, et ayant conscience de ce qu'elle avait fait, elle ne pouvait vraiment pleurer sur elle-même et sur ses autres.

— Et où voyez-vous le démon, monsieur le curé ? dit-elle presque gaiement.

Où il voyait le démon!

Alors, dans un long discours rempli d'interjections, il lui expliqua où et comment il l'avait vu.

Mais Bérengère, qui avait commencé à écouter ce discours le sourire aux lèvres, ne tarda pas à changer de visage, car ce récit lui fit sentir qu'elle avait commis des fautes dont elle ne soupçonnait pas la portée, avant que la parole de l'abbé Colombe les lui révélât dans toute leur importance.

Bien qu'il ne lui dit pas quelles avaient été les pensées et les doutes de madame Prétavoine, elle les devina en partie, aux réticences qu'il employa, et par un geste de pudeur elle mit ses deux mains devant son visage pour cacher sa confusion.

Mais cette confusion augmenta encore quand l'abbé Colombe en vint au récit de sa visite chez le capitaine.

Avant que l'abbé Colombe fût arrivé au bout de son discours, elle l'interrompit :

— Je vous en prie, monsieur le curé, épargnez-moi ce récit, dit-elle.

— Mais, ma chère fille...

—Oui, je comprends, je sens que vous devez tout savoir, mais ce n'est point ici que vous devez m'entendre.

— Et où voulez-vous donc que je vous entende, mon enfant ?

— Au confessionnal, mon père.

L'abbé Colombe leva les deux mains au ciel dans un geste désespéré ; mais bientôt il redevint, jusqu'à un certain point, maître de lui-même :

— Les bras de Dieu vous sont ouverts, dit-il ; quand voulez-vous que je vous entende ?

— Tout de suite, si cela est possible !

— Oui! tout de suite.

Bérengère alla chercher miss Armagh, et ils descendirent tous les trois au village, la gouvernante faisant heureusement les frais de la conversation.

La confession de Bérengère fut longue; mais, quand l'abbé Colombe sortit du confessionnal son visage était radieux.

— Je vais à Condé, dit-il, en se séparant de miss Armagh et de Bérengère.

En effet il se dirigea à grands pas vers la ville et bientôt il sonna à la porte du capitaine.

Celui-ci était justement chez lui.

En entrant, l'abbé Colombe alla à lui les mains tendues.

— Je viens vous remercier du bon conseil que vous m'avez donné hier, dit-il, j'ai vu mademoiselle de la Roche-Odon.

Puis il se mit à parler d'autre chose, du séjour du capitaine à Condé, de la construction des casernes et de sujets indifférents.

— A propos, dit-il en se levant pour partir, prêtez-moi donc le livre que vous m'avez offert, j'ai un doute à éclaircir: ce *Tigrane*...

XXII

Lorsqu'il rentra chez lui, il apprit que madame Prétavoine s'était présentée pour le voir : ne l'ayant pas trouvé, elle avait laissé un volume, en disant qu'elle reviendrait.

En effet elle ne tarda pas à arriver.

— Que je suis heureux de vous voir, s'écria l'abbé Colombe du plus loin qu'il l'aperçut, je serais allé chez vous ce soir.

— Et moi, dit madame Prétavoine, je suis bien heureuse aussi de vous rencontrer ; je vous apporte un volume dans lequel se trouve un dessin représentant le calvaire de Plougastel-Daoulas.

— Il ne s'agit pas de calvaire, s'écria-t-il avec un accent de triomphe.

— Et que trouvez-vous donc de plus important pour les intérêts de notre sainte religion, et particulièrement pour l'édification de votre paroisse, que la construction de ce calvaire ? demanda madame

Prétavoine du ton d'un maître qui réprimande un élève étourdi.

— C'est juste.

Et, pendant près d'une heure, l'abbé Colombe écouta les plans et les explications de madame Prétavoine, attachant les yeux sur le dessin qu'elle avait apporté, appliquant son attention aux détails qu'elle lui indiquait.

Il était émerveillé de l'entendre; c'était presque aussi clair que si l'abbé Guillemittes avait parlé. Mais quoi d'étonnant à cela? Elle était pleine de son sujet, et bien certainement elle n'avait pas d'autre idée dans la tête : c'est une grande force qu'une idée fixe.

Enfin elle arriva au bout de son explication, et méthodiquement, avec soin, elle enveloppa le livre qu'elle avait apporté, le nouant bien comme il était noué; puis alors, se tournant vers l'abbé Colombe :

— Qu'aviez-vous donc quand je suis arrivée, monsieur le curé? Vous paraissiez tout joyeux. Il n'y a pas indiscrétion à vous adresser cette question.

— Indiscrétion ! Dites plutôt qu'il y aurait cruauté à ne pas me la poser, car je brûle de vous faire partager ma joie.

— Je vous écoute, monsieur le curé.

— J'ai vu M. l'abbé Guillemittes selon le conseil que vous m'aviez donné.

— Et comment est-il? Il était un peu souffrant la dernière fois que je lui ai fait visite.

— Il m'a paru bien. J'ai vu aussi M. le capitaine de Gardilane.

— Ah ! vraiment?

16.

— Oui, ma chère dame. Enfin j'ai vu encore mademoiselle de la Roche-Odon. Ah ! comme vous allez être heureuse !

L'abbé Colombe était de ces braves gens qui se grisent de leur joie ; inquiet, il pouvait, dans une certaine mesure, examiner la physionomie de ceux auxquels il s'adressait, mais confiant et rassuré il allait droit devant lui sans rien regarder, sans rien voir.

Il était heureux ; comment madame Prétavoine, qui avait manifesté un si grand désespoir, quand elle avait aperçu mademoiselle de la Roche-Odon et le capitaine Gardilane en tête-à-tête, ne serait-elle pas heureuse en apprenant ce qu'il allait lui annoncer ?

Cependant s'il l'avait regardée, rien que pendant un quart de seconde, il eût été moins ferme dans sa naïve bonne foi.

Au lieu de s'éclaircir, son visage s'était assombri, et il portait tous les signes d'une vive anxiété.

Mais s'il regarda ce visage, il ne le vit pas, aveuglé, emporté qu'il était par son ivresse.

— Rassurez-vous, chère madame, dit-il, et persévérez dans vos projets.

— Quels projets ?

Il baissa la voix.

— Celui d'unir ce cher Aurélien avec mademoiselle de la Roche-Odon.

— Hélas ! j'ai renoncé à ce projet.

— Reprenez-le ; elle en est digne ; elle n'a jamais cessé d'être l'innocente et pure jeune fille que nous connaissions.

— Ce n'était point elle qui se trouvait en tête-à-tête avec le capitaine de Gardilane ?

— Si, c'était elle, dit le curé en souriant.

— Nous nous sommes trompés quand nous avons cru qu'elle donnait sa main à cet officier ?

Le sourire de l'abbé Colombe devint un bon rire aiguisé par une pointe de malice.

Madame Prétavoine, les lèvres pincées, le nez contracté, regarda longuement l'abbé Colombe, puis d'une voix sèche :

— Expliquez-vous, monsieur le curé, je vous prie, car je vous avoue que je ne comprends absolument rien à ce que vous me racontez.

— C'est que précisément je ne puis pas m'expliquer.

— Alors, que signifie votre joie, monsieur le curé ?

— Elle signifie que nous nous étions trompés, et que nous avons été bien coupables.

— Cependant, monsieur le curé...

— Une personne pieuse comme vous, madame, sait qu'un prêtre n'est pas libre de ses paroles, mais une personne pieuse comme vous, sait aussi qu'un prêtre est incapable de fourberie comme d'imprudence.

Madame Prétavoine savait comprendre à demi-mot ; elle sentit que toute insistance serait inutile, car elle s'adresserait à la conscience de l'abbé Colombe, et de ce côté il était inattaquable.

— La preuve que vous pouvez poursuivre l'exécution de vos desseins, continua l'abbé Colombe, c'est que j'arrive de chez le capitaine de Gardilane, pour lui faire implicitement mes excuses à propos de ma visite d'hier.

— Ah! vous arrivez de chez cet officier?

— Un excellent jeune homme, ma chère dame, intelligent, instruit, poli, plein de cœur et de délicatesse. Ah! je me suis bien trompé sur son compte, et j'ai une lourde faute à réparer envers lui.

— Vous la réparerez, monsieur le curé, dit madame Prétavoine, les dents serrées, étouffant de colère.

— Je ferai tout ce que je pourrai pour cela, au moins; ce sera en tous cas une leçon dont je tâcherai de profiter. Quant à mes torts envers mademoiselle de la Roche-Odon, car j'en ai de sérieux envers elle je sais comment je les réparerai.

Madame Prétavoine ne pensait guère à ce que disait maintenant l'abbé Colombe, s'inquiétant peu de savoir comment il réparerait ses torts envers mademoiselle de la Roche-Odon; cependant elle répondit machinalement :

— Et comment, monsieur le curé?

— En travaillant, dans la faible mesure de mes pauvres moyens, à son union avec votre cher fils.

— Mais, monsieur le curé...

— Eh quoi! madame, abandonneriez-vous votre projet? Mais alors j'aurais donc été assez malheureux pour ne pas vous convaincre! Ne vous en prenez qu'à moi, à mon insuffisance, à mon incapacité, si je n'ai pas trouvé les paroles qui devaient vous convaincre, mais, je vous en conjure, ayez foi dans mon affirmation, et croyez-moi quand je vous dis que cette excellente jeune fille est digne de notre cher Aurélien.

— Je veux vous croire, je vous crois, monsieur le curé ; mais toutes vos affirmations ne peuvent pas aller contre un fait : cet officier reste à Condé, et qui sait ce qui peut advenir de son séjour ici !

— Moi, chère dame, qui vous affirme qu'il ne pense nullement à élever ses prétentions jusqu'à mademoiselle de la Roche-Odon, qui ne sera pas la femme de cet officier, mais qui sera celle de votre fils. Ah ! quelle joie pour mon cœur, si un jour je les vois agenouillés tous les deux devant notre autel ! Pour moi, voilà désormais le but à poursuivre, et celui vers lequel tendront tous mes efforts.

— Je vous en prie, monsieur le curé, de la prudence, et songez qu'un mot pourrait tout perdre.

— Rassurez-vous, madame, c'est à Notre-Seigneur et à sa très-sainte mère que je veux m'adresser.

— Je craignais que, dans votre zèle, vous ne voulussiez vous adresser directement au comte.

— Directement, non, madame ; mais soyez sûre que si je puis agir sur son cœur et sur son esprit, je ferai tous mes efforts pour les incliner à cette sainte œuvre.

XXIII.

Les choses avaient mal tourné pour madame Prétavoine.

Cependant elle ne se désola pas de cet échec, car elle n'avait jamais fondé de grandes espérances sur le concours de l'abbé Colombe.

Ce qu'elle avait voulu de lui ç'avait été qu'il fût témoin du tête-à-tête du capitaine de Gardilane et de mademoiselle de la Roche-Odon, afin de se servir de son témoignage quand le moment en serait venu.

Cela elle l'avait obtenu; et de ce côté elle avait réussi : l'abbé Colombe avait vu et bien vu.

Si à la suite de cette constatation, elle avait pensé à faire agir le curé de Bourlandais, de façon à rendre toutes relations entre le capitaine et Bérengère impossibles ou tout au moins très-difficiles, ç'avait été parce que son principe était de ne rien négliger de ce qu'on pouvait tenter; mais en réalité elle ne comptait pas sur le succès des démarches de l'abbé Colombe d'une manière positive.

Assurément ce pauvre abbé Colombe avait entassé maladresses sur maladresses, et il s'était laissé duper comme un naïf qu'il était.

Comment le capitaine de Gardilane l'avait abusé, elle ne le devinait pas, au moins dans le détail ; mais cela était peu important ; pour elle il n'y avait qu'un point à considérer, qui était que l'abbé Colombe s'était épris d'une belle amitié pour cet officier devenu du jour au lendemain le plus honnête homme du monde.

Pour Bérengère, elle savait au contraire parfaitement à quoi s'en tenir et voyait clairement ce qui s'était passé : Bérengère, se sentant sérieusement compromise et voulant gagner le témoin dont elle redoutait le plus le témoignage, s'était confessée à lui, mais elle avait fait une confession fausse, dans laquelle elle avait arrangé les choses tout à son avantage, si bien que l'abbé Colombe, avec sa crédulité ordinaire, avait accepté tout ce qu'elle avait imaginé de lui conter.

Une femme mal pensante, incrédule ou impie, eût sans doute hésité avant de supposer que cette jeune fille à l'air pur et candide, élevée chrétiennement, pratiquante, était capable de commettre une faute aussi abominable, aussi vilaine, qu'une fausse confession ; mais madame Prétavoine n'avait point de ces timidités enfantines. Lorsqu'elle avait à juger les gens, elle ne s'amusait point à rechercher quels pouvaient être leurs principes, quelle était leur foi ou quelles étaient leurs habitudes, elle allait droit au but, c'est-à-dire à leur intérêt; et c'était seulement après avoir trouvé l'intérêt qu'ils pouvaient avoir à faire ou ne pas faire une chose, qu'elle se formait une opinion.

Or, l'intérêt que Bérengère avait à tromper l'abbé Colombe était trop évident pour qu'elle hésitât une seconde à admettre cette fausse confession.

— Décidément cette petite hypocrite est plus forte que je ne pensais, se dit-elle, et nous aurons du mal avec elle.

Mais elle ne se fâcha pas autrement, et ne se découragea pas.

Avoir du mal, n'était pas une perspective de nature à l'effrayer; depuis son enfance elle avait eu du mal, n'épargnant ni ses forces, ni ses peines, ni ses veilles, n'accordant jamais une minute de repos à son corps ou à son esprit. Si la petite mercière d'Hannebault avait eu peur de se donner du mal, elle ne serait pas devenue la madame Prétavoine, dont tous les gens enviaient maintenant la fortune et la position.

Il faudrait se donner du mal, eh bien? elle s'en donnerait.

Après tout, il n'entrait pas dans son plan primitif, de se servir des diverses combinaisons qui lui avaient été suggérées par la découverte qu'elle avait faite derrière la tente.

Elle allait reprendre l'exécution de ce plan primitif; plus tard elle verrait comment elle pourrait utiliser cette découverte, et plus tard aussi elle chercherait le moyen de se débarrasser de cet officier qui venait si malheureusement compliquer une situation déjà bien assez difficile en elle-même. Peut-être serait-il possible d'obtenir son changement. Si l'on échouait de ce côté, on s'arrangerait pour lui rendre le séjour de Condé si désagréable et si pénible, qu'il demanderait lui-même à s'en aller.

Tout cela était à étudier, à combiner de manière à ne pas échouer piteusement comme avec l'abbé Colombe.

Pour le moment il y avait une chose plus importante et plus urgente qui la réclamait tout entière : c'était de devenir la seule créancière du comte de la Roche-Odon.

Cela obtenu, elle le tiendrait comme le cheval qu'on est parvenu à brider, et malgré la fierté du vieux comte, elle le conduirait où elle voudrait; il faudrait bien qu'il obéît à la main qui le gouvernait, et cette obéissance serait d'autant plus grande que l'humiliation serait pour lui plus cruelle.

Il y avait plusieurs mois déjà qu'elle avait entrepris cette délicate et difficile opération, mais malgré l'activité qu'elle avait déployée, elle n'avait pas pu encore la mener à bonne fin.

En sortant de chez l'abbé Colombe, elle revint à Condé et, avant de rentrer chez elle, elle passa à l'étude de Me Griolet, son notaire, et en même temps celui du comte de la Roche-Odon.

Madame Prétavoine était une cliente pour laquelle on était plein d'égards. En la voyant entrer dans l'étude, le maître clerc alla au-devant d'elle et l'introduisit dans le cabinet du patron, dont il referma les doubles portes.

Vivement le notaire se leva, et, à la façon dont il la salua de loin, on eût pu deviner, si on les avait examinés, qu'elle était une toute-puissante maîtresse et que lui n'était qu'un humble serviteur.

En effet, c'était elle qui l'avait fait notaire à Condé et c'était à elle qu'il devait une partie de sa charge. Elle l'avait connu à Hannebault, où il était maître clerc, et, satisfaite de son intelligence et de son zèle, séduite surtout par ses principes et ses pratiques d'une ardente piété, elle l'avait mis à même, bien qu'il n'eût pas un sou de patrimoine, d'acheter, moyennant la somme de 275,000 francs, la meilleure étude de Condé, celle du bonhomme Painel, notaire depuis quarante-sept ans. Acheter une étude de 275,000 francs quand on n'a pas le premier louis pour la payer aurait été de la démence si le jeune Griolet, qui était beau garçon, n'avait pas compté sur la dot de la femme, que sa bonne mine et surtout ses relations dans le monde bien pensant, devaient lui trouver. Cependant bonne mine et relations eussent été insuffisantes pour amener ce mariage, sans l'aide de madame Prétavoine. Grâce à son concours, M° Griolet avait pu fournir la preuve à un riche herbager qu'il était propriétaire d'un capital de 50,000 francs, recueilli dans un héritage fantastique, et celui-ci lui avait donné sa fille avec une dot de 160,000 francs. Bien entendu, madame Prétavoine n'avait point offert ces 50,000 francs au jeune notaire, et celui-ci ne les avait touchés qu'en échange d'un certain nombre de billets échelonnés de trois mois en trois mois jusqu'au payement complet de la somme avec ses intérêts et les intérêts des intérêts. Pour madame Prétavoine, ç'avait été jouer gros jeu que de prêter ces 50,000 fr. à son protégé ; mais en échange des chances qu'elle courait, elle avait trouvé des avantages certains qui lui avaient fait risquer l'opération.

D'abord elle acquérait ainsi le dévouement et l'obéissance d'un homme qui, en dehors du mariage d'Aurélien, pourrait lui être très-utile pour ses affaires courantes.

Puis ensuite elle rendait à sa cause un service signalé, dont on lui saurait gré, et qu'elle se ferait largement payer.

En effet, bien que le parti clérical fût nombreux et puissant à Condé, il n'avait pas de notaire sur lequel il pût compter : le bonhomme Painel, qui avait débuté dans le notariat à la fin de la Restauration, et qui avait gagné sa fortune sous le règne de Louis-Philippe et sous l'Empire était un vieux sceptique, qui ne croyait à rien, se moquait de tout, et n'offrait comme garanties à sa riche clientèle qu'une parfaite probité. Quant aux deux autres notaires, ils étaient républicains; l'un d'eux avait même été maire de la ville après le 4 Septembre, et non-seulement il n'y avait rien à attendre de ces gens-là, mais il fallait encore les combattre et ruiner leur influence.

Que Griolet, dont on était absolument sûr, pût acheter la charge du bonhomme Painel, et par ce fait seul, les choses prenaient une autre face dans la contrée.

Déjà on avait fait venir un jeune médecin qui offrait les mêmes garanties que Griolet, le docteur Evette, qui en moins de deux années avait obtenu la clientèle de toute la société bien pensante.

Avec Griolet comme notaire et avec Evette comme médecin, qui joindraient leurs efforts à ceux d'un clergé plein de zèle et d'ardeur, on pouvait espérer de reprendre un jour la direction des grands intérêts du pays. Sans doute ce ne serait qu'un commencement, mais enfin ce serait quelque chose en attendant qu'on pût, par l'instruction, créer une pépinière d'hommes d'élite qui, forts de l'accord de la foi et de la vraie science, donneraient à la France une classe dirigeante digne de sa tradition et de son génie national.

Bien que ces hautes idées eussent été insinuées dans de bonnes âmes qui auraient pu facilement fournir à Griolet le capital nécessaire pour acheter la charge du bonhomme Painel, elles n'avaient point germé, et il est même probable que cette semence eût été perdue, si madame Prétavoine n'avait point été là pour la recevoir.

Elle avait bravement donné les 50,000 francs nécessaires, et de ce jour « la direction des grands intérêts de la contrée » avait pris un autre cours.

Chose curieuse même et bien digne de remarque, c'était depuis que le docteur Evette et le notaire Griolet se rencontraient au chevet des mourants que des procès avaient été intentés à ce pauvre M. Trempu « en qualité de personne interposée ».

Quelques esprits chagrins avaient osé risquer cette odieuse insinuation, mais heureusement elle n'avait atteint ni l'honorabilité du notaire, ni le caractère du médecin, ni la loyauté de « ce pauvre M. Trempu ».

Ce serait une erreur de se représenter M. Griole en costume noir râpé, la cravate blanche au cou, le visage glabre et blême, avec l'air et la tournure d'un sacristain ou d'un séminariste.

C'était au contraire un homme élégant, de manières aisées, joyeux, qui fredonnait plus souvent les couplets des opérettes à la mode que de pieux cantiques. Au lieu d'un costume noir râpé, il portait une redingote bleue boutonnée de façon à développer son torse et à dessiner sa taille; au cou, la cravate blanche de l'ancien régime était remplacée par un col cassé qu'entourait une petite cravate de satin qui changeait de nuance selon les saisons et le temps ; avec cela un pantalon de couleur claire fait par un bon tailleur parisien et tombant gracieusement sur des bottines vernies. Sur le boulevard cette toilette eût paru prétentieuse et provinciale, mais à Condé elle faisait l'admiration et l'envie de plus d'un jeune homme, qui recommandait à son tailleur de l'habiller « comme M. Griolet. »

Ce n'était pas seulement par la tenue et par le costume que Griolet s'éloignait du type de l'ancien notaire, c'était encore par les habitudes : il fallait se fâcher avec le bonhomme Painel pour lui faire accepter un dépôt, et il eût mis à la porte le client audacieux qui lui eût demandé un reçu; son successeur, au contraire, accueillait à bras ouverts et invitait à sa table tous ceux qui lui confiaient leur argent, et il leur donnait de jolis reçus sur papier rose; le bonhomme Painel n'avait été à Paris que trois fois dans sa longue existence, et encore aux frais de ses clients pour s'occuper de leurs affaires ; son successeur y allait tous les deux mois passer plusieurs jours et ne comptait jamais à ses clients un sou de déboursés ! enfin, tandis que le bonhomme Painel vivait dans la dévote observation de la loi du 25 ventôse an XI, cette constitution du notariat, son successeur paraissait ignorer complétement que cette loi existât ; mais ce qu'il ignorait bien plus complétement encore, c'était l'ordonnance du 4 janvier 1843, qui décide qu'il est interdit au notaire de se livrer à aucune opération de bourse, de commerce ou de banque, de faire des spéculations relatives à l'acquisition et à la revente des immeubles, de s'intéresser dans aucune affaire pour laquelle ils prêtent leur ministère, et autres opérations, spéculations, affaires du même genre qui chez lui se faisaient couramment, et donnaient les plus gros bénéfices de son étude.

Cette manière de procéder eût très-probablement procuré à tout autre des relations peu agréables avec le parquet, mais quel procureur de la République eût jamais osé prendre la plume « pour mander » un notaire aussi bien pensant que M. Griolet : c'eût été un scandale dans la ville.

« Bien pensant, » cela répondait à tout, aux airs d'opérettes, aux cravates bleues piquées avec une épingle en argent à fleur de lis, au col cassé, aussi bien qu'aux opérations de bourse, aux ventes de biens, aux cautionnements de prêts, aux services d'intérêts, aux prête-noms, etc., etc.

— Je voulais aller vous faire visite ce soir même

avec madame Griolet, dit-il en saluant madame Prétavoine, pour vous adresser mes félicitations à propos de votre fête; comme elle était charmante ! quel succès, chère madame; vraiment il n'y avait que vous à Condé pour réunir une pareille assistance.

Mais madame Prétavoine n'était pas une femme qui se laissât détourner de ses idées par les éloges et les compliments; elle se contenta de répondre par une inclinaison de tête, à ces paroles gracieuses, et tout de suite aborda le sujet qui l'amenait chez son notaire.

— Avez-vous vu le comte de la Roche-Odon ? dit-elle.

— Il était assis il y a une heure à peine à la place que vous occupez en ce moment.

— Et que dit-il ?

— Il est fort tourmenté.

Madame Prétavoine laissa échapper un soupir de soulagement qu'elle se hâta aussitôt de traduire, de peur qu'il fut interprété par le notaire dans un sens qu'elle ne voulait pas avouer.

— Le pauvre homme ! dit-elle, est-ce terrible, à son âge.

— S'il avait voulu y consentir nous lui aurions eu à 50 pour cent les créances qu'il paye aujourd'hui intégralement.

— Et les créanciers du vicomte auraient réalisé encore de beaux bénéfices.

— C'est ce que j'ai représenté au comte en lui faisant voir que les prix auxquels on vendait à son fils, étaient établis de façon que, s'il payait la moitié, cela serait plus que suffisant pour rémunérer largement ces honnêtes marchands ; il n'a voulu rien entendre. « Mon fils devait, je dois. » Et il a tout payé.

— Si bien qu'il ne peut plus payer maintenant.

— Il payera.

— Quand ?

— Quand il aura rouvé les trois cent quarante-mille francs qui sont nécessaires.

— Accepte-t-il notre combinaison ?

— Il hésite.

— Il est bien fier.

— Sans doute il y a de la fierté dans ses hésitations, mais il y a aussi l'espérance que les frères Ventillard lui payeront les deux cents et quelques mille francs qu'ils lui doivent pour leurs dernières coupes de bois.

— Les Ventillard ne payeront rien du tout, au moins avant deux ou trois ans.

— Ils se sont bien acquittés envers vous.

— C'est précisément pour cela qu'il ne s'acquitteront pas envers le comte.

— Vous les avez saignés à blanc, dit le notaire en riant.

— Ils savaient que je les mettrais en faillite, et en même temps ils étaient sûrs que le comte ne les y mettrait pas.

— Il y a vingt ans qu'ils achètent les bois du comte.

— Et puis moi je ne suis qu'une femme d'argent, tandis que le comte est un homme de noblesse ; il est tout naturel que je poursuive à outrance des débiteurs qui ne me payent pas ; il serait odieux que le comte mît en faillite de gens à qui il a fait gagner de grosses sommes depuis vingt ans. Voilà comment ont raisonné les Ventillard; si bien que j'ai été payée et que le comte ne l'a pas été.

— Je dois voir les frères Ventillard demain matin.

— Et le comte quand devez-vous le voir?

— Demain soir, à quatre heures; cette dernière dette le gêne fort; il donnerait beaucoup pour l'acquitter.

— Qu'il accepte notre combinaison et après-demain il pourra se libérer.

— Il ne sera pas trop tôt; on menace le comte de poursuites.

— Poursuivre le comte de la Roche-Odon! s'écria madame Prétavoine transportée d'indignation, quelle abomination, dans quels temps vivons-nous, mon Dieu !

Griolet qui n'était pas un sot et qui soupçonnait fort madame Prétavoine d'avoir acheté des créances pour lesquelles on menaçait de poursuivre le comte (ce qui était la vérité), ne put s'empêcher d'admirer l'accent avec lequel elle avait poussé son exclamation indignée.

— Quel succès elle aurait au théâtre, se dit-il.

— Il ne faut pas qu'un pareil crime puisse se commettre, poursuivit madame Prétavoine, et vous devez m'aider, mon cher monsieur Griolet, à l'empêcher.

— Et comment cela?

— Laissez-moi réfléchir un moment et chercher une nouvelle combinaison, puisque le comte a de la répugnance pour accepter celle que vous lui avez proposée.

Elle parut s'enfoncer dans une profonde méditation.

17.

De temps en temps, elle laissait échapper des mots étouffés et secouait la tête comme une femme qui se désespère de ne pas trouver ce qu'elle cherche.

Enfin elle releva la tête.

— Je suis décidée à tout pour sauver le comte, dit-elle ; cependant je ne dois pas compromettre la fortune de mes enfants ; il faut donc que, tout en ménageant sa juste fierté, je prenne des garanties. Et c'est cette conciliation qui rend l'affaire si délicate, si difficile : voici ce que je vous propose : cela sera sans doute très-confus, cela même sera peut-être impraticable, mais si je m'explique mal ou si je me trompe, vous m'arrêterez et vous me rectifierez ; je ne suis qu'une pauvre femme et, en dehors de ce qui est commerce et banque, j'entends bien mal les affaires. Le comte, n'est-ce pas, doit au Crédit foncier et à divers quatorze cent mille francs en chiffres ronds ?

Le notaire se leva pour ouvrir un cartonnier au-dessus duquel on lisait : « M. le comte de la Roche Odon. »

— Ne vous donnez pas la peine, poursuivit madame Prétavoine, j'ai demandé l'état des inscriptions au bureau des hypothèques, et je suis sûre du chiffre de quatorze cent mille francs : eh bien ! je rembourse cette somme, et, devenue son unique créancière, je lui prête les 340,000 francs pour lesquels il se trouve sous le coup de poursuites. Que dites-vous de mon idée ?

— Quelle est admirable de générosité.

— Générosité, non ; dévouement, oui. Mais est-elle pratique ?

— Assurément ; cependant il est possible que le comte se demande et me demande pourquoi, au lieu de vous substituer au Crédit foncier et aux créanciers, vous ne lui prêtez pas tout simplement les 340,000 francs dont il a besoin.

— C'est sur vous que je compte, mon cher notaire, pour lui faire comprendre que cette manière de procéder est impraticable. Que je lui prête cette somme, mon hypothèque prendra rang, n'est-ce pas, après celles du Crédit foncier et des autres créanciers déjà inscrits.

— Sans aucun doute.

— Très-bien, supposons que le comte, pour une raison quelconque, révolution, incendie de ses bois, guerre, etc., ne paye pas les annuités du Crédit foncier ou les intérêts d'un créancier ; on peut le poursuivre, n'est-ce pas, et mettre le gage en vente ?

— Le gage vaut quatre ou cinq fois la valeur des sommes prêtées.

— En temps ordinaire, vous avez raison ; mais, en temps de guerre ou de révolution, combien vaudrait-il, alors qu'on serait forcé de vendre à jour fixe? Et qui sait si demain nous ne serons pas en guerre ou en révolution? Alors forêts, herbages, fermes, château, tout est vendu à vil prix.

— Vous achetez.

— Et si je n'ai pas l'argent? Et il bien certain qu'en temps de révolution, je ne l'aurai pas. Je peux donc perdre mes 340,000 francs? En tout cas, je les aventure, et ma position de mère de famille ne me permet pas de courir des risques. Avec le moyen que je vous propose, je les supprime. En effet j'ai seule une hypothèque, sur les biens du comte, et si, pour une raison quelconque, mes intérêts ne sont pas payés, je suis seule juge des mesures à prendre, c'est-à-dire que pour me faire payer j'attends un moment favorable. Je n'ai plus rien à craindre, car je suis bien certaine que le comte ne fera pas de nouvelles dettes. Il pourra même éteindre la mienne avec ce qu'il économisera sur ses revenus. Aussi pourra-t-on mettre dans l'acte que tous les ans, il devra au 1er janvier me rembourser une somme de 100,000 francs. Je tiens à cette clause, car je vais me dépouiller de tout ce que je possède, et je serai bien aise d'en ressaisir un peu tous les ans. Enfin, mon cher Griolet, voilà l'affaire telle que je la comprends; expliquez-la au comte, non comme je viens de vous l'exposer mais avec votre habileté et votre finesse. Je la mets entre vos mains; à vous de montrer au comte les avantages qu'il y a pour lui à l'accepter. Pour moi, j'aurai fait le possible; faites le reste. Je ne demande qu'une chose à votre zèle, c'est de ménager la fierté du comte : ne lui parlez ni de générosité ni de dévouement ; dites-lui que c'est surtout une affaire de toute sécurité que je cherche pour me reposer de mes tracas. Je vous attendrai demain après la visite du comte.

XXIV

Au lieu de se rendre directement chez elle, madame Prétavoine, en sortant de chez le notaire, fit un détour pour passer par la rue du Pont, où demeurait son huissier, Mᵉ Espérandieu.

Puisque le comte de la Roche-Odon devait le lendemain, à quatre heures, revoir Griolet, il était à croire que si vers trois heures il recevait une sommation d'avoir à payer aux mains de qui de droit la somme de 340,000 francs, montant de diverses créances dues par M. le vicomte de la Roche-Odon, en son vivant colonel de hussards, cela le disposerait favorablement à accepter les propositions du notaire.

Lorsqu'elle entra dans le cabinet où travaillai Mᵉ Espérandieu, sa figure était si affligée que l'huissier coupa court à ses formules ordinaires de politesse ainsi qu'à ses longues salutations, pour s'informer de la santé de sa précieuse cliente.

— Seriez-vous malade ? s'écria-t-il de sa petite voix flûtée.

Et son long corps resta plié en deux, attendant une réponse.

— Très-peinée, répondit madame Prétavoine, de la commission que j'ai à remplir auprès de vous. Vous savez comment j'ai été chargée par mes commettants de Paris, de l'affaire contre M. le comte de la Roche-Odon?

— M. le comte de la Roche-Odon ne paye pas, dit l'huissier.

— Aussi mes commettants veulent-ils qu'on lui fasse une sommation; ils n'ont rien voulu entendre.

— Dame ! quand on doit, on paye.

— Quand le débiteur est un homme comme le comte de la Roche-Odon, on a pour lui des égards

Espérandieu se frotta les mains par un geste qui disait que les égards n'étaient pas une monnaie qu'on recevait dans sa caisse.

— J'ai été pour répondre, poursuivit madame Prétavoine, que je ne voulais plus m'occuper de cette affaire. Seulement, ayant réfléchi que d'autres n'auraient peut-être pas pour ce digne représentant de la noblesse dans notre pays le respect qui lui est dû, je n'ai point envoyé ma lettre. Il faut donc que vous fassiez au comte la sommation exigée, seulement je vous demande, comme un service personnel, de la faire avec des ménagements et dans certaines conditions que je vais vous indiquer.

— Je suis tout à votre disposition, répondit l'huissier, qui n'avait rien à refuser à madame Prétavoine.

— Je voudrais que cette sommation fût remise au comte à un moment où il serait seul et sans qu'on vous vît à la Rouvraye.

— Cela me paraît assez difficile.

— Peut-être ; mais je suis certaine que cela peut se faire, si vous voulez bien y mettre de la complaisance et en même temps de la délicatesse. Il faut que la sommation soit délivrée demain; or demain précisément, le comte de la Roche-Odon doit venir chez M. Griolet, à quatre heures. Il est probable qu'il partira de chez lui vers trois heures. Et il est probable aussi que, selon ses habitudes, il fera cette course à pied.

— Compris, dit l'huissier qui était économe de son temps et de ses paroles.

— N'est-ce pas : vous vous promenez du côté de la Rouvraye, et, quand le comte arrive dans l'avenue en sortant du château, vous vous présentez et vous lui dites que vous alliez chez lui.

— Pour acte de mon ministère.

— Hélas ! il le faut bien; et alors vous lui remettez votre sommation parlant à sa personne, en écrivant « le parlant à » sur votre genou.

— Facile.

Les choses ainsi arrangées, madame Prétavoine remonta vers le rempart, avec la douce satisfaction d'avoir bien employé son temps.

Elle n'avait plus maintenant qu'à finir tranquillement la journée, en tête-à-tête avec Aurélien, pour qui elle avait tant travaillé depuis le matin.

Mais Aurélien était sorti avec M. Dieudonné de la

Fardouyère, qui était venu le chercher; en son absence le facteur avait apporté une lettre pour lui.

— Où est cette lettre? demanda madame Prétavoine.

— Je l'ai montée dans la bibliothèque de monsieur.

Sans perdre une minute madame Prétavoine entra dans la bibliothèque, et sur le bureau de son fils, en belle place, elle aperçut la lettre qui portait à l'un de ses angles le timbre d'affranchissement belge.

Elle la prit et regarda le timbre du départ: Bruxelles.

Vivement elle retourna l'enveloppe et étudia la fermeture: pas de cire, pas de cachet, une simple adhérence au moyen de gomme.

Là était donc enfermé le secret qui l'avait si vivement inquiétée depuis quelques jours, et qu'elle avait inutilement cherché à deviner.

Elle resta un moment à tourner et retourner cette lettre entre ses doigts.

Cette feuille de papier allait peut-être détruire toutes ses combinaisons.

Cela était impossible; elle ne voulait pas que cela fût.

Si un danger la menaçait, il fallait qu'elle sût quel il était, afin de prendre ses précautions à l'avance.

Elle sortit sur le palier, et du haut de l'escalier elle appela la femme de chambre.

— M. Aurélien a-t-il dit quand il rentrerait? demanda-t-elle.

— Oui, madame, il a dit qu'il ne reviendrait que pour dîner.

— Bien.

Alors, au lieu de retourner dans la bibliothèque de son fils, elle entra dans son appartement, tenant toujours la lettre à la main.

Puis, l'ayant déposée sur une table, elle alluma une petite lampe à esprit de vin et plaça au-dessus une casserole en argent à moitié remplie d'eau.

Cela fait, et tandis que l'eau chauffait, elle alla prendre dans un tiroir deux longues aiguilles à tricoter et elle les passa à l'une des extrémités de l'enveloppe, là où il n'y avait pas adhérence.

Pendant ce temps l'eau qui avait chauffé chantait dans la casserole au-dessus de laquelle montaient des petits tourbillons de vapeur.

Au moyen des deux aiguilles à tricoter elle exposa l'enveloppe, du côté de la fermeture, au-dessus de ce petit jet de vapeur, et la tint ainsi durant quelque secondes sans craindre de se brûler les doigts.

Quand elle la retourna, la gomme qui s'était mouillée n'offrait plus de solidité, et les deux morceaux de papier qu'elle retenait quelques instants auparavant se décollèrent sans se déchirer.

Elle souffla la mèche de la lampe, car si préoccupée qu'elle fût, elle n'oubliait jamais les règles d'une sage économie, puis ayant posé l'enveloppe avec soin sur la table de manière à ce qu'elle séchât, elle ouvrit la lettre.

Son regard rapide comme l'éclair courut à la signature : Sophie ; c'était bien ce qu'elle avait imaginé, ce qu'elle avait craint.

Cette fille, c'était cette fille qui venait se jeter à travers ses combinaisons, cette misérable fille ! Elle fut ndignée.

Mais l'indignation n'avait jamais, chez elle, entravé la marche de la raison ; d'un œil clair, d'un esprit attentif, elle lut cette lettre :

« Malade, mon chéri, et c'est une main étrangère
» qui me l'écrit ; tu es malade et je suis loin de toi !
» Ah ! j'avais bien prévu, j'avais bien senti que tu étais
» malade. Est-ce que si tu n'avais pas été malade tu
» n'aurais pas depuis longtemps déjà rejoint ta petite
» Sophie, qui n'est venue en ce pays que pour toi ?
» Mais qu'est-ce que je fais ici, si tu es à Condé ?

» Ce que je fais, je vais te le dire : je meurs d'an-
» goisse. Il n'est pas possible que je sois si éloignée
» de toi quand tu es malade, et alors que tu ne peux
» pas m'écrire. L'idée qui m'est venue en recevant ces
» quelques lignes de ton ami, ç'a été de partir tout de
» suite pour Condé. Si j'ai résisté à cette idée, qui me
» poussait cependant bien fort, ç'a été par crainte de
» te déplaire, ou plutôt de te nuire. Je me suis rete-
» nue. Et après avoir si bien résolu de partir que je
» suis allée jusqu'au chemin de fer, je suis revenue
» ici pour t'écrire une fois encore. Mais cette lettre
» sera la dernière.

» Si tu ne m'écris pas que tu arrives, je pars ven-
» dredi soir pour Condé. Vendredi, comme c'est loin
» encore et comme je vais m'inquiéter, me tourmenter,
» souffrir le martyre jusque-là ? C'est précisément
» parce que je ne peux pas supporter une pareille
» attente que je partirai.

» A Condé, il est vrai que si tu es toujours malade,
» je ne pourrai pas te voir et n'irai pas de force m'ins-
» taller auprès de ton lit, où je voudrais être pour te

» soigner; tu verrais, chéri, comme je te soignerais,
» mais enfin, puisque cela n'est pas possible pour
» moi, je n'irai pas chez toi, car avant mon repos, je
» veux le tien; seulement, je serai à Condé, j'aurai de
» tes nouvelles, je saurai comment tu as passé la nuit,
» si tu vas mieux, et je n'aurai plus à me désespérer
» dans cette attente qui me tue.

» Si encore elle ne tuait que moi, mais je suis cer-
» taine qu'elle est mortelle pour notre enfant. Si tu
» savais quand je reste comme hébétée en tâchant de
» te voir à travers l'espace, je ne le sens plus remuer;
» puis, quand je me mets à pleurer, voilà qu'il bondit.
» Si je restais ainsi plus longtemps, bien sûr qu'en
» venant au monde, il aurait une de ces maladies ner-
» veuses qui sont si terribles.

» Mais je ne resterai pas. Je ne peux plus. Si tu ne
» m'écris pas que tu es guéri et que tu arrives, je
» pars.

» Quand tu reviendras, je reviendrai.

» Ne prends pas souci de mon voyage : je suis bien
» venue, je retournerai mieux encore, maintenant que
» je sais la route.

» O mon mignon, ô mon chéri! il faut que je sache
» comment tu vas; il faut, si tu restes dans ton lit, que
» je puisse la nuit aller regarder brûler la veilleuse
» de ta chambre.

» Il est vrai que j'ai bien vécu loin de toi, alors que
» tu étais ici, tandis que moi j'étais à Condé; mais
» alors tu n'étais pas malade.

» Si tu ne peux pas m'écrire toi-même, que ton ami
» m'écrive; mais, je t'en prie, qu'il veuille bien être

» moins bref : malade ! De quoi es-tu malade ? Quel-
» ques lignes d'explication pour celle qui t'adore
» pour ta pauvre petite   Sophie. »

Un enfant !

Madame Prétavoine s'arrêta suffoquée par l'émotion.

Cette fille était enceinte.

Elle resta un moment accablée, écrasée sous cet effondrement.

Puis, machinalement, elle relut cette lettre.

Mais elle ne s'était pas trompée.

Cette Sophie était enceinte, et elle menaçait de revenir à Condé si Aurélien n'allait pas la rejoindre à Bruxelles.

Quelles étaient les intentions d'Aurélien ?

Là désormais se trouvait la question importante.

Mais avant de l'examiner, madame Prétavoine voulut recacheter cette lettre, car son fils pouvait maintenant rentrer d'un moment à l'autre, et elle ne voulait pas qu'il s'aperçût qu'elle l'avait lue.

Avec un peu de colle cette opération du recachetage fut des plus faciles, et à voir madame Prétavoine mettre la colle avec un pinceau et la faire sécher à la flamme de la lampe qu'elle avait rallumée, on eût pu croire qu'elle avait été employée au cabinet noir.

Cela fait et bien fait, elle reprit le cours de ses réflexions.

Aurélien, qui ne revint qu'à l'heure du dîner, trouva sa mère prête à se mettre à table, il ne put donc pas monter à son appartement.

Lorsqu'ils furent assis en face l'un de l'autre, madame Prétavoine s'adressa à la femme de chambre.

— Ne m'avez-vous pas dit qu'une lettre était arrivée pour M. Aurélien ?

— Oui, madame, je l'ai montée dans l'appartement de monsieur.

— Eh bien ! allez la chercher.

Bientôt la femme de chambre revint apportant la lettre; en reconnaissant l'écriture, Aurélien laissa échapper un mouvement de contrariété; il mit la lettre dans sa poche sans l'ouvrir.

— Vous ne la lisez pas ? demanda sa mère.

— C'est inutile, je sais de quoi il est question, je la lirai plus tard.

Puis tout de suite changeant de sujet de conversation :

— Saviez-vous que Dieudonné de la Fardouyère fût dans une mauvaise position ? dit-il avec volubilité. Le pauvre garçon a emprunté d'assez grosses sommes à Léon, le garçon du cercle Saint-Hubert, quelque chose comme 12,000 francs, remboursables à deux ans de date, pour 24,000 francs,

— C'est une jolie opération, dit madame Prétavoine.

— L'époque du remboursement est arrivée, Dieudonné ne peut pas payer, et Léon menace de poursuivre. Que va dire le président ? Dieudonné était venu me trouver pour me demander de le tirer d'embarras.

— Et vous avez répondu ?

— Que je ne pouvais faire ce qu'il me demandait.

Et pendant tout le dîner Aurélien raconta des histoires du cercle Saint-Hubert et des opérations de banque du garçon, qui était la providence des fils de famille.

Enfin on passa dans le salon, celui-là même où elle avait pour la première fois parlé à son fils de son projet de mariage.

— Eh bien! dit-elle en servant le café, vous ne lisez pas votre lettre?

— C'est vrai, je l'avais oubliée.

Et il la décacheta sans s'apercevoir que cette opération avait déjà été faite.

Tout en paraissant s'occuper exclusivement du café, madame Prétavoine ne quittait pas son fils des yeux.

Il lut la lettre sans faire un mouvement, mais quand il la replia pour la mettre dans sa poche, il avait pâli.

— Cette lettre paraît vous contrarier, dit madame Prétavoine.

Il hésita un moment avant de répondre.

— Il est vrai, dit-il enfin.

— Elle vient de Belgique, n'est-ce pas? au moins si j'en juge par le timbre d'affranchissement.

— Oui.

Madame Prétavoine mit la main sur l'enveloppe qui avait été posée sur la table.

— C'est curieux, dit-elle en regardant l'adresse avec attention.

— Quoi donc?

— L'écriture de l'adresse; si cette lettre ne venait

pas de Bruxelles, je dirais qu'elle est écrite par une jeune fille qui a travaillé ici, Sophie Fautrel.

Aurélien ne répondit rien.

— Vous en avez déjà reçu plusieurs de cette écriture, continua madame Prétavoine, et toutes ont produit sur vous le même effet. Je voulais vous en parler, mais je me suis retenue par discrétion; aujourd'hui mon devoir m'oblige à une explication.

— Mais ma mère...

— Le projet dont je vous ai entretenu est à la veille de réussir; vous comprenez que je ne peux pas admettre qu'il soit compromis par des lettres de cette fille. Car je ne m'y trompe pas; je suis certaine que cette lettre ainsi que celles qui sont venues de Bruxelles depuis que vous êtes arrivé de Louvain, sont de Sophie Fautrel, cela j'en suis aussi sûre que si j'avais vu, si j'avais lu la signature. Est-ce vrai?

Il allait répondre, elle l'arrêta :

— Ne me dites pas non, je suis sûre. Comment et quand une liaison s'est-elle nouée entre vous, je l'ignore et ne veux pas le savoir. Mais si je laisse le passé dans l'ombre, je veux porter la lumière dans le présent. Il y a des choses que ma sollicitude maternelle me fait deviner, mais il en est d'autres aussi devant lesquelles je m'arrête. Ce sont celles-là que vous devez m'apprendre.

Comme il continuait de s'enfermer dans son morne silence, elle poursuivit :

— Ce que je devine c'est que vous avez envoyé cette jeune fille à Bruxelles. Est-ce vrai?

— C'est vrai.

— Vous vouliez rompre ?

— Je le voulais.

— Vous le voulez toujours ?

— Je le veux.

— Elle vous attend à Bruxelles, et ne vous voyant pas arriver, elle vous accable de lettres pour vous demander de la rejoindre. Cependant vous restez ici, car... vous ne l'aimez plus ?

Ce fut avec inquiétude que madame Prétavoine prononça ces derniers mots, car elle n'était nullement certaine qu'il ne l'aimait plus; c'était là précisément un des points qu'elle tenait à éclaircir.

— Je ne l'aime plus.

Elle respira.

— Voyant que ses lettres sont sans effet, elle vous menace de revenir.

Aurélien regarda sa mère avec surprise, se demandant comment elle pouvait deviner si juste.

— Elle va arriver. Quelles armes a-t-elle contre vous ?

— Elle n'en a point.

— Pas de lettres aux mains.

— Pas de lettres.

— Cependant vous lui avez écrit; votre promenade de dimanche n'a pas eu d'autre but que de mettre votre lettre à la poste.

Il hésita.

— Vous êtes-vous ouvert à quelqu'un ? avez-vous demandé le concours d'un ami, afin qu'elle n'ait pas aux mains une ligne de votre écriture ?

Sa mère suivait trop bien ce qui s'était passé en lui

et ce qu'il avait fait pour qu'il pût espérer de la tromper ; mais au moment d'avouer comment il avait écrit cette lettre de la main gauche, un mouvement de honte le retint.

— Eh bien ?

Il fallait parler.

— Eh bien ! cette lettre a été écrite par moi, mais personne ne pourra dire qu'elle est de mon écriture.

Il connaissait mal sa mère en hésitant devant cet aveu.

— Ah ! vraiment, s'écria-t-elle avec un geste de contentement, ah ! vraiment, elle n'a rien, rien alors, puisque cette lettre ne compte pas ?

— Rien.

— Mais que dit cette lettre ?

— C'est un ami, signature illisible, qui annonce « que notre ami, malade, ne peut écrire ».

— Alors vous êtes retenu ici par la maladie ?

— Oui.

— Voilà donc pourquoi elle veut revenir ; mais si elle n'a pas de preuve matérielle de votre liaison, n'en a-t-elle pas d'autre nature ?

— Que voulez-vous dire ?

— N'est-elle pas dans une position qui lui permette d'affirmer vos relations ?

Cette fois Aurélien demeura interdit. Décidément sa mère, ainsi que le disait Sophie autrefois, savait tout.

— Au moins, dit-il après quelques secondes de réflexions, ne peut-elle pas affirmer que je suis le père de son enfant.

— Elle n'a pas de preuve, pas d'indices, rien?

— Rien, absolument rien.

— S'il en est ainsi, pourquoi ne m'avez-vous pas confessé cette position?

— Je n'osais pas.

— Comment voulez-vous en sortir?

Il ne répondit pas.

— Nous aurions pris nos mesures, poursuivit madame Prétavoine, et, sans rien laisser au hasard, nous aurions avisé pour nous mettre à l'abri des coups de tête de cette fille, tandis que maintenant il faut agir vivement et sans réflexion, sans plan de conduite.

— Et que voulez-vous faire?

— Aller à Bruxelles, afin qu'elle ne vienne pas ici.

— Vous?

— Sans doute.

Elle regarda la pendule.

— Il est neuf heures. La voiture du chemin de fer part dans une heure; je vais la prendre. Demain matin, je serai à Paris; vers deux heures, je serai à Bruxelles. Pendant que je vais me préparer et écrire une lettre à Griolet, que vous lui porterez demain vous-même, vous me conterez l'histoire entière de cette liaison.

Ils montèrent à l'appartement de madame Prétavoine, et, pendant qu'elle arrangeait dans un petit sac à main, son seul bagage, les objets nécessaires à son voyage, il lui fit le récit qu'elle exigeait.

Puis au moment où sa mère allait sortir de sa chambre, un souvenir de son ancienne tendresse lui arracha un appel à la pitié.

— N'oubliez pas qu'elle m'a aimé, dit-il.
— C'est là son crime.
— Elle m'aime encore.
— C'est là ma force.

XXV

Madame Prétavoine ne s'arrêta pas à Paris. De la gare Montparnasse elle se fit transporter directement à la gare du Nord, où elle prit le train express qui la déposa à Bruxelles vers deux heures de l'après-midi.

En moins d'un quart d'heure une voiture la conduisit dans le faubourg Schaerbeck, aux environs de la gare du chemin de fer de Louvain, où Sophie avait pris son logement.

Par son fils, madame Prétavoine savait le numéro de la maison dans laquelle se trouvait ce logement, mais elle ignorait à quel étage il était. Elle dut, pour l'apprendre, s'adresser à la propriétaire de cette maison.

— Madame Fautrel n'est pas ici.

Madame Prétavoine, en entendant cette réponse, crut qu'elle arrivait trop tard et que Sophie était déjà partie pour Condé.

— Est-elle donc absente pour longtemps? demanda-t-elle.

— Elle est partie porter son ouvrage, elle va rentrer bientôt.

— Ne pourrai-je pas l'attendre ?

— Bien sûr.

Et la propriétaire qui habitait une pièce du rez-de-chaussée de sa maison, offrit une chaise à madame Prétavoine.

C'était une petite bonne femme de soixante ans environ, mais alerte encore, avec une mine de renard et des yeux de furet.

— Bien gentille femme, cette petite dame Fautrel, dit-elle, courageuse à l'ouvrage, et rangée que c'est une merveille. Vous la connaissez?

Au moment où madame Prétavoine allait répondre, on entendit un bruit de pas légers et rapides dans l'allée.

— C'est elle.

En effet, la porte s'ouvrit et Sophie parut portant un gros paquet noué dans un morceau de toile verte.

— Madame Fautrel, voilà une dame qui vous attend, dit la propriétaire.

Madame Prétavoine était assise le dos à la porte, elle se retourna.

Sophie poussa un cri.

— J'ai à vous parler, dit madame Prétavoine, pouvez-vous me recevoir chez vous?

Sophie s'était appuyée contre le chambranle de la porte et elle restait là défaillante, le visage décoloré, comme si elle allait s'évanouir.

18.

— Voulez-vous que nous montions ? demanda madame Prétavoine.

— Oui, madame, montons.

— Vous pouvez rester ici si vous voulez, dit la propriétaire, que la curiosité poussait, et qui espérait entendre quelques mots de cet entretien, au cas où il aurait lieu chez elle.

Maîtresse d'elle-même, tandis que Sophie avait perdu la tête, madame Prétavoine se chargea de refuser poliment cette invitation.

C'était au premier étage que se trouvait la chambre de Sophie; car dans l'attente de « son chéri, » la jeune fille avait voulu se loger auprès de la gare de Louvain, afin qu'il n'eût pas une longue course à faire quand il viendrait la voir, et à un étage peu élevé afin qu'il n'eût pas de marches à monter. C'était aussi pour que « le chéri » se trouvât bien, qu'elle avait choisi une chambre plus confortablement meublée, que si elle avait dû habiter seule cette chambre. Enfin, c'était toujours pour « le chéri » qu'elle avait disposé sur la fenêtre quelques pots de fleurs qu'elle soignait avec amour, afin que les plantes fussent encore dans leur éclat quand « le chéri » arriverait.

En voyant la grandeur et l'ameublement jusqu'à un certain point élégant de cette chambre, madame Prétavoine se dit que ce luxe était payé par elle, et cette réflexion ne la disposa pas à la douceur.

Sophie avait ouvert la porte et l'avait refermée sans trop savoir ce qu'elle faisait, mais madame Prétavoine ne se contenta pas de cette précaution, elle voulut s'assurer par elle-même que cette porte était bien fermée et qu'on ne pourrait pas les surprendre.

Cela fait, elle revint au milieu de la chambre ; alors se tournant vers Sophie et parlant d'un ton bas, de manière à ce que sa voix ne fût pas entendue du dehors :

— Ma présence ici, dit-elle, doit vous faire comprendre que je sais tout.

Ces quelques mots ouvrirent les lèvres de Sophie ; jusque-là elle s'était tue autant par suite du saisissement que la vue de madame Prétavoine avait produit en elle, que par crainte de dire quelque chose qui pût compromettre Aurélien ; mais maintenant qu'elle n'avait plus de ménagements à garder, elle pouvait demander ce qu'elle avait si grande hâte d'apprendre.

— Comment est-il ? demanda-t-elle.

— Croyez-vous, poursuivit madame Prétavoine, que j'ai fait le voyage de Condé à Bruxelles pour vous apporter de ses nouvelles ?

— Un seul mot, madame, par grâce, comment est-il ? je vous en supplie, répondez-moi.

— Est-ce que s'il était malade, je serais ici, moi, sa mère ?

Ce n'était qu'en tremblant que Sophie avait posé cette question ; si peu aimable que fût la réponse de madame Prétavoine elle la remplit de joie. Guéri ! il était guéri !.... Maintenant qu'importait le reste ! on se défendrait.

— D'ailleurs, continua madame Prétavoine, je dois vous dire qu'il n'a jamais été malade.

Le coup fut si violent, que Sophie chancela, cependant après la première secousse elle essaya de se remettre :

— J'ai une lettre, dit-elle.
— De mon fils ?
— Non, mais….

— Vous voyez bien. Je ne sais qui a écrit cette lettre et je blâme celui ou ceux qui ont pu recourir au mensonge pour vous abuser. Mon fils n'est pas et n'a pas été malade. Tourmenté, oui, il l'a été, mais grâce à Dieu la paix s'est faite dans son âme troublée, et c'est aussi bien en son nom qu'au mien que je viens vous entretenir de sa résolution… et de la mienne.

— Mon Dieu ! murmura Sophie.

Et un flot de larmes jaillit de ses yeux, sans qu'elle pût s'empêcher de pleurer.

Cet accès de douleur faisait trop bien les affaires de madame Prétavoine pour qu'elle essayât de le calmer, et bien qu'elle eût horreur des larmes et des gens qui pleuraient, elle attendit patiemment que Sophie pût l'entendre et la comprendre.

Quand son impatience devint à la fin trop vive, elle reprit :

— Oui, pleurez, mon enfant, pleurez votre faute, vous ne la regretterez jamais plus fortement que mon pauvre fils ne regrette la sienne. Si vous aviez vu quelle a été sa désolation quand il a mesuré la profondeur du gouffre dans lequel ses passions l'avaient entraîné. Gloire à Dieu, qui l'a ramené à la lumière !

Sophie avait cessé de pleurer, elle écoutait stupéfaite, se demandant ce que signifiait cette homélie que madame Prétavoine débitait avec le ton d'un prédicateur.

Tout à coup elle s'écria, comme si ces paroles jaillissaient irrésistiblement de son cœur :

— Ce n'est pas possible, Aurélien m'aime toujours ; vous voulez me tromper, mais je ne peux pas vous croire ; ce serait lui faire injure que de vous croire.

— Moi vous tromper ! Pensez-vous donc qu'une femme telle que moi peut songer à tromper une pauvre fille comme vous ? Suis-je une mère irritée qui vient vous demander son fils ? Non ; vous voyez bien que je ne suis pas irritée. Quant à mon fils, il est tout à moi, ou plus justement il est tout à Dieu.

Et madame Prétavoine joignit les deux mains avec extase.

Puis après un court moment de recueillement, dans lequel elle parut offrir à Dieu un acte de gratitude, elle continua :

— Vous disiez tout à l'heure une parole juste, à savoir que mon fils vous aime toujours. Cela est vrai.

— Vous voyez bien ! s'écria Sophie triomphante.

— Sans doute il vous aime et il vous aimera toujours comme une sœur, mais les liens charnels qui l'attachaient à vous ont été rompus par une bienheureuse intercession, et ils ne se renoueront jamais. C'est pour vous l'apprendre, que j'ai entrepris ce long voyage. Et c'est aussi pour vous engager à rentrer en vous-même, et pour faire appel à vos sentiments chrétiens.

Sophie fit un geste de désespoir et en même temps de révolte.

Mais madame Prétavoine ne la laissa pas prendre la parole.

— Songez quelle joie ce serait pour lui, s'écria-t-elle, de penser que vous aussi vous avez été touchée par le repentir et que vous êtes unis dans une même pensée d'expiation. Quelle meilleure et plus belle consolation pour son âme endolorie par les remords !

A mesure que madame Prétavoine parlait, Sophie paraissait de plus en plus accablée ; de temps en temps elle se passait la main sur le front comme si elle voulait ressaisir sa raison.

— Il m'abandonne, murmura-t-elle, lui, il m'abandonne !

— Mon enfant, il ne faut pas dire qu'il vous abandonne ; ceci serait une accusation que mon cher fils ne mérite pas. Vous savez dans quelles idées chrétiennes, dans quels sentiments pieux il a été élevé. Comment a-t-il oublié ces idées et ces sentiments ? Je ne l'ai compris que le jour où j'ai su que celle qui les lui avait fait oublier, c'était vous.

Si délicat que fût ce compliment, il ne toucha pas Sophie ; elle regarda madame Prétavoine comme pour lui demander ce que signifiaient ces étranges paroles. Si madame Prétavoine comprenait que son fils avait pu oublier ses idées chrétiennes, pourquoi maintenant venait-elle lui parler de rupture ?

— Revenu dans la voie du devoir, continua madame Prétavoine, décidé à expier ses péchés et à en faire pénitence, mon fils n'a jamais eu la pensée d'abandonner, comme vous le dites, celle qui a partagé sa faute. C'est même pour que cette idée d'abandon ne puisse pas vous frapper que je me suis décidée à ce voyage.

— Il ne m'abandonne pas? demanda Sophie, qui comprenait de moins en moins les paroles de madame Prétavoine.

— Certes non, et l'eût-il voulu que je ne le lui aurais pas permis; mais il ne l'a pas voulu, soyez-en certaine, et c'est lui-même qui m'a demandé de vous apporter nos propositions.

Sophie était bien accablée, bien éperdue, mais ce mot lui fit relever la tête.

— Vos propositions? dit-elle.

— Mais sans doute. Dans votre enivrement vous avez quelquefois pensé, n'est-ce pas, que cette situation ne pouvait pas durer toujours.

— Oui, cela est vrai; j'ai eu cette crainte, puis j'ai cessé d'en être tourmentée.

— Cependant, vous n'avez jamais espéré que vous deviez devenir la femme de mon fils.

— Je ne lui ai jamais parlé d'un pareil engagement : nous nous aimions.

— Vous vous aimiez; mais enfin vous saviez que ces passions coupables, fondées sur le caprice et non sur le devoir, ne sont pas éternelles; pensant au jour où celle que vous inspiriez viendrait à s'éteindre, avez-vous cru que mon fils s'éloignerait de vous sans assurer votre position? Non, mon enfant, non il n'en sera pas ainsi. Vous êtes ici, bien installée.

Madame Prétavoine donna au logement un coup d'œil d'approbation.

— Par bonheur, vous vous trouvez dans une ville où personne ne vous connaît, et, où par conséquent vous n'avez rien à craindre de la médisance et des propos du monde. Eh bien ! restez ici, et je m'engage, au nom d'Aurélien comme au mien, à vous faire une rente... raisonnable, bien entendu, calculée d'après vos besoins, et que vous toucherez tous les mois chez un banquier.

— C'est au nom d'Aurélien que vous me faites une pareille proposition? s'écria Sophie, qui comprenait enfin.

— Au sien comme au mien; mais si la rente ne vous convient pas et si vous préférez un capital... un capital raisonnable pour vous établir, car vous avez beaucoup de goût et vous feriez une excellente lingère, je suis toute disposée à échanger la rente contre un capital....

Madame Prétavoine était trop fine pour n'avoir pas deviné l'indignation qui se trouvait dans le cri de Sophie, mais elle n'avait pas voulu paraître la comprendre; il y a tant d'indignations qui s'évanouissent devant une offre d'argent, quand cette offre est sérieuse et réalisable dans un bref délai.

— Et à mon enfant que lui offrez-vous?

Et d'un geste énergique elle se frappa le ventre de ses deux mains.

— C'est votre petit-fils, lui !

Fallait-il se fâcher? madame Prétavoine crut qu'elle devait essayer encore de la douceur.

— Mais pour lui une rente, bien entendu; ainsi pour vous un capital et pour lui une pension, que vous toucherez jusqu'à sa majorité; vous voyez que nous sommes bien loin de l'abandon.

— Et mon amour, et mon cœur, et ma jeunesse, et

ma vertu ; oui, madame Prétavoine, ma vertu, car je n'ai aimé, je n'aime, je n'aimerai que votre fils ; c'est lui, c'est Aurélien que je veux, ce n'est pas votre argent. Ah ! si vous n'aviez pas parlé d'argent, peut-être j'aurais cru une partie de ce que vous venez de me dire. Mais ce n'est pas Aurélien qui ferait offrir de l'argent à celle qui l'aimait, à celle qu'il aime ; car il m'aime, j'en suis sûre, je le sens.

Madame Prétavoine ne se fâcha pas, mais elle haussa les épaules avec un geste de pitié.

— Pauvre fille ! murmura-t-elle.

— Je vous dis qu'il m'aime. Vous voulez nous séparer. Eh bien ! vous ne réussirez pas. Il m'aime, il est à moi, comme je suis à lui.

— Et moi je vous dis et je vous répète qu'il ne vous aime plus.

Sophie se cacha la tête entre ses deux mains et elle resta un moment dans cette position sans parler.

Tout à coup elle abaissa ses mains et, tournant vers madame Prétavoine ses yeux désespérés et noyés dans les larmes :

— Vous voulez me séparer de votre fils, n'est-ce pas ? Vous avez peur que je prenne sur lui une mauvaise influence. Vous avez peur de le compromettre aux yeux du monde. Eh bien ! je vous en prie, laissez-le moi, et je vous jure que je ne le compromettrai point. Vous trouvez que j'ai fait une imprudence en venant m'établir à Bruxelles. C'est lui qui l'a permise, cette imprudence. Nous voulions nous voir plus souvent, plus librement. Je m'éloignerai de Bruxelles, j'irai plus loin, dans un pays inconnu, où il ne viendra me voir que tous les mois, tous les deux mois ; je ne lui écrirai que toutes les semaines. Je ne le gênerai pas dans son travail. Je ne le compromettrai aux yeux de personne. Soyez sans crainte, je ne l'amènerai pas à vouloir m'épouser. Je vous jure, je vous jure sur la tête de mon enfant que si jamais il voulait m'épouser, je refuserais. Ce n'est pas son nom, ce n'est pas sa fortune que je veux, c'est lui. Laissez-nous nous aimer. Je le rendrai heureux, je l'aimerai tant ! C'est à genoux que je vous le demande.

Elle était éperdue, folle de désespoir, elle fit un mouvement pour se jeter aux genoux de madame Prétavoine, mais celle-ci l'arrêta d'un geste sec.

— C'est devant Dieu qu'il faut s'agenouiller pour lui demander la consolation, car vous ne reverrez jamais mon fils ; je voudrais faire ce que vous me demandez que je ne le pourrais pas, puisqu'il ne vous aime plus.

— Il m'aime.

— Il ne vous aime plus. Rendez-vous donc à l'évidence. Est-ce que s'il vous aimait je serais ici, chez vous ? Qui m'a donné votre adresse, si ce n'est lui ? Qui m'a chargée de vous apporter ces propositions, si ce n'est lui ? Sans doute c'est une grande douleur pour vous, et je vous plains sincèrement, mais il faut offrir vos douleurs au Tout-Puissant. Écoutez la voix de votre conscience comme mon fils a écouté la sienne, et vous trouverez l'apaisement comme mon fils l'a trouvé.

— Non, ce n'est pas possible, il n'a pas trouvé l'apaisement ; il m'aime, je vous dis qu'il m'aime ; vous l'avez trompé, entraîné...

— Malheureuse fille !

— Je ne veux pas vous accuser, madame, c'est pour lui que vous avez agi; mais je l'accuserais lui-même, si je vous croyais quand vous me dites qu'il ne m'aime plus.

Cette obstination dans la foi, avait fini par exaspérer madame Prétavoine.

— Vous ne comprenez donc rien! dit-elle avec véhémence. Mon fils vous a-t-il écrit depuis que vous êtes ici?

— Non.

— S'il vous aimait, vous eût-il laissée ainsi sans lettres?

— Il était malade, il m'a fait écrire.

— Il n'a jamais été malade, et s'il vous a fait écrire, ça été pour vous empêcher de revenir parce qu'il ne peut pas, parce qu'il ne veut plus vous voir : comprenez-vous enfin ?

— Il me le dirait lui-même que je ne le croirais pas, que je ne le comprendrais pas.

Pour la seconde fois, madame Prétavoine haussa les épaules avec une pitié méprisante.

— Vous voyez qu'il ne me le dirait pas, s'écria Sophie, puisqu'il n'est pas venu.

— Et c'est précisément parce qu'il n'a rien à vous dire et qu'il ne veut pas se trouver en votre présence qu'il n'est pas venu.

— Eh bien ! puisqu'il n'est pas venu à moi, j'irai lui.

— Ne faites pas cette folie, malheureuse fille, car si vous osez le tourmenter je retire les propositions que je viens de vous faire. Comprenez bien votre position ; vous restez ici, je vous paye un capital pour vous établir et je sers à votre enfant une rente que vous toucherez ; si vous vous obstinez dans votre folie, si vous faites un pas, un seul vers mon fils, je vous abandonne.

— Vous voyez donc bien qu'il m'aime, que vous avez si grande peur de moi.

— Peur de vous, nous ! Je veux vous éviter une nouvelle douleur en même temps qu'une folie, voilà tout.

Sophie secoua la tête :

— Ce n'est pas à moi que vous pensez.

— Et pourquoi donc aurions-nous peur de vous ? Quelle influence pouvez-vous avoir sur mon fils maintenant qu'il ne vous aime plus et qu'il déteste son erreur ? Quant aux armes dont vous pourriez vous servir, où sont-elles ? Avez-vous aux mains une lettre de lui ? Non, car celles qu'il avait pu vous écrire dans des heures d'égarement, il les a lui-même brûlées en rentrant de chez vous, la dernière fois que vous vous êtes vus.

— Mon Dieu !

— Vous comprenez maintenant, vous sentez que vous êtes seule et que vous ne pouvez rien.

— Je ne comprends qu'une chose, s'écria Sophie avec égarement, c'est qu'il faut que je le voie.

— Vous avez besoin de calme, de réflexion. Je vais vous laisser à vous-même. Dans le silence vous vous recueillerez et vous entendrez la voix de votre conscience. Vous penserez aussi à la position que je vous offre si vous restez ici ; et vous verrez où est votre avantage. Demain matin je reviendrai, et si vous êtes sage nous pourrons nous entendre. Pour ce soir je vais prier Dieu à votre intention. Agenouillez-vous devant lui, pauvre enfant, et demandez-lui conseil.

Parlant ainsi madame Prétavoine s'était lentement dirigée vers la porte, tandis que Sophie restait immobile comme si elle était paralysée.

Et de fait elle l'était d'esprit et de corps par la plus effroyable douleur qu'elle eût jamais ressentie.

Arrivée à la porte, madame Prétavoine se retourna :

— A demain matin, dit-elle.

Puis elle sortit.

Mais la porte en se refermant arracha Sophie à sa stupeur.

D'un bond elle courut à la porte qu'elle ouvrit violemment ; alors se penchant sur la rampe de l'escalier :

— Demain, cria-t-elle, je serai à Condé.

Madame Prétavoine qui arrivait au bas de l'escalier, s'arrêta et hésita, se demandant si elle ne devait pas remonter ; mais après quelques secondes, elle continua sa route et passa devant la petite vieille qui se tenait sur le seuil de son logement, regardant, écoutant avec sa mine curieuse.

XXVI.

Ce qui avait empêché madame Prétavoine de remonter l'escalier, quand Sophie lui avait crié : « Demain je serai à Condé », c'avait été la peur de paraître avoir peur de cette menace.

— Si je remonte, s'était-elle dit, cette fille maudite comprendra combien je désire vivement qu'elle ne retourne pas à Condé, et elle m'exploitera : j'ai fait une sottise en me retirant pour la laisser à ses réflexions ; j'aurais dû rester.

Mais la sottise faite, il n'était pas possible de la réparer, si bien qu'elle avait continué son chemin.

Seulement en arrivant dans la rue, elle avait cherché un cocher pour lui demander quand partait le premier train pour Paris.

Sans doute les paroles de Sophie n'étaient qu'une menace en l'air pour l'effrayer et lui tirer de l'argent, cependant comme il était possible qu'elle voulût aller à Condé, il ne fallait pas s'exposer à se présenter le lendemain matin pour la voir, alors que depuis quinze ou dix-huit heures elle serait en route pour Condé. Ce serait une seconde sottise plus grosse que la première.

Elle n'avait pas tardé à trouver la voiture qu'elle cherchait, et le cocher lui avait répondu que les trains pour Paris partaient à 5 heures 39 minutes, 6 heures 5 minutes et 7 heures 43 minutes.

Il était bientôt 5 heures.

Sophie pouvait-elle prendre le train de 5 heures 39 minutes? Cela n'était guère probable.

Cependant madame Prétavoine s'était fait conduire à la gare du Midi, et elle s'était installée auprès du guichet où se distribuent les billets, de façon à ce que personne ne pût partir sans passer devant elle.

Peu à peu les voyageurs étaient arrivés, puis leur nombre avait augmenté; mais Sophie ne s'était point trouvée parmi eux.

Ce guichet s'était fermé, décidément Sophie ne partait pas.

Mais bientôt il s'était rouvert pour le train de 6 heures 5 minutes, et madame Prétavoine avait repris sa faction, comme un agent de police chargé de surveiller un banqueroutier belge prêt à filer sur Paris ou Calais.

Le train de 6 heures 5 minutes était parti comme celui de 5 heures 39 minutes sans emporter Sophie. Plus d'une fois madame Prétavoine avait cru l'apercevoir; mais bien vite elle avait reconnu qu'elle se trompait.

Ah! comme elle avait été bien avisée de ne pas remonter l'escalier : cette menace bien évidemment n'avait pas d'autre but que de la faire chanter.

Cette fille n'irait pas à Condé, et le lendemain elle serait très-heureuse d'accepter les conditions qu'on lui ferait. Seulement il était juste que ce retard lui coûtât quelque chose et qu'elle payât sa finasserie : le capital ne serait pas, le lendemain, ce qu'il eût été si tout de suite elle l'avait accepté; la rente aussi serait diminuée; tant pis pour elle; sa spéculation n'avait pas réussi.

Cependant si madame Prétavoine au lieu de raisonner ainsi sur le banc de la gare où elle s'était assise, était retournée dans le faubourg Schaerbeck, elle eut été moins rassurée.

En effet, Sophie ne s'était point livrée au calcul qu'elle lui avait prêté; mais restée seule, elle avait couru à l'armoire dans laquelle elle serrait son argent, et elle avait compté ce qu'elle possédait.

Le compte de ce qui lui restait avait été vite fait, il s'élevait à 83 francs : c'était plus qu'il ne lui fallait pour aller à Condé, même après que sur ces 83 francs elle aurait prélevé la seconde quinzaine de son loyer.

Rassurée de ce côté, elle s'était mise aussitôt à entasser dans sa malle toutes ses affaires, linge, robes, car savait-elle si elle reviendrait à Bruxelles; ce n'était pas elle qui pouvait répondre à cette question, la solution appartenait à Aurélien seul; ce qu'il ferait, elle le ferait; là où il serait elle resterait; ce serait lui, lui seul qui déciderait sa vie.

Sa malle close, elle avait repris à son bras le paquet

de toile verte qui était tombé à ses pieds quand elle avait reconnu madame Prétavoine, et elle l'avait reporté au fabricant, rendant l'ouvrage qu'on lui avait confié quelques heures auparavant.

Tout cela, surtout cette dernière course, avait pris un certain temps, et quand elle était revenue chez elle, il était six heures ; elle ne pouvait donc maintenant prendre que le train de 7 heures 43 minutes, car depuis qu'elle pensait à retourner à Condé, elle avait eu le temps d'apprendre les heures de départ pour la France.

Quand elle s'était présentée chez sa propriétaire pour payer son loyer, celle-ci avait poussé les hauts cris.

— Partir ? Cette bonne dame à l'air si discret et si doux apportait donc de mauvaises nouvelles ? Est-ce que M. Fautrel était malade ? Ah ! quelle inquiétude et quel chagrin ! Car quoi de plus cruel que d'être séparés quand on s'aime.

— Ah ! oui, bien cruel.

Mais c'était tout ce que Sophie avait répondu.

Elle était aussitôt sortie pour aller chercher un commissionnaire qui portât sa malle à la gare.

Bien que madame Prétavoine ne crût plus guère à l'exécution des menaces « de cette fille maudite », elle n'avait cependant pas abandonné son poste, car elle avait pour principe que rien n'était fait quand il restait quelque chose à faire. D'ailleurs que lui importait ici ou là, dans la gare ou dans les rues ? elle n'était point venue à Bruxelles pour se promener. Quant aux regards étonnés des employés du chemin de fer, qui se demandaient entre eux quelle pouvait être cette dame noire qui surveillait ainsi le départ de tous les trains, elle n'en prenait pas souci. Elle n'avait d'yeux que pour les nouveaux arrivants.

Quand elle vit paraître Sophie suivie de son commissionnaire, elle pâlit de colère.

Que faire? Comment l'empêcher de partir?

Il était 7 heures 15 minutes, elle avait donc encore une demi-heure avant le départ du train : elle ne devait pas perdre cette demi-heure et se donner ainsi le remords de n'avoir pas tenté l'impossible.

Au moment où Sophie revenait de la salle des bagages pour prendre son billet, madame Prétavoine se plaça devant elle.

— Vous voyez, dit-elle, l'effet de votre menace; j'ai abandonné toute idée de conciliation, d'arrangement, et je me suis décidée à partir au lieu de rester à Bruxelles pour aller vous voir demain et terminer... notre affaire. Je pars.

— Moi aussi je pars, dit Sophie.

La question de chantage étant sauvegardée par cette démonstration qui affirmait qu'elle n'avait pas peur, madame Prétavoine crut qu'elle pouvait reprendre les négociations relatives au capital et à la rente.

— Cependant, dit-elle, si bien déterminée que je sois à partir, je ne puis pas vous voir sans être émue; votre jeunesse touche ma pitié.

Sophie fit un pas de côté pour rompre l'entretien, mais madame Prétavoine se plaçant devant elle, ne la laissa point passer.

Cette manœuvre lui permit même d'abaisser encore

un peu plus le ton de sa voix, de manière à n'être pas entendue par les curieux qui observaient ces deux femmes, dont l'une paraissait à moitié folle.

— Je reprends donc mes propositions, dit-elle ; restez ici, et ce que je vous offrais, je vous le donne.

Elle prit dans sa poche un portefeuille et en tira une liasse de billets de banque qu'elle déplia et froissa de manière à agir en même temps sur les yeux et sur les oreilles de celle qu'elle voulait gagner.

— Tenez, dites que vous restez, et cela est à vous ; c'est une fortune, ne la perdez pas de gaîté de cœur ; car si vous la refusez en ce moment, jamais vous ne la retrouverez ; vous entendez ? jamais. C'est la vie assurée pour vous, pour votre enfant ; pensez à votre enfant, pauvre fille.

Insensible à la vue comme à la musique des billets de banque, Sophie n'avait d'yeux que pour chercher comment elle pourrait échapper à madame Prétavoine et se rapprocher du guichet de distribution. Poussée par des facteurs chargés de bagages, madame Prétavoine fut obligée de reculer. Vivement Sophie profita de cette porte ouverte, et sans un mot de réponse, sans un regard, elle planta là madame Prétavoine pour courir au guichet.

— Paris, troisième classe, dit-elle à l'employé.

— Paris, première classe, dit derrière elle la voix de madame Prétavoine.

Elles allaient donc être séparées.

Mais cet espoir ne se réalisa pas pour Sophie, car, bien que madame Prétavoine eût un billet de première classe, elle entra dans la salle d'attente des troisièmes.

— Écoutez-moi, dit-elle en barrant de nouveau le passage à Sophie et en la retenant dans un coin, loin des autres voyageurs.

— Non, madame, je ne veux pas vous entendre.

— Je n'ai qu'un mot à vous dire, retenez-le bien : oui ou non refusez-vous ce que je vous offre?

— Permettez-moi de voir Aurélien, c'est tout ce que je vous demande.

— Vous refusez?

— Aurélien, rien que lui, madame, par pitié pour cet enfant dont vous parliez tout à l'heure.

— Non-seulement vous ne verrez pas mon fils, mais si vous venez à Condé je vous ferai une guerre implacable : toutes les maisons se fermeront devant vous comme devant une fille perdue; vous ne trouverez pas de travail; vous savez quelle est mon influence dans la ville, je l'emploierai à vous faire chasser; si vous persistez à rester, vous mourrez de faim.

— Oh! madame, que vous ai-je fait? mon seul crime est d'aimer votre fils.

— Vous entendez, poursuivit madame Prétavoine, en atteignant de nouveau sa liasse de billets de banque, réfléchissez; ceci, — elle froissa les billets, — ou bien la guerre, et une guerre terrible.

Quelques voyageurs voyant l'animation de cette scène s'étaient rapprochés.

— Votre dernier mot, murmura madame Prétavoine.

— Je pars.

Madame Prétavoine sortit de la salle d'attente, et ce fut seulement au moment où le train allait partir qu'elle monta dans son wagon de première classe.

Bien différentes furent dans cette nuit de voyage, les pensées de ces deux femmes.

L'horrible désespoir de Sophie s'était calmé, car devant l'insistance de madame Prétavoine, elle en était venue à faire, sinon le calcul, en tous cas le raisonnement que celle-ci lui avait prêté.

— Madame Prétavoine n'aurait pas si grande peur si Aurélien ne m'aimait pas toujours.

Et elle se disait que tout ce que madame Prétavoine lui avait rapporté : ses lettres brûlées, Aurélien bien portant, tout cela s'expliquerait : là-dessous il devait y avoir mensonges sur mensonges inventés par cette terrible femme.

Madame Prétavoine au contraire s'était de plus en plus enfoncée dans la colère, cherchant comment se débarrasser « de cette fille maudite », ne trouvant rien d'immédiat et s'exaspérant de son impuissance.

Elles arrivèrent à Paris à cinq heures et demie du matin.

Et, bien que madame Prétavoine n'eût que son sac à main, elle entra dans la salle où les voyageurs attendent leurs bagages, et marcha droit sur Sophie.

— Vous persistez toujours à aller à Condé? dit-elle.
— Oui, madame.
— Eh bien ! à votre aise; cependant je crois charitable de vous prévenir que vous n'y trouverez pas mon fils : je lui ai envoyé hier, avant de quitter Bruxelles, une dépêche pour lui dire de venir me rejoindre à Paris; il est arrivé depuis une demi-heure et il m'attend. Maintenant il ne reviendra à Condé que

lorsque vous serez partie. Il voyagera et vous ne saurez jamais où il est. Nous allons voir ce que vous ferez à Condé.

Et sur ce mot, elle abandonna Sophie éperdue.

XXVII

En quittant Sophie, madame Prétavoine s'était faufilée au milieu des voyageurs qui attendaient leurs bagages, et se glissant entre eux avec la prestesse d'une souris, elle avait gagné la place de Roubaix.

Là, elle s'était arrêtée un moment pour voir si elle n'était pas suivie, puis vivement elle était montée dans une voiture et s'était fait conduire à l'église Saint-Eustache. En chemin, elle avait payé son cocher, et en arrivant devant l'église, elle était rapidement descendue de voiture sans refermer la portière. Elle n'avait fait que traverser l'église d'un pas pressé, et elle était ressortie par la porte du côté des halles.

A cette heure matineuse, la foule était compacte sur le carreau, encombré de tas de légumes et de paniers de toutes sortes.

Elle avait circulé facilement et vivement au milieu de cette foule, et gagnant la rue Saint-Honoré, elle s'était rendue à l'hôtel du Louvre, où elle avait donné rendez-vous à Aurélien. Ordinairement elle descendait à l'*Hôtel du Bon La Fontaine*, qui était plus orthodoxe, mais comme Sophie pouvait connaître cette habitude, et aller relancer Aurélien au *Bon La Fontaine*, elle avait indiqué l'hôtel du Louvre dans sa dépêche.

En effet, il importait au succès de ses nouvelles combinaisons que Sophie apprît à Paris même qu'Aurélien n'était plus à Condé, mais c'était à condition qu'elle ne pourrait pas le trouver à Paris.

De là son changement d'hôtel, de là aussi sa singulière promenade à travers Saint-Eustache et les halles; il fallait que Sophie ne pût pas la suivre.

Aurélien attendait sa mère avec une impatiente curiosité.

— Eh bien, qu'y a-t-il donc? dit-il en accourant au-devant d'elle lorsqu'il la vit entrer dans sa chambre.

— Il y a que mademoiselle Sophie Fautrel n'a rien voulu entendre et qu'elle est en route en ce moment pour Condé où elle espère vous voir et reprendre son empire sur vous. Regrettez-vous que je vous aie épargné cette entrevue?

— Oh! ma mère.

— Alors remerciez-moi de vous avoir appelé à Paris.

Et tout de suite, sans même ôter son chapeau, elle lui raconta sa visite à Sophie.

Seulement elle fit ce récit en se plaçant à un point de vue particulier et en l'arrangeant conformément à ses visées : quelqu'un qui eût assisté à son entrevue avec Sophie et eût entendu madame Prétavoine, n'eût pu dire que la façon dont elle les rapportait était fausse, mais il eût été émerveillé de l'art avec lequel elle présentait et disposait les choses ; c'était à peine si un mot était supprimé à tel endroit ou ajouté à tel autre, mais ce mot suffisait pour donner à une situation la physionomie qu'elle désirait lui voir prendre.

— Ainsi, dit-elle en concluant, je ne vous fais pas de reproches...

Madame Prétavoine avait une manière de prononcer ces quelques mots qui causait une blessure assurément plus douloureuse que les reproches les plus violents.

— ... Je ne vous fais pas de reproches, mais vous voyez vous-même comment, en cédant à l'entraînement d'un caprice, vous avez compromis une situation que par mes efforts je suis parvenue à rendre si belle. Je ne dis pas qu'en empêchant votre rencontre avec cette fille maudite, je supprime tout danger, et il est possible que par suite de ses indiscrétions la médisance vous atteigne ; cependant les conséquences de ces indiscrétions ne seront pas celles qui auraient résulté d'un éclat...... d'une scène dans la rue, par exemple. Voilà pourquoi je vous ai appelé à Paris.

— Vous m'appelez à Paris pour que Sophie ne me trouve pas à Condé ; mais quand je rentrerai à Condé, le danger, ajourné pour le moment présent, sera ce qu'il est aujourd'hui.

— Vous ne rentrerez pas à Condé.

— Et mademoiselle de la Roche-Odon !

— Oh ! mon cher enfant, voilà un cri qui me remplit de joie, et me montre que tout aussi vivement que moi, vous désirez ce mariage, qui est l'ambition de ma vie.

— N'est-ce pas le manquer que de m'éloigner ?
— Je vous rappellerai lorsque cela sera nécessaire.
— Mais Sophie ?
— J'espère qu'elle aura alors quitté Condé.
— Comment cela ?
— Quand elle verra qu'elle ne peut pas vous voir, il faut espérer que le désespoir s'emparera d'elle.
— Oh ! ma mère !
— Je ferai agir alors quelques personnes auprès d'elle et lui proposerai des avantages pour quelle s'éloigne ; comme la vie à Condé va lui être difficile et pénible elle finira sans doute par accepter ces propositions.
— Et si elle ne les accepte pas, si elle persiste à ne pas partir ?
— Alors vous ne viendrez à Condé qu'à l'improviste, sans que personne autre que moi ne sache votre arrivée, et vous ne resterez que juste le temps nécessaire pour faire votre cour à mademoiselle de la Roche-Odon.
— Et cet officier?
— Pour lui, je vais m'occuper aussi de le faire partir de Condé, mais je vous avoue que je ne sais si les influences que je compte mettre en jeu seront assez puissantes pour obtenir ce résultat. D'ailleurs, ce moyen n'est peut-être pas le meilleur à employer avec lui, et je me demande s'il ne vaudrait pas mieux arriver à le perdre dans l'esprit du vieux comte. Il y

a là une question à étudier et vous ne craignez pas, j'espère, que je la néglige. Je le croyais inoffensif; c'est depuis quelques jours seulement que nous savons qu'il est... je veux dire qu'il peut être dangereux. Je verrai ce qu'il y a à faire. Pour le moment le danger immédiat à craindre nous vient de cette fille maudite. C'est à celui-là qu'il faut tout d'abord parer. Vous allez donc retourner aujourd'hui même à Louvain, où vous vous arrangerez pour passer aussi vite que possible vos derniers examens.

— C'est facile. Dans un mois je puis avoir fini.

— Eh bien ! hâtez-vous, car j'espère bien que dans un mois Sophie ne sera plus à Condé et que la porte de la Rouvraye vous sera grande ouverte. Maintenant, si cette fille apprenait que vous êtes à Louvain et allait vous relancer, je puis compter sur vous.

— Oh ! ma mère, pouvez-vous en douter ?

— Votre cri de tout à l'heure me donne confiance. Pensez à Bérengère, et ne pensez qu'à elle ; elle sera votre femme.

XXVIII

Pendant que madame Prétavoine courait de Condé à Paris, de Paris à Bruxelles de Bruxelles, à Paris, et de Paris revenait enfin à Condé, il se passait à la Rouvraye un fait qui, si elle l'eût appris, eût singulièrement aggravé les mauvaises dispositions dans lesquelles venaient de la jeter la menace de Sophie et le départ d'Aurélien.

Ce fait, c'était le dîner du capitaine Richard de Gardilane au château.

Le comte, ainsi que Bérengère l'avait dit au capitaine, s'était rendu chez celui-ci, et l'avait invité à dîner à la Rouvraye pour le jeudi suivant.

Le jeudi, vers six heures, le capitaine était donc sorti de chez lui pour se rendre à la Rouvraye. Ce n'était point la première fois qu'il dînait au château; pendant la guerre, et surtout pendant les premiers jours de l'armistice, le comte l'avait invité à sa table assez souvent, mais il n'avait jamais dîné avec Bérengère, et l'idée de revoir cette jeune fille qu'il avait quittée dans des conditions si bizarres, lui était tout à fait agréable.

Elle était vraiment charmante, cette jeune fille qui n'avait point encore perdu les grâces naïves de l'enfant, et qui déjà possédait les séductions de la femme; dans la solitude où il vivait depuis qu'il était à Condé, ce serait une véritable bonne fortune que de passer quelques heures dans l'intimité de ce vieux comte et de cette jeune fille.

Et puis d'autre part, il avait envie d'apprendre ce qui s'était passé après que leur tête-à-tête du saut-de-loup avait été si malencontreusement interrompu. Au lieu de calmer sa curiosité, les deux visites de l'abbé Colombe n'avaient fait que l'exciter. Assurément il s'était passé quelque chose d'extraordinaire, mais quoi? Comment Bérengère s'était-elle tirée de l'interrogatoire que son curé lui avait fait subir? Bien, sans aucun doute, puisque ce même curé était venu une seconde fois s'excuser de sa première démarche. Mais enfin le résultat acquis ne détruisait pas entièrement l'intérêt qui s'attachait à l'enchaînement des choses; le détail maintenant était curieux à connaître.

Il n'eut pas longtemps à attendre. A peine avait-il franchi la grille qui se trouve au bout de l'avenue de chênes, qu'il vit Bérengère descendre en sautant les marches du perron, et courir au-devant de lui; derrière elle, mais restant au haut du perron, apparaissait miss Armagh, bien certainement scandalisée par cette fugue de son élève.

Devinant que Bérengère ne courait ainsi que pour avoir le temps d'échanger en particulier quelques mots avec lui, il ralentit le pas.

Bientôt elle arriva devant lui, les cheveux ébouriffés par cette course, le visage empourpré, la respiration haletante.

Elle lui tendit la main ; puis tout de suite supprimant les formules de politesse :

— Vous avez vu M. l'abbé Colombe? dit-elle.

— Deux fois : la première, il est venu pour me demander ce que je n'étais pas chargé de lui raconter et alors je vous l'ai envoyé.

— Je lui ai dit tout ce qu'il désirait savoir.

— La seconde...

— La seconde, interrompit-elle en riant, pour vous emprunter un roman.

— Qu'il avait tout d'abord refusé.

— Oh! ne le blâmez pas, c'est le meilleur des hommes, le plus digne des prêtres.

— Je ne me permets pas de le blâmer, et je suis tout disposé à penser de lui ce que vous en pensez vous-même.

— N'est-ce pas? Alors, puisque vous prêtez des romans à notre bon curé, vous m'en prêterez aussi?

— Volontiers, si cela vous est agréable.

Mais ils furent interrompus par l'arrivée du comte et de la comtesse O'Donoghue qui, depuis quarante ans, dînaient tous les jeudis à la Rouvraye, n'ayant guère que ce seul repas dans leur maigre semaine, et ne retrouvant que dans ce château un peu de la vie de leur jeunesse : on ne les y recevait pas en effet en amis pauvres comme, dans quelques maisons de Condé mais en égaux, en pairs; la place de la vieille comtesse était à la droite du maître de la maison; et le soir, quand l'heure de se retirer était arrivée pour les deux vieillards, un valet venait les prévenir respectueusement « que la voiture de madame la comtesse était avancée; » on les reconduisait jusqu'à la porte de leur pauvre demeure; et là, tout aussi respectueusement que s'il eût été sous les yeux de son maître, le comte de la Roche-Odon, le même valet leur tendait sa main gantée pour les aider à descendre.

Si Bérengère se moquait volontiers des gens, elle avait trop la religion de l'infortune, pour ne pas traiter avec une tendresse respectueuse ces deux vieux amis de son grand-père.

Aussitôt qu'elle les aperçut, elle abandonna le capitaine pour descendre vivement le perron et aller au-devant d'eux les embrasser.

Bientôt après arrivèrent les autres convives : l'abbé Armand, suant, soufflant, épuisé, à bout de respiration et de forces, pour avoir fait la course de Condé à la Rouvraye en trois quarts d'heure, alors qu'elle ne demande guère plus de vingt minutes à tout le monde; deux vieillards que le capitaine ne connaissait que de vue; puis enfin l'abbé Colombe.

Après avoir salué Berengère, l'abbé Colombe vint auprès du capitaine et lui tendit la main par un geste plein de sympathie; et son serrement de main n'était point une formalité banale.

— Je n'ai point encore terminé votre livre, dit-il;

mais ce que j'en ai lu me paraît, si j'ose m'exprimer ainsi, bien... grave.

Malheureusement l'appréciation critique de l'abbé Colombe fut interrompue par l'arrivée du comte de la Roche-Odon.

Et comme on n'attendait que lui pour servir, on passa presque aussitôt dans la salle à manger, où le capitaine se trouva placé à côté de Berengère.

Cette salle à manger est une des curiosités de la Rouvraye ; car, de toutes les pièces du château, c'est elle qui a subi le moins de changements, telle elle était au moment de sa construction, telle elle est encore aujourd'hui. Ce qui frappe tout d'abord les regards, c'est sa grandeur qui dit que le la Roche-Odon qui l'a fait bâtir, pratiquait l'hospitalité d'une façon somptueuse. Plus longue que large, elle est ornée à chacune de ses extrémités par une haute et large cheminée en granit bleu ; jusqu'à hauteur d'homme règnent tout autour des lambris en chêne sculpté, au-dessus desquels sont tendues des tapisseries en laine représentant des paysages fantaisistes ; le plafond aussi en chêne sculpté, est formé de caissons saillants décorés d'ornements en bronze.

Au milieu de cette vaste salle était dressée une grande table, servie à la vieille mode, sans fleurs, sans dessert, et sans tout ce luxe de cristaux, de corbeilles, de compotiers, de réchauds, de surtouts, de candélabres si fort en vogue aujourd'hui ; le linge en simple toile n'avait point été cylindré, on l'avait simplement plié alors qu'il était encore un peu humide, si bien que les serviettes dépliées n'étaient point des feuilles de carton glissant continuellement de dessus les genoux ; les verres étaient en cristal épais, et il n'y avait aucun danger de les briser en les reposant sur la nappe ; l'argenterie était massive et lourde bien qu'un long usage eût arrondi le bout des cuillers et singulièrement diminué la longueur des dents des fourchettes.

Le capitaine, qui avait déjà dîné à la Rouvraye connaissait cette salle et cette table ; mais ce qu'il ne connaissait pas et ce qu'il voyait pour la première fois, c'était la façon dont le comte mangeait.

Lorsqu'il s'était assis en face du comte au temps de la guerre, celui-ci se comportait à table comme tous ses convives, mangeant de tous les plats qu'on servait, et mangeant bien, en véritable gentilhomme campagnard de grand et de bel appétit.

Mais de cette époque au jour présent, s'était fait un changement qui surprit le capitaine.

Le comte n'avait qu'un seul verre (un grand verre), devant lui, près duquel était une carafe de moyenne grandeur, pleine d'eau rougie légère ; à côté de son assiette se trouvait un tout petit morceau de pain coupé carrément. Le comte mangea une assiettée de potage comme ses convives ; mais ensuite on ne lui servit rien de ce qui parut sur la table ; son vieux domestique qui se tenait derrière sa chaise, lui apporta une seule petite côtelette.

Était-il malade ? Cela ne paraissait pas probable, car il mangeait assurément de grand appétit sa petite côtelette avec son morceau de pain ; et même lorsqu'il eût fini ce morceau, il en demanda un second.

Le capitaine crut entendre qu'il disait : « cinquante grammes ». Et de fait le tout petit morceau que le domestique lui présenta pouvait bien peser ce poids.

Que signifiait cette abstinence ? Il y avait là quelque chose d'étrange.

Mais le capitaine n'eut pas la liberté d'approfondir cette question, car une conversation venait de s'engager qui appela toute son attention.

S'il avait mieux connu l'abbé Colombe, ce n'eût point été la curiosité qui lui eût fait lever la tête, c'eût été l'étonnement et la stupéfaction.

Comment, le curé de Bourlandais avait pris la parole et s'adressait à haute voix à plusieurs personnes Quel était donc ce miracle !

Son habitude, en effet, était pendant ces dîners de demeurer silencieux, ne répondant tout juste que ce qu'il fallait pour être poli avec ceux qui l'interpellaient ; encore les quelques mots qu'il risquait étaient-ils le plus souvent incompréhensibles, car retenu par sa timidité, convaincu d'autre part que ce qu'un si pauvre homme que lui pouvait dire, était sans importance en pareille compagnie, il bredouillait, s'embrouillait, n'achevait jamais une phrase commencée, et pour cacher son embarras se précipitait tête baissée dans son assiette ou dans son verre, ce qui chaque fois était la cause d'une nouvelle maladresse ; ou bien il s'étouffait en buvant, ou bien il inondait de sauce la nappe et ses voisins.

Ah ! comme le comte de la Roche-Odon l'eût rendu heureux s'il l'avait dispensé de ces dîners qui pour lui étaient la besogne la plus dure et la plus pénible de sa semaine. Mais il n'osait pas manifester tout haut un pareil souhait, et quand le comte lui disait : « A jeudi », il ne manquait pas de prendre une figure souriante pour répondre : « Assurément, monsieur le comte, c'est beaucoup d'honneur pour moi. » Beaucoup d'honneur, oui, cela était vrai ; mais combien plus de peines encore, sans compter les terribles maux d'estomac qui suivaient ces dîners ; car, par politesse, par embarras, par ignorance de la formule à employer, il n'osait pas refuser ce qu'on lui présentait, et il mangeait tout ce dont on chargeait son assiette, de peur de paraître trouver mauvaise la cuisine du château. Pour lui c'était un devoir à accomplir, et il était l'homme du devoir jusqu'au martyre, inclusivement. Personne ne lui avait vu faire la grimace, un jour qu'il s'était servi deux cuillerées de piments d'Afrique ; et c'était le sourire dans les yeux, mais l'incendie dans la bouche, qu'il les avait mangés sans en laisser un seul.

Contrairement à ses habitudes, l'abbé Colombe parlait, et tous ceux qui le connaissaient bien se demandaient par quelle opération miraculeuse le Saint-Esprit venait de lui ouvrir la bouche.

Si l'on avait connu la vérité, on aurait su qu'en parlant en ce moment il accomplissait un devoir, exactement comme le jour où il avait mangé ses piments ; et, tout aussi héroïque il tenait l'engagement qu'il avait pris avec madame Prétavoine : il tentait d'incliner l'esprit du comte à cette œuvre, qui était de marier Aurélien avec Bérengère, et comme il avait tous les courages une fois que son devoir était en jeu, il se lançait intrépidement à travers les difficultés et les périls.

— Oui, monsieur le comte, disait-il en s'adressant au vieil Irlandais, mais en parlant réellement pour M. de la Roche-Odon, je soutiens que la noblesse française a, en ces derniers temps, affaibli le principe de la royauté, quand il lui aurait été bien facile de le fortifier.

— Voilà une étrange proposition, interrompit M. de la Roche-Odon.

— Cela est ainsi, cependant.

— Je vous assure que nous sommes tous curieux de vous entendre la développer.

A ces mots qui appelaient sur lui l'attention de tous les convives, l'abbé Colombe rougit et se troubla ; mais le sentiment du devoir ranima son courage.

— Si chaque représentant de la noblesse, dit-il avec une émotion aussi intense que celle qui s'emparait de lui toutes les fois qu'il montait en chaire, si chaque noble avait marié ses enfants à des enfants de bourgeois, il eût fait de ces bourgeois des partisans de la royauté.

— Mais, monsieur le curé, s'écria le comte O'Donogue, c'est une hérésie abominable.

— N'interrompez pas, je vous prie, dit M. de la Roche-Odon, qui voyait les efforts de son pauvre curé.

— Je dis, poursuivit l'abbé Colombe, qui avait préparé son discours, je dis que ces bourgeois alliés à des familles nobles auraient considérablement augmenté le nombre des royalistes ; mais ce n'eût pas été seulement le nombre des royalistes qui se fût accru indéfiniment, c'eût été l'influence du parti qui serait devenue irrésistible dans le pays; pour cela, il n'y avait qu'une chose à faire, et elle était bien simple, elle consistait, dans ces mariages, à choisir les plus grosses fortunes bourgeoises. Eh bien! ce que la noblesse n'a pas fait pour la royauté, je voudrais qu'elle le fît aujourd'hui pour l'Église. Nous sommes dans une malheureuse période où notre sainte religion est menacée de tous côtés, et ce n'est plus seulement au clergé qu'il appartient de la défendre.

— Ce que vous venez de nous prêcher, mon cher curé, dit le comte, c'est tout simplement la théorie de la mésalliance.

Comme chacun avait dit son mot, le capitaine excepté, l'abbé Colombe se demanda s'il ne trouverait pas de secours de ce côté, car, prudent comme toujours, l'abbé Armand avait trouvé moyen de soutenir les deux opinions.

— J'en appelle à monsieur de Gardilane, s'écria l'abbé Colombe.

— Prenez garde à vous, mon cher curé, dit le comte en riant, l'allié que vous invoquez pourrait bien être un terrible adversaire.

— Je demande seulement à M. de Gardilane, continua l'abbé Colombe, s'il trouve, en se plaçant au point de vue catholique, que j'ai tort et que ma thèse n'est pas juste.

— Je voudrais me récuser, répondit le capitaine.

— Non, parlez, je vous en prie, dit l'abbé en insistant.

— Eh bien, je trouve qu'en fait de mariage, il faut se mettre avant tout au point de vue personnel de ceux qui se marient.

— C'est déplacer la question, s'écrièrent en même temps le comte et le curé.

— Ou plutôt, c'est la réduire à un seul terme qui est, pardonnez-moi le mot, le gros mot. — l'amour.

Il y eut parmi tous les convives une même exclamation ; mais au milieu de l'émotion et du brouhaha causés par cette réponse, Bérengère se pencha vers le capitaine, et mettant sa main devant sa bouche :

— Bien, dit-elle, vous avez répondu comme j'aurais répondu moi-même.

Il la regarda surpris de cette franchise d'approbation ; elle ne baissa pas les yeux, mais elle lui sourit doucement.

Et ils restèrent ainsi durant quelques instants, quelques minutes peut-être, tandis qu'autour s'agitait la grave question de savoir s'il était permis de se mésallier même dans l'intérêt du ciel ; l'abbé Colombe soutenant qu'on était chrétien avant d'être noble, le comte et ses convives déclarant qu'une mésalliance était ce qu'est une lâcheté pour un soldat, un péché mortel pour un catholique ; l'abbé Armand allant de l'une à l'autre opinion.

La fin du dîner termina heureusement la discussion, qui menaçait de s'éterniser, tant l'abbé Colombe déployait de ténacité.

M. de la Roche-Odon après avoir cérémonieusement conduit et installé la comtesse O'Donoghue dans le salon, vint prendre le capitaine par le bras.

— J'espère, mon cher capitaine, dit-il avec enjouement, que nos discussions théologiques ne vous empêcheront pas de prendre part à nos dîners du jeudi ; vous serez toujours le bienvenu, soyez-en certain. Ces dîners sont notre grande distraction.

— N'étiez-vous pas souffrant aujourd'hui ? demanda le capitaine, après avoir fait à cette invitation la réponse qu'il devait.

— Souffrant ? mais non.

— Il m'a semblé que vous mangiez peu.

Le comte se mit à rire.

— Ah ! j'y suis, dit-il, vous avez été intrigué par mon petit carré de pain et par ma côtelette.

— Je l'avoue.

— Eh bien ! je veux vous rassurer. Ce régime est celui auquel je me suis soumis depuis deux ans, et je m'en trouve bien.

— N'est-il pas bien frugal ?

Le comte, sans répondre, attira le capitaine dans l'embrasure profonde d'une fenêtre, et là quittant le ton de l'enjouement, pour parler d'une voix grave :

— Vous savez comment ma petite-fille m'a été confiée, dit-il, et vous savez aussi combien il est utile que je vive pour cette chère enfant. C'est à vivre que je m'applique ; et voilà pourquoi vous ne m'avez vu manger qu'un petit morceau de pain à mon dîner. J'ai soixante-quinze-ans...

— Mais vous êtes plein de vigueur, interrompit le capitaine, votre santé est magnifique.

— J'ai été éprouvé, terriblement, cruellement

éprouvé, et le chagrin agit sur la santé comme l'eau sur la pierre la plus dure, elle l'use : il faut cependant que je vive pour Bérengère ; à mon retour d'Allemagne, je me suis senti si profondément atteint que je me suis cru perdu. Alors j'ai consulté un médecin en qui j'ai foi, et c'est lui qui m'a ordonné ce régime. C'est le plus souvent par excès de nourriture que périssent les vieillards qui s'obstinent à vouloir manger, alors que leurs forces digestives, graduellement affaiblies, sont incapables de faire subir aux substances alimentaires les modifications nécessaires. Je ne mange plus que strictement ce qui est indispensable pour entretenir ce qui me reste de forces, sans les user. Mon pain, ma viande, sont pesés ; ma boisson est mesurée ; mon déjeuner se compose chaque jour d'un œuf et d'une tasse de thé, mon dîner de ce que vous avez vu ; avec cela je fais deux courses à pied par jour, l'une de deux heures le matin, la seconde de même temps après mon déjeuner ; je dors sept heures régulièrement ; enfin je vis de la vie la plus méthodique. Que cela ne me soit pas quelquefois pénible, il ne serait pas vrai de le dire et j'avoue que j'éprouve parfois des tentations de gourmandise. Mais je pense à ma chère enfant, et le sacrifice, si sacrifice il y a, me devient agréable. Il y a deux ans que j'ai adopté ce régime, et je dois le suivre jusqu'à son émancipation. Alors il me sera permis de mourir : je n'aurai pas à craindre que ma chère enfant ni ma fortune (ce qui reste de ma fortune), soient dirigées et administrées par des mains dont je dois les sauvegarder. Pour exécuter complétement ce qui m'est prescrit, je devrais encore me préserver de tous soucis, comme l'hiver je me préserve du froid et l'été du chaud, mais cela n'est pas toujours possible ; voilà pourquoi je suis reconnaissant aux bons amis qui veulent bien me visiter ; c'est de la distraction et de la gaieté qu'ils m'apportent ; c'est pour mon enfant.

Le capitaine tendit au comte sa main émue.

— Je suis profondément touché de votre invitation, dit-il.

— Alors vous viendrez quelquefois ?

— Tous les jeudis.

XXIX

Quand le comte quitta le capitaine pour s'occuper d'un autre de ses convives, Bérengère, qui semblait guetter ce moment, remplaça son grand-père dans l'embrasure de la fenêtre.

— J'ai réfléchi, dit-elle.

Le capitaine la regarda, se demandant à quoi elle avait pu réfléchir.

— Vous ne vous rappelez plus ce que je vous ai demandé?

— Vous m'avez demandé plusieurs choses.

— Des romans, dit-elle en baissant la voix.

— Mais que voulez-vous? demanda le capitaine embarrassé.

— Tout ce que vous voudrez.

— Au moins qu'avez-vous lu?

— Rien : *Diloy le chemineau, l'Auberge de l'Ange gardien, Fabiola.*

— Voulez-vous des romans historiques?

— Je veux des romans qui parlent du monde que je ne connais pas, de celui d'hier, de celui de demain; qui me sortent par l'esprit de ce château, qui est pour moi celui de la *Belle au bois dormant* pendant le sommeil.

Le capitaine, qui n'en était pas à regretter de s'être engagé, ne répondit rien.

— Vous chercherez, continua Bérengère, se méprenant sur son silence, et quand vous aurez trouvé, vous déposerez le volume, en vous promenant, dans le creux d'un chêne, le septième à gauche, en venant de la route au château; je le prendrai là. C'est entendu, n'est-ce pas?

Puis, sans écouter la réponse, elle s'éloigna, car elle voyait s'approcher miss Armagh, qui venait se mêler à leur tête-à-tête.

Ordinairement l'abbé Colombe était le dernier convive qui restait à la Rouvraye, car, ne sachant jamais comment s'en aller et gagner la porte quand plusieurs personnes pouvaient le regarder, il attendait que tout le monde fût parti pour prendre congé de M. de la Roche-Odon. Mais ce jour-là, quand il vit le capitaine prêt à s'en aller, il rassembla tout son courage et, traversant le salon, il se joignit à lui.

— Est-ce que vous rentrez seul à Condé? demanda-t-il.

— Mais sans doute, monsieur l'abbé; mon intention n'est pas de coucher à la belle étoile, malgré la sérénité de la nuit.

— Voulez-vous que nous fassions route ensemble?

— Volontiers; mais il me semble que le presbytère

de Bourlandais n'est pas sur le chemin de Condé

— Je serai bien aise de marcher.

— Alors marchons, monsieur le curé.

Et le capitaine se dit qu'il allait sans doute entendre les réflexions critiques que l'abbé Colombe n'avait pas pu lui présenter avant dîner, et à vrai dire cette perspective ne l'effraya pas trop : elles devaient être curieuses, les appréciations littéraires du bon curé.

Mais ce ne fut pas d'appréciations littéraires qu'il fut question : l'abbé Colombe avait maintenant un bien autre sujet en tête.

— Quel homme que M. le comte de la Roche-Odon! dit-il brusquement.

Le capitaine fut d'abord surpris par cette exclamation, car il s'attendait à d'autres paroles, mais il était encore trop ému de son entretien avec le comte pour ne pas applaudir à l'éloge que le curé entreprenait.

— J'avais pour lui une haute estime, dit-il, mais après ce que je viens d'apprendre, c'est un sentiment de vénération que j'éprouve.

— Est-ce qu'il y a indiscrétion à vous demander ce que vous avez appris ? Ne croyez pas à de la curiosité de ma part, au moins, mais s'il est une chose qui puisse accroître la vénération que moi aussi je ressens pour M. le comte de la Roche-Odon, je serai heureux de la connaître.

Le capitaine raconta alors ce que le comte venait de lui dire des précautions qu'il prenait pour prolonger sa vie.

— Oh! nous savons tout cela, nous qui venons souvent à la Rouvraye, c'est une véritable adoration que

M. le comte de la Roche-Odon éprouve pour sa petite-fille, et on doit dire qu'à tous égards elle en est digne, autant toutefois qu'une créature mortelle, peut-être adorée. Il est bien fâcheux que M. le comte de la Roche-Odon ne puisse pas la marier dès maintenant, car il serait délivré par ce mariage des inquiétudes qui le tourmentent.

— Est-il donc question d'un mariage pour mademoiselle Bérengère? demanda le capitaine avec une vivacité qui le surprit lui-même, mais que l'abbé Colombe ne remarqua pas.

— Je ne crois pas que M. le comte de la Roche-Odon ait personne en vue, au moins pour le moment, et cela est regrettable, car le mariage émancipe les femmes à l'âge de quinze ans révolus.

— Comment ne se trouve-t-il pas des jeunes gens de bonne volonté pour demander à M. de la Roche-Odon la main de sa petite-fille, dit le capitaine en riant, elle est assez charmante pour inspirer les plus timides.

— Cela viendra, certainement cela viendra, et je déclare que pour moi je serais bien heureux de pouvoir aider à un pareil résultat si j'en étais capable.

— Où diable ce bon curé veut-il en venir? se demanda le capitaine.

L'abbé Colombe se chargea de répondre à cette question.

— Savez-vous, dit-il en changeant tout à coup de sujet, quelle a été la journée de M. le comte de la Roche-Odon aujourd'hui?

— Mon Dieu, non.

— Eh bien! je vais vous le dire, afin que vous voyiez

vous-même quel homme il est. Sorti du château à six heures du matin, à six heures et demie il était chez un pauvre paralytique, qui demeure à l'autre bout de la paroisse; il l'a aidé à se lever, à s'habiller ; puis quand il l'a eu installé dans son fauteuil, au soleil, il lui a lu l'évangile du jour. De là, il est redescendu à Bourlandais, où nous avons eu hier soir un décès : un père de famille, un journalier, qui laisse une femme et six enfants dont l'aîné a neuf ans. Il a apporté des paroles de consolation à ces pauvres gens, puis il a donné à la mère ce qui est nécessaire pour l'enterrement de son homme et pour les premiers besoins de la famille. Voilà ce qu'il a fait à Bourlandais seulement.

— Je savais qu'il était une providence pour le pays.

— Je ne vous parle que de Bourlandais parce que je ne veux dire que ce que je sais pour l'avoir vu, et je suis passé dans ces deux maisons une heure après le comte, trouvant ma mission accomplie mieux que je n'aurais pu l'accomplir moi-même. Mais après Bourlandais, il y a Condé; et là, si nous avions pu le suivre nous aurions vu les mêmes choses. Eh bien, je vous le demande, où croyez-vous que M. le comte de la Roche-Odon trouve ces inspirations?

— Dans son grand cœur.

— Dans ses sentiments de catholique : c'est la foi qui le guide. Et je dis que sa vie est un grand exemple pour tous.

— Je le dis comme vous, monsieur le curé.

— Et comment un tel exemple, s'écria l'abbé Colombe, n'ouvre-t-il pas les yeux des incrédules et ne ramène-t-il pas les égarés !

Et pendant quelques minutes, marchant à côté du capitaine, il parla sur ce ton, se laissant entraîner par son exaltation, prêchant sur cette grande route exactement comme il l'eût fait du haut de la chaire de son église.

Le capitaine se garda bien de l'interrompre, car il voyait maintenant où le curé voulait en venir, et ils marchèrent ainsi côte à côte jusqu'aux premières maisons de Condé ; là seulement l'abbé Colombe se tut et s'arrêta.

— Alors, dit le capitaine en souriant, vous avez entrepris ma conversion, monsieur le curé, et c'est ce projet qui m'a valu le plaisir de votre compagnie ? Hélas ! vous aurez bien du mal, car vous parlez à un homme que la foi a abandonné depuis longtemps.

— Rien n'est désespéré quand l'âme est restée saine et bonne, et bien que je ne vous connaisse pas depuis longtemps, je suis certain que telle est la vôtre.

— Je suis heureux de la bonne opinion que vous avez de moi, monsieur le curé ; venant d'un homme tel que vous, ce témoignage de sympathie me touche réellement ; mais, je vous le répète, je n'ai pas la foi.

— M. le comte de la Roche-Odon me disait que vos ancêtres...

— Mes ancêtres croyaient, monsieur le curé, moi, je ne crois pas ; remarquez qu'il y a des esprits qui pensent qu'une religion doit s'adapter aux progrès des sciences, de la civilisation et des mœurs, de sorte que ce qui était bon il y a mille ans peut ne plus être bon aujourd'hui ; il y a mille ans mes ancêtres croyaient, moi je ne peux pas remonter de mille ans en arrière.

— Mais les vérités de notre sainte religion sont éternelles.

Malheureusement pour l'abbé Colombe, ils arrivaient devant la porte du capitaine.

— Nous reprendrons cet entretien, monsieur le curé, dit le capitaine.

Ce n'était pas le sommeil qui avait fait rentrer le capitaine, car, au lieu de monter à sa chambre, il alla s'asseoir dans son jardin, sous le saule pleureur qui trempait ses branches dans la rivière, et, ayant allumé un cigare, il resta à rêver.

La nuit était douce; et d'un ciel étoilé tombait une clarté bleuâtre qui donnait aux choses des formes fantastiques ; l'eau sombre qui reflétait les étoiles courait avec des petits clapotements contre les cailloux des berges et c'étaient les seuls bruits qui troublassent le silence. Au-delà de la rivière, s'étendaient les prairies couvertes de légères vapeurs blanches dans lesquelles, se mouvaient confusément, des bœufs et des juments qui venaient boire à la rivière ou qui allaient se perdre dans des profondeurs insondables.

Ce n'était point à ce spectacle que le capitaine prenait intérêt, car ses yeux regardaient devant lui sans rien voir.

Son esprit était ailleurs : il était retourné à la Rouvraye et c'était Bérengère qu'il voyait comme s'il était encore auprès d'elle.

Charmante, vraiment charmante cette jeune fille ; quel gracieux sourire !

Elle serait une femme délicieuse.

Et l'on voulait la marier bientôt.

Son grand-père avait intérêt, un intérêt capital à ce qu'elle se mariât. Il accueillerait donc favorablement le mari qui se présenterait.

Quel meilleur mariage pouvait-on désirer? femme, grand-père, position, fortune, tout se trouvait réuni.

Et il avait laissé son imagination s'envoler à la suite de cette idée.

Puis tout à coup, il avait, par un geste de colère, jeté son cigare dans la rivière.

Quelle folie à lui de penser au mariage!

Sans doute M. de la Roche-Odon désirait marier sa petite-fille, mais que ne demanderait-il pas au mari qui se présenterait?

La naissance d'abord ; pour cela les Gardilane, il est vrai, valaient les La Roche-Odon.

La fortune ensuite ; de ce côté il était faible, n'ayant à offrir que des espérances.

La foi enfin.

C'était là qu'avait été sa folie de penser au mariage.

Mais elle était donc bien séduisante, cette petite Bérengère, qu'elle avait pu lui faire oublier qu'entre elle et lui il y avait un abîme!

XXX

Si en arrivant à Condé, madame Prétavoine avait appris que le capitaine de Gardilane avait, en son absence, dîné au château de la Rouvraye, c'eût été un coup terrible pour elle, dans l'état de surexcitation et d'exaspération où elle se trouvait.

Heureusement pour sa sensibilité, ce coup lui fut épargné, ou tout au moins la violence en fut amoindrie par les bonnes nouvelles qui la saluèrent à sa descente de la voiture.

C'était les yeux gros de sommeil que sa femme de chambre, répondant à ses vigoureux coups de sonnette, était venue lui ouvrir.

Madame Prétavoine appartenait à cette classe de gens d'affaires pour lesquels les lettres sont la grande chose de la vie. Aussi son premier mot en rentrant de voyage était-il toujours pour demander : « Où sont mes lettres ? » et non pour dire : « Qui est venu ? »

A sa question ordinaire : « Mes lettres ? » lorsqu'elle

eut pénétré dans le vestibule, la réponse d'Angèle fut d'aller prendre dans le salon une lettre qu'elle lui présenta.

— Elle a été apportée par le petit clerc de M. Griolet, dit-elle.

Vivement madame Prétavoine ouvrit cette lettre, qui allait lui apprendre le résultat des négociations du notaire avec le comte de la Roche-Odon.

En deux lignes, Griolet annonçait que ces négociations avaient abouti à un arrangement : le comte acceptait les propositions de madame Prétavoine.

Quel triomphe !

Elle eut une éblouissante vision, et se vit dans le château de la Rouvraye, à côté de son fils et de sa bru, recevant ses invités.

Quel beau jour !

Elle fut tirée de son rêve par sa femme de chambre, qui lui présentait une carte.

— M. le comte de la Roche-Odon est venu, dit-elle, et ne trouvant pas madame il a laissé sa carte.

Le comte chez elle, en visite !

Ce fut la joie la plus vive qu'elle eût goûtée depuis longtemps.

Il était venu chez elle !

Elle tenait entre ses mains une carte du comte déposée pour elle, pour elle, madame Prétavoine, la petite mercière d'Hannebault !

Et elle resta en admiration devant ce carré de bristol corné à l'un des angles.

Pendant ce temps, la femme de chambre n'ayant plus rien à dire et croyant qu'on n'aurait plus rien à lui demander, s'était éloignée. Madame Prétavoine courut après elle en la rappelant.

— Quand était venu M. le comte de la Roche-Odon? Qu'avait dit M. le comte de la Roche-Odon? M. le comte de la Roche-Odon avait-il paru fâché quand on lui avait répondu qu'elle était absente? Qui avait fait cette réponse à M. le comte de la Roche-Odon? Qui avait reçu M. le comte de la Roche-Odon?

Ce nom était la musique la plus délicieuse que son oreille eût jamais entendue; elle s'enivrait à le répéter.

— Comment le comte était-il venu? A pied? en voiture?

— A pied.

Elle eût préféré qu'il fût venu en calèche, avec ses laquais en grande livrée et son cocher à perruque poudrée, cela eût été plus noble; mais enfin, ce n'était qu'un détail.

— Quelle était sa toilette? Etait-il en habit? portait-il ses décorations?

— Il était en redingote, mais je n'ai pas fait attention à ses décorations?

— Vous êtes une sotte; vous ne faites attention à rien.

Comment n'avoir pas regardé les décorations du comte!

Enfin, le comte de la Roche-Odon était venu chez elle.

Maintenant c'était à elle d'aller chez lui.

Cela était obligé.

Quand et comment allait-elle rendre cette visite?

Grande question pour elle et d'un intérêt capital.

Cependant elle ne l'examina pas tout de suite ; il était cinq heures et demie ; bientôt allait sonner la messe de six heures, trois personnes savaient qu'elle était de retour à Condé, elle devait donc assister à cette messe ; et bien qu'elle vînt de passer consécutivement trois nuits en chemin de fer, elle y assista : jamais elle n'avait déployé plus de recueillement ; jamais ses génuflexions n'avaient eu plus de souplesse ; comme toujours elle fut pour ses voisins un sujet de grande édification.

Ce fut seulement en revenant de cette messe et lorsqu'elle fut enfermée dans sa chambre qu'elle put à tête reposée étudier cette grande question.

Enfin, après avoir longtemps feuilleté ses livres, elle se décida à faire sa visite ce jour même, dans l'après-midi, vers trois heures : l'empressement ne pouvant jamais être considéré que comme une marque de politesse.

Cela arrêté, elle ferma ses guides et ses manuels, puis elle se mit à tracer le plan de sa conduite avec le comte, ce qui était pour le moins aussi important que ces questions de forme, mais ce qui, pour elle, était beaucoup plus facile ; car, dès qu'il ne s'agissait plus de tradition, ni de principes, l'inspiration reprenait ses droits, et de ce côté elle se sentait maîtresse d'elle-même.

Elle était plongée dans ce travail, lorsqu'elle entendit retentir la sonnette de sa grille ; elle ne se dérangea pas, mais au moyen d'un système de glaces habilement disposées, elle regarda qui sonnait.

C'était l'abbé Armand.

Comme il n'était pas encore deux heures, elle pouvait le recevoir.

Le chanoine avait appris son retour par l'abbé Bernolin, qui avait dit la messe de six heures, et il venait prendre des nouvelles de sa santé.

Puis la conversation s'engageant, le chanoine raconta son dîner à la Rouvraye, avec le capitaine de Gardilane.

Le capitaine à la Rouvraye, dînant à côté de Bérengère, quand Aurélien courait vers Louvain !

Si le chanoine avait regardé madame Prétavoine, il eût été surpris de la voir devenir tout à coup pâle et frémissante ; mais il était tout à son récit, expliquant longuement la thèse de l'abbé Colombe, sur le mariage des puissants de la terre.

Madame Prétavoine eut le temps de se remettre ; d'ailleurs le sujet était assez intéressant pour s'imposer à son attention, si troublée qu'elle pût être.

— Et qu'a répondu M. de la Roche-Odon ? demanda-t-elle.

— Le comte et toute la compagnie ont répondu que c'était la théorie de la mésalliance.

Elle essaya de sourire.

— Ça été aussi la réponse de M. de Gardilane ? dit-elle.

— Non, le capitaine a dit que pour lui le mariage était régi par une seule règle, — l'amour.

Ces trois coups tombant ainsi sur madame Prétavoine, l'étourdirent durant quelques secondes ; mais bien vite elle se remit pour se défendre.

— Je suis bien heureuse d'apprendre que M. de Gardilane est reçu à la Rouvraye, dit-elle ; les exemples qu'il trouvera là pourront lui être salutaires : ce serait un grand bonheur s'ils lui ouvraient les yeux.

— Ah ! vraiment ! s'écria l'abbé Armand, qui était presque aussi curieux que gourmand, et passait tout le temps qu'il n'employait pas à étudier l'art de la cuisine, à colporter de petites médisances de maison en maison, sans méchanceté aucune, rien que pour le plaisir d'avoir quelque chose d'intéressant à dire.

— Entre nous c'est un homme sur le compte duquel courent d'étranges bruits.

— Et que dit-on ?

— N'attendez pas que je vous le répète, ce ne son pas des propos de femme.

— Ah bah ! dit le chanoine, qui n'avait jamais rien entendu raconter de grave sur le capitaine.

— Interrogez la première personne venue, et vous serez fixé à son sujet ; seulement, si vous avez cette curiosité, agissez directement, car il a dans le pays des amis zélés.

— Il est vrai.

— Si vous voulez regarder quels sont ces amis, vous comprendrez tout de suite ce qu'il est lui-même. Qui se ressemble s'assemble. Pour moi, c'est un homme dangereux, et cela est si bien ma conviction que j'ai fait partir Aurélien par peur de ce capitaine. Vous savez ce qu'est notre sous-préfet, un excellent homme ; mais enfin sa légèreté est déplorable. Il est très-lié avec cet officier. Il attirait Aurélien chez lui. Des relations se seraient tout naturellement établies entre eux, et, bien que je sois sûre de mon fils, je n'ai pas voulu l'exposer à ce danger : j'ai envoyé Aurélien se promener, en prétextant la nécessité d'un voyage à Louvain. Silence sur cela, n'est-ce pas? je vous prie, surtout sur le départ de mon fils. Vous comprenez combien il serait fâcheux pour nous, blessant même pour Aurélien, qu'on pût dire que je le traite en jeune fille : cela pourrait lui nuire.

— Soyez tranquille, chère dame.

— Enfin, pour en revenir à cet officier, je souhaite de grand cœur qu'il continue d'être reçu à la Rouvraye ; seulement il est à craindre que les propos que l'on tient sur lui n'arrivent aux oreilles du comte, et alors je crains bien que les portes du château ne se ferment devant lui. Enfin c'est son affaire, ce n'est pas la nôtre. Pour nous ce qui est regrettable, c'est qu'on nous l'ait envoyé. Bon militaire, bon officier, peut-être ; j'aime à le croire. Mais ce n'est pas tout. Si l'on voulait faire notre éducation de ville de garnison, et nous rapprocher de l'armée, il me semble qu'on aurait dû faire un autre choix.

Sur ce mot elle s'était levée.

— Vous me permettez d'agir en toute liberté avec vous, n'est-ce pas? dit-elle : je vous demande donc la permission de sortir; en mon absence, M. le comte de la Roche-Odon est venu pour me voir, et je me préparais à lui rendre sa visite, quand vous êtes entré.

Elle dit cela avec une simplicité parfaite, comme si la chose était toute naturelle ; les la Roche-Odon et les Prétavoine se voyaient, voilà tout.

XXXI

Madame Prétavoine et l'abbé Armand sortirent ensemble, mais sur le rempart ils se séparèrent.

— Vous ne venez pas du côté de la Rouvraye? demanda madame Prétavoine au chanoine.

— Non, je descends en ville, j'ai trois visites à faire.

A Condé, ce qu'on appelle descendre en ville, c'est aller dans la partie neuve de la ville, celle qui est habitée par les familles bourgeoises les plus riches et par les étrangers.

L'annonce de ces trois visites calma un peu la fureur de madame Prétavoine; connaissant le chanoine comme elle le connaissait, elle était bien certaine qu'il allait parler du capitaine de Gardilane et dans les termes mêmes dont elle venait de se servir, dans chacune des maisons où il irait. Elle n'avait rien dit de précis, il est vrai. Mais c'était précisément le vague de ses accusations qui les rendait si dangereu ses. On se défend, les honnêtes gens vous défendent d'un fait nettement articulé ; mais que peut-on contre une calomnie insaisissable? C'est une flamme erratique qui s'éloigne lorsqu'on veut mettre la main dessus, mais qui ne s'éteint pas.

De ces trois maisons, les rumeurs confuses colportées par l'abbé Armand se propageraient dans d'autres, et elles deviendraient bien vite d'autant plus inquiétantes que personne ne saurait rien de précis. Il y aurait un fait cependant : ces rumeurs, et cela suffirait; nombreux sont les gens avisés qui répètent qu'il n'y a pas de fumée sans feu; quand la fumée serait assez épaisse pour tout obscurcir, madame Prétavoine interviendrait adroitement et soufflerait la flamme qui s'allumerait d'autant plus violemment que les matières incendiaires auraient été disposées à l'avance.

Il verrait alors, ce beau militaire, si c'est l'amour qui fait les mariages : le sot, le fat; l'amour! la belle affaire en vérité!

Ce fut en raisonnant ainsi qu'elle fit la route de Condé à la Rouvraye.

Arrivée dans l'avenue, elle s'arrêta et regarda l'heure à sa montre: il n'était que deux heures quarante-cinq minutes, elle avait du temps devant elle: elle s'assit sur un banc, puis ayant tiré un mouchoir de sa poche, elle épousseta la poussière de la route qui avait blanchi le bas de sa robe noire et ses bottines.

Puis, cela fait, elle changea de gants, et remplaça ceux qu'elle avait aux mains et qui étaient défraîchis par d'autres tout neufs.

Comme trois heures sonnaient, elle montait le perron du château.

Mais le domestique, qui vint au bruit de ses pas dans le vestibule sonore, lui apporta une mauvaise réponse.

— M. le comte est sorti.

— Ne doit-il pas bientôt rentrer?

— Je l'ignore.

— Ne puis-je pas voir mademoiselle de la Roche-Odon?

— Je vais demander à mademoiselle si elle peut recevoir madame...

Le domestique hésita, comme s'il ne savait pas le nom de la personne qu'il avait devant lui, bien qu'il le connût parfaitement ; mais c'était sa manière de dire qu'on n'était pas admis sans certaines formalités auprès de mademoiselle Bérengère.

— Madame Prétavoine, dit celle-ci.

En entendant le domestique lui annoncer que madame Prétavoine désirait la voir, Bérengère éprouva un mouvement de surprise et d'inquiétude.

Madame Prétavoine à la Rouvraye ! Pourquoi cette vieille femme voulait-elle la voir? Allait-il être encore question de son entretien avec le capitaine de Gardilane ?

Cela la décida à descendre, car en toute autre circonstance elle eût fait répondre à madame Prétavoine, qui lui était profondément antipathique, qu'elle n'était pas visible.

Mais lorsqu'elle entra dans le salon où se trouvait madame Prétavoine, ce ne fut point en coupable qu'elle se présenta. Sa tête était haute, et il y avait dans ses yeux cette fierté dédaigneuse qui avait frappé le capitaine lorsqu'il lui avait parlé « de la personne qui accompagnait l'abbé Colombe. »

Madame Prétavoine salua avec toute la grâce dont elle était capable, et elle expliqua que M. le comte de la Roche-Odon ayant pris la peine de passer chez elle, pendant un court voyage à Paris, elle avait tenu à lui rendre sa visite le jour même de son retour.

— C'est sans doute pour affaire que mon grand-père avait besoin de vous voir, madame, répondit Bérengère, je ne puis donc le remplacer.

Pour affaire !

Madame Prétavoine fut suffoquée par ces deux mots tout autant que par la façon dont ils furent prononcés. Évidemment cette petite vaniteuse n'admettait pas que son grand-père, M. de la Roche-Odon, pût aller chez une madame Prétavoine pour autre chose que pour affaire. Quelle arrogance ! Et cependant comme elle pourrait, si elle le voulait, faire se courber cette tête altière et remplir de confusion ce regard hautain.

Mais elle ne le voulut pas; ce n'était pas le moment, ce n'était pas pour cela qu'elle était venue ; plus tard, il serait temps de faire payer cet accueil, et elle n'était pas femme à oublier ce qui lui était dû.

Ainsi commencé, l'entretien ne pouvait être que difficile, et madame Prétavoine se demandait comment elle allait le continuer, quand, par bonheur pour son embarras, le comte entra dans le salon, revenant de sa promenade.

Aussitôt Bérengère, qui ne s'était point encore assise, salua madame Prétavoine et sortit du salon, marquant ainsi une fois de plus combien elle était convaincue qu'entre son grand-père et madame Prétavoine il ne pouvait être question que d'affaires. Madame Prétavoine se demanda si elle ne devait pas dire un mot de politesse pour la retenir, mais ce mot, elle ne le trouva pas, car elle était plutôt femme de réflexion que d'inspiration, et il lui fallait du temps pour se préparer avant de parler ou d'agir.

Pour Bérengère, malgré son apparente assurance, elle n'était rien moins que tranquille : qu'allait-il se passer entre cette vieille femme dont elle avait instinctivement peur, et son grand-père? Mais il était dans sa nature de ne jamais céder à la peur, et c'était précisément quand elle se sentait menacée qu'elle montrait le plus de fermeté. C'eût été, à ses yeux, une lâcheté de rester en tiers avec son grand-père et madame Prétavoine, pour empêcher celle-ci de parler, et elle était incapable d'une lâcheté. Si son grand-père apprenait son entrevue avec le capitaine, eh bien! elle se confesserait à lui. Elle avait tout fait pour lui épargner un chagrin et ménager sa susceptibilité ; ce n'était pas sa faute si la vérité éclatait.

Mais ce n'était pas d'elle qu'il devait être question entre son grand-père et madame Prétavoine.

Tout d'abord madame Prétavoine se tira assez bien de ce qu'elle avait à dire: elle était préparée et sa mémoire était sûre. Mais une réplique du comte la déconcerta.

Comme elle venait de dire que c'était pour elle un

honneur et un bonheur que de rendre à M. le comte de la Roche-Odon un service, le vieux comte redressa sa grande taille et la regarda de haut pendant quelques secondes.

— Pardon, dit-il, je ne voudrais pas qu'il y eût entre nous une confusion qui plus tard pourrait amener des difficultés : j'accepte l'affaire que notre notaire commun me propose ; je n'accepterais pas un service...

Puis comme la fierté n'excluait pas chez lui la politesse, il voulut corriger jusqu'à un certain point ce que cette réponse avait de dur, et il ajouta :

—... De cette importance.

Une affaire !

Encore ce mot, toujours le même dans la bouche du grand-père, comme dans celle de la petite-fille.

Madame Prétavoine fut outrée, et en même temps elle ressentit pour ce vieillard un sentiment de dédaigneuse pitié.

Une affaire ! Cette vieille ganache se figurait qu'elle recherchait des affaires qui rapportaient cinq pour cent.

Cette réflexion lui fit du bien, et lui permit de se contenir.

— Une affaire, dit-elle, assurément c'est le mot dont je voulais me servir.

— Grâce aux précautions que vous prenez, vous trouverez toute sécurité dans ce placement, et selon votre désir je ferai en sorte de vous rembourser cent mille francs tous les ans. Sans doute cela me gênera, mais je trouve votre exigence trop légitime pour y faire résistance. D'ailleurs je serai bien aise d'être forcé à ce remboursement ; cela m'obligera à des réformes et à des économies. Quant aux autres arrangements, quant à tous les détails de l'affaire, vous voudrez bien vous entendre avec M° Griolet ; je lui ai expliqué mes intentions et il a ma confiance.

Madame Prétavoine eut peur de perdre son sang-froid, et, dans un mouvement d'exaspération, de compromettre le fruit de ses combinaisons ; elle abrégea sa visite, que le comte d'ailleurs ne paraissait pas vouloir prolonger.

Mais, quand elle eut franchi la grille du jardin et se trouva dans l'avenue, elle se retourna vers le château.

— Oh! ces nobles, ces nobles! dit-elle les dents serrées, les mains crispées.

Et pour la première fois de sa vie elle comprit la Révolution et 93 : comme on devait avoir plaisir à guillotiner ces gens-là !

Quel orgueil !

Il ne permettait pas qu'on lui rendît service ; il voulait une affaire ; il trouvait qu'elle était de toute sécurité ; il remettait les détails de cet arrangement à son notaire à qui il avait fait connaître ses intentions !

Et, tout en marchant, madame Prétavoine haussait les épaules.

Que ces gens-là étaient bêtes !

Et elle avait vécu dans une admiration, dans une adoration pour ce comte.

De loin, oui, il était grand, et il pouvait faire illusion ; mais de près, quelle pitié !

Et toute seule silencieusement, elle riait d'un rire nerveux.

Après tout, tant mieux, elle en aurait plus facilement raison, et puisqu'ils voulaient qu'on respectât leur orgueil, elle le respecterait, elle le flatterait ; ce serait un lien de plus avec lequel elle les tiendrait et les conduirait.

Sans doute cette visite n'avait pas produit ce qu'elle avait imaginé et espéré ; mais elle ne devait pas se plaindre ; au contraire elle devait remercier le bon Dieu de ce qu'il venait de faire pour elle.

Et au lieu de prendre le rempart pour rentrer chez elle, elle avait tourné par la ville basse pour se rendre à Saint-Étienne s'agenouiller devant l'autel où chaque jour elle faisait ses dévotions.

Car ce serait une erreur de s'imaginer qu'elle était une fausse dévote, n'ayant ni foi, ni croyance, ni religion.

Seulement sa religion était d'un genre particulier, qui doit être expliqué si l'on veut comprendre ce qu'était le caractère de cette femme.

Elle avait passé un marché avec la société *Jésus, Marie, Joseph et Cie* par lequel elle s'était engagée en son âme et conscience à travailler activement pour la plus grande gloire de cette société, pour le développement et l'accroissement de ses affaires dans la ville et le diocèse de Condé-le-Châtel ; et en échange de cet engagement elle avait stipulé que ladite société lui accorderait son concours et les moyens d'action ainsi que d'influence dont elle dispose pour faciliter et assurer le triomphe de ses intérêts, à elle madame Prétavoine. Exécutant ce marché, elle s'était mise entièrement à la disposition des agents de cette société : prêtres, moines, religieuses, etc., etc., mais par réciprocité elle entendait que cette puissante armée fût aussi à la sienne. Donnant donnant, telle avait été sa règle, mais avec cette arrière-pensée toute commerciale que, si dans l'exécution de ce marché elle gagnait plus qu'elle ne donnait, elle faisait une bonne affaire. Or, le but du commerce est de faire précisément de bonnes affaires; rien n'est plus légitime; à chacune des parties il appartient de défendre ses intérêts.

Ayant obtenu un avantage important dans l'affaire la Roche-Odon, elle venait en rendre compte aux gérants de sa société.

Et en même temps elle venait leur demander conseil et appui dans une seconde affaire où elle avait besoin de leur intervention, — l'affaire Sophie Fautrel.

XXXII

La rue la plus commerçante de Condé est celle qui, de la place Saint-Étienne, conduit à la ville basse. Après s'être successivement appelée rue Royale, rue de la République, rue Impériale, elle a repris aujourd'hui le nom de rue de la République, au grand plaisir des deux journaux de la ville qui, lorsqu'ils sont à court de copie, entreprennent une polémique sur ce sujet, l'*Étoile de la vallée*, pour demander qu'on fasse cesser ce scandale ; le *Réveil de Condé*, pour dénoncer aux agents des ponts et chaussées les poteaux et les plaques qui ont encore conservé le nom « Impérial ».

Un des magasins de cette rue, le plus modeste peut-être par l'apparence, mais le plus riche assurément par le chiffre de ses affaires, est celui des demoiselles Ledoux, marchandes de toiles et lingères.

Ce fut vers ce magasin que madame Prétavoine se dirigea, en sortant de l'église Saint-Étienne.

Ce qui frappe les yeux en entrant chez les demoiselles Ledoux, c'est une collection d'images de sainteté qui ornent les murs du magasin aux endroits où il n'y a pas de casiers. Ces images forment un véritable musée: la *Sainte Vierge se révèle à Bernadette Soubirous*, l'*Apparition de Notre-Dame de la Salette*, le *Miracle de Pontmain*, *Notre Saint Père Pie IX*, *Missionnaires arrachant à une troupe de pourceaux des petits Chinois*. Sans doute, ces images enluminées laissent quelque peu à désirer au point de vue artistique; mais elles sont édifiantes, et, de plus, elles sont une enseigne des principes de la maison.

Lorsque madame Prétavoine entra dans le magasin, une jeune fille à l'attitude humble et craintive s'avança vers elle; mais, se reconnaissant sans doute indigne de servir une dame aussi respectable que madame Prétavoine, elle se contenta de lui offrir une chaise, en disant qu'elle allait prévenir mademoiselle Ledoux.

Presque aussitôt arriva une vieille fille à lunettes, marchant à pas glissés sans bruit et sans rien déranger sur son passage; c'était l'aînée des demoiselles Ledoux, mademoiselle Eulalie.

Elle s'empressa obséquieusement autour de madame Prétavoine, s'informant de sa santé, de celle de son cher fils, et lui faisant en même temps ses offres de services.

Mais il fallait peu de chose à madame Prétavoine, trois douzaines de mouchoirs fins; seulement elle désirait que le chiffre brodé fût une perfection, — c'était pour son fils.

— Vous savez, dit madame Prétavoine, j'exige la perfection.

— Soyez tranquille, madame.

— C'est que précisément je ne suis pas tranquille; si vous aviez encore Sophie Fautrel, je vous dirais de lui donner ces mouchoirs, je sais comme elle travaille et alors je pourrais être tranquille.

— Mais mademoiselle Fautrel travaille toujours pour notre maison.

— Oh! ne me dites pas cela, chère demoiselle.

— Rien n'est plus vrai.

Madame Prétavoine eut un sourire qui en disait plus que toutes les dénégations.

— Je n'ai pas la prétention de vous imposer une ouvrière; donnez mes mouchoirs à qui vous voudrez, peu m'importe, pourvu qu'ils soient sans défaut.

— Nous les donnerons à mademoiselle Fautrel.

— Je vous l'ai nommée parce que je sais comme elle travaille; je l'ai employée; des doigts de fée et avec cela beaucoup de goût, mais elle a quitté Condé.

— Nous lui avons donné de l'ouvrage ce matin même.

— Comment, ce matin même! s'écria madame Prétavoine, qui montra autant d'étonnement que de stupéfaction, bien qu'elle eût appris le retour de Sophie par le conducteur de la voiture, qu'elle avait fait causer.

Sans répondre à cette exclamation, mademoiselle Eulalie Ledoux appela sa sœur cadette qui était spécialement chargée de la direction des ouvrières de ville.

— Sœur Dorothée, à qui as-tu donné ce matin les guimpes de madame Mérault?

— Mais tu le sais bien, sœur Eulalie, à mademoiselle Fautrel.

— Vous le voyez, madame, dit sœur Eulalie, se tournant vers madame Prétavoine en triomphant modestement.

Madame Prétavoine regarda les deux sœurs avec une mine ébahie, et elle laissa tomber ses deux bras.

— Vous ne seriez pas vous, dit-elle, c'est-à-dire les personnes les plus honorables et les plus véridiques de la ville, je vous donnerais un démenti ; car hier, pas plus tard qu'hier, j'ai vu cette Sophie Fautrel à Paris, dans des circonstances qui devaient me faire croire qu'elle ne travaillait plus ; et quand je dis j'ai vu, vous pouvez être certaines que je ne me trompe pas. D'ailleurs, les réflexions qui se sont présentées à mon esprit quand j'ai aperçu cette malheureuse ne permettent pas le doute à son sujet ; quand je l'ai chassée de chez moi, j'obéissais, hélas ! à une juste sévérité. La retrouvant à Paris, je me disais que c'était là qu'elle devait finir, dans cette ville du vice et du crime. Vous me dites qu'elle est de retour à Condé, j'en suis stupéfaite ; mais bien entendu je ne mets pas votre parole en doute. Si tout d'abord j'ai paru incrédule, c'est que je ne pouvais pas admettre la pensée qu'elle oserait se montrer maintenant dans notre ville.

— Alors il y a sur son compte des choses abominables ? dit mademoiselle Ledoux l'aînée.

— Je te disais bien, sœur Eulalie, qu'il fallait nous défier d'elle, dit la sœur Dorothée.

— Bien entendu, continua madame Prétavoine,

vous ne donnerez pas mes mouchoirs à cette fille.

— Ni vos mouchoirs, ni d'autre ouvrage, nous n'employons que d'honnêtes ouvrières.

— D'autres personnes peuvent n'avoir pas les mêmes scrupules.

— Mais nous les avons, nous, madame, s'écrièrent les deux sœurs, qui étaient sincèrement rigides pour tout le monde et pour elles-mêmes.

— Songez qu'elle est, je crois, dans une situation qui commande la pitié.

— Vois-tu, sœur Eulalie !

— Vois-tu, sœur Dorothée !

Ces deux cris s'échappèrent en même temps.

— Au moins il m'a paru, dit madame Prétavoine, mais j'ai dû me tromper.

— C'était elle qui nous trompait, la malheureuse ! Quel scandale pour la maison !

Madame Prétavoine n'insista pas, elle était pleinement rassurée sur les conséquences de ses propos : Sophie serait congédiée, et dans cinq minutes toutes les ouvrières de la maison, le lendemain tous les ateliers de couturière, tous les magasins de lingerie sauraient qu'elle avait été renvoyée de chez les demoiselles Ledoux pour inconduite scandaleuse et parce qu'elle était enceinte.

Or, dans une ville comme Condé, cela suffisait pour qu'il lui fût bien difficile de trouver de l'ouvrage : on la montrerait au doigt quand elle traverserait les rues et tout le monde lui tournerait le dos avec mépris : telle que madame Prétavoine la connaissait, elle ne pourrait pas sans doute supporter ce supplice et la honte s'ajoutant à la faim, il faudrait bien qu'elle quittât la ville.

Cependant comme elle pouvait avoir la pensée de reprendre ses journées dans les maisons bourgeoises qui l'employaient autrefois et où les propos des ateliers ne pénétreraient pas, il fallait parer à ce danger.

Cela n'était pas difficile pour madame Prétavoine, car ces maisons étaient pour la plupart bien pensantes, et dès lors elle pouvait y exercer directement ou indirectement son influence.

Le soir même, précisément, il y avait, dans la sacristie de Saint-Étienne, réunion de l'œuvre de Sainte-Claire, dont l'abbé Bernolin était directeur, et elle, trésorière; elle se rendit à cette réunion.

Le but de l'œuvre de Sainte-Claire était véritablement édifiant, il tendait à faciliter aux domestiques l'accomplissement de leurs devoirs religieux; il se composait en conséquence de deux catégories de membres: les maîtres, qui prenaient l'engagement d'obliger leurs domestiques à vivre chrétiennement, c'est-à-dire à se confesser et à communier, et ces domestiques; toute fille, tout homme de service qui faisait partie de l'œuvre était sûr de ne pas rester sans place; tout maître était assuré de trouver des domestiques; les domestiques allaient chez ce bon M. Trempu, qui était l'agent actif de l'œuvre. Les maîtres lui écrivaient un mot, et le bon M. Trempu, après en avoir conféré avec madame Prétavoine, chez qui tout se centralisait, procurait la place ou le domestique demandés : rien n'était plus simple, rien n'était plus admirable, et il n'y avait pas dans la ville plus de cinq ou six voix qui osassent s'élever contre une si utile création, en prétendant qu'elle avait surtout pour objet, au moyen de la confession, de savoir ce qui se passait dans toutes les maisons. Mais ces voix, grâce à Dieu, n'étaient pas écoutées, et l'œuvre était en pleine prospérité.

Ordinairement madame Prétavoine, toujours exacte en toutes choses, était une des premières arrivées, mais ce soir-là, la réunion était presque au complet lorsqu'elle fit son entrée.

On l'entoura pour s'informer de sa santé, car tout le monde savait, bien entendu, qu'elle arrivait de Paris.

— Quelques-unes de ces dames craignaient que vous nous manquassiez ce soir, dit l'abbé Bernolin, qui aimait les phrases grammaticales.

— Il est vrai que je suis bien fatiguée, et je ne serais même pas venue, si je n'avais pas voulu vous soumettre quelques réflexions qui m'ont été suggérées par un triste spectacle dont j'ai été témoin à Paris.

Elle avait, malgré sa fatigue, parlé d'un ton élevé, ce qui était contraire à ses habitudes, car elle s'exprimait toujours doucement à mi-voix, sachant bien que c'est le plus sûr moyen pour provoquer l'attention; mais en cette circonstance, elle voulait que tout le monde entendît ses premiers mots afin qu'on l'entourât pour l'écouter.

Ce fut ce qui arriva.

— Qu'avez-vous donc vu? demandèrent plusieurs voix.

Elle se garda bien de répondre directement.

— Sans doute, dit-elle, notre œuvre fait le plus

grand bien, mais je me permets de regretter qu'elle ne s'applique pas à une classe de personnes qui auraient droit à notre sollicitude chrétienne, tout comme nos domestiques, je veux parler des ouvriers et des ouvrières que nous employons à la journée. Ainsi, pour mon compte j'ai à m'accuser de n'avoir pas exercé cette pieuse sollicitude sur une jeune fille qui a travaillé chez moi, ainsi que chez plusieurs de ces dames et que je viens de retrouver à Paris... perdue, la pauvre malheureuse.

Chacun se regarda: de qui donc était-il question? Quelle était cette malheureuse jeune fille perdue? Deux ou trois noms furent prononcés sans que madame Prétavoine répondît. Puis quand celui de Sophie eut été jeté, elle inclina la tête tristement avec confusion.

— Mais cette Sophie Fautrel n'est pas à Paris, dit une voix, je l'ai rencontrée ce matin.

— Elle y était hier, répondit madame Prétavoine, et elle vient d'y passer plusieurs semaines. Comment? dans quel but? pour quelle œuvre mystérieuse ou coupable? Dieu seul le sait. Maintenant elle rentre à Condé. Et toutes les portes se ferment devant elle : les demoiselles Ledoux me disaient il y a deux heures qu'elles venaient de la chasser. Il paraît qu'on raconte sur son compte des choses abominables. Et ce qu'il y a de terrible c'est qu'elle est dans une situation qui commande la pitié. Eh bien, croyez-vous que si nous avions veillé, si j'avais veillé sur elle, la malheureuse serait tombée si bas?

Pendant quelques instants les exclamations se croisèrent. Enceinte, cette Sophie Fautrel ! Et sur toutes les lèvres dans tous les yeux on voyait la même question curieuse: « De qui ? »

Puis on en vint à discuter la proposition de madame Prétavoine.

— Il serait d'autant meilleur d'appeler à nous ces ouvrières à la journée, dit une jeune femme, qu'elles pénètrent dans des maisons où nos domestiques ne vont pas, et par elles nous pourrions étendre bien utilement notre influence et nos moyens d'action.

Elle allait continuer ainsi, mais l'abbé Bernolin se hâta de lui couper la parole, en déclarant la séance ouverte; elle était vraiment trop naïve, cette jeune femme : on lui apprendrait à ne pas penser haut.

XXXIII

Partie de Paris le matin, Sophie était arrivée à Condé vers la fin de la journée, et laissant sa malle au bureau de la correspondance du chemin de fer, elle s'était mise à la recherche d'un logement, car il ne pouvait plus être question, hélas! de retourner habiter la jolie petite chambre de la Courtine; elle était vide de meubles, cette chambre dans laquelle elle avait été si heureuse; et puis maintenant ce n'était plus une chambre de ce prix qu'elle pouvait prendre. Pour toute fortune elle possédait 18 francs, et les terribles menaces de madame Prétavoine retentissaient encore dans ses oreilles: « Vous ne trouverez pas de travail, et si vous persistez à rester, vous mourrez de faim. » Si cela était vrai; si elle ne trouvait pas de travail? Elle devait donc prendre ses précautions contre ce danger et ménager son trésor de manière à le faire durer jusqu'au jour où elle aurait du travail assuré.

Elle avait toujours habité le quartier de la Courtine ; c'était là qu'étaient ses relations, ses amies, ses connaissances, et précisément pour cela elle ne voulait pas y retourner.

Elle se mit donc à chercher du côté opposé, c'est-à-dire dans le faubourg d'Hannebault, et comme elle n'avait d'exigences que sur un seul point, le bon marché, elle ne tarda pas à trouver, sinon ce qu'elle désirait, au moins ce qui lui était nécessaire, c'est-à-dire un petit cabinet au troisième étage, au fond d'une cour, dans une pauvre maison habitée par des ouvriers.

Il n'était pas beau ce cabinet de quatre mètres de long sur trois de large, avec une toute petite fenêtre, et n'ayant pour tout mobilier qu'un lit, une table et deux chaises de paille ; mais il avait pour elle cet avantage considérable en ce moment de ne coûter que douze francs de loyer par mois.

Elle l'arrêta, et ayant payé une quinzaine d'avance, elle alla à la gare chercher sa malle.

Puis elle s'occupa de quelques emplettes indispensables : un fourneau en terre appelé cagnard, un poêlon, une cruche et un gril : elle voulait en effet manger chez elle, et bien qu'elle n'eût pas de cheminée, elle comptait faire sa cuisine sur l'appui de sa fenêtre.

A huit heures du soir elle soupait dans sa petite chambre d'un morceau de pain et d'un bout de boudin cuit sur son cagnard, et tout en mangeant elle faisait l'addition de sa dépense : loyer, 6 fr. ; cagnard, 90 c. ; poêlon, 60 c. ; cruche, 1 fr. ; gril, 40 c. ; braise et charbon, 1 fr. 20 c.; commissionnaire pour sa malle, 1 fr. Elle avait dépensé 11 fr. 10 c. Il lui restait donc 6 francs 90 centimes pour attendre qu'elle eût trouvé de l'ouvrage. Par bonheur elle avait conservé de son ancien mobilier des couteaux, des fourchettes, des cuillers, un verre en cristal, six assiettes gagnées dans les fêtes, sans quoi son capital eût été plus largement entamé.

Six francs quatre-vingt-dix centimes c'était quelque chose pour attendre l'ouvrage.

Lorsqu'elle eût achevé son dîner, ce qui ne fut pas long, car la livre de pain qu'elle avait achetée devait lui faire trois repas, elle mit toutes choses en ordre dans sa chambre, et s'étant enveloppée dans un petit châle de couleur sombre, elle traversa la ville et se rendit sur le rempart, devant la maison de madame Prétavoine.

Son intention, en effet, était de chercher à apercevoir Aurélien. Il était bientôt neuf heures du soir, la nuit était tombée; elle resterait derrière un arbre jusqu'au moment où les fenêtres de la chambre « du chéri » s'éclaireraient.

Si une lumière se montrait derrière les fenêtres de cette chambre, ce serait la preuve qu'il n'était point en voyage, comme madame Prétavoine l'avait dit; et puis elle pouvait avoir l'heureuse chance, au cas où il serait encore à Condé, de le voir rentrer; alors elle irait au-devant de lui, et d'un mot elle apprendrait la vérité.

A cette pensée, elle sentait son cœur bondir dans sa poitrine, puis instantanément elle frissonnait.

Le Rempart n'étant point une rue commerçante, la municipalité de Condé l'a fait éclairer aussi peu que possible; les becs de gaz sont largement espacés, et comme il ne se trouve pas une seule maison à devanture, il fait sombre sur cette promenade, quand la lune ne brille pas.

Or, le soir où Sophie arriva devant la maison de madame Prétavoine, il n'y avait pas de lune au ciel, et la pâle clarté des étoiles n'était pas assez éclatante pour percer l'ombre des ormes qui recouvrent la chaussée et les trottoirs d'une épaisse voûte de feuillage.

Ce fut en tremblant qu'elle jeta les yeux sur les fenêtres d'Aurélien : elles étaient sombres, et toute la maison, à l'exception de la cuisine, paraissait inhabitée.

Madame Prétavoine aurait-elle dit vrai? Était-il parti?

Mais il pouvait être simplement sorti dans la ville.

Elle s'éloigna lentement, agitant dans son cerveau enfiévré ces deux idées, et n'ayant rien, ne trouvant rien qui pût lui faire accepter l'une plutôt que l'autre.

Quand elle avait formé le projet de venir s'établir devant la maison de madame Prétavoine, il lui avait semblé que cela était simple et facile: elle s'asseyait sur un banc et elle attendait; si quelqu'un survenait elle se cachait derrière le tronc d'un orme.

Mais ce qui est simple et facile en imagination est bien souvent inexécutable dans la réalité.

Il n'y avait pas deux minutes qu'elle était assise sur

le banc qu'elle avait choisi bien en face « ses fenêtres », qu'un vieux monsieur qu'elle connaissait de vue, et qu'on appelait M. de Carquebut, passa et repassa devant elle.

Il marchait le nez en l'air, les épaules en avant, sifflotant entre ses dents et ne s'interrompant que pour renifler fortement.

La première fois il avait passé assez loin d'elle, la seconde fois il s'était approché et il avait ralenti sa marche, la troisième fois, lorsqu'il fut arrivé devant elle, il s'arrêta, et brusquement s'assit à ses côtés.

— Eh bien, ma jolie petite poulette, nous prenons donc le frais, dit-il, la nuit est douce, n'est-ce pas?

Elle n'en entendit pas davantage; vivement elle s'était levée et sans rien répondre elle s'était sauvée.

Mais si vite qu'elle allât, le vieux monsieur la suivait de près, murmurant des paroles qui n'arrivaient point jusqu'à elle.

Il allait la rejoindre lorsqu'un groupe de promeneurs apparut sous la lumière d'un bec de gaz; alors elle entendit qu'il ralentissait le pas; à peu de distance de là se trouvait une rue transversale, elle la prit et descendit dans la ville.

Ce ne fut qu'au bout d'une grande demi-heure qu'elle osa remonter sur le Rempart; mais cette fois elle n'osa pas s'asseoir.

Elle passa, en marchant d'un pas régulier, devant la maison: les fenêtres étaient toujours sombres, et les volets de la cuisine étaient fermés: sans doute les domestiques étaient couchés.

Mais, obstinée dans son espérance, elle se dit que

cela ne prouvait pas qu'Aurélien fût parti : on n'avait pas l'habitude de l'attendre; il rentrait avec sa clef; une faible lueur qui filtrait au-dessus de l'imposte de l'escalier indiquait qu'une veilleuse brûlait dans le vestibule; ce n'était pas chez madame Prétavoine qu'on laissait les lumières brûler pour rien.

Quelqu'un devait donc rentrer dans la nuit. Qui était ce quelqu'un? Aurélien ou madame Prétavoine?

Comme elle s'était machinalement arrêtée pour regarder cette lueur incertaine et se convaincre que c'était bien une veilleuse, elle entendit un bruit de pas et aussitôt elle reprit sa marche.

Ceux qui venaient au-devant d'elle étaient les représentants de la police à Condé, deux sergents de ville qui faisaient leur ronde.

En la croisant, ils la regardèrent; mais ils ne lui adressèrent point la parole.

Elle continua son chemin et, de nouveau, descendit en ville.

Puis, après avoir erré un moment dans les rues, elle remonta vers le Rempart.

Ne pouvant plus guetter l'arrivée d'Aurélien, il fallait qu'elle passât assez souvent devant ses fenêtres pour qu'il n'eût pas le temps de se coucher et d'éteindre sa lumière pendant qu'elle serait éloignée.

De neuf heures à onze heures, elle monta et descendit ainsi les rues qui débouchent sur le Rempart.

Et cependant elle était bien lasse : sa nuit passée sans sommeil en chemin de fer, sur les banquettes dures et glissantes des troisièmes ; sa journée passée dans la même situation, ses émotions, la fièvre, ses luttes, — surtout ses luttes avec madame Prétavoine se renouvelant jusqu'à quatre reprises; — les angoisses de son amour, tout se succédant et se réunissant avait fini par la briser; physiquement, moralement, elle était à bout de forces.

Et cependant elle marchait toujours; montant, descendant les rues, se consolant d'une déception par une espérance nouvelle, et se disant chaque fois qu'elle passait devant la maison sombre: « Ce sera pour tout à l'heure. »

Maintenant le Rempart était désert, et dans le silence elle n'entendait que le bruit de ses pas.

Comme elle arrivait pour la huitième fois devant la maison de madame Prétavoine, elle aperçut au loin deux hommes qui venaient au-devant d'elle; elle hésita un moment si elle ne retournerait pas en arrière; mais bientôt elle les reconnut: c'étaient les sergents de ville; rassurée, elle continua d'avancer.

Mais quand ils furent arrivés près d'elle, ils s'arrêtèrent, et l'un d'eux lui dit:

— Que faites-vous donc encore sur le Rempart, rôdeuse? Voulez-vous que nous vous conduisions au violon? Vous n'avez pas honte! Allons! filez plus vite que ça, et qu'on ne vous y reprenne pas.

Il lui sembla que la terre s'ouvrait sous ses pieds, et elle resta chancelante.

— Tu vois bien qu'elle est soûle, dit celui des agents qui n'avait pas parlé.

Ce mot lui rendit le sentiment de la réalité et elle se sauva en courant; ce fut seulement quand elle se trouva sur la place Saint-Etienne qu'elle ralentit sa course folle; sans qu'elle en eût conscience, ses pas lui avaient fait prendre le chemin qui conduisait à la Courtine, et non celui du faubourg d'Hennebault.

Hélas! elles étaient finies les heureuses journées, les belles nuits de la Courtine.

XXXIV.

Affreuse fut la nuit qu'elle passa dans sa pauvre chambre, ramassée sur elle-même au milieu de son misérable lit, le corps endormi par l'excès de la fatigue, l'esprit éveillé par la fièvre et livré aux anxiétés du cauchemar.

L'aube fut pour elle une délivrance, et bien que l'influence du matin soit généralement douloureuse pour les malheureux, abandonnés et irrésolus, à l'heure où la vie et l'action recommencent pour tout le monde, la lumière eut au moins cet avantage pour elle de dissiper les effarements de l'ombre.

Elle se leva et ayant fouillé dans sa malle elle en tira un buvard qui lui avait été donné par Aurélien.

Maintenant elle voulait lui écrire.

Elle embrassa son buvard, et, s'asseyant devant sa petite table, elle commença sa lettre.

« Aurélien, Aurélien, Aurélien ! j'écris, je prononce,

» je répète ton nom pour me donner du courage; si
» tu savais comme j'en ai besoin, mon chéri!

» Me voici de retour à Condé, et t'écrivant à deux
» pas de toi, peut-être sans que tu saches que je suis
» là.

» Ta mère est venue à Bruxelles me dire que tu ne
» m'aimais plus et que nous ne devions plus nous re-
» voir; elle m'a assurée qu'elle parlait en son nom
» aussi bien qu'au tien; elle m'a offert de l'argent
» pour que je renonce à toi, et elle m'a dit encore
» que cet argent c'était toi qui me le proposais.

» Cela n'est pas vrai, n'est-ce pas?

» Je te jure, tu entends bien, je te jure sur notre
» enfant que je ne l'ai pas cru.

» Toi ne plus m'aimer, toi me faire offrir de l'ar-
» gent, ce n'est pas possible; et je serais une miséra-
» ble, je serais indigne de ton amour, si je pouvais
» l'admettre une minute; mais, sois tranquille, je ne
» l'ai pas cru, je ne le crois pas.

» Oh! je n'accuse pas ta mère, mon chéri, si, mal-
» gré tout le mal qu'elle m'a fait avec ses terribles
» paroles, je n'ai pas contre elle une mauvaise pen-
» sée : c'est pour ton bien qu'elle a agi ainsi; cela est
» certain.

» Je sais combien elle t'aime, et elle n'a pensé qu'à
» te sauver. Les mères sont jalouses de la tendresse
» de leurs fils, je comprends cela, et la jalousie, je le
» sens, explique bien des choses; et puis, avec ses
» principes, avec ses idées, rigide, pieuse comme elle
» l'est, ta mère a dû beaucoup souffrir d'apprendre
» que tu avais une maîtresse et que cette maîtresse

» allait te donner un enfant. Cela l'a épouvantée pour
» ton avenir. Qu'allais-tu faire avec une femme et un
» enfant? Elle a eu peur de moi. Cela, je le comprends
» encore.

» Elle ne me connaît pas, ta mère; elle ne voit en
» moi que l'ouvrière qui a travaillé chez elle; elle se
» figure sans doute que je veux t'entraîner à des sot-
» tises ou à des folies, t'imposer des dépenses, me
» faire épouser, enfin tout ce qu'une bonne mère peut
» justement redouter.

» Elle ne sait pas que je ne demande qu'une
» chose, t'aimer, et que ma vie n'a qu'un but, t'ai-
» mer.

» Il y a des femmes qui aiment un homme parce
» qu'il est riche et parce qu'il leur donnera une si-
» tuation dans la vie; moi, je t'aime pour t'aimer, et je
» n'imagine pas d'autre bonheur que celui-là. Est-ce
» que c'est ta fortune qui jusqu'à ce jour m'a donné
» le bonheur? Non. C'est toi, c'est ton regard, c'est
» tes baisers, c'est la joie que j'éprouve à te rendre
» heureux.

» Ta mère ne sait pas tout cela; elle ne voit qu'une
» seule chose: le danger que tu cours près de moi, et
» elle veut m'éloigner; c'est bien naturel.

» C'est ainsi que je m'explique son voyage à
» Bruxelles et sa démarche près de moi.

» Si tu savais tout ce qu'elle m'a dit? Mais cela est
» inutile à répéter. Je ne l'ai pas cru. Je ne la crois pas.

» Et c'est parce que j'ai foi en toi que je suis re-
» venue.

» Aurélien, mon chéri, mon bien-aimé, mon âme,

» ma vie, il n'est pas possible, n'est-ce pas, que tu ne
» m'aimes plus.

» Est-ce que c'est au moment où je vais te donner
» un enfant que tu peux vouloir me fuir ou m'éloigner
» de toi?

» Non, cent fois non, cela n'est pas! ta bonté, ta
» tendresse, ton amour, tout proteste contre une pa-
» reille accusation.

» Pourquoi serais-tu venu à moi, pourquoi m'au-
» rais-tu entretenue de ton amour, pourquoi par tes
» regards si tendres, par tes paroles si passionnées, par
» tes promesses, par tes serments, te serais-tu fait
» aimer d'une pauvre fille telle que moi, si tu de-
» vais m'abandonner? Non, encore une fois, non, je ne
» puis pas admettre cela de toi; d'un autre peut-être,
» cela serait-il possible, mais d'un tel homme que toi,
» jamais je ne l'admettrai.

» Ce que j'admets, car enfin, il faut bien que j'ad-
» mette quelque chose pour expliquer ton silence, je
» vais te le dire; si je me trompe, tu me pardonneras,
» n'est-il pas vrai, mon chéri? et tu ne verras dans
» mes paroles que l'excès de désespoir d'une pauvre
» fille affolée par l'inquiétude.

» On a appris que tu m'aimais, n'est-ce pas? et l'on
» t'a représenté combien cette liaison était coupable
» pour un jeune homme pieux comme toi; ta mère,
» les amis de ta mère, toutes les personnes respec-
» tables qui t'entourent, t'ont blâmé, accablé, et tu as
» cédé devant leurs remontrances et leurs reproches.

» C'est ainsi que les choses se sont passées, n'est-il
» pas vrai, mon chéri?

» Oh! je comprends bien qu'avec tes idées et tes
» principes tu te sois laissé effrayer et entraîner ; on
» te parlait de la religion que tu offenses, on te parlait
» de ta mère que tu désespères, et tu as cédé.

» Mais, mon chéri, si tu as eu pitié des tourments
» de ta mère, n'auras-tu pas pitié des souffrances et
» des angoisses de la mère de ton enfant?

» Qu'ai-je fait pour que tu m'abandonnes ainsi ?
» Quelle est ma faute? Je t'aime. Voilà tout mon
» crime. Mérite-t-il donc que je sois repoussée sans
» pitié comme une misérable coupable?

» A-t-on quelque chose à me reprocher? Y a-t-il une
» accusation quelconque dont on puisse me charger ?
» Non ; et je te jure, mon chéri, que c'est la tête
» haute que je mets tout le monde au défi de m'ac-
» cuser.

» Je ne suis coupable, je le répète, que de t'aimer ;
» mais est-ce là une faute qui doive entraîner pour
» moi un châtiment implacable?

» Je n'ai pas été élevée comme tu l'as été, toi, mon
» chéri, je ne sais pas comme toi tout ce qu'on peut
» savoir, je n'ai pas pour me guider les personnes les
» plus respectables de la ville, je ne suis qu'une
» pauvre fille ; mais il me semble que ce crime ne
» mérite pas la mort, et c'est à mort, entends-tu bien,
» c'est à mort que tu me condamnes si tu refuses de
» me voir.

» Et que me ferait-on donc si je t'avais entraîné à
» mal, si je t'avais ruiné, si j'avais déshonoré ton nom,
» si l'on avait peur que je me fasse épouser par toi?
» T'ai-je jamais conseillé ou inspiré une mauvaise ac-

» tion? T'ai-je coûté un sou? Ai-je compromis ton
» nom? Ai-je jamais manifesté le désir ou l'espérance
» de devenir ta femme? Ta maîtresse, oui, toujours ta
» maîtresse pour t'adorer, pour te donner ma vie si tu
» veux la prendre. Mais ta femme, je refuserais de
» l'être quand tu me le demanderais.

» Malgré tout il est possible que tu ne voies pas
» les choses comme moi; il est possible que tu sois
» sage et que moi je sois folle; il est possible enfin
» que notre amour soit pour toi une faute trop lourde
» pour que tu puisses en rester chargé.

» Ta conscience a des lumières que la mienne n'a
» pas.

» Eh bien! s'il en est ainsi, dis-le franchement, et
» je me résignerai, oui je tâcherai de me résigner à
» renoncer à toi. Si tu me dis que tu ne dois plus
m'aimer, eh bien! tu ne m'aimeras plus.

»   » Oh! mon chéri, est-ce possible!

» Mais je ne veux pas me plaindre; je ne veux pas
» t'attendrir.

» Tu ne m'aimeras plus comme tu m'aimais, mais
» au moins tu me verras, tu me permettras de te
» voir.

» C'est là ce que je te demande : te voir. Si l'amour
» est une faute, l'amitié, il me semble, n'en est pas une.
» Tu m'aimeras d'amitié. Quelquefois, pas souvent (je
» ne serai pas exigeante), tu viendras me voir, non
» plus la nuit mais le jour; je passerai devant ta mai-
» son, je t'apercevrai. Je t'assure que tu n'auras rien
» à craindre de ma tendresse ou de mes caresses. Je
» t'assure que tu ne seras pas compromis par moi, aux

» yeux du monde, et que personne ne connaîtra notre
» amitié et ne soupçonnera notre ancien amour.

» Personne, pas même ton enfant, qui ne saura ja-
» mais que tu es son père : je te promets que je l'ai-
» merai pour deux et qu'il ne souffrira pas trop de
» n'avoir pas de père.

» Peux-tu me refuser cela, mon chéri? Peux-tu re-
» pousser celle qui t'a donné sa vie? Quel mal y a-t-il
» à ce que tu aies pitié d'elle? Quel péché ta cons-
» cience trouvera-t-elle dans une amitié de frère et de
» sœur?

» Si tout ce que je viens de te dire est la vérité, si
» c'est ainsi qu'il faut expliquer ton silence, je t'en
» supplie, mon bien-aimé, ne persiste pas plus long-
» temps dans ta terrible résolution.

» Tu vois bien que je me résigne, que je comprends,
» que je ne me plains pas, mais toi, de ton côté, adou-
» cis-moi ce qu'a d'affreux cette renonciation à l'espé-
» rance de ma vie.

» Ce que je te demande ne te coûtera aucun re-
» mords : c'est de m'écrire quelques lignes pour me
» donner le moyen de te voir.

» Sans doute je te dirais bien de venir me voir là où
» j'ai dû me loger : Faubourg d'Hannebault, n° 51,
» au troisième, au fond de la cour, la porte en face
» l'escalier, mais ta visite dans cette maison où de-
» meurent beaucoup d'ouvriers pourrait te compro-
» mettre, et cela je ne le veux pas, même au prix de
» mon bonheur; c'est pourquoi je te prie de me fixer
» toi-même un rendez-vous.

» Là où tu voudras, quand tu voudras; et je te jure

« que pas une plainte ne sortira de ma bouche, pas une
» larme ne tombera de mes yeux ; peut-être ma voix
» tremblera-t-elle, mais encore je te promets que tout
» ce que je pourrai pour ne pas t'émouvoir, je le ferai.

» Tu me diras ce que tu décides de moi, où tu veux
» que j'aille habiter, si ma présence ici est dangereuse
» pour toi, et je m'éloignerai si j'ai ta promesse que
» nous nous reverrons.

» C'est hier soir que je suis revenue ici, et en arri-
» vant j'ai été sur le Rempart pour voir tes fenêtres et
» aussi dans l'espérance que je pourrais te parler
» quand tu rentrerais ; de neuf heures du soir à onze
» heures je t'ai attendu ; mais cela je ne le ferai plus,
» car je comprends que cette attente est impossible
» pour toi aussi bien que pour moi. De même si je te
» rencontre dans la rue, je ne t'aborderai point. Il faut
» donc que je t'écrive, et il faut, de ton côté, que tu me
» répondes.

» Pour être bien certaine que ma lettre t'arrivera, je
» voudrais la charger, afin qu'elle fût sûrement re-
» mise entre tes mains, mais je renonce à ce moyen,
» car je ne veux pas entrer dans le bureau de poste, en
» disant que je viens charger une lettre qui porte ton
» nom ; je me contente donc de la jeter dans la boîte

» Aurélien, Aurélien ! entends le cri désespéré que
» je pousse vers toi, et viens-moi en aide ; ah ! mon
» chéri, ah ! mon aimé, sois bon, aie pitié... Au nom
» de notre amour, au nom de ton enfant, si tu te
» souviens, tends la main à celle qui t'a dore, mais qui
» secourue par toi, ne t'aimera plus que comme une
» sœur.   » SOPHIE. »

XXXV

Elle avait écrit cette longue lettre sans s'interrompre ni sans se reprendre. Seulement, à partir du passage où elle disait : « Oui, je tâcherai de me résigner à renoncer à toi », elle avait dû s'écarter de la table et écrire de loin, car les larmes avaient irrésistiblement jailli de ses yeux, et elle ne voulait pas qu'elles tombassent sur sa lettre. Il ne fallait pas qu'il vît dans quel accès de désespoir elle avait été écrite.

« Je me résigne, je ne me plains pas. »

Non, elle ne voulait pas se plaindre à lui, mais pouvait-elle accepter un aussi terrible sacrifice sans pleurer ?

Et le long de ses joues les larmes coulaient continûment ; de temps en temps, avec sa main gauche, elle passait son mouchoir trempé sur son visage, mais elle ne s'arrêtait pas d'écrire.

Peu à peu, la maison s'était éveillée, et les uns après les autres les ouvriers et les ouvrières étaient partis à leur travail; déjà quelques enfants matineux jouaient et criaient dans la cour.

La lettre achevée, Sophie mit sa chambre en ordre; puis, s'étant habillée, elle sortit.

Il fallait qu'elle mît sa lettre à la poste.

Et, d'autre part, il fallait qu'elle s'occupât de trouver de l'ouvrage.

A huit heures elle entrait dans le magasin des sœurs Ledoux.

— Eh bien ! ma fille, dit mademoiselle Eulalie, vous voilà donc revenue ?

— Oui, mademoiselle, et je viens vous demander si vous avez de l'ouvrage à me donner.

— Pour une perle comme vous, il y a toujours de l'ouvrage; mais, bien entendu, c'est à l'ancien prix que je vous le donne, et non avec l'augmentation que vous avez voulu m'imposer.

— A l'ancien prix, oui, mademoiselle.

— Vous voyez, mon enfant, que vous avez eu tort; mais je ne peux pas vous faire de la morale : qui se repent de sa faute, est à moitié pardonné.

Et mademoiselle Eulalie, après cette petite leçon, qui n'était pas bien méchante, avait remis à Sophie un paquet de batiste.

— Perlé, n'est-ce pas, ma fille, dit-elle.

— Je ferai de mon mieux, mademoiselle.

Et elle était rapidement rentrée chez elle pour se mettre au travail.

Madame Prétavoine avait voulu l'effrayer, c'était une simple menace; il n'était pas possible qu'elle voulût sérieusement l'empêcher de gagner sa vie: ces choses-là se disent dans l'exaspération de la colère, elles ne se font pas de sang-froid.

Et vivement elle avait poussé l'aiguille sans lever la tête.

Le travail de l'aiguille a cet avantage, ou ce désavantage, selon les circonstances, de laisser à l'esprit toute sa liberté : tout en cousant on peut penser, réfléchir, imaginer, et les doigts vont d'autant plus vite bien souvent que le cerveau est plus surexcité.

Les pensées de Sophie ne couraient point à l'aventure : elles étaient concentrées sur un seul point : la réponse à sa lettre.

Aurélien l'avait-il reçue ?

Avait-il répondu ?

A quelle heure cette réponse devrait-elle lui arriver ?

C'était dans ce cercle qu'elle tournait et retournait.

Tout bien calculé, la lettre d'Aurélien, en supposant le mieux, ne pouvait pas arriver avant le soir.

La journée ne fut donc pas trop douloureuse pour elle.

Il fallait attendre, se faire une raison.

Et tout ce qu'elle pouvait se dire pour s'encourager et se donner espérance elle l'arrangeait en d'adroites combinaisons.

Sans doute il y avait quelque chose d'exaspérant à rester ainsi dans l'inaction, quand en faisant un pas en avant elle pouvait peut-être l'apercevoir ; mais pour cela il fallait passer sur le Rempart, et maintenant jamais elle ne l'oserait plus, même le jour.

A cette idée seule le rouge lui montait au visage.

Et puis d'autre part pour Aurélien elle devait être prudente et ne rien risquer qui pût le compromettre; que ne diraient pas les amis de sa mère s'ils la rencontraient sur le Rempart! Puisqu'elle s'imposait la dure réserve de ne pas envoyer chez lui un commissionnaire, ou une amie qui sauraient tout de suite s'il était ou s'il n'était pas là, elle devait pousser cette réserve jusqu'à l'extrême.

Mais le soir n'apporta pas la lettre attendue.

— Ce sera pour demain, se dit-elle.

Le quatrième jour, l'ouvrage que lui avait donné mademoiselle Ledoux était terminé; elle le reporta en ayant soin de choisir une heure à laquelle le facteur ne pouvait pas venir.

Lorsqu'elle entra dans le magasin des demoiselles Ledoux, elle crut remarquer qu'on la regardait d'une façon étrange; cependant à sa demande on daigna répondre que les demoiselles Ledoux étaient occupées.

— Alors je vais attendre, dit-elle.

— Oh! pas ici, s'écria la demoiselle de magasin qui lui avait répondu.

— Pourquoi pas ici?... Mais elle ne posa pas cette question qui lui était venue sur les lèvres, et entra sans rien dire dans la pièce retirée où on la fit passer.

Elle n'eut pas longtemps à attendre; les deux demoiselles Ledoux parurent bientôt, raides, imposantes.

— Je rapporte l'ouvrage, dit Sophie en se levant.

— C'est bien, mademoiselle, dit mademoiselle Dorothée.

— Sœur Dorothée paye mademoiselle, dit la sœur Eulalie.

La sœur Dorothée avait la somme due à Sophie dans la main; elle la posa sur la table.

— Comptez votre argent, dit mademoiselle Eulalie.

Ne comprenant rien à ces manières bizarres, Sophie compta machinalement l'argent étalé sur la table.

— Cela fait bien votre compte ? dit la sœur Dorothée.

— Oui, mademoiselle, 8 fr. 50..

— Alors, c'est bien.

Sophie était interdite, cependant elle s'enhardit jusqu'à poser une question à ces deux vieilles filles qui la regardaient avec des yeux courroucés.

— Ne me donnez-vous rien aujourd'hui ? dit-elle timidement.

— Vous demandez de l'ouvrage ! s'écria mademoiselle Eulalie.

— A nous ! fit mademoiselle Dorothée en levant au ciel ses mains tremblantes d'indignation.

— Ai-je donc mal fait celui que vous m'avez donné ? demanda Sophie.

— Regardez-vous donc, malheureuse ! et en conscience, s'il vous en reste, dites-vous si vous pouvez vous présenter dans un magasin comme le nôtre : voulez-vous donc déshonorer notre maison ?

Sophie était restée hébétée entre ces deux femmes qui chacune de son côté lui assénaient ces coups d'assommoir.

Elle les regardait et ne comprenait rien.

— Eh bien, dit mademoiselle Eulalie, qui s'exaspérait de sa propre colère, n'avez-vous pas compris ?

— Oui... oui... mademoiselle, je m'en vais ; adieu, mesdemoiselles.

Et elle se dirigea vers le magasin.

— Pas par là, s'écria mademoiselle Dorothée.

Et on lui ouvrit une petite porte qui donnait sur une allée, afin qu'elle ne sortît pas par le magasin.

Elle se trouva dans la rue, et se mit à marcher droit devant elle, sans savoir où elle allait.

Quand elle levait les yeux, il lui semblait que les gens qu'elle croisait tournaient la tête pour la suivre du regard et l'examiner curieusement.

Et un sentiment de honte la serrait à la gorge ; elle ne savait comment se tenir, comment marcher ; elle n'eût pas été plus confuse si, après l'avoir dépouillée de ses vêtements, on l'avait jetée nue dans la rue.

Tous ces gens voyaient donc qu'elle était enceinte ?

Elle se dirigea vers le faubourg d'Hannebault, rasant les murailles et retenant ses larmes.

Ce fut le lendemain seulement qu'elle eut le courage de ressortir et de se présenter dans une autre maison pour demander de l'ouvrage ; encore s'y reprit-elle à trois fois avant d'oser pousser la porte de cet atelier.

— Pourquoi ne travaillez-vous plus pour les demoiselles Ledoux ? lui demanda-t-on.

Elle balbutia quelques paroles inintelligibles.

On la pressa de questions, puis on finit par lui dire qu'on n'avait pas de travail à lui donner pour le moment, ni même probablement de longtemps.

Elle alla frapper à une troisième porte; on lui fit la même réponse.

C'était donc vrai : les terribles menaces de madame Prétavoine se réalisaient.

Elle persévéra néanmoins.

Dans une quatrième maison, on ne lui adressa aucune question, et on lui donna une douzaine de chemises à faire.

Le courage lui revint : elle avait eu tort de désespérer; elle avait eu tort d'accuser madame Prétavoine; si on lui avait refusé de l'ouvrage, c'était simplement parce qu'on n'en avait point à lui donner et non pour une autre raison.

Elle se mit au travail.

Cependant cette préoccupation du travail n'était pas tout pour elle; il y avait celle de la réponse d'Aurélien, autrement anxieuse pour son cœur.

Cette réponse n'arrivait pas.

Et chaque jour qui s'écoulait maintenant détruisait les raisons qu'elle avait péniblement combinées pour s'exciter à l'espérance et à la patience.

Certainement il n'était pas à Condé, il était en voyage; mais le temps nécessaire pour qu'il eût reçu sa lettre et qu'il y eût répondu était passé.

Il ne l'avait donc pas reçue ?

Ou bien...?

Mais elle devait rejeter bien loin cette pensée de doute.

Elle lui écrivit de nouveau, et cette fois, pour être bien certaine que la lettre lui arriverait, elle alla à trois lieues de Condé la mettre à la poste et la charger au bureau de Cinglais où elle n'était pas connue; malgré tout il faudrait bien que celle-là lui arrivât et qu'elle fût remise entre ses mains.

Les chemises qu'on lui avait donné à faire étaient ce que les ouvrières appellent de l'ouvrage à points coulés. Cependant il fallait une grande journée de travail pour chacune d'elles; elle les acheva en dix jours et elle les reporta.

Mais ce qui s'était produit chez les demoiselles Ledoux se renouvela quand elle demanda d'autre ouvrage; on répondit qu'on n'en avait point à lui donner.

Tremblante d'émotion, elle demanda quand elle pourrait revenir : on lui dit de ne pas se déranger.

Bien qu'on lui eût épargné les exclamations et les observations des sœurs Ledoux, il n'y avait pas à s'y tromper : c'était un renvoi.

Il fallait donc qu'elle quittât Condé si elle voulait travailler, ou bien, si elle s'obstinait à y rester, — qu'elle mourût de faim.

Elle ne voulait pas quitter Condé.

Et elle ne voulait pas mourir.

Certes la mort n'avait rien d'effrayant pour elle dans l'affreuse situation où elle se trouvait; mais, pour son enfant, elle devait vivre.

Seulement, pour vivre, il fallait manger; pour manger, il fallait travailler, et elle ne savait plus à qui s'adresser pour trouver du travail, toutes les portes s'étant successivement fermées devant elle.

Il est vrai que ces portes étaient celles des magasins ou des ateliers et non celles des maisons particulières pour lesquelles elle avait travaillé autrefois.

Mais quand elle était devenue la maîtresse d'Aurélien, celui-ci lui avait fait promettre qu'elle n'irait plus en journée, et malgré tout, jusqu'au bout, elle voulait être fidèle à l'engagement qu'elle avait pris.

Une seule ressource lui restait, c'était de voir si une de ses anciennes camarades voudrait partager avec elle son travail ou en demander pour elle.

C'était là une douloureuse extrémité, car on voudrait des explications, et il faudrait bien qu'elle répondît quelque chose : que répondrait-elle ?

Enfin, comme il n'y avait que ce seul chemin qui s'ouvrît devant elle, il fallait bien qu'elle le prît, si menaçantes que fussent les broussailles à travers lesquelles elle devrait passer.

Elle se rendit donc chez celle de ses amies avec laquelle elle avait entretenu les relations les plus intimes.

Mais elle n'avait pas poussé la porte de cette amie, qu'elle regretta d'y être venue.

C'était une jeune fille assez jolie, fort coquette, pour ne pas dire plus, qui demeurait chez sa mère, ce qui n'empêchait pas la médisance de s'exercer largement sur son compte : au moment où Sophie entra chez elle, elle travaillait avec sa mère dans une petite pièce, où retentissaient les chants d'une douzaine de serins, de chardonnerets et de fauvettes.

— Bonjour, Adèle, dit Sophie ; bonjour, madame Rivière.

On répondit à son bonjour par une courte inclination de tête.

— Vous désirez ? dit madame Rivière.

— Je viens voir Adèle, balbutia Sophie.

La mère fit un signe à sa fille, qui, abandonnant son ouvrage, sortit aussitôt.

Sophie avait grande envie de la suivre, cependant elle resta.

Madame Rivière était une femme qui avait eu des malheurs, c'est-à-dire que, devenue veuve, elle avait gaspillé maladroitement la petite fortune de son mari, si bien qu'elles avaient été réduites, sa fille et elle, sa fille surtout, à travailler pour vivre ; de là une certaine amertume dans son caractère, qu'augmentait encore une disposition naturelle.

— Nous ne comptions pas sur votre visite, dit-elle en regardant Sophie du haut de sa dignité ; après ce qui s'est passé, nous espérions que vous comprendriez votre situation.

Sophie baissa la tête.

Profitant de cet avantage, madame Rivière, qui aimait à parler parce qu'elle était persuadée qu'elle parlait bien, continua :

— Qu'une fille fasse une faute, c'est déjà bien grave ; mais quand elle tombe assez bas pour vouloir faire disparaître les suites de cette faute, elle doit comprendre que tout le monde s'éloignera d'elle.

Sophie releva sa tête rouge de honte et regarda madame Rivière sans comprendre.

— Tout le monde sait, continua celle-ci, pourquoi vous avez été à Paris.

— Pourquoi j'ai été à Paris...

— Et ce que vous y avez fait : vous avez cru que

parce que la chose n'avait pas réussi vous pouviez revenir ici.

— Ce que j'ai fait ?

— Ne jouez donc pas l'innocente ; je vous dis que tout le monde sait que vous avez voulu vous débarrasser de votre enfant.

Sophie poussa un cri d'horreur.

— C'est la conversation de toute la ville, continua madame Rivière.

— Et vous l'avez cru !

— Comme tout le monde.

— Oh ! mon Dieu, mon Dieu, s'écria Sophie.

— Bien sûr, votre situation n'est pas gaie, continua madame Rivière, mais à qui la faute ? il ne fallait pas revenir.

Sophie ne s'était pas assise, elle se dirigea vers la porte.

— Adieu, madame.

— Adieu, mademoiselle ; vous comprenez que vous n'avez jamais connu mon Adèle.

Elle sortit la tête basse, sans essayer un seul mot pour prouver son innocence.

Qu'aurait-elle dit ?

Il était vrai qu'elle était enceinte, il était vrai qu'elle avait quitté Condé ; qui eût-elle persuadé que ce dont on l'accusait n'était pas vrai aussi ?

Elle avait un témoin de son innocence, mais c'était précisément ce témoin qui se levait contre elle.

Car le doute n'était plus possible, c'était bien de madame Prétavoine que venaient les coups qui l'accablaient : « J'emploierai mon influence à vous faire chasser, et si vous persistez à rester, vous mourrez de faim. » Elle n'avait pas cru que cela fût possible, et cependant ces paroles se réalisaient maintenant.

Elle resta deux jours sans trouver le courage de sortir, et, comme elle n'avait pas d'ouvrage, elle se mit à travailler à la layette de son enfant, la taillant dans des chemises et dans des draps à elle, qu'elle coupait.

Oh ! non ; le pauvre petit, elle ne voulait pas s'en débarrasser.

Ce travail lui était une consolation, mais il ne lui donnait pas de quoi manger, et elle ne devait pas oublier que ses faibles ressources ne tarderaient pas à s'épuiser, malgré l'économie avec laquelle elle se nourrissait. Bien qu'elle eût supprimé la viande, la charcuterie, le lait et les légumes, il lui fallait toujours quatre sous de pain tous les matins, et il lui fallait surtout l'argent de son loyer.

Comment gagner les soixante centimes qui lui étaient indispensables ? Que faire ? Quoi inventer ?

Cette question restait sans réponse.

Elle vendrait ses robes, ses chemises, son linge ; mais combien les vendrait-elle ? Et puis après ?

Depuis qu'elle habitait son cabinet, elle s'était parfois rencontrée dans l'escalier avec une ouvrière qui demeurait sur le même palier. Cette ouvrière, qui était la femme d'un cantonnier, avait l'habitude de laisser sa porte ouverte, de sorte que, quand Sophie rentrait ou sortait, elle la voyait presque toujours assise sur une chaise et cousant des blouses en toile grise ou bleue.

À la longue elles en étaient venues à se saluer puis à échanger quelques paroles.

Trois jours après sa visite à son amie Adèle, Sophie, en revenant un matin de chercher son morceau de pain, trouva sa voisine à l'ouvrage.

— Bonjour, mademoiselle.

— Déjà à l'ouvrage, madame ?

— Il faut bien, *elle* est si ingrate ; ce n'est pas comme vos *belles* ouvrages, à vous, mais de la *belle* ouvrage, n'en a pas qui veut ; les couvents nous font une si terrible concurrence ! Ils ne laissent plus au pauvre monde que ce qui est trop dur ou trop peu payé pour eux ; heureusement que nos blouses, si elles sont dures et mal payées, on en a au moins tant qu'on en demande.

— Tant qu'on en demande ? s'écria Sophie.

— On me reproche de n'en pas faire assez, mais, dame, vous pensez, j'ai mon ménage et la nourriture de mon homme, ça détourne. Aussi cette semaine je suis en retard, et ils vont m'attraper.

— Voulez-vous que je vous aide ? demanda Sophie d'une voix que l'émotion rendait tremblante.

— Ce n'est pas de l'ouvrage pour vous.

— Je n'en ai pas d'autre.

— Alors si c'est pour vous obliger, ça va ; et ça m'obligera aussi.

C'était la fortune pour Sophie, elle pouvait gagner de 25 à 30 sous par jour selon la façon plus ou moins soignée de ses blouses.

Maintenant elle pouvait attendre.

Mais les jours s'écoulèrent, les semaines s'ajoutèrent aux semaines, la réponse d'Aurélien n'arriva pas.

Et cependant il était bien certain qu'il avait reçu la lettre chargée.

C'était l'abandon.

L'illusion n'était plus possible, il la fuyait, il ne voulait plus la voir.

Mais précisément parce qu'il la fuyait, il devait l'aimer encore.

Au moins c'était ainsi que sa foi raisonnait!

— S'il ne m'aimait plus, il n'aurait pas peur de rester à Condé, se disait-elle; que lui importerait.

Et, malgré tout, elle s'obstinait dans son idée que c'avait été par scrupule religieux qu'il avait été amené à cette rupture.

— Ah! si je savais écrire, se disait-elle; si je savais lui expliquer combien je l'aime, il reviendrait; si nos yeux se rencontraient, il tomberait dans mes bras.

Elle n'avait donc qu'à attendre et qu'à rester à Condé; un jour il reviendrait, ils se verraient, et elle retrouverait son Aurélien, «son chéri».

La preuve qu'elle ne se trompait pas en raisonnant ainsi résultait pour elle, claire et indiscutable, du silence qu'il gardait.

— S'il ne m'aimait plus, il me l'écrirait; il me l'aurait écrit depuis longtemps.

Habile à se tromper elle-même, elle repoussait tout ce qui aurait pu ébranler sa foi et n'admettait que ce qui pouvait la fortifier. Il fallait attendre; elle attendait, travaillant courageusement, sans relâche, sans repos, ne dépensant que ce qui lui était strictement indispensable pour vivre et arriver ainsi à mettre six ou sept sous de côté sur son gain de chaque jour : ce serait pour le moment où elle serait dans son lit.

Malheureusement ses économies furent dépensées avant ce moment.

Un jour elle se piqua fortement le doigt ; mais elle n'y fit pas autrement attention et continua de travailler ; au bout de quelque temps elle éprouva une douleur lancinante dans ce doigt où s'était formée une tumeur d'un rouge intense ; la douleur augmenta, la tumeur grossit et malgré son courage il lui fut impossible de tenir son aiguille.

La fièvre ne tarda pas à se déclarer.

Mais la fièvre a au moins un avantage pour les malheureux, elle empêche de manger.

Et pour Sophie c'était une grande affaire que ne pas manger, car ne travaillant plus, les quelques économies qu'elle avait pu faire disparaissaient vite.

Le mal s'aggravant et se prolongeant, ces pauvres économies furent bientôt absorbées jusqu'au dernier sou. Alors il fallut que pièce à pièce elle vendît ses robes et son linge, car il n'y a pas de mont-de-piété à Condé, et ceux qui sont dans la détresse doivent recourir aux brocanteurs, que dans le pays on appelle des regrattiers.

Quand sa malle serait entièrement vide, que ferait-elle si elle n'était pas guérie ?

Et le pharmacien chez qui elle allait se faire panser disait que la guérison pouvait se faire attendre longtemps encore.

La menace de madame Prétavoine s'accomplirait : elle mourrait de faim.

XXXVI

Elle trouvait autour d'elle de la sympathie et dans une certaine mesure de l'assistance.

Tout d'abord chacun avait voulu lui donner un bon remède pour la guérir promptement, un de ces remèdes certains qui n'ont jamais manqué leur effet, tel qu'un oignon cuit sous la cendre et appliqué tout brûlant sur le mal, ou bien ce qui était encore meilleur un pèlerinage à Saint-Main.

Puis on lui était venu en aide d'une façon un peu plus efficace: une voisine lui avait pris son linge pour le laver avec le sien, et le dimanche, jour du pot-au-feu, c'était à qui l'inviterait à manger une assiette de soupe. Les gens qui savent ce que c'est que la misère ont souvent une façon de faire leurs invitations que d'autres plus heureux n'ont pas.

— Puisque vous ne pouvez pas vous servir de votre main, lui disait-on, il n'est pas juste que vous ne mangiez jamais rien de chaud ; nous avons le pot-au-feu.

Cependant la malle qui par bonheur était pleine et bien garnie quand elle était revenue à Condé, s'était peu à peu vidée ; et il était facile de calculer le jour précis où elle ne contiendrait plus que les quelques pièces de layette qu'elle avait pu coudre : trois brassières, six petites chemises, trois béguins, deux langes taillés dans un jupon de flanelle, le tout noué avec des rubans roses détachés d'un tour de cou ; mais cela elle ne le vendrait jamais, dût-elle mourir d'inanition auprès.

C'étaient de longues journées que celles qu'elle passait ainsi dans la souffrance ; l'inaction donnait toute liberté à son esprit que la fièvre et le jeûne excitaient encore ; et toujours, toujours sans repos, il tournait et retournait dans le même cercle.

Aurélien.

Où était-il.

Quand reviendrait-il ?

Ne pouvant rien faire chez elle, où d'ailleurs elle étouffait, elle avait surmonté sa honte, et maintenant elle sortait tous les jours.

Tout d'abord elle passait par le Rempart pour regarder la fenêtre d'Aurélien ; seulement quand elle arrivait vis-à-vis la maison de madame Prétavoine, elle allongeait le pas.

Puis elle allait se promener sur la route qui conduit de Condé à la station du chemin de fer.

Convaincue qu'Aurélien reviendrait un jour, elle l'attendait et le guettait.

Lorsqu'elle était fatiguée de marcher, elle s'asseyait au pied d'un arbre, au bord de la route, et regardait passer les voitures : les gens qui la voyaient se demandaient ce que faisait là cette grande fille au lieu de travailler.

— Voilà les suites de l'inconduite, disaient ceux qui connaissaient son histoire ou plus justement les histoires qu'on racontait sur elle, quand on a perdu l'habitude du travail, on ne peut la reprendre ; franchement, est-ce qu'on ne devrait pas débarrasser la société, de ces filles-là ; c'est un scandale pour la morale publique ; où allons-nous, mon Dieu, où allons-nous !

Ordinairement elle s'asseyait avant d'arriver à la Rouvraye, dans un petit bouquet de bois, qui borde la route en cet endroit, et elle restait là à écouter le chant des oiseaux ou la plainte monotone du vent dans les feuilles des sapins ; mais son esprit n'était ni au sifflement joyeux des fauvettes, ni au murmure de la brise, elle suivait sans distraction sa pensée intérieure : Aurélien toujours, et encore Aurélien. Elle n'était jamais sortie avec lui ; comme il aurait été doux cependant de marcher côte à côte, la main dans la main, le long des haies qui enclosaient ces herbages ; comme il aurait été bon de s'asseoir sous l'ombre de ces grands arbres, elle lui aurait tenu la tête sur ses genoux, et s'il s'était endormi elle l'aurait regardé dormir ; il aurait cueilli des fleurs pour elle et il les lui aurait données.

Si amère que fût la comparaison de ces rêveries d'un bonheur imaginaire avec les réalités implacables de l'heure présente, elle trouvait une sorte d'apaisement dans ces promenades; sous ces sapins elle n'étouffait point comme dans son étroit cabinet; la campagne avec ses ombrages et sa verdure, le ciel avec ses profondeurs bleues calmaient jusqu'à un certain point les troubles de son cœur, en même temps qu'ils agissaient favorablement sur sa fièvre.

Et puis, mieux que tout cela encore, l'espérance la soutenait quand elle était assise sur le bord de ce chemin par lequel *il* devait revenir. Comme elle écoutait avec émotion le roulement des voitures qui arrivaient dans le lointain; comme ses yeux flamboyaient quand, penchée en avant, le cou tendu, elle cherchait à reconnaître les personnes qui se trouvaient dans ces voitures passant souvent au galop devant elle?

Il n'y était pas encore, mais bientôt *il* y serait.

Et alors, alors tout serait oublié; le cauchemar horrible dans lequel elle vivait s'envolerait, comme au réveil se dissipaient ceux contre lesquels elle se débattait toutes les nuits.

A venir et à rester chaque jour à cette place, elle s'était habituée à reconnaître les gens et les voitures qui passaient.

Le mardi et le samedi, c'étaient les paysans qui venaient au marché conduisant leurs bestiaux ou qui s'en retournaient chez eux chargés de leurs emplettes faites à la ville; le jeudi vers le soir, c'étaient les convives du comte de la Roche-Odon qui se rendaient au château de la Rouvraye, le comte et la comtesse

O'Donoghue, M. le baron Mc Combie, l'abbé Armand, le capitaine de Gardilane.

Un jeudi il lui sembla reconnaître de loin madame Prétavoine accompagnant l'abbé Armand ; vivement elle rentra sous le bois et se cacha derrière le tronc d'un sapin ; elle ne s'était pas trompée, c'était bien madame Prétavoine en grande toilette qui se rendait au château pour y dîner. Cela la surprit jusqu'à un certain point, car elle n'avait jamais entendu dire à Aurélien que madame Prétavoine allait à la Rouvraye, mais cela ne l'inquiéta pas autrement. Pourquoi, de quoi se serait-elle inquiétée d'ailleurs : cela n'avait aucune signification pour elle que madame Prétavoine fût ou ne fût pas reçue à la table du comte de la Roche-Odon.

Et puis en apercevant celle qui lui avait fait, qui lui faisait tant de mal, ce n'était point de pareilles pensées que son esprit pouvait être occupé : son cœur s'était serré et les larmes lui étaient montées aux yeux.

Lorsqu'elle rentra chez elle, sa voisine lui dit qu'un prêtre était venu pour la voir, l'abbé Bernolin, et qu'il avait fait toutes sortes de questions sur son compte.

— Quelles questions? demanda Sophie en tremblant, car sans savoir pourquoi cette visite l'épouvantait.

— Ce que vous faisiez. De quoi vous viviez. Qui vous receviez. Ça ne finissait plus. Seulement s'il n'en a pas trouvé de plus causeuse que moi, il n'est guère renseigné. Enfin il a dit qu'il reviendrait demain à huit heures, et que vous l'attendiez.

Si curieuse que fût Sophie d'apprendre pourquoi l'abbé Bernolin lui faisait visite, elle ne l'eût point attendu si l'heure fixée par lui avait été celle de l'arrivée de la correspondance du chemin de fer; mais Aurélien ne pouvait pas arriver à huit heures du matin.

Que lui voulait ce prêtre?

Ce fut la question qu'elle agita toute la nuit.

Elle connaissait l'abbé Bernolin pour l'avoir vu venir dans plusieurs maisons où elle avait travaillé autrefois, mais elle ne lui avait jamais parlé, jamais elle n'avait eu affaire à lui; le prêtre auquel elle se confessait une fois par an, au temps où elle pouvait se confesser, étant le vieil abbé Durand, le vicaire de Saint-Louis.

Mais elle eut beau chercher et se tourmenter la cervelle, pour trouver ce qu'il pouvait avoir à lui demander; elle n'imagina de raisonnable qu'une seule chose, à savoir que madame Prétavoine était derrière lui.

Enfin huit heures du matin arrivèrent, et au quart on frappa à sa porte.

C'était l'abbé Bernolin.

Bien qu'elle n'eût jamais eu l'attention plus tendue et l'esprit plus appliqué, il s'écoula bien dix minutes avant qu'elle comprît où en arriveraient les phrases irréprochables au point de vue grammatical, mais fort obscures au point de vue du bon sens, de M. l'abbé Bernolin, qui dans ces dix minutes avait trouvé moyen de parler de tout, de Dieu, du péché, de la pénitence, de la maladie, de la sainte Vierge *consolatrix afflicto rum,* » du docteur Evette, et de mille autres sujets encore.

— Ainsi, mon enfant, dit l'abbé Bernolin, lorsqu'il jugea que le terrain était suffisamment préparé, vous êtes sur le point de devenir mère? Pour quelle époque attendez-vous votre délivrance?

— Dans deux mois, je pense.

— Et vous êtes malade, sans pouvoir travailler? Comment vivrez-vous d'ici ces deux mois? Comment vivrez-vous après, quand vous aurez votre enfant?

— Dieu aura pitié de moi.

— Sans doute, sans doute, le bon Dieu exauce les prières qui trouvent le chemin de son cœur, mais êtes-vous en état de vous adresser à Dieu, malheureuse enfant? Il faudrait faire pénitence.

— Je vous assure que je fais pénitence.

— Sans doute, sans doute, mais l'expiation doit être proportionnée à la faute; il ne suffit pas de dire je me repens pour être pardonné; il faut se repentir et expier. Dieu a déjà entendu vos plaintes et il en a eu pitié, puisqu'il m'envoie vers vous.

Puisque c'était le bon Dieu qui lui envoyait ce saint prêtre, elle n'avait plus rien à craindre, elle était sauvée.

Les préventions qu'elle avait eues tout d'abord se dissipèrent, elle s'abandonna pleinement à l'espérance.

— Votre état de maladie exige de grands soins, continua l'abbé Bernolin; pour la santé, pour la vie de votre enfant, il serait mauvais que vous restassiez plus longtemps en proie à la fièvre et exposée aux privations, car vous avez enduré, vous endurez des privations, n'est-ce pas, ma fille?

Sophie baissa la tête en signe d'assentiment, ayant honte d'avouer son horrible détresse.

— De grandes privations, insista l'abbé Bernolin.

— Oui, monsieur le curé.

— Eh bien! mon enfant, elles vont cesser; nous allons vous venir en aide; vous serez soignée, bien soignée; alors vous vous rétablirez promptement, car vous êtes forte; vous étiez forte avant d'être malade.

— Je n'avais jamais été malade.

— Quand vous serez guérie on vous procurera du travail, et vous pourrez élever votre enfant.

Sophie était palpitante d'espérance; chacune des paroles de l'abbé Bernolin la ramenait à la vie.

— Ah! oui, oui, s'écria-t-elle, c'est bien le bon Dieu qui vous envoie, monsieur le curé.

— Mais sans doute, sans doute; seulement vous comprenez que ces bons soins on ne peut pas vous les donner dans cette chambre, dans cette misérable chambre, où vous manqueriez de tout; vous comprenez cela, n'est-ce pas?

— Si vous voulez, répondit Sophie, qui ne tenait nullement à sa chambre dans laquelle elle avait tant souffert.

— Nous ne pourrons même pas vous faire soigner dans cette ville.

A ce mot, elle releva vivement la tête, et de l'espérance à laquelle elle se laissait si doucement aller elle revint brusquement au doute et à l'inquiétude.

— Je vous ferai recevoir dans une pieuse maison,

continua l'abbé Bernolin, où ces bons soins dont je vous parlais tout à l'heure, vous seront prodigués.

— Vous voulez que je quitte Condé ? s'écria Sophie avec force.

— Mais sans doute, sans doute, est-ce que pour vous-mêmes, mon enfant, votre séjour dans cette ville, où vous marchiez naguère la tête haute, n'est pas un cruel supplice maintenant que vous avez à porter votre honte aux yeux de tous ceux qui vous connaissaient ?

— Monsieur le curé, s'écria Sophie, je vous suis reconnaissante de votre bonté, et je vous en remercie de tout mon cœur, mais je ne puis pas quitter Condé.

L'abbé Bernolin fut stupéfait.

— Mais, malheureuse enfant, s'écria-t-il, il le faut ; les charitables dames qui s'intéressent à vous sont affligées par le scandale que vous causez ; elles ne veulent pas qu'il attriste plus longtemps notre bonne ville ; si elles veulent bien vous venir en aide, c'est à condition...

— Je ne puis accepter leur aide.

— Mais tout à l'heure...

— Tout à l'heure je le pouvais, maintenant je ne le puis plus.

L'abbé la regarda comme s'il avait affaire à une folle.

— Et pourquoi ne voulez-vous pas quitter Condé ? demanda-t-il d'un ton irrité.

— Je ne peux pas.

— Vous avez une raison, une puissante raison qui vous retient ?

Elle inclina la tête.

Si l'abbé Bernolin n'avait pas deviné qu'il était

l'instrument de madame Prétavoine, il éprouvait néanmoins une certaine curiosité à propos de la mission qui lui avait été confiée. Dans les réunions des personnes qui avaient voulu s'occuper de Sophie, on avait agité la question de savoir quel était le séducteur, « le misérable séducteur, » avait dit madame Prétavoine, qui avait perdu cette malheureuse fille, et bien des noms avait été murmurés ou insinués tout bas. L'occasion se présentait d'apprendre ce nom. Or, l'abbé Bernolin n'était point homme à laisser échapper une occasion, de laquelle il pouvait tirer parti. Maintenu pendant longtemps dans des fonctions subalternes, il commençait à devenir une puissance à Condé; après s'être élevé péniblement d'échelon en échelon, la fondation de l'œuvre de Sainte-Claire lui avait donné de l'autorité, et son ambition, soigneusement dissimulée, prenait enfin son essor. Le nom de ce séducteur pouvait lui mettre une arme aux mains.

— C'est pour le père de votre enfant que vous voulez rester ici? dit-il.

— Oui.

— Eh bien! mon enfant, votre raison peut être valable; mais c'est à condition que cette personne vous aidera à réparer votre faute. En agissant auprès d'elle, on pourrait sans doute l'amener à cette réparation, si toutefois ce n'est pas un homme marié.

Elle ne répondit pas.

— Si c'est un honnête homme.

Elle garda le silence.

— Pieux.

L'abbé Bernolin attendit inutilement une réponse.

— Je pourrais l'aller trouver, dit-il en continuant ; je lui représenterais quelle est sa faute, et son cœur s'ouvrirait sans doute à la bonne parole ; vous pourriez relever la tête, et votre enfant aurait un père.

Comme elle se taisait toujours, il reprit :

— Ce serait avec la discrétion que nous commande notre saint ministère, que j'agirais ; personne ne saurait ce nom, si je ne réussissais pas.

— Oh ! mon Dieu, mon Dieu ! s'écria-t-elle en se prenant la tête dans sa main.

— Laissez-vous toucher, mon enfant, c'est pour votre bien en ce monde, et votre salut dans l'autre.

Et comme elle se taisait.

— Eh bien !

— Je ne puis pas le nommer, pas plus que je ne puis quitter Condé ; vous voulez sauver une malheureuse, monsieur le curé, qui ne peut pas être sauvée par vous.

— Mais c'est de la folie !

Et pendant plus d'un quart d'heure il lui représenta combien grande était cette folie.

Elle ne répondit rien.

Ce fut seulement quand il se leva bien convaincu qu'il n'obtiendrait rien d'elle, qu'elle prit la parole :

— Pardonnez-moi, monsieur le curé, j'ai cru que c'était le bon Dieu qui vous envoyait vers moi, mais c'est…

Un nom lui vint sur les lèvres, qu'elle eut cependant la force de refouler.

— C'est ? demanda-t-il.

— Ce n'est pas le bon Dieu.

XXXVII

Elle n'avait plus de doutes.
Aurélien allait arriver.
Pour que madame Prétavoine lui eût envoyé l'abbé Bernolin, il fallait qu'elle fût très-pressée d'avoir son fils auprès d'elle, sans quoi elle eût attendu que la misère et la faim eussent achevé leur œuvre, ce qui ne devait pas tarder beaucoup maintenant.

Elle devait s'imposer de nouveaux sacrifices, manger moins et vendre tout ce qui lui restait pour payer une dernière quinzaine de son loyer.

C'était là pour elle la grande affaire, ce loyer qu'elle devait payer tous les quinze jours et d'avance.

Elle parvint, cette fois encore, à l'acquitter, en vendant une petite bague qui lui avait été donnée par Aurélien, et qu'elle avait enveloppée dans un papier et cachée dans sa layette, afin de ne pas céder à la tentation de la porter chez le marchand un jour de trop cruelle détresse, mais maintenant il fallait se résigner à tous les sacrifices pour gagner son retour.

Sur les huit francs cinquante qu'elle en obtint, il lui resta deux francs cinquante quand son terme fut payé; en réduisant sa dépense à quatre sous de pain par jour, elle pouvait donc encore vivre douze à treize jours, mais pas de feu, pas de lumière, pas même de médicaments si elle en avait besoin.

Cette perspective ne l'effraya pas, si terrible qu'elle fût.

Elle était certaine qu'Aurélien arriverait avant l'expiration de ce fatal délai.

Et Aurélien à Condé, elle était sauvée.

Elle était donc retournée à son poste, et deux fois par jour, le matin et le soir, elle avait passé par le Rempart.

Les jours s'écoulèrent; Aurélien n'arriva pas.

Tout d'abord elle ne se tourmenta pas trop, se disant que madame Prétavoine avait sans doute arrangé les choses de manière à ce que son fils ne revînt à Condé qu'après qu'elle-même en serait partie.

Mais à mesure que le temps s'écoula, ses angoisses devinrent de plus en plus vives, et son impatience prit un caractère de plus en plus fiévreux.

Son capital diminuait; il ne lui restait plus que trente sous; il ne lui en restait plus que vingt, plus que dix, plus que six.

S'il tardait encore, que deviendrait-elle?

S'il ne venait pas?

Car enfin madame Prétavoine, qui savait tout, devait connaître sa détresse, et aussi bien qu'elle-même peut-être elle comptait les quelques sous qui lui restaient.

Pourquoi cette terrible femme n'attendrait-elle pas pour rappeler Aurélien que ces derniers sous fussent dépensés et que la faim eût accompli la tâche qui lui était confiée ?

Ces dernières journées furent pour elle une véritable agonie.

Encore cinq jours, encore quatre, encore trois, encore deux, et tout serait fini.

Le douzième jour depuis celui où elle avait vendu la bague arriva, et, comme à l'ordinaire, elle alla s'asseoir dans son petit bouquet de bois, mais se traînant plutôt que marchant; forces, espérance, tout était anéanti.

Après avoir dit pendant si longtemps : « il viendra », elle disait maintenant : « il ne viendra pas ».

Les heures s'écoulèrent, et, dans le silence de la campagne, elle entendit sonner quatre heures aux clochers de Condé. Encore quelques instants, quelques minutes peut-être, et la voiture de correspondance du chemin de fer, qui avait changé son service, allait passer devant elle.

Mais Aurélien ne serait pas dans le coupé ; assurément il n'y serait pas.

Un bruit sourd résonna sur la terre, et bientôt des grelots tintèrent faiblement: c'était la diligence qui arrivait au galop de ses quatre chevaux.

Toutes les fois qu'elle avait vu s'avancer ainsi cette voiture, elle avait été convaincue qu'elle allait apercevoir Aurélien dans le coin du coupé ; elle était certaine qu'il était là ; elle le sentait. Cette fois, elle s'imagina que, si elle pouvait croire qu'il n'y était pas, il y serait; pour la fatalité, c'était un plaisir de lui donner des démentis, elle devait donc lui donner encore celui-là.

— Non, il n'est pas-là, il n'y est pas, se disait-elle.

Mais c'était des lèvres qu'elle prononçait ces mots; ses yeux cherchaient.

La voiture n'était plus qu'à quelques pas; le coupé était plein; elle arriva.

Lui! C'était lui.

Elle leva la main comme si elle espérait pouvoir arrêter les chevaux; Aurélien ne parut pas l'avoir aperçue.

Avant qu'elle fût revenue de sa surprise, la diligence s'était éloignée.

Sophie s'assit défaillante sur le bord de la route.

— Enfin, enfin; lui!

Assurément il ne l'avait pas vue; Aurélien ne regardait pas les femmes qui sont assises le long des chemins et qui tendent leurs bras vers les diligences; oh! non, cela n'était point dans son caractère.

— Ah! s'il avait su que c'était moi!

Ses forces revinrent vite, et ce fut à grands pas qu'elle rentra dans la ville.

Maintenant il fallait qu'elle prît ses disposition pour le rencontrer et se trouver sur son passage.

Pour cela, elle n'avait qu'à l'attendre sur le Rempart; elle n'avait plus peur ni de M. de Carquebut, la terreur de toutes les honnêtes filles de Condé et la joie des autres, ni des sergents de ville. *Il* était là.

Non-seulement elle n'avait plus peur, mais elle n'avait plus la fièvre; sa main ne la faisait plus souffrir, elle l'avait vu, et, dans le torrent de joie qui l'inondait, tout ce qui jusqu'à ce jour l'avait accablée avait été emporté.

Il était bien décidé que c'était sur le Rempart qu'elle allait l'attendre; mais comment, dans quel état allait-elle paraître devant lui?

La question était des plus sérieuses et même elle était pour elle capitale.

N'était-ce pas cette entrevue qui allait en quelques minutes, moins que cela, en un éclair, décider de sa vie?

Avant qu'elle parlât, il fallait que le regard qu'il attacherait sur elle ranimât en lui les émotions d'autrefois.

Hélas! combien peu maintenant elle ressemblait à la jeune fille qu'il avait aimée et poursuivie de son amour!

Mais enfin, si changée qu'elle fût, elle devait tâcher d'effacer autant que possible les marques de la maladie et de la misère, afin de ne pas lui faire peur.

Dans la détresse où elle se trouvait, c'était une terrible difficulté; elle n'avait plus de linge, plus de robes, et elle était incapable d'arranger à peu près convenablement ce qu'elle portait sur elle.

Cependant elle ne devait ni désespérer, ni s'abandonner, mais au contraire tenter le possible et l'impossible.

Précisément parce qu'elle avait rencontré de l'aide chez ses voisins, elle avait apporté une extrême discrétion dans ses relations avec eux, ne demandant jamais un service et refusant bien souvent ceux qu'on voulait lui rendre et qu'on lui proposait.

Mais présentement il ne s'agissait plus de discrétion, et ce qu'elle n'aurait jamais pu se résigner à demander pour elle, elle n'avait point de honte à le demander pour lui.

Lorsqu'elle rentra dans son cabinet, il faisait nuit, et bien qu'elle fût habituée depuis plus d'un mois à ne plus allumer de chandelle, elle ne pouvait pas ce soir-là se passer de lumière.

Elle frappa à la porte de sa voisine la femme du cantonnier.

— Ah! bon Dieu! s'écria celle-ci en la regardant, qu'avez-vous aujourd'hui? Êtes-vous guérie? Vous êtes toute légère et vos yeux brillent. Ça va mieux, n'est-ce pas?

— Oui, beaucoup mieux.

Et Sophie exposa sa demande.

— Si je veux vous prêter une chandelle, je crois bien, avec plaisir.

Et elle lui donna une chandelle enfoncée dans un chandelier en fer brillant comme l'acier.

Si la joie avait pu enlever la fièvre de Sophie, elle n'avait pas guéri sa main.

Aussi lorsqu'elle voulut procéder à sa toilette, rencontra-t-elle des difficultés qu'elle n'avait pas prévues. Depuis qu'elle était malade, elle se coiffait aussi simplement que possible. Mais ce n'était point avec cette coiffure qu'elle voulait se montrer à Aurélien, c'était avec celle qu'il aimait autrefois, au temps où il baisait passionnément ses cheveux. Pour la refaire cette coiffure elle ne dut pas ménager la douleur à sa main; mais qu'importait la douleur!

De même elle ne la ménagea pas non plus pour arranger sa robe, la brosser, la défriper, la tirer en long et en large ; heureusement qu'en prévision de ce jour elle avait, alors qu'elle vendait successivement tous ses vêtements, gardé sa meilleure robe de laine ; si bien qu'après ces soins elle se trouva à peu près en bon état.

Jamais Sophie n'avait mis plus de temps à sa toilette, aux jours même de sa plus grande coquetterie, quand elle voulait être belle pour « le chéri. »

Hélas ! elle ne pouvait plus être belle maintenant.

Et se regardant devant son miroir elle voyait bien qu'elle n'effacerait pas les traces que la maladie et les privations avaient imprimées sur son visage ; sa pâleur famélique, ses joues tirées, ses yeux caves.

Et cependant que fallait-il pour que le sang animât son teint ? Bien peu de chose, un peu de nourriture.

Sa toilette était finie, elle entra chez sa voisine pour lui rendre sa chandelle.

La femme et le mari, qui venait d'arriver, allaient se mettre à table.

— Voilà une soupe qui sent bon, dit Sophie.

— N'est-ce pas ? dit le cantonnier.

Et il regarda sa femme, mais celle-ci lui fit signe de n'en pas dire davantage.

Ils avaient en effet si souvent offert à souper à Sophie, et celle-ci les avait toujours si fermement remerciés, qu'ils n'osaient plus l'inviter.

Mais les temps étaient changés ; ce que Sophie avait refusé quand il ne s'agissait que d'elle, elle était décidée à le demander, à le mendier quand il s'agissait d'Aurélien.

— Si vous m'en offriez une assiette ce soir, je l'accepterais bien, dit-elle.

— Mais asseyez-vous donc ! s'écrièrent en même temps la femme et le mari.

Et avant qu'elle se fût installée, elle avait une assiette de soupe fumante devant elle.

Après la soupe, on voulut qu'elle prît sa part du souper, mais elle n'accepta pas.

Et comme ils insistaient :

— Non, dit-elle, je vous remercie ; il faut que je sorte.

— Mais vous n'allez pas sortir comme ça, s'écria la femme ; mon homme me disait qu'il ne faisait pas chaud ce soir.

Elle n'avait, en effet, que sa robe.

— Je vais vous prêter ma cape.

Et, sans attendre une réponse, elle alla prendre une bonne cape en laine de couleur sombre, qu'elle mit elle-même sur les épaules de Sophie, en lui rabattant le capuchon sur la tête.

— Vous me la rendrez demain matin.

Puis, quand Sophie fut partie, revenant prendre place à table :

— Je crois bien qu'il se passe quelque chose d'extraordinaire, dit-elle.

— Quoi donc ?

— Je ne serais pas surprise si elle allait voir le père de son enfant ; ses yeux dansent.

— Il n'y a pas de quoi, vraiment ; un homme qui abandonne une pauvre fille comme celle-là, c'est une fameuse canaille, et s'il était là, je ne me gênerais pas pour lui dire.

XXXVIII

Contrairement à ce qui avait toujours eu lieu quand Aurélien venait à Condé, madame Prétavoine ne se trouva point à l'arrivée de la diligence.

Évidemment Aurélien croyait trouver sa mère l'attendant, car, descendu de voiture, il regarda autour de lui, et plusieurs fois ses yeux se tournèrent vers la petite porte de la cathédrale, comme s'il espérait la voir sortir de l'église.

Enfin ne l'apercevant pas, il dit à l'un des facteurs de lui apporter sa malle aussitôt que possible.

— On voit bien que la vieille n'est pas là, dit le facteur à son camarade, aussitôt qu'Aurélien se fut éloigné dans la direction du Rempart.

— Oui, mais sois sûr qu'elle sera là pour te payer ta course.

— Ah! malheur!

En arrivant à la porte de la maison de sa mère,

Aurélien trouva qu'on ne l'attendait pas davantage; il fut obligé de sonner.

Que se passait-il donc !

Ce fut la femme de chambre qui vint lui ouvrir, bien surprise assurément de le voir arriver.

— Ma mère ?

— Madame est sortie, mais elle ne va pas tarder à rentrer; elle a dit qu'elle serait ici à cinq heures.

Aurélien n'y comprenait rien : c'était sa mère qui lui avait écrit de venir, et ni elle ni personne ne paraissait l'attendre.

Cependant, comme par caractère et par éducation il était réservé, il dissimula son étonnement et n'adressa aucune autre question à Angèle.

Il y avait à peine cinq minutes qu'il était dans sa chambre quand sa mère arriva.

Mais il n'était pas tenu avec elle à la même discrétion; après avoir reçu ses embrassements et l'avoir lui-même embrassée, il la questionna.

— Il y a donc eu une erreur commise par vous et par moi sur mon jour d'arrivée ? demanda-t-il.

— Pas du tout.

— Vous m'avez bien dit d'arriver mercredi ?

— Oui.

— Il semble que je tombe des nues.

Madame Prétavoine se mit à sourire.

— C'est parce que je n'étais pas à la voiture que vous dites cela ? demanda-t-elle.

— Ni à la voiture, ni ici. De plus, Angèle a eu l'air stupéfaite en m'apercevant. Assurément, chère maman, je n'ai pas l'intention de me plaindre; cela est loin de ma pensée, croyez-le; seulement je demande comment il se fait que, m'ayant écrit vous-même d'arriver ici aujourd'hui mercredi, je cause une surprise générale.

Madame Prétavoine se tourna vers la porte de la chambre pour voir si elle était restée ouverte; rassurée par son examen et bien certaine qu'on ne pouvait pas entrer dans le cabinet de travail de son fils, dont elle avait fermé la porte, sans qu'elle s'en aperçût, ce qui la mettait en pleine sécurité dans cette chambre écartée, elle se décida à répondre à la question qui lui était posée.

— Il importe au succès de mes combinaisons que vous paraissiez arriver ici aujourd'hui, sans que personne vous attende, pas même moi : c'est pour cela qu'au lieu d'aller au-devant de vous à la voiture, je faisais visite, au moment où la voiture arrivait, au comte et à la comtesse O'Donoghue, qui pourront témoigner utilement de ma présence chez eux.

Il regarda sa mère avec un air ébahi.

— Ne m'avez-vous pas écrit, dit-il, que vous m'appeliez pour dîner demain chez le comte de la Roche-Odon?

— Parfaitement.

— Alors, si je dois dîner à la Rouvraye demain, je ne comprends pas bien l'inconvénient qu'il peut y avoir à ce qu'on sache que vous m'attendiez aujourd'hui.

— Il n'y a aucun inconvénient à ce qu'on sache que vous êtes arrivé; mais il y en aurait de très-grands à ce qu'on sût que je vous attendais. Il faut pour tout le monde que vous me surpreniez.

— Je comprends de moins en moins chère maman, dit-il en souriant à son tour.

— C'est que vous vous imaginez sans doute que M. le comte de la Roche-Odon m'a chargée de vous écrire pour vous inviter à la Rouvraye; eh bien ! il n'en est rien.

— Alors je ne dîne pas à la Rouvraye?

— Vous y dînerez demain, mais vous n'êtes pas invité, et vous n'y serez invité que parce que vous me surprendrez, moi, qui suis invitée.

Aurélien battit des bras comme un homme qui est complétement dérouté.

— Je vous ai écrit, continua madame Prétavoine, combien il m'a été difficile d'entrer à la Rouvraye ; sans le zèle, sans l'activité, sans l'habileté des personnes qui nous portent intérêt, je n'aurais jamais réussi seule à forcer les portes du château du comte de la Roche-Odon. Mais que je fusse admise par le vieux comte, cela avait peu d'importance si je ne pouvais pas vous faire admettre vous-même. Vous auriez habité avec moi, les choses eussent probablement marché sans qu'il fût utile que je prisse des détours ; on m'invitait, on vous invitait aussi ; cela était tout naturel; malheureusement vous aviez été obligé de fuir Condé. Je ne vous fais pas de reproches...

— Oh ! ma mère.

— Enfin, il faut bien que je constate les faits, et ce n'est pas ma faute si certains obstacles sont venus si malencontreusement entraver ma route et déranger mes plans. Donc vous n'étiez pas ici. Il fallait vous faire revenir. Mais d'autre part vous ne pouviez prolonger votre séjour à Condé au-delà de deux jours. Tout cela, vous en conviendrez, était loin de simplifier les choses. J'espère que je suis venue à bout cependant de les arranger. Voici comment : je dois dîner demain à la Rouvraye ; je vais écrire au comte que je ne puis, à mon grand regret, me rendre à son invitation, parce que vous arrivez à l'improviste passer un jour avec moi, de sorte qu'il m'est impossible de ne pas vous donner ma journée. Au moment où le comte recevra la lettre il y aura quelqu'un auprès de lui qui lui soufflera l'idée de vous inviter, afin que nous ne soyons pas séparés. Et comme précisément il y a intérêt pour le comte à ce que je me trouve demain chez lui, avec une personne qui dînera à la Rouvraye, il est très-probable, il est même certain que nous recevrons un mot d'invitation pour vous.

Pendant ces explications, la figure d'Aurélien s'était allongée.

— Alors, dit-il, les choses ne sont pas plus avancées.

— Vous trouvez donc que ce n'est pas assez ?

— Je ne dis pas cela, mais, vous voyant reçue à la Rouvraye, je m'étais imaginé...

— Que votre mariage était fait. Il le serait sans doute sans cette maudite Sophie ; mais vous conviendrez que Bérengère ne peut pas vous accepter pour mari sans vous connaître. C'est précisément pour qu'elle vous connaisse que j'ai arrangé ce dîner. Vous tâcherez de produire sur elle une bonne impression. Puis, cela fait, vous repartirez

— Mais...

— Voulez-vous que cette malheureuse vous fasse une scène en pleine rue, quand elle saura que vous êtes ici?

— Ce n'est pas d'elle que je veux parler, c'est du capitaine de Gardilane.

— Eh bien! le capitaine reste à Condé et va tous les jeudis à la Rouvraye : Que voulez-vous que je fasse à cela?

— Vous m'aviez dit...

— Que je tâcherais de le faire partir de Condé. Je n'ai rien négligé pour cela, nous n'avons pas réussi. Le général, qui est tout à nous, avait promis de le rappeler; mais il est protégé auprès du ministre et des bureaux; de plus, il est chargé de la construction d'un établissement pour la fabrication métallique des cartouches, et on le considère comme inattaquable, en ce moment. Enfin, bien que le séjour de Condé lui soit devenu fort peu agréable, par suite de certains bruits qui courent sur son compte, bruits que toutes les personnes respectables admettent comme fondés, il ne veut pas s'en aller.

— Il a donc des raisons pour rester?

— Peut-être; mais malgré cela, je ne le considère pas comme dangereux; jamais le comte de la Roche-Odon ne donnerait sa fille à un homme irréligieux comme ce capitaine; soyez tranquille de ce côté.

— Mais mademoiselle de la Roche-Odon?

— Soyez plus aimable auprès d'elle que ne l'est M. de Gardilane.

— Il la voit tous les jeudis, m'avez-vous dit, et moi, après l'avoir vue demain, je dois disparaître sans savoir quand je pourrai revenir.

— J'espère que ce moment ne tardera pas. Cette maudite fille nous a causé bien des embarras par son obstination à rester ici; mais, grâce à Dieu, qui lui a envoyé le mal dont elle souffre, elle n'est pas en état de continuer sa résistance. Dans deux ou trois jours on fera une nouvelle tentative auprès d'elle, et cette fois il faudra bien qu'elle accepte mes propositions. D'ailleurs elle doit enfin croire que vous ne l'aimez plus, de même qu'elle doit croire aussi que vous ne reviendrez plus à Condé. Vous n'avez pas reçu d'elle d'autre lettre que celle dont vous m'avez parlé, et qu'elle avait été charger à Cinglais, n'est-ce pas ?

— Non, pas d'autre.

— Cela indique que le découragement l'a à la fin domptée. Aussitôt qu'elle sera partie, vous pourrez revenir, et alors vous verrez Bérengère aussi souvent que vous voudrez. En même temps, j'agirai de mon côté et ferai agir auprès du vieux comte. Vous voyez donc qu'il ne faut pas vous plaindre que les choses ne soient pas plus avancées. La situation, au contraire, est excellente. Il n'y a plus que cette fille qui nous gêne, et dans quelques jours nous en serons débarrassés. Cependant, si, contre toute attente, elle ne quittait pas Condé et trouvait un moyen pour rester, j'en ai un en réserve qui, bien certainement, la découragerait tout à fait : c'est de m'en aller avec vous à Rome.

— A Rome !

— Oui ; il y a longtemps que je pense à mettre la vicomtesse de la Roche-Odon dans notre intérêt, et, puisqu'elle habite Rome en ce moment, c'est là qu'il faut agir auprès d'elle ; d'autre part, nous trouverons à Rome seulement, des moyens d'influence tout-puissants auprès du vieux comte, et bien qu'il entre dans mes combinaisons de ne faire ce voyage qu'après que vous serez solidement établi à la Rouvraye, nous le ferions tout de suite, si cette fille maudite vous empêchait de revenir à Condé.

A ce moment, on frappa à la porte du cabinet de travail d'Aurélien : c'était la femme de chambre qui venait dire que le dîner était servi.

— Comme je ne vous attendais pas aujourd'hui, dit madame Prétavoine à haute voix, de manière à être entendue par Angèle, vous allez avoir un mauvais dîner.

Cependant il ne fut pas aussi mauvais que madame Prétavoine l'annonçait ; car, si elle n'avait pas pu l'ordonner à l'avance, comme pour les jours de retour d'Aurélien, elle avait cependant commandé pour elle les plats que son fils préférait, et, au moyen de conserves et de bons vins, ce mauvais dîner devint excellent.

A son grand regret, madame Prétavoine ne put pas le prolonger, car, poussant les précautions jusqu'au bout, elle avait fixé elle-même, pour le soir, une réunion d'une des nombreuses œuvres qu'elle dirigeait ou inspirait.

Aurélien voulut la conduire.

— Non, dit-elle, il vaut mieux que vous ne sortiez pas.

— A pareille heure, que voulez-vous que je craigne ? D'ailleurs, je ne ferai que vous conduire à Saint-

Étienne, et je rentrerai aussitôt, sans me promener en ville.

Et madame Prétavoine céda, heureuse de s'appuyer sur le bras de son fils.

Il la conduisit jusqu'à la porte de l'église, puis il s'en revint lentement en réfléchissant.

Malgré ce que sa mère lui avait dit, il était d'humeur maussade, car il ne trouvait point la situation telle qu'il s'était imaginé qu'elle serait.

La lettre qui l'appelait à Condé lui avait donné des espérances que la réalité venait de refouler brutalement, et il était encore sous le coup de cette déception qui l'avait douloureusement atteint.

Il marchait doucement, et il était arrivé sur le Rempart, à peu de distance de la maison de sa mère, à un endroit sombre, lorsqu'il lui sembla entendre prononcer son nom.

— Aurélien ! Aurélien !

Il se retourna ; une femme enveloppée dans un manteau venait de sortir de derrière un arbre.

— Aurélien, c'est moi.

Et avant qu'il fût revenu de sa surprise, elle l'avait pris par le bras.

Vivement il se dégagea.

— Mais c'est moi, tu ne me reconnais donc pas ?

Au contraire, il la reconnaissait, et c'était précisément pour cela qu'il voulait s'éloigner.

Mais elle l'avait de nouveau pris par le poignet, et elle le tenait bien.

Il regarda autour de lui ; le Rempart était désert ; personne ne pouvait les observer ; mais d'un instant à l'autre quelqu'un allait assurément passer, tout était perdu si on les surprenait en tête-à-tête.

D'autre part cependant, il ne pouvait pas songer à s'échapper; il faudrait lui faire violence pour échapper à son étreinte; il faudrait courir, et elle était femme à courir elle-même après lui; comment expliquer cette course et cette poursuite si elles étaient vues par un passant curieux? Son parti fut pris.

A une petite distance de là se trouvait une vieille tour rasée de plain-pied avec le Rempart, mais dominant la campagne; au milieu de cette tour, on avait planté des arbustes verts qui formaient deux petits massifs derrière lesquels on pouvait se cacher.

Sans lui répondre, il l'entraîna là, bien résolu à mener l'entretien de telle façon qu'elle n'eût pas envie de le prolonger.

Tout en marchant, il sentait son bras trembler par les frémissements qu'elle lui imprimait.

— Parlons bas, dit-il d'une voix étouffée lorsqu'ils furent arrivés derrière les arbustes verts qui leur cachaient le Rempart; que me voulez-vous? Pourquoi m'abordez-vous ainsi dans la rue?

— Mon Dieu! murmura-t-elle.

— Pas de phrases, pas de gémissements, au fait; que voulez-vous? Dépêchons-nous; vous comprenez que nous ne pouvons pas rester ici en tête-à-tête.

Un coup de couteau ne lui eût pas fait plus froid au cœur que ces paroles.

Elle resta sans répondre, regardant à la pâle clarté des étoiles ce visage irrité, si différent de celui qu'elle avait vu autrefois suppliant et passionné.

Puis vivement elle rejeta en arrière le capuchon qui lui enveloppait la tête.

— Aurélien, dit-elle en levant vers lui son visage, regarde-moi, je t'en supplie, regarde-moi les yeux dans les yeux.

Il détourna la tête avec un mouvement d'impatience.

— Rien qu'une seconde, dit-elle, tes yeux, ô mon chéri, tes yeux.

— Je vous ai demandé de m'expliquer ce que vous vouliez de moi, dit-il sans la regarder; si vous n'avez rien à me dire, adieu.

Il fit un pas en arrière, mais elle se cramponna à lui de telle sorte qu'il dut s'arrêter.

— Tu n'as donc pas reçu mes lettres? demanda-t-elle.

— Si je ne vous ai pas répondu, c'est que je n'avais rien à vous répondre, vous auriez dû le comprendre.

— Alors c'est vrai... c'est possible, tu ne m'aimes plus!

Tremblante de la tête aux pieds, elle s'était penchée pour aller chercher son regard.

Mais elle ne l'avait pas rencontré.

— Je t'en conjure, dit-elle d'une voix que l'angoisse étranglait à chaque mot, réponds-moi.

— Vous le voulez?

— Oui, oui, je t'en supplie.

— Je ne dois plus vous aimer.

— Tu ne dois plus, s'écria-t-elle soulevée par l'espérance; mais tu m'aimes, n'est-ce pas, tu m'aimes encore?

— J'obéis à mon devoir.

— Regarde-moi, oh ! regarde-moi.

Mais il parlait les yeux baissés, ne les levant que pour regarder autour de lui et sonder les profondeurs de l'ombre.

— Vous m'avez interrogé, dit-il, je vous ai répondu. Restons-en là d'un entretien que vous avez voulu et qui ne peut que nous être pénible à tous les deux.

— Pénible, mon Dieu.

— Douloureux, extrêmement douloureux, pour vous comme pour moi, et que dès lors vous auriez dû m'éviter. Mon silence était assez clair, il me semble. Quant à ce que votre lettre me demandait, c'est impossible.

— Tu ne veux même plus me voir.

— Il ne s'agit pas de ce que je veux ou de ce que je ne veux pas, il s'agit de ce que je dois faire. Je me suis trop longtemps abandonné aux inspirations de mes désirs, sans écouter la voix de la conscience.

Elle le regardait, écoutant ces paroles dites froidement, méthodiquement, mais bien certainement ne les comprenant pas.

— J'avais espéré, dit-il, que dans le recueillement de l'absence, vous feriez un salutaire retour sur vous-même, comme j'en ai fait un, et que vous sentiriez combien nous avons été coupables dans notre égarement; c'est parce que j'ai senti l'étendue de cette faute que je vous dis que nous ne devons plus nous voir. Ma résolution est bien arrêtée; rien, vous entendez, rien, rien absolument ne la modifiera. Adieu ! donc.

Elle lui tenait toujours la main; à ce mot, elle la serra plus étroitement.

Alors, voyant qu'il ne pouvait pas se dégager sans recourir à la force, il continua:

— Vous souffrez...

— Si je souffre ! s'écria-t-elle avec un sanglot déchirant.

— Moi aussi j'ai souffert quand j'ai pris cette résolution, mais je me suis repenti et j'ai été consolé; faites comme moi, et avant que nous nous séparions pour toujours, donnez-moi cette satisfaction d'espérer que vous vous réfugierez dans le sein de Dieu. Maintenant, quant à ce qui est des choses matérielles, laissez-moi vous dire que vous avez été coupable envers vous comme envers... celui que vous portez, de ne pas accepter les propositions de ma mère. Elles vous seront faites de nouveau, et je veux croire que cette fois vous serez mieux inspirée; si ce n'est pour vous, que ce soit pour votre enfant.

— Mais cet enfant, c'est le tien, c'est le tien; si ce n'est pour moi, je t'en supplie pour lui, ne m'abandonne pas ainsi, car tu nous condamnes tous les deux à la mort.

— Malheureuse !

— Si je ne suis pas morte de misère, de faim, entends-tu, de faim, c'est parce que je t'attendais et que je voulais vivre quand même; mais si tu m'abandonnes, si tu me repousses, je n'ai plus qu'à mourir.

Elle se jeta sur la terre, et lui baisa les genoux.

— Pour lui, pour ton enfant, Aurélien, sois généreux; dis-moi une bonne parole, dis-moi que je pourrai te voir, et je vivrai.

— Adieu ! dit-il.

Et comme elle lui avait abandonné la main, qu'elle avait tenue jusqu'alors, se sentant libre, il recula de trois ou quatre pas, et tournant sur lui-même il se dirigea rapidement vers le Rempart.

Tout d'abord elle était restée à genoux sur la terre, comme si elle ne comprenait rien à cette brusque retraite.

Mais, quand elle le vit s'éloigner, elle se releva et se mit à courir après lui aussi vite que ses jambes pouvaient la porter, sans regarder à ses pieds, sans prendre souci de tomber.

Pour lui, il ne courait point; mais il marchait à grands pas pressés, se hâtant, dans l'espérance de gagner la maison de sa mère et d'avoir le temps d'ouvrir et de refermer la grille avant que Sophie l'eût rejoint.

Il l'entendait arriver sur ses talons, et il se fût mis à courir pour lui échapper, s'il n'avait pas aperçu tout au loin, dans l'ombre, des formes indécises qui semblaient venir vers lui.

Devant des gens qui allaient peut-être le reconnaître, il ne pouvait pas courir.

Alors elle l'avait atteint.

— Va-t-en, dit-il à voix basse, voici du monde.

Mais comme il avait ralenti le pas pour ne pas paraître se sauver, elle avait continué de marcher près de lui, murmurant des paroles auxquelles il ne prêtait aucune attention, tant il était préoccupé par ces gens qui allaient le surprendre en tête-à-tête avec cette femme.

Il les avait reconnus, ces gens: c'étaient des sergents de ville.

Au moment où il s'arrêtait devant sa grille, ils arrivèrent sur lui, et il lui sembla qu'ils ralentissaient leur marche pour le regarder.

Alors fouillant dans sa poche:

— Tenez, pauvre fille, dit-il à haute voix, prenez cela, — il fit sonner quelques pièces d'argent, — ma mère ira vous voir, et si ce que vous venez de me raconter est vrai, soyez sûre qu'elle vous viendra en aide.

Et avant que Sophie, pétrifiée, eût pu dire un mot, il avait ouvert la grille et l'avait refermée.

XXXIX

Après s'être arrêtés un moment, les sergents de ville avaient repris leur marche, et Sophie, frappée de stupeur, restée immobile devant la grille fermée, regardait Aurélien s'éloigner à grands pas.

Ce fut seulement quand elle l'eut vu disparaître dans la maison qu'elle revint à elle-même.

Fini, c'était fini !

C'était vrai, il ne l'aimait plus.

Il la repoussait, il l'outrageait.

Dans sa main fermée, elle tenait les pièces de monnaie qu'il venait de lui donner.

Quelle implacable cruauté !

Cet argent lui brûlait la main ; elle le laissa tomber à terre.

Que faire ?

Rien n'existait plus pour elle.

Rien que la douleur et le désespoir.

Elle n'avait donc qu'à mourir.

Morte, elle ne souffrirait plus.

Quelle délivrance !

Ne plus penser; ne plus se souvenir; plus de luttes; plus de hontes.

Les fenêtres de l'appartement d'Aurélien venaient de s'éclairer.

— Adieu, murmura-t-elle, adieu.

Et lentement, le corps voûté comme si elle portait un lourd fardeau, elle s'éloigna, descendant le Rempart.

Mais elle n'alla pas bien loin, ses jambes fléchissaient et ses yeux ne voyaient plus ; elle s'assit sur un banc; il lui semblait que sa tête allait éclater sous les coups qui frappaient la voûte de son crâne.

Elle demeura là assez longtemps inerte, anéantie, dans un état de prostration complète, physiquement aussi bien que moralement.

Puis tout à coup elle poussa un cri ; ce qu'elle n'avait jamais voulu admettre, venait de lui apparaître illuminé par un éclair sinistre.

Elle comprenait tout : il était décidé à rompre lors de la dernière nuit qu'il avait passée près d'elle. C'était pour se débarrasser d'elle qu'il l'avait envoyée à Bruxelles; c'était pour qu'il ne restât pas de traces, pas de preuves matérielles de leur liaison qu'il lui avait repris ses lettres ; enfin c'était pour qu'elle n'eût rien de lui entre les mains qu'il ne lui avait pas répondu et qu'il avait envoyé sa mère à Bruxelles.

La mère et le fils s'entendaient ; tous deux avaient peur.

Que madame Prétavoine eût peur d'elle, cela était

tout naturel; elle ne la connaissait point, mais Aurélien?

Et instinctivement elle ferma les yeux, n'osant plus regarder dans le passé, qui jusqu'à cette heure avait été pour elle si radieux.

Mais si elle n'avait plus de passé, que lui restait-il?

Le présent? Il était horrible.

L'avenir? C'étaient les bras décharnés que la Mort lui ouvrait en grimaçant.

Il était affreux, ce sourire, et cependant c'était dans ces bras qu'était le refuge.

Elle se rejeta en arrière épouvantée; elle n'avait pas vingt ans, la vie commençait pour elle, et déjà elle était terminée.

Il fallait, il fallait mourir.

Elle sentait bien qu'il n'y avait pas d'autre issue pour elle : elle était convaincue de la nécessité, de la légitimité de sa mort, et cependant il y avait en elle quelque chose qui se révoltait contre cette résolution.

Son enfant peut-être?

Pauvre petit! ah! comme elle l'eût aimé; mais l'amour ne fait pas vivre, il fait mourir.

Heureusement que la mort est une délivrance.

Ce n'était pas de ce jour qu'elle pensait à mourir; bien souvent cette idée s'était présentée à son esprit, et si toujours elle l'avait repoussée, c'avait été parce que c'était offenser son amour et son amant, que d'admettre le suicide comme possible : on n'a pas le droit de se suicider quand on est aimée.

Cependant en ses heures de doute elle s'était dit :

« S'il fallait mourir, comment mourrais-je ? » et elle avait examiné les genres de mort pour elle possibles.

Il y a des gens qui sont heureux jusque dans le choix de la mort et qui peuvent ne prendre que celle qui leur plaît : le poison qui vous tue vite et sans douleur, le charbon qui vous endort doucement d'un sommeil dont on ne se réveille pas.

Mais elle, il ne lui était pas possible de choisir, elle n'avait pas d'argent pour le poison ou pour le charbon, il ne lui restait que la mort qui ne coûte rien, — la rivière.

Seulement, elle avait eu si froid en ces derniers temps, que l'idée de l'eau verte et glacée lui avait donné le frisson, toutes les fois qu'elle s'était dit qu'elle mourrait dans la rivière.

Mais elle n'en était pas à compter ses souffrances, alors surtout que celle-là devait être la dernière ; ce serait si vite fini ; un tourbillon, un remous et elle irait au fond.

Elle quitta son banc et reprit sa course vers la ville basse.

Du côté du petit pont, dans les prairies, il y avait un trou où l'eau était profonde, et où une femme s'était noyée l'année précédente. La place était donc bonne ; ce serait là qu'elle irait ; d'ailleurs il n'y avait jamais personne dans les prairies à cette heure, et il n'était pas à craindre qu'on la repêchât.

Elle marcha la tête basse, sans rien voir autour d'elle, dans les rues où les boutiques étaient encore ouvertes, et, tout en marchant machinalement elle serrait son manteau contre elle, comme si déjà elle sentait le froid de la rivière.

Tout à coup, malgré sa sombre préoccupation, l'idée lui vint que ce manteau n'était pas à elle.

Il fallait le reporter : elle n'avait pas à craindre le froid maintenant, pas plus qu'elle n'avait de précaution à prendre pour se cacher.

Elle rebroussa chemin et se dirigea vers le faubourg d'Hannebault. De la cour elle vit les fenêtres de sa voisine éclairées.

— Ah ! mon Dieu ! s'écria celle-ci en la voyant entrer, qu'est-ce que vous avez ? Vous êtes partie avec bonne mine, et voilà que vous rentrez pâle comme un linge. C'est le froid, sans doute.

— Oui... c'est le froid.

Et elle n'eût été que sincère, en ajoutant que c'était le froid de la mort.

— Voyez-vous, si vous n'aviez pas pris ma cape, vous auriez été glacée.

— Vous n'allez pas vous coucher encore ? demanda Sophie.

— Non bien sûr ; j'en ai encore pour deux bonnes heures.

— Alors cela ne vous gêne pas que je vienne écrire une lettre près de vous ?

— Autant de lettres que vous voudrez.

Sophie avait dû vendre le buvard d'Aurélien, mais elle avait encore une plume, une petite bouteille d'encre et quelques feuilles de papier.

Elle entra chez elle, et revint bientôt avec tout ce qui lui était nécessaire pour écrire.

Sa lettre fut courte :

« Je t'aurais tant aimé.

» Adieu.   Sophie. »

Elle mit cette lettre dans une enveloppe et inscrivit dessus l'adresse d'Aurélien.

Mais bien que le tout ne formât pas plus d'une douzaine de mots, il lui fallut longtemps pour les écrire tant elle tremblait.

— Vous avez froid? voulez-vous que je vous fasse du feu?

— Je vous remercie.

— Eh bien alors, couchez-vous tout de suite, il n'y a rien de meilleur que le lit. A demain.

— Adieu.

— Si vous avez besoin de quelque chose cette nuit, appelez-moi.

Non, elle n'aurait besoin de rien, ni cette nuit, ni jamais plus.

Rentrée chez elle, elle ne se coucha point comme sa voisine le lui avait conseillé, mais, après avoir pris la corde qui autrefois avait noué sa malle, elle sortit doucement, marchant avec précaution, et laissant sa clef sur sa porte.

Elle eût voulu embrasser cette voisine qui avait été si bonne pour elle, mais cela était impossible, car c'eût été avouer sa sinistre résolution, et puis pour elle-même elle devait éviter de s'attendrir.

C'était du courage au contraire, qu'il lui fallait.

Elle passa devant la poste et jeta la lettre dans la boîte. La lirait-il?

Puis elle se dirigea vers l'église Saint-Étienne, car

avant de mourir elle voulait demander pardon à Dieu.

Comme elle venait de pousser la petite porte, elle se trouva face à face avec madame Prétavoine, qui sortait accompagnée de deux dames.

Instinctivement elle recula et se colla contre un pilier, mais madame Prétavoine passa devant elle sans la regarder, sans même paraître la reconnaître, bien qu'elle l'eût parfaitement vue; quant aux deux dames elles détournèrent la tête en chuchotant.

Elle n'alla pas plus loin, mais s'agenouillant là, elle pria comme elle n'avait jamais prié, même au temps de ferveur de sa première communion; elle pria pour elle, elle pria pour *lui*.

— Mon Dieu! pardonnez-moi comme je lui pardonne.

Un sacristain vint la prévenir d'un ton de mauvaise humeur qu'on fermait l'église.

Elle se releva et sortit.

Les rues maintenant étaient plus sombres et les passants étaient rares; ceux qui la croisaient s'arrêtaient et se retournaient pour la regarder.

Mais que lui importait: elle n'était plus sensible à la honte; et d'ailleurs elle ne les voyait que confusément comme s'ils eussent été des ombres.

C'est que déjà elle était dans un autre monde.

Elle ne tarda pas à arriver au petit pont qui, d'un bout, tient à la ville et de l'autre à un chemin qui s'en va à travers les prairies.

De chaque côté de ce chemin courent des lisses qui enclosent les prés et empêchent les bestiaux de sortir de l'herbage dans lequel ils pâturent en liberté.

Désert était le chemin, désertes aussi étaient les prairies; silencieux et sombres étaient les jardins qui du côté de la ville bordent la rivière.

Les seuls êtres vivants étaient les bœufs et les vaches qui, le cou appuyé sur la barre de bois de leur clôture, regardaient de leur œil placide cette femme qu'ils ne connaissaient pas.

Comme elle se penchait pour passer entre les deux lisses, un jeune veau s'approchant d'elle, se mit à lui lécher la main de sa langue rugueuse, et à la suivre dans le pré.

Elle se rapprocha de la rivière, cherchant un endroit où la berge serait coupée à pic.

Elle ne tarda pas à le trouver, car bien qu'il n'y eût pas de lune au ciel, la clarté des étoiles était assez lumineuse pour qu'on vît distinctement autour de soi à une certaine distance.

Contre la berge assez haute la rivière coulait rapide, sans bruit, et au milieu de longues herbes brillaient quelques étoiles scintillantes.

Avec la corde qu'elle avait apportée, Sophie se noua les jambes solidement au-dessus des chevilles, car elle ne voulait pas se débattre et surnager; mais en faisant le nœud de sa corde, elle se blessa sa main malade et poussa un petit cri étouffé.

Elle s'était placée de manière à tourner le dos à la rivière sur le bord de la berge.

Ses jambes attachées elle se redressa et joignant les mains en levant la tête vers le ciel étoilé :

— Mon Dieu, dit-elle, oh! mon Dieu.

Puis droite et roide elle s'abattit tout d'une pièce dans la rivière.

XL

Au moment où Sophie se jetait à la rivière, le capitaine Richard de Gardilane se promenait dans son jardin fumant un cigare.

Il avait travaillé toute la journée à écrire, et après son dîner, il avait éprouvé le besoin de marcher un peu et de respirer l'air frais, avant de se remettre à son travail, qu'il voulait terminer dans la nuit.

Mais au lieu de marcher un peu, il avait marché beaucoup et longtemps, en suivant sa rêverie, à laquelle il avait dû imposer silence pendant la journée, pour ne point se laisser distraire et entraîner par elle.

Il n'en était plus maintenant à se dire que c'était une folie de penser à Bérengère, et depuis longtemps déjà il avait été obligé de s'avouer qu'il aimait cette petite fille, si charmante, si délicieuse, si... les adjectifs tombaient de ses lèvres comme les litanies de celles d'une dévote.

Assurément il n'était guère raisonnable à lui de s'abandonner à cet amour, mais il était de ceux qui ont plus de cœur que de tête ; il aimait, et la raison n'est pas ce qui règle l'amour.

D'ailleurs était-ce vraiment folie d'aimer cette chère petite Bérengère ?

Oui, s'il s'en tenait à des considérations *raisonnables* tirées de la situation du comte de la Roche-Odon, et surtout de ses croyances.

Non, s'il envisageait certaines considérations *sentimentales* s'appliquant uniquement à Bérengère.

Le rendez-vous du saut-de-loup lui avait donné une leçon, et il n'était nullement disposé à se laisser enlever sur les ailes de l'illusion ; mais, si réservé qu'il voulût être, il fallait bien qu'il reconnût que Bérengère lui témoignait une vive, une très-vive sympathie.

Encore le mot n'était-il juste que restreint à ses paroles et à ses actions ; si on l'étendait à ses regards, il était faible, incontestablement trop faible.

Il y avait un fait certain qui était qu'elle avait plaisir à être avec lui, comme lui-même avait plaisir à se trouver près d'elle.

Ce qu'ils disaient ou ne disaient point, peu importait ; ils étaient ensemble, et cela suffisait pour qu'ils fussent heureux.

D'ailleurs miss Armagh, veillant, avec les précautions d'un jaloux, à ne jamais les laisser seuls, il n'y avait pas à s'appesantir sur ce qu'ils disaient ; il n'y a qu'entre indifférents qu'on prête attention au langage parlé : entre amants, les paroles sont de peu d'importance. Ce qui touche, ce qui émeut, ce qui séduit, ce qui enchante, c'est une intonation, c'est un sourire, c'est un regard; mieux que tout cela, c'est d'être ensemble.

Et cette émotion, cette séduction, cet enchantement, il eût fallu être aveugle pour ne pas voir qu'elle les éprouvait tout aussi complètement, tout aussi profondément que lui-même.

Lorsqu'on en est à rechercher les émotions qu'on a ressenties, les heures passent vite.

En sortant de table, le capitaine s'était dit qu'il fumerait un cigare, un seul cigare avant de se remettre au travail. Mais lorsqu'il avait commencé à se brûler les lèvres, il en était précisément à se rappeler un certain sourire de Bérengère pendant le récit d'une histoire fait par miss Armagh; alors il avait tout naturellement allumé un second cigare au premier, puis après celui-là, comme il était plongé dans une nouvelle recherche, il en avait allumé un troisième au second.

Et fumant, rêvant, il avait continué à tourner dans son jardinet, en allant de la grille d'entrée à la rivière, et de la rivière à la grille d'entrée.

Il l'aimait, cette mignonne enfant.

Qu'importait le reste?

L'avenir serait rempli de luttes, peut-être de souffrances, eh bien! après? Il lutterait, il souffrirait; au moins, il vivrait.

C'était adossé contre son saule qu'il réfléchissait en regardant l'eau couler à ses pieds, quand il crut entendre un cri étouffé venant de l'autre côté de la rivière.

Il releva les yeux et regarda au loin.

A une courte distance, au bord de la berge, il aperçut une forme qui se dessinait en noir dans la nuit bleuâtre; il crut reconnaître une femme; elle tournait le dos à la rivière et levait les bras vers le ciel.

Que signifiait cette bizarre pantomime?

Il n'eut pas le temps d'examiner cette question : la femme venait de se renverser et de tomber dans l'eau avec un grand bruit.

Son premier mouvement fut de se jeter à la nage et d'aller à son secours; mais, comme toutes les rivières de ce pays, l'Andon n'est pas assez profond pour qu'on puisse y nager : à certains endroits, l'eau court, rapide et clapoteuse, sur les cailloux, qu'elle ne recouvre que de deux ou trois pieds d'eau : à d'autres, au contraire, elle paraît dormir au-dessus de trous dont on ne voit pas le fond.

Précisément vis-à-vis le jardin du capitaine, la rivière coule sur un de ces lits de grosses pierres, et pour la traverser il n'est pas besoin de se mettre à la nage; l'eau monte à peine jusqu'aux hanches d'un homme.

Qu'il eût à nager ou à marcher, le capitaine, après avoir descendu vivement les marches de son escalier, était entré dans l'eau et se dirigeait, en glissant sur les pierres, vers l'endroit où la femme était tombée, lorsqu'il la vit venir à lui, entraînée par le courant, la tête dans l'eau.

Sophie avait en effet mal choisi sa place, elle s'était bien jetée dans le trou où, l'année précédente, une femme s'était noyée; mais, au lieu de tomber au milieu de ce trou où elle serait restée, elle était tombée à l'extrémité inférieure et le courant l'avait aussitôt roulée sur les pierres.

Ses jambes eussent été libres, elle eût pu se relever, mais elles étaient solidement attachées, de sorte qu'elle ne pouvait faire de mouvements qu'avec ses bras ; encore n'en faisait-elle point.

Elle s'était laissé rouler, tout d'abord, parce qu'elle voulait mourir, puis presque instantanément parce qu'elle avait perdu connaissance.

Lorsque le capitaine la saisit au passage et lui souleva vivement la tête hors de l'eau, elle ne donnait plus signe de vie.

Il la prit dans ses bras et chargé de ce fardeau qui, pour lui, n'était pas bien lourd, il remonta les marches de son escalier.

Sans s'arrêter il se hâta vers sa maison, n'ayant d'autre souci que de tenir la tête et la poitrine de la femme élevées.

Elle ne pouvait pas être morte, et quelques soins vivement administrés devaient la rappeler à la vie.

Il poussa sa porte du pied avec une telle violence, que son domestique accourut étonné.

Lorsqu'il vit son maître portant une femme évanouie, il se mit à pousser les hauts cris.

— Tais-toi, dit le capitaine, va vite chercher un médecin, le premier que tu trouveras, et ne raconte rien à personne.

Ayant loué une maison toute meublée, le capitaine avait plusieurs chambres à sa disposition; il porta Sophie au premier étage et l'étendit sur un lit.

Elle était toujours sans connaissance, ses membres étaient affaissés, ses yeux étaient clos, son visage était entièrement décoloré, mais sans porter cependant l'empreinte sinistre de la mort; son pouls ne battait plus, les mouvements de son cœur paraissaient arrêtés.

Était-elle morte, ou bien n'était-elle qu'en syncope?

Le capitaine se trouva terriblement embarrassé, car il ne connaissait que d'une manière assez vague les soins qu'on doit donner aux noyés.

Cependant il se mit aussitôt à l'œuvre, et après avoir coupé la corde qui lui attachait les jambes, il lui frotta fortement les bras, le cou et le haut de la poitrine avec le morceau d'une couverture de laine qu'il déchira.

Que devait-on faire encore?

Il croyait qu'il fallait la réchauffer, lui faire respirer un excitant, lui donner un cordial à boire.

Tout cela n'était guère facile pour un homme seul.

Cependant il descendit rapidement au rez-de-chaussée et en remonta un flacon de cognac; il le lui passa sous les narines, mais elles ne s'ouvrirent point; alors il lui introduisit quelques gouttes de cognac entre les dents.

Puis il recommença à la frictionner.

Elle était restée si peu de temps dans l'eau qu'elle ne devait pas être morte; bien certainement un médecin la sauverait. Mais par malheur il n'était pas médecin.

Comme il lui tâtait le cœur pour la dixième fois

peut-être, il lui sembla sentir une pulsation, en même temps la poitrine se souleva légèrement ; les yeux s'ouvrirent et un son sortit de ses lèvres, un nom à peine articulé :

— Aurélien.

Elle regarda autour d'elle.

Mais à ce moment un bruit de pas résonna dans l'escalier, c'était le domestique qui arrivait amenant le docteur Evette.

— Une pauvre femme que vous venez de retirer de la rivière ? demanda le médecin.

— La voilà.

Le docteur Evette se pencha sur elle, mais presque aussitôt il se releva :

— On me parlait d'une morte, je trouve une convalescente.

En quelques mots, le capitaine raconta ce qui s'était passé.

— Il n'y a pas eu asphyxie, dit le médecin, mais simplement syncope, avec quelques soins nous allons remettre cette malheureuse sur ses jambes, et vous en débarrasser. Allez changer de vêtements, capitaine, votre domestique me suffit.

Cependant les quelques soins dont le médecin avait parlé prirent plus de temps qu'il n'avait paru l'indiquer, et le capitaine se demanda si l'état de sa malade ne s'était point aggravé.

Entendant son domestique aller et venir dans l'escalier, il sortit de sa chambre pour l'interroger.

— Voilà une affaire ! s'écria celui-ci en l'apercevant.

— Eh bien quoi?

— Ah! monsieur.

— Elle est plus mal?

— Mais au contraire.

— Alors?

— Alors, monsieur n'est pas sans s'être aperçu que la personne en question était dans une situation...

— Eh bien?

— Eh bien, le médecin dit qu'elle va accoucher; en voilà une affaire!

Et de fait, comme le disait Joseph, c'était là une affaire.

C'était même pour le capitaine une affaire assez ennuyeuse.

— Prie le médecin de venir me parler, si cela lui est possible.

Bientôt le docteur Evette arriva et confirma le récit de Joseph.

— Et ne peut-on pas la transporter chez elle? demanda le capitaine.

— En ce moment, non.

— Et après?

— Cela dépendra de la façon dont les choses auront marché; mais soyez sûr que je vous en débarrasserai aussitôt que possible.

— Alors, envoyez mon domestique chercher une garde; avant de penser à la renvoyer, il faut nous occuper de la soigner.

Le lendemain matin en sortant de sa chambre, le capitaine apprit par Joseph que la pauvre femme qu'il avait retirée de la rivière était accouchée d'un garçon.

— A-t-on prévenu ses parents?

— Elle n'en a pas, c'est une pauvre fille qui mourait de faim; la garde la connaît bien, elle s'appelle Sophie Fautrel, c'est par misère qu'elle s'est jetée dans l'eau; depuis longtemps déjà elle ne pouvait pas travailler par suite d'un mal à la main.

— Et comment est-elle ce matin?

— L'enfant va bien, quoiqu'il soit venu à sept mois; c'est un garçon; mais la mère est dans un mauvais état, dit la garde.

— Et le médecin?

— Quand ça a été fini, il a été se coucher, en disant qu'il passerait ce matin.

En effet, le docteur Evette vint voir Sophie en faisant ses premières visites, puis en sortant de chez elle, il frappa à la porte du cabinet de travail du capitaine.

— Je viens pour vous débarrasser de cette fille.

— Elle est mieux?

— Non, mais vous ne pouvez pas la garder chez vous.

— Si elle n'est pas en état d'être transportée, je ne peux pas la renvoyer; d'ailleurs où irait-elle? On m'a dit qu'elle avait été poussée au suicide par la misère.

— Elle va être une gêne très-grande pour vous.

— Assurément la perspective d'avoir chez moi cette femme en couches et cet enfant n'a rien d'agréable, mais il me serait encore moins agréable de la mettre dehors dans l'état où elle est.

— Je vais la faire transporter à mon hôpital.

— Est-elle transportable? tout est là. Si vous êtes

certain qu'elle peut être portée à l'hôpital sans danger, c'est très-bien, qu'elle s'en aille; si au contraire le danger existe, qu'elle reste. A vous la responsabilité, docteur.

— Mais l'embarras, l'ennui, insista le médecin sans répondre à la question qu'il lui avait été posée.

— Je vous suis reconnaissant de votre sollicitude, mais la vie de cette pauvre fille doit passer avant ma tranquillité.

— J'avais cru...

— Vous n'aviez pas cru que je la renverrais quand même, n'est-ce pas, docteur? Songez donc que j'ai pour ainsi dire contracté des obligations envers elle; je ne l'ai pas empêchée de mourir dans l'eau, pour la laisser mourir sur le pavé; elle aurait le droit de me reprocher de l'avoir dérangée.

Cela fut dit moitié gaiement et moitié sérieusement, mais de façon cependant à bien marquer qu'il ne voulait pas se débarrasser quand même de cette pauvre fille.

Aussi le docteur Evette, qui tout d'abord avait paru très-désireux de l'envoyer à son hôpital, n'insista-t-il plus. C'était un homme prudent, méticuleux, qui avait pour principe de conduite d'éviter les responsabilités, et qui poussait si loin les précautions à cet égard qu'il n'ordonnait presque jamais de remèdes, s'en remettant à Dieu, pour guérir ou tuer ses maades. Affirmer que Sophie pouvait être emportée sans danger était bien grave pour lui. Que ne dirait-on pas dans la ville si elle venait à mourir alors que le capitaine déclarerait qu'il avait bien voulu la garder chez lui.

— Attendons quelques jours, dit-il en forme de conclusion.

— C'est cela, attendons; il n'y a pas d'inconvénient à attendre.

Bien que le capitaine eût pris tout d'abord la précaution de recommander à Joseph de se taire, cela n'avait servi à rien : Joseph, le docteur Evette, la garde, les voisins, la ville entière n'avaient parlé que du suicide de Sophie Fautrel.

— Quel aventure !

— Quel scandale !

Et c'était précisément par M. de Gardilane qu'elle avait été sauvée !

Le soir, quand le capitaine arriva à la Rouvraye pour y dîner comme à l'ordinaire, tous les yeux, toutes les mains se tendirent vers lui au moment où il entra dans le salon, où les convives du comte étaient déjà réunis.

Bérengère la première accourut au-devant de lui avant même qu'il eût été saluer le comte et, sans parler, elle lui serra fortement la main, mais ses yeux exprimèrent ce que ses lèvres n'osaient dire.

— Comment va cette pauvre fille que vous avez sauvée? demanda le comte.

— On n'a pas pu la transporter à l'hôpital.

— Et vous, mon ami, continua le comte, comment allez-vous ?

— Un soldat n'est pas malade pour un bain de pied froid.

— Oh ! un bain de pied, s'écria l'abbé Colombe, c'est trop de modestie, je connais la profondeur de l'Andon.

Et, de fait, il la connaissait bien, et aussi sa fraîcheur; car, au temps où il était vicaire à Hannebault, ayant craint de se trouver en proie aux séductions « d'une personne du sexe, » il avait été se plonger dans l'Andon pendant plusieurs nuits, afin d'éteindre en lui les feux de la concupiscence, si par extraordinaire ils voulaient s'allumer.

Puis, cédant un à élan d'enthousiasme, il eut le courage de traverser le salon pour venir serrer la main du capitaine; seulement, il fut incapable de trouver un seul mot, tant il était ému.

Bérengère s'approcha à son tour du capitaine, et lui parlant en face, mais de façon à n'être entendue que de lui :

— Vous savez que vous allez nous raconter à table le sauvetage de la jeune fille, dit-elle.

— Oh! je vous en prie, épargnez-moi ce récit.

— Pourquoi ne voulez-vous pas faire connaître ce qui ne peut qu'accroître... l'estime qu'on a pour vous?

— Mais...

— Estime vous blesse, disons amitié; et puis d'autre part, ajouta-t-elle avec un sourire malicieux, nous avons aujourd'hui « le bon jeune homme ».

— Quel bon jeune homme?

— L'élève, le chérubin de l'abbé Colombe; en mot, M. Aurélien Prétavoine.

— Ah! M. Aurélien, — le capitaine prononça lentement ce nom, — M. Aurélien Prétavoine.

— Oui, et je voudrais qu'il entendît une fois dans sa vie le récit d'une action qui ne serait pas une niaiserie.

— Mais je ne puis vraiment pas faire ce récit.

— Est-ce qu'il est plus ridicule de dire qu'on a sauvé une femme que de raconter qu'on a tué un homme ? et puis... je vous en prie.

Elle dit ces derniers mots en se sauvant, car plusieurs personnes venaient d'entrer, au-devant desquelles elle devait aller.

Les derniers arrivants furent madame Prétavoine et son fils.

Aurélien était irréprochable ; toilette, tenue, attitude, c'était la perfection dans la correction ; seulement il était étrangement pâle.

Comme à l'ordinaire le capitaine fut placé à la droite de Bérengère, qui à sa gauche avait Aurélien.

Jusqu'au premier service, on parla de choses indifférentes, à vrai dire même, on parla peu.

Mais à ce moment Bérengère éleva la voix, et s'adressant à son grand-père, en enfant terrible :

— As-tu remarqué que je ne mange pas, grand-papa ? dit-elle en riant.

— Et pourquoi ne manges-tu pas ? demanda le comte surpris de cette observation insolite.

— Parce que la curiosité m'en empêche.

— Oh ! mademoiselle, dit l'abbé Armand.

— Comment la curiosité ? fit le comte.

— J'espérais que tu demanderais à M. de Gardilane comment il a sauvé cette nuit cette jeune femme, qui s'est jetée à la rivière, et voilà que tu ne lui demandes rien.

— Eh bien ! mon cher capitaine ? fit le comte en s'adressant à Richard.

Et tous les visages se tournèrent vers le capitaine.

— Nous vous en prions.

Bien entendu madame Prétavoine fut la plus empressée à demander ce récit.

Quant à Aurélien, il balbutia quelques mots inintelligibles, mais qui pouvaient passer pour un acquiescement au désir général.

Alors le capitaine, ne pouvant plus refuser, se décida à raconter comment, à un moment où il se promenait dans son jardin, son attention avait été attirée par un cri étouffé poussé de l'autre côté de la rivière; comment il avait vu une femme lever les bras au ciel et se laisser tomber à la renverse dans l'eau; comment alors il était descendu dans la rivière pour aller à son secours; mais elle était venue à lui portée par le courant, et il n'avait eu que la main à étendre pour la saisir au passage.

— Elle avait bien choisi sa place pour se jeter, interrompit madame Prétavoine.

— Dieu ne voulait pas qu'elle mourût, répliqua Bérengère d'un ton assez sec.

— Et se débattait-elle? demanda le comte.

— Oh! pas du tout, elle avait la tête dans l'eau et ne faisait pas un mouvement. A cela il y avait de bonnes raisons. D'abord, — le capitaine s'adressa particulièrement à madame Prétavoine, — elle avait eu soin de s'attacher les jambes si solidement avec une corde que j'ai dû couper cette corde ne pouvant la dénouer.

Il y eut quelques murmures de compassion.

— Puis, continua le capitaine, ce qui l'empêchait

encore de se débattre, c'est qu'elle était évanouie, ce que les médecins appellent en syncope. Quand, après l'avoir étendue sur un lit, j'ai tâté son cœur, il ne battait plus ; ses yeux étaient clos ; je l'ai crue morte.

— Elle était restée si peu de temps dans l'eau, interrompit de nouveau madame Prétavoine.

— C'était précisément ce que je me disais, mais je n'en étais pas moins embarrassé, car je ne sais pas à quels signes on distingue la syncope de la mort. Après avoir envoyé mon domestique chercher un médecin, je lui donnai tous les soins que j'imaginai bons, enfin...

— Elle ressuscita, dit Aurélien, se tournant à demi vers le capitaine, dont il n'était séparé que par Bérengère.

— Pas tout à fait, ou au moins les choses n'allèrent pas si vite que cela ; elle commença par ouvrir les yeux, puis certainement sans avoir conscience de ce qu'elle disait, elle prononça un mot, ou plus justement... un nom.

— Celui de son séducteur ! s'écria la comtesse O'Donoghue, qui avait toujours été romanesque.

— Quel nom ? s'écrièrent quelques voix.

Cette fois, malgré son assurance, madame Prétavoine fut décontenancée, et sa mâchoire inférieure fut agitée par un tremblement qui la défigura.

Le capitaine était resté tourné vers Aurélien, mais celui-ci s'était replacé de profil.

Tout ce que le capitaine remarqua, ce fut sa pâleur qui était devenue livide.

— Quel nom ? quel nom ? répétèrent quelques voix.

— J'ai mal entendu, dit enfin le capitaine après avoir fait attendre sa réponse durant quelques secondes.

— Très-bien, mon ami, dit gravement le comte en approuvant le capitaine de la tête et de la main.

— Mais non, très-mal, répliqua la comtesse O'Donoghue.

— Enfin, continua M. de la Roche-Odon d'un ton qui indiquait que l'entretien ne devait pas continuer, elle a été sauvée. J'irai la voir demain, et nous aviserons à ce que nous pouvons faire pour elle.

— Elle a repoussé M. l'abbé Bernolin, dit madame Prétavoine.

— Alors elle n'était pas mère, dit le comte.

Et tout de suite il engagea une conversation sur le temps et la saison.

Au bout d'un certain temps madame Prétavoine se pencha vers son voisin de droite, qui était l'abbé Armand.

— Ne trouvez-vous pas bizarre, dit-elle, que cette fille ait été se jeter à l'eau juste devant la maison de M. Gardilane, et que celui-ci se soit trouvé là juste pour la recevoir.

— C'est une coïncidence...

— Bizarre ; enfin elle a trouvé moyen d'aller accoucher chez cet officier, et celui-ci quand le docteur Evette lui a proposé de la recevoir à l'hôpital, n'a pas voulu la laisser aller.

— Est-ce que vous croyez ?

— Et vous, croyez-vous vraiment qu'elle se soit jetée à l'eau ?

La soirée fut terriblement longue pour madame Prétavoine et pour Aurélien.

Ils n'osaient pas échanger un mot; ils n'osaient même pas se regarder; ils étaient comme deux complices qui s'imaginent que tout le monde va lire le crime qu'ils ont commis sur leur visage, si pendant une seule minute ils ôtent leurs masques.

Celui que madame Prétavoine s'était fait, le premier moment de surprise passé, était souriant, mais de ce sourire contracté et grimaçant qui inspire la peur.

Quant à Aurélien, moins maître de lui, il ne savait pas, comme sa mère, garder une attitude voulue; alors qu'il s'observait il parlait et riait; mais quand il n'était plus en scène, il s'oubliait et son visage blême prenait une expression lugubre.

Ah! il y avait loin de cette soirée à celle qu'il avait rêvée.

Et cependant c'était pour plaire à Bérengère qu'il était venu; c'était pour produire sur elle une impression favorable que ce dîner avait été arrangé.

Que devait-elle penser de lui?

Enfin le moment de se retirer arriva.

Mais il ne se trouva pas seul avec sa mère, comme il l'avait espéré.

Madame Prétavoine avait commandé qu'une voiture vînt la chercher; elle offrit à l'abbé Armand de le ramener chez lui, et le chanoine n'eut garde de refuser une pareille bonne fortune.

Il fallut donc attendre encore.

Enfin ils se trouvèrent seuls.

— Eh bien? demanda Aurélien.

— Mon sentiment est que M. de Gardilane sait que vous êtes le père de l'enfant de cette maudite fille.

— Cela est à craindre.

— Il est évident qu'il n'a pas voulu répéter le nom qu'elle a prononcé et qu'il dit avoir mal entendu.

— Il ne pouvait pas le répéter devant vous.

— Ni devant vous. Mais dans le particulier, en tête-à-tête avec M. le comte de la Roche-Odon ou avec Bérengère, il parlera. Vous voyez où nous en sommes arrivés, par votre faute.

Aurélien, précisément parce qu'il sentait tout le poids de sa faute, n'était pas en disposition d'endurer qu'on la lui reprochât.

Il laissa échapper un geste de révolte, le premier qu'il se fût jamais permis devant sa mère.

— Eh bien, dit-il, renonçons à votre projet.

— Renoncer à ce projet! s'écria madame Prétavoine, y pensez-vous...

— Et vous, ma mère, pouvez-vous penser encore à le poursuivre! ne m'avez-vous pas dit tout à l'heure que M. de Gardilane savait que j'étais le père de l'enfant de Sophie?

— Eh bien?

— Ce que M. de Gardilane sait aujourd'hui, M. le comte de la Roche-Odon le saura demain, puisque demain il doit aller voir Sophie; il l'interrogera, il la fera parler.

— Je ne crois pas qu'elle parle.

— Elle a parlé.

— Alors qu'elle n'avait pas conscience de ce qu'elle disait, c'est ce que M. de Gardilane a lui-même reconnu. Elle a prononcé un nom. Lequel? Le vôtre ou le mien? Madame Prétavoine ou M. Prétavoine.

— Aurélien, sans doute.

— Êtes-vous le seul à porter ce nom?

— Ici, je ne crois pas qu'il soit très-commun.

— Il suffit qu'un autre que vous le porte, non-seulement ici, mais encore ailleurs, pour que le doute soit possible. Cette fille n'a pas une ligne de vous entre les mains, me dites-vous?

— Pas une.

— Alors le récit de M. de Gardilane n'a aucune importance, si vos craintes sont fondées, c'est-à-dire si vous êtes rivaux. Il serait, en vérité, trop commode de se débarrasser d'un rival en disant : J'ai entendu sur lui une chose terrible. Qui l'a entendue avec vous, cette chose terrible? Personne. Alors elle n'existe pas; vous l'avez inventée.

— Et si Sophie le répète à M. de la Roche-Odon, ce nom?

— Je ne crois pas, c'est-à-dire je suis certaine qu'elle ne le prononcera pas. Cela résulte pour moi de la connaissance de son caractère. Et puis cela résulte aussi de l'expérience. Quand l'abbé Bernolin a été lui porter nos propositions, il a voulu obtenir d'elle le nom du père de son enfant. Il a, m'a-t-il dit, employé tous les moyens pour la décider à parler. Elle a obstinément refusé de parler.

— C'était avant notre entrevue sur le Rempart, et les sentiments qu'elle éprouve aujourd'hui pour moi ne doivent plus être ce qu'ils étaient alors.

— Vous voulez dire qu'elle ne vous aime plus? Plût

à Dieu que cela fût! Mais ce n'est pas une raison pour qu'elle parle aujourd'hui; si je ne me trompe pas sur son caractère, c'en est une plutôt pour qu'elle persiste dans son silence.

Madame Prétavoine énonça cette observation comme s'il s'agissait de la chose la plus simple; mais Aurélien baissa les yeux.

Ne voulant pas laisser paraître son trouble, il prit vivement la parole.

— Quoi qu'il arrive, dit-il, il me semble que c'est folie de poursuivre ce mariage. Il ne se fera pas, n'est-il pas vrai, sans que mademoiselle de la Roche-Odon m'accepte pour mari? Eh bien, voyez ce qu'elle doit penser de moi. Quel personnage ai-je fait aujourd'hui auprès d'elle? Bien heureux si je n'ai paru que gauche. Avec le comte j'ai été stupide, et n'ai pas trouvé quatre paroles à lui répondre.

— Alors vous renoncez à mon projet.

— Je crois que c'est ce qu'il y a de plus sage.

— Et que faites-vous ensuite?

Madame Prétavoine avait prononcé ces deux questions d'une voix tremblante, les lèvres serrées, les yeux lançant des éclairs.

Aurélien hésita un moment.

— Tout ce que vous voudrez, dit-il, pour vous faire oublier la soirée que vous venez de passer.

— Tout?

— Tout; je m'en remets à vous.

— Entièrement?

— Entièrement.

— Vous irez où je voudrai?

— Partout où vous voudrez.

— Ainsi vous me promettez de faire à partir de ce jour tout ce que je vous demanderai?

— Je vous le promets.

— De n'avoir pas d'autre volonté que la mienne?

Je vous le promets.

Alors elle se leva et se penchant sur son fils qui était resté assis, elle l'embrassa sur le front.

— Que ce qui s'est dit entre nous soit oublié, c'est notre première querelle, ce sera la dernière. Vous étiez nerveux, moi-même j'étais agacée. Nous avons été en faute l'un et l'autre. Maintenant qu'il ne soit plus question du passé, ne nous occupons que de l'avenir.

— Et que décidez-vous?

— Que nous devons persévérer.

— Eh quoi!

— N'oubliez pas que vous m'avez promis de m'obéir, alors même que ce que je vous demanderais serait déraisonnable. J'ai voulu que vous deveniez le mari de mademoiselle de la Roche-Odon, je le veux toujours. Sans doute mes plans ont échoué; mais ils ont été traversés par un incident que je ne pouvais pas prévoir. Maintenant il faut faire tête à la mauvaise fortune. Rien n'est perdu, et ce qui est compromis peut se réparer. Il ne faut pour cela que du courage, de la persévérance et de l'adresse; nous tâcherons d'en avoir. Demain je vous dirai ce que la nuit m'a inspiré et ce que j'ai résolu. Seulement, tenez pour certain que la bataille n'est pas finie; elle va recommencer.

XLII

Quand le capitaine avait quitté la Rouvraye, M. de la Roche-Odon lui avait de nouveau annoncé sa visite pour le lendemain.

— Il faut faire quelque chose pour cette pauvre fille, avait-il dit, jamais je n'admettrai que dans le pays que j'habite on puisse mourir de faim; je veux vous aider.

Le lendemain matin, le capitaine, qui n'avait pas vu Sophie depuis qu'il l'avait portée sur le lit où elle était restée, lui fit demander s'il pouvait l'entretenir un moment; il voulait la prévenir de la visite du comte; et sur la réponse que Joseph lui rapporta, il monta près d'elle.

Il la trouva assise sur son lit et tenant son enfant sur ses genoux; la garde avait été faubourg d'Hannebault, et elle avait rapporté les quelques pièces de la layette que Sophie avait pu coudre; c'était avec cette layette qu'il était habillé.

Sophie était encore pâle, comme les draps de son lit, mais enfin ce n'était plus la morte qu'il avait vue.

— Ah! monsieur, dit-elle avec confusion, il y a longtemps que je vous aurais prié de monter dans cette chambre, si j'avais osé.

— Vous avez quelque chose à me demander?

— Vous demander? Ah! non : mais vous remercier, s'il est permis d'employer ce seul mot pour tout ce que je voudrais vous dire.

Le capitaine appartenait à la race des gens qui se troublent lorsqu'on les remercie.

— Et cependant vous avez voulu mourir, dit-il, et bien sincèrement voulu.

— J'étais seule au monde alors; maintenant si je mourais, ce serait lui,— elle abaissa les yeux sur son enfant,— qui serait seul, et je veux vivre... si cela est possible.

— Soyez tranquille de ce côté, cela sera possible. C'est précisément pour vous entretenir à ce sujet que je suis monté. Hier j'ai dîné chez M. le comte de la Roche-Odon, et l'on a parlé de vous.

— Oh! oui, dit-elle en tournant la tête vers la muraille pour cacher sa honte, on doit parler de moi, je comprends cela.

— Enfin M. de la Roche-Odon désire vous venir en aide. Vous le connaissez?

— Je sais ce que tout le monde dit de lui, que c'est un saint.

— C'en est un en effet, le meilleur, le plus généroux; il n'a pu entendre parler de vous sans être touché de votre infortune, et il va venir vous voir ce matin; vous voulez bien recevoir sa visite?

— Oh! monsieur.

Disant cela elle baissa les yeux sur son lit en rougissant, et un geste de sa main acheva ce que ses lèvres n'osaient pas faire entendre.

— Vous avez dit vous-même que M. de la Roche-Odon était un saint, répondit le capitaine; soyez sans crainte, vous n'avez que des consolations à attendre de lui.

— Qu'il vienne quand il voudra, dit-elle faiblement.

— S'il vous manque quelque chose pour vous ou pour votre enfant, dit le capitaine, demandez-le à votre garde, elle a ordre de vous donner ou de vous procurer tout ce qui peut vous être nécessaire.

— On me l'a dit de votre part, monsieur, et je vous remercie.

Le capitaine attendait le comte dans la matinée, mais il l'attendait seul; grande fut sa surprise, lorsque peu d'instants après avoir quitté Sophie, il le vit entrer dans son cabinet de travail, accompagné de Bérengère.

— Avouez que vous êtes étonné de me voir, dit celle-ci en riant, eh bien, vous allez l'être encore bien davantage tout à l'heure, quand je vous aurai expliqué ce qui m'amène.

— Peut-on voir cette pauvre femme? demanda le comte.

— Je l'ai prévenue; elle vous attend; on va vous conduire.

Quand son grand-père fut sorti, Bérengère, qui ne s'était point assise, se mit à faire le tour du cabinet de travail du capitaine, regardant ses plans, ses livres.

— Êtes-vous heureux, dit-elle, d'avoir tant de livres.

— Mais il me semble que la bibliothèque de la Rouvraye est fort belle.

— Reliés en veau depuis cent ou deux cents ans, les livres de la Rouvraye, ce sont des antiquités, non des livres.

Puis se dirigeant vers la porte:

— Voulez-vous que nous allions dans le jardin, dit-elle; vous m'expliquerez où cette pauvre jeune fille s'est jetée.

C'était la première fois que Bérengère venait chez le capitaine, et tout en marchant elle regardait autour d'elle curieusement.

— Vous aimez les fleurs, n'est-ce pas? demanda-t-elle.

— Non-seulement les fleurs, mais même l'herbe.

— Ça, c'est très-bien; et dire qu'il y a des gens qui s'imaginent que l'herbe est faite pour être mangée par les bêtes; pourquoi ne la mangent-ils pas eux-mêmes?

— C'est pour avoir un peu de verdure que je suis venu habiter cette maison beaucoup trop grande pour moi; au lieu de me loger dans le centre de la ville, comme il eût été raisonnable.

— Alors, vous ne faites pas toujours ce qui est raisonnable?

— Hélas! non

— Pourquoi hélas ? c'est Dieu merci ! qu'il faut dire, si, comme j'en suis certaine, vous avez le courage de votre opinion.

En parlant ainsi, ils étaient arrivés sous le saule pleureur.

Devant eux, la rivière coulait sans clapotements, tortillant dans son courant de longues herbes brunes, qui tantôt s'élevaient sur l'eau et tantôt descendaient au fond ; çà et là on apercevait des pierres polies ; puis tout à coup l'œil ne rencontrait plus qu'un tourbillon, qui semblait s'enfoncer dans un abîme ; au delà s'étendaient les prairies, coupées par le chemin qui partait du petit pont.

— J'étais sous ce saule, dit le capitaine, et c'est là-bas, du haut de cette berge, que la jeune fille s'est renversée dans la rivière.

— Et vous, où vous êtes-vous jeté ?

— Je n'ai pas été si héroïque que cela ; je ne me suis pas jeté, je suis tout simplement descendu par les marches de cet escalier.

Bérengère descendit elle-même ces marches jusqu'à la dernière.

— Et arrivé là ? demanda-t-elle.

— Arrivé là, j'ai sauté dans l'eau.

— Ah ! vous voyez bien ; mais elle est profonde, la rivière.

— On a de l'eau jusqu'à mi-corps.

Elle s'était dégantée et avait plongé sa main jusqu'au dessus du poignet dans l'eau.

— Mais elle est glacée, l'eau de l'Andon.

— Pas très-chaude.

— Et ensuite, je veux dire après que vous avez été dans l'eau ?

— Je me suis mis à marcher vers l'endroit où elle était tombée, ne me dirigeant pas facilement, car je n'avais que la clarté des étoiles pour m'éclairer ; tout en marchant, je regardais devant moi, j'ai vu un corps que le courant m'apportait, je l'ai saisi et l'ai emporté, voilà tout ; vous voyez que c'est bien simple.

— Ce qui n'empêche pas que si vous aviez fait ce qui était raisonnable, vous n'auriez pas sauté à l'eau ; d'abord parce qu'il n'est pas raisonnable de se mouiller et de s'exposer à gagner une fluxion de poitrine ; ensuite parce qu'il est encore beaucoup moins raisonnable de s'exposer à passer pour un héros ; savez-vous que c'est presque ridicule de sauver une femme qui se noie.

— J'avoue que je n'ai pas pensé à cela.

— C'est ce qui aggrave votre faute ; aussi comme je ne suis pas non plus un être raisonnable, je veux vous aider à la partager, et c'est pour cela que je suis venue avec grand-père.

Elle adressait ce petit discours au capitaine de dessus la dernière marche de l'escalier et le dos tourné à la rivière.

Ah ! qu'elle était charmante et gracieuse ainsi ; avec sa chevelure frisée, avec sa taille flexible qui se cambrait moelleusement, elle avait l'air d'une naïade sortant de l'onde.

Elle remonta les marches en riant, puis ils reprirent leur promenade autour du jardin, doucement, à petits pas ; le capitaine se baissant de temps en temps pour cueillir une violette qui se montrait sous une feuille sèche où elle était abritée.

— Maintenant, continua Bérengère, il faut que je vous explique comment j'entends partager votre faute. Ce matin, quand grand-papa a été prêt à partir pour venir ici, je lui ai dit que je l'accompagnais. Il a été un peu surpris, mais pas trop, et il m'a demandé pourquoi je voulais venir avec lui. Je lui ai dit que moi aussi je désirais faire quelque chose pour cette jeune femme et pour son enfant. — Et que veux-tu faire? — Je veux être la marraine de son enfant.

— La marraine de son enfant! s'écria le capitaine.

— Grand-papa poussa tout juste le même cri que vous. Puis il me regarda longuement, les yeux dans les yeux, et tout à coup me prenant dans ses bras il m'embrassa en disant...

Elle s'arrêta hésitante.

— En vous disant? demanda le capitaine.

— Enfin en me disant que j'étais une bonne petite fille. Nous voilà donc en route et très-heureux tous les deux. Mais pour baptiser un enfant, une marraine ne suffit pas, me dit grand-papa, il faut un parrain. — J'en ai un. — Comment cela? — C'est-à-dire que j'en ai choisi un, et c'est pour que tu me conduises chez lui que je t'accompagne. — Et quel est-il? — Je dis le nom du parrain que j'avais choisi. Et grand-papa m'approuva encore.

— Et vous avez été chez ce parrain?

— J'y suis.

— Comment...

— Oui, c'est vous.

Puis se mettant à rire :

— Je vous avais bien dit que vous seriez étonné, s'écria-t-elle, et vous l'êtes ; mais comme vous l'êtes ! Écoutez-moi encore pendant deux minutes, et vous ne le serez plus. Cette jeune fille est assurément fière et son cœur est bien placé, car lorsqu'on n'est pas fière, on ne se laisse pas mourir de faim, on demande et l'on reçoit. Il ne faut donc pas qu'en lui venant en aide nous la blessions. Pour cela il n'y a qu'un moyen, qui est d'avoir le droit de lui venir en aide. Vous êtes le parrain de son enfant, j'en suis la marraine ; nous pouvons faire pour le petit comme pour elle tout ce que nous voulons, et comme grand-papa est le grand-papa de la marraine, il a le droit aussi d'agir, et c'est très-important, attendu qu'il a un projet que j'approuve, grand-papa. Eh bien ! maintenant que dites-vous de mon idée ?

— Je dis... s'écria le capitaine.

Mais il s'arrêta, ayant peur de son émotion.

— Vous ne dites rien.

— Je dis que vous êtes un ange.

— Une bonne petite fille pour vous comme pour grand-papa, si vous voulez bien, et je serai très-heureuse de l'être, je vous assure. Ainsi c'est accepté ?

— Mais...

— Vous ne savez pas les prières, n'est-ce pas ? j'ai pensé que vous me répondriez cela ; n'ayez pas peur, je les dirai pour vous, et d'ailleurs l'abbé Colombe, car c'est lui qui va faire le baptême, n'est pas exigeant ; il sera trop heureux de vous voir dans son église. C'est accepté, n'est-ce pas ?

— De tout cœur.

Et tremblant il lui tendit la main.

Elle lui donna la sienne.

Pendant quelques secondes ils restèrent ainsi la main dans la main, les yeux dans les yeux.

Puis Bérengère se dégagea doucement et se mettant à rire :

— Vous savez, dit-elle, que vous aurez le droit de m'offrir des bonbons, et aussi un bouquet. Tenez, celui que vous venez de cueillir; ces violettes, si vous voulez.

XLIII

Tandis que Bérengère et le capitaine se promenaient dans le jardin, M. de la Roche-Odon, conduit par Joseph, était monté près de Sophie.

Il l'avait trouvée assise sur son lit, la garde installée devant une fenêtre, tenant dans ses bras l'enfant éveillé.

Avant d'adresser la parole à Sophie, le comte s'était approché de la garde et lui avait dit, à mi-voix, de sortir.

Comme celle-ci hésitait, douloureusement déçue dans sa curiosité, le comte avait ajouté d'un ton qui ne permettait pas la résistance :

— J'ai besoin d'être seul avec la malade, je vous appellerai quand vous pourrez rentrer ; veuillez donc ne pas vous déranger.

Et, la garde sortie, il s'était approché du lit de Sophie.

C'était avec une terrible appréhension que Sophie

avait attendu cette visite, mais, chose surprenante, quand elle vit le comte s'avancer vers elle, elle se sentit rassurée.

Le visage qu'elle avait devant elle respirait la compassion et l'indulgence en même temps qu'une bonté paternelle.

— Mon enfant, dit-il en s'asseyant auprès du lit, j'ai appris avec une grande peine l'acte désespéré que vous avez voulu accomplir et que le bon Dieu a empêché : vous avez bien souffert, n'est-ce pas, avant d'en arriver là ?

— Oh ! oui, bien souffert.

— Et c'est à bout de forces, à bout de courage, que vous avez voulu en finir avec la vie. Quel âge avez-vous, mon enfant ?

— Vingt ans.

— Vous n'avez pas de famille ?

— J'ai une tante et un frère.

— Pourquoi ne vous êtes vous point réfugiée près d'eux ?

— Parce que ma tante ne m'aurait point accueillie dans l'état où j'étais, et parce que mon frère, qui est soldat, ne pouvait rien pour moi.

— Mon enfant, vous me connaissez, n'est-ce pas ? vous savez donc que ce n'est point une vaine curiosité qui m'amène près de vous.

— Oh ! certainement.

— C'est la sympathie pour vos malheurs qui m'a décidé à vous faire cette visite, et, depuis que je vous vois, c'est la sympathie pour votre personne qui inspire mes paroles ; vous le voyez, n'est-ce pas ?

— Ah! oui.

— Ne cherchez dans les questions que je vais vous adresser maintenant qu'une marque de cette sympathie, et en même temps le désir de vous servir. Est-ce qu'il n'y avait pas près de vous quelqu'un qui pouvait vous tenir lieu de famille?

Sophie baissa la tête sans répondre.

— Mon enfant, continua le comte, après avoir attendu un moment, ce n'est pas pour revenir au passé que je vous parle ainsi, c'est en vue de l'avenir. Vous voilà mère, vous devez penser à l'avenir, non-seulement pour vous, mais encore pour votre enfant. Est-ce que si l'on faisait une démarche auprès de celui qui est le père de cet enfant, il ne serait pas possible de l'amener à réparer sa faute?

Sophie garda le silence.

— Vous ne répondez pas, et cependant je vois que vous êtes profondément émue; est-ce d'espérance?

— Non, monsieur, c'est de désespoir.

— Vous croyez que si j'allais trouver cette personne je n'obtiendrais rien d'elle?

— C'est impossible.

— Il n'y a cependant que dans un seul cas que cette démarche serait inutile, ce serait si cette personne était mariée; cela est-il ainsi? Répondez-moi, mon enfant, comme si j'étais votre confesseur, et soyez assurée de ne trouver en moi que de l'indulgence.

— Je sens combien vous êtes bon, monsieur, je le sais; mais je ne puis répondre à ce que vous me demandez: je ne suis pas la maîtresse de ce secret; j'ai voulu l'ensevelir avec moi.

— Il ne s'agit plus de vous seule, maintenant; il s'agit de votre enfant; pensez à lui, pensez à ce qu'est la vie d'un enfant naturel; pensez qu'il pourra plus tard vous demander un père. Que lui répondrez-vous si vous n'avez pas tout fait pour lui donner un nom?

— Je ne puis rien faire.

— Vous, peut-être; mais moi?

— Ni vous ni personne ne pouvez rien.

C'était avec ménagement, avec douceur, que le comte lui adressait ces questions et la pressait ainsi, cependant elle étouffait et il était évident qu'elle endurait un terrible supplice.

Le comte ému et attendri, s'arrêta.

— Ma pauvre enfant, dit-il, je ne veux pas vous tourmenter; ce n'est pas dans cette intention que je suis venu près de vous, et je vois que vous n'êtes pas en état d'endurer les souffrances que je vous impose. Plus tard nous reprendrons ce triste sujet. Et quand vous me connaîtrez mieux, la confiance vous viendra, je l'espère, vous m'ouvrirez votre cœur.

Sophie attacha sur le comte des yeux qui disaient clairement que ce n'était pas le manque de confiance qui lui imposait le silence, dans lequel elle se renfermait si étroitement.

— Avant de m'occuper de vos affaires matérielles, continua le comte, je devais essayer cette tentative; maintenant, puisqu'il n'est que trop certain qu'en s'occupant de vous on ne prend la place de personne, je vais vous faire part de certaines propositions qui, je l'espère, vous donneront la tranquillité pour le moment, et, pour plus tard, la sécurité dans la vie. Que souhaitez-vous pour votre enfant?

— Le garder.

— C'est-à-dire l'élever; eh bien, mon enfant, cela sera possible, et mon intention est de vous en assurer les moyens.

— Ah! monsieur, s'écria Sophie.

Mais le comte arrêta cet élan.

— J'ai appris que vous étiez une habile ouvrière en linge; précisément on a besoin à la Rouvraye d'une lingère; vous avez donc du travail assuré du commencement à la fin de l'année, et vous n'aurez affaire qu'à ma femme de charge, qui est une bonne et digne personne.

— Hélas! je ne puis pas travailler.

— Votre main sera bientôt guérie, et non-seulement vous pourrez reprendre votre travail, mais encore vous pourrez garder votre enfant près de vous, comme vous le demandez, et l'élever vous-même. Vous vous êtes promenée quelquefois, n'est-ce-pas, dans les avenues de la Rouvraye?

— Quelquefois, le dimanche.

— Alors vous avez peut-être remarqué une petite maisonnette située à gauche de la route, avant d'arriver à la grande avenue, au milieu de l'herbage?

C'était dans le bois qui faisait face à cette maisonnette que Sophie était venue s'asseoir pour attendre le passage de la diligence; elle la connaissait donc bien, et souvent elle avait pris plaisir à regarder son toit de chaume fleuri d'iris bleus et de sédum aux fleurs d'or, sa lucarne où pendaient des glanes de haricots, et ses deux petites fenêtres basses enguirlandées de pois de senteur et de capucines. Qu'on devait être heureux là, au milieu de la prairie, loin des passants curieux, en plein soleil, avec toute la vallée se déroulant devant soi !

— Cette maisonnette n'est point occupée en ce moment, continua le comte, vous l'habiterez donc, si elle vous convient. Vous y serez chez vous, à l'abri des indiscrets, et assez près du château pour n'avoir pas une longue course à faire.

— Oh ! monsieur, s'écria Sophie, qu'ai-je fait pour mériter tant de bontés !

— Vous avez souffert, pauvre fille. Voici pour l'avenir, et pour un avenir prochain, car il est à croire que vous vous rétablirez vite. Maintenant occupons-nous du présent : qu'avez-vous décidé pour le baptême de votre enfant ?

— Rien, hélas !

— Cependant vous voulez qu'il soit baptisé ?

— Je le porterai à M. l'abbé Durand, le vicaire de Saint-Louis qui m'a fait faire ma première communion, et il voudra peut-être bien me donner un parrain et une marraine.

— Vous n'aurez pas besoin d'attendre que vous puissiez le porter à M. l'abbé Durand.

Et le comte lui expliqua les intentions de sa petite-fille.

Pendant qu'il parlait, deux larmes emplirent les yeux de Sophie, mais c'étaient des larmes de joie qui n'avaient rien de la brûlante âcreté de celles qu'elle avait versées en ces derniers temps.

Elle se pencha vers le comte et lui prenant la main elle la lui baisa.

— C'est Dieu qu'il faut remercier, dit-il, c'est à lui qu'il faut demander pardon d'avoir désespéré.

Puis il se leva.

— Maintenant, dit-il, je vais vous renvoyer votre enfant, car vous devez trouver que je l'ai tenu éloigné de vous bien longtemps. Au revoir, prenez courage. Au revoir, mon enfant; à bientôt.

Mais le comte ne trouva pas la garde dans le vestibule, comme il l'avait supposé.

Ce fut seulement dans le cabinet de travail du capitaine qu'il entendit un bruit de voix.

Il y entra.

Bérengère tenait l'enfant dans ses bras et elle marchait en long et en large en le berçant, comme eût fait une nourrice.

— Tu sais, dit-elle en venant au-devant de son grand-père, que l'affaire est arrangée; M. de Gardilane accepte. Nous avons trouvé les noms de ce monsieur.

— Et la mère?

— C'est le parrain et la marraine qui choisissent les noms de leur filleul; si la mère tient à un nom, nous l'ajouterons aux nôtres.

— Et quels sont vos noms?

— Richard Bérenger.

— Et quel jour avez vous choisi pour le baptême?

— Aujourd'hui.

— Comment?

— Cela presse : d'abord plus tôt nous aurons le droit de nous occuper de la mère de M. Richard Béronger, mieux cela vaudra pour elle. Est-ce vrai cela, grand-papa ?

— C'est vrai.

— Et puis j'ai une autre raison qui, pour être d'un ordre différent, n'est pas moins importante : mon parrain m'a déjà donné son bouquet.

Disant cela, elle montra les quelques brins de violette cueillis par le capitaine.

— ... Et je ne veux pas qu'il soit fané. Voici donc ce que nous allons faire. Toi et moi nous irons en sortant chez les demoiselles Ledoux, acheter une pelisse et un bonnet de baptême que nous enverrons ici. Puis nous rentrerons à la Rouvraye, et nous ferons demander à M. l'abbé Colombe à quelle heure nous pouvons nous présenter à son église. Quand nous saurons cela, nous enverrons la calèche ici pour prendre le parrain avec la garde et l'enfant. Et aussi avec les bonbons que le parrain aura pris la peine d'aller choisir.

— Bérengère... mon enfant...

— Eh bien, grand-papa, crois-tu que M. de Gardilane n'a pas plaisir à m'offrir des bonbons? Tu te trompes. Au contraire, il est très-content. D'abord parce qu'il sait que j'aime beaucoup les dragées, aux amandes, pas à la liqueur, et puis aussi parce que je lui ai dit que je me faisais fête d'en jeter aux enfants. Permets-nous de nous amuser un peu ; ils sont si drôles les gamins quand ils se précipitent à quatre pattes pour courir après les bonbons.

— Et après les sous.

— Non, pas d'argent. Cela n'a rien de mal de se mettre à plat ventre pour ramasser une dragée.

XLIV

Quand on apprit dans la ville que mademoiselle de la Roche-Odon et M. le capitaine de Gardilane avaient été les parrain et marraine de l'enfant de la lingère, — vous savez celle qui s'était jetée dans l'Andon, Sophie Fautrel, — ce fut une explosion de commérages, et dans toutes les maisons, les plus hautes comme les plus humbles, on ne parla plus que de ce baptême.

Bien entendu il fut diversement apprécié, critiqué par les uns, approuvé par les autres.

Il faut dire cependant que les approbations furent beaucoup moins nombreuses que les critiques.

— Assurément c'est un bien digne homme que M. de la Roche-Odon, mais vraiment il pousse l'indulgence trop loin.

— Donner sa petite-fille pour marraine à l'enfant d'une fille ! car enfin cette Sophie Fautrel n'est, paraît-il, qu'une fille.

— On raconte sur son compte des choses abominables.

— Il paraît qu'elle a été à Paris pour se faire avorter.

— Si elle a eu de l'argent pour aller à Paris, comment n'en a-t-elle pas eu pour manger?

— Vous êtes donc de ceux qui croient qu'elle a voulu se suicider?

— Alors vous ne croyez pas qu'elle s'est jetée à la rivière?

— Je ne sais rien là-dessus; seulement il y a des personnes qui disent que tout cela, suicide, baptême, n'est qu'une comédie montée par M. de Gardilane, qui cherche toutes les occasions de se rapprocher de mademoiselle de la Roche-Odon. Est-ce vrai, n'est-ce pas vrai, je l'ignore, mais enfin il court sur cet officier des bruits étranges et que tout le monde répète.

— Cette comédie serait bien forte.

— On en a vu de plus fortes encore.

— Enfin, il y a trois faits positifs qui doivent donner à réfléchir : 1° personne n'a vu cette fille se jeter à l'eau; 2° M. de Gardilane n'a pas voulu que le docteur Evette la fît transporter à l'hôpital; 3° le baptême; et notez que je ne parle pas de ce singulier hasard qui fait que cette fille accouche juste quelques heures après qu'elle est installée chez M. de Gardilane.

— Et la paternité de l'enfant que vous oubliez.

— Ça c'est la bouteille à l'encre.

— Pas pour tout le monde; beaucoup pensent qu cet enfant a pour père M. de Gardilane.

— Comme d'autres disent que le père est Aurélien Prétavoine.

— Ce qu'il y a de certain, c'est qu'il y a sept mois M. de Gardilane n'habitait pas Condé.

— Sans doute, mais il est certain aussi qu'il y a sept mois il a logé au *Bœuf-Couronné*.

Sur la question de la paternité de l'enfant les opinions étaient partagées.

Chacun avait la sienne, selon le monde auquel il appartenait.

Dans le monde clérical, il n'était pas permis de nommer Aurélien, et si l'on insistait, on vous démontrait qu'un habitant de Louvain ne pouvait pas être le père d'un enfant conçu à Condé.

Dans le monde libéral, au contraire, on défendait le capitaine de Gardilane, et l'on prouvait qu'il n'avait jamais vu Sophie avant le jour où il s'était jeté à la rivière pour la sauver.

Au milieu de ces discussions et de ces contradictions, il y avait un témoignage qui produisait un effet considérable sur les gens de bonne foi ; c'était celui de ce chasseur qui à la fin du mois de décembre, à quatre heures et demie du matin, s'était jeté dans les bras d'Aurélien Prétavoine, sur la Courtine, le surprenant au moment même où, sortant d'une maison, il disait : « Adieu, chère petite », à une femme qui lui répliquait : « Embrasse-moi donc ».

Ce récit avait été répété, colporté, discuté, et chacun en avait tiré les conséquences qui s'accordaient avec ses préférences ou ses opinions.

Naturellement il était revenu aux oreilles de madame Prétavoine et d'Aurélien, qui l'un et l'autre l'avaient démenti avec indignation, mais qui n'en avaient pas moins été singulièrement troublés.

Dans la situation critique où ils se trouvaient, c'était en effet chose grave que ce récit.

Le nier était facile.

Mais nier n'est pas supprimer.

Quand Aurélien avait répondu en riant aux accusations de Dieudonné de la Fardouyère et des jeunes gens de son monde que cette paternité qu'on lui attribuait était une mauvaise plaisanterie ;

Quand madame Prétavoine s'était désolée avec ses excellentes amies, qui lui parlaient de ce scandale, de la perversité des méchants ;

Les rires de l'un, les plaintes de l'autre, ne faisaient pas que ce récit ne fût pas connu, et, circonstance terriblement aggravante, qu'il fût appuyé par celui des deux sergents de ville qui avaient rencontré Aurélien et Sophie sur le Rempart.

Pour cette rencontre aussi, les explications étaient faciles, mais enfin ce n'étaient que des explications.

Que ces récits arrivassent jusqu'à la Rouvraye, et l'on devait admettre qu'ils y arriveraient, de quel poids seraient les dénégations et les explications sur l'esprit de M. de la Roche-Odon ?

Assurément c'était l'homme le moins curieux du monde, et il était notoire que les bavardages comme les commérages ne lui inspiraient que l'ennui ou le dégoût.

Dans les termes où madame Prétavoine et Aurélien étaient présentement avec le comte, il était à peu près certain qu'il tournerait le dos à ceux qui tenteraient de lui répéter ces récits ; s'il les écoutait malgré lui, il était plus certain encore qu'il ne les admettrait pas comme vrais : pour lui, Aurélien était un bon jeune homme, élevé pieusement par le vénérable abbé Colombe, incapable par conséquent de faire un enfant à une fille, et incapable aussi de l'abandonner.

Mais qu'Aurélien se posât comme un prétendant à la main de Bérengère, et aussitôt les choses changeaient de face.

Au lieu de tourner le dos à ceux qui voudraient lui parler du futur mari de sa petite-fille, le comte serait tout oreilles à ces récits, il les provoquerait ; ce ne seraient plus pour lui des bavardages, ce seraient des dépositions qu'il devrait recueillir et examiner.

Les témoins ne seraient pas difficiles à trouver : le chasseur, les sergents de ville, et mieux encore Sophie, qu'il pourrait interroger, et à laquelle il finirait sans doute par arracher un secret qu'elle tairait devant des indifférents, mais qu'elle livrerait probablement si on lui montrait le mariage d'Aurélien comme proche.

Il fallait donc renoncer en ce moment à toute idée de mariage.

Ou plutôt il fallait ajourner, à Condé même, l'exécution de ce projet.

Mais ce qui n'était pas possible à Condé pour l'heure présente, l'était ailleurs, et le moment était venu d'aller à Rome, d'où, quand les bruits soulevés par ce suicide et ce baptême seraient tombés et oubliés, on reviendrait avec des forces nouvelles.

Sans doute c'était chose fâcheuse d'abandonner la place à M. de Gardilane, et de lui laisser sa liberté d'action sans être là pour le surveiller et l'arrêter.

Mais que faire à cela? Il y a des nécessités qu'il faut savoir accepter bravement, des fatalités qu'il faut subir.

Il y avait urgence à ne pas différer ce voyage.

Les fonds de la loterie de Saint-Pierre étaient enfin réunis entre les mains de madame Prétavoine, et c'était pour elle un avantage considérable que de se présenter en apportant une grosse somme d'argent : on ne penserait pas à ceux qui, sou à sou, avaient fourni cette somme, on ne verrait que celle qui l'offrait.

D'autre part, Mgr Hyacinthe, lassé de toutes les tracasseries dont on l'accablait dans son diocèse, abreuvé de dégoûts, découragé, malade, à bout de patience tout autant que de forces, était sur le point d'abandonner son siége épiscopal, et un mot dit à propos à Rome, transmis de Rome au nonce, répété par celui-ci au ministre des cultes, à Paris, pouvait aider puissamment l'abbé Guillemittes à obtenir ce siége et à l'emporter sur son compétiteur le vicaire général, M. Fichon.

Quelle puissance pour madame Prétavoine si l'abbé Guillemittes devenait évêque de Condé ; quelle influence !

Tout examiné, soigneusement et scrupuleusement balancé, elle se décida à partir, et bientôt toute la contrée apprit, par la voix de l'*Étoile de la Vallée*, que madame Prétavoine et son fils allaient faire un pieux pèlerinage à Rome pour se prosterner devant le souverain pontife de l'Immaculée, le roi du monde catholique, le saint Pie IX, et déposer aux pieds de Sa Sainteté l'obole de la loterie de Saint-Pierre.

Il y eut bien quelques protestations timides, quelques insinuations peu charitables; on se demanda quels titres madame Prétavoine avait pour être ainsi favorisée; mais, comme elle avait eu soin de préparer les choses de longue main et de se rendre favorables les personnes qui avaient organisé la loterie, ces criailleries restèrent sans effet.

Dans le monde des mécréants, ce voyage souleva aussi quelques railleries, et il y eut des gens assez pervers pour dire que le « bon jeune homme » se sauvait pour échapper au scandale qu'il avait causé et ne pas se trouver exposé aux réclamations de son ancienne maîtresse, quand celle-ci se relèverait ; mais en ce moment quelques mauvais propos de plus ou de moins étaient sans grande importance.

Décidée à partir, madame Prétavoine se munit de toutes les recommandations qui pouvaient la servir à Rome, et, humblement, elle les accepta de toutes les mains : de l'abbé Guillemittes, cela va sans dire; de Mgr Hyacinthe, de celui-ci, de celle-là, même de l'abbé Fichon, contre qui elle allait agir, et même aussi du comte de la Roche-Odon, qui lui remit une lettre pour le général Kanzler, le compagnon d'armes sous les ordres duquel il avait combattu dans la marche de Pesaro à Ancône.

Un tel voyage devait être sanctifié par la communion du départ; deux heures avant que madame Prétavoine et Aurélien montassent en voiture, une centaine de personnes qui assistaient à la messe de l'abbé Armand eurent l'édification de voir la mère et le fils, agenouillés l'un près de l'autre, recevoir la communion de la main du chanoine.

Ordinairement madame Prétavoine ne se servait que de voitures publiques, par économie autant que modestie, mais en cette circonstance l'économie eût été maladroite et la modestie déplacée; une calèche de louage vint donc les prendre chez eux et les arracher aux adieux des personnes qui avaient partagé leur dernier déjeuner, à Condé : l'abbé Guillemittes, l'abbé Armand, les abbés Colombe et Bernolin.

Quand la calèche approcha de la Rouvraye, madame Prétavoine se pencha par la portière pour voir une dernière fois ce domaine qu'elle avait si grand chagrin d'abandonner en ce moment.

Ses yeux se portèrent sur la maisonnette que M. de la Roche-Odon avait donnée à Sophie : elle était ouverte et l'on apercevait sur le seuil une femme qui tenait un enfant dans ses bras; c'était Sophie. A moitié chemin du château, se dirigeant vers la maisonnette, on apercevait aussi, marchant dans le sentier herbu, un homme de haute taille et une jeune fille dont les cheveux flottaient au vent ; M. de Gardilane et Bérengère, accompagnés de miss Armagh, venant derrière eux, qui allaient voir leur filleul.

Madame Prétavoine les montra de la main à son fils.

Puis se renversant dans la voiture :
— C'est bien, dit-elle ; mais comptez que nous reviendrons.

FIN D'UN BON JEUNE HOMME.

L'épisode qui suit *Un bon Jeune Homme* a pour titre : *Comte du Pape.*

www.ingramcontent.com/pod-product-compliance
Lightning Source LLC
Chambersburg PA
CBHW072213240426

43670CB00038B/855